# 부정경쟁방지법

윤선희 · 김지영 공저

法 文 社

# 머 리 말

외국에서의 오랜 유학 생활과 강의활동을 마치고 한국에 들어왔던 1990년대 초반, 한국의 지적재산권 분야는 말 그대로 걸음마 단계였다. 지적재산권법을 정규과목으로 개설한 대학도 많지 않은 상태였으며, 관련 서적 역시 변리사 시험을 위한 수험서에 불과하였다. 그러나 지금은 지적재산이 갖는 사회적 · 경제적 가치가 상승하면서, 많은 분야에서 지적재산에 대한 논의와 연구가 진행되고 있다. 법률은 지적재산에 대한 사회적 요구를 반영하여 끊임없이 개정되고 있으며, 이를 연구하는 학문 역시 독자적인 한 영역으로 확고히 자리잡게 되었다.

저자는 국내에 영업비밀 보호제도가 도입되기 이전에 『영업비밀개설』이란 책을 출간한 바 있으며, 부정경쟁방지법에 그 도입 여부를 검토하던 1990년대 초반부터 이미 부정경쟁방지법에 관한 원고를 준비하여 왔다. 부정경쟁방지법에 대한 시장 수요가 아직은 부족한 상황에서 차일피일 출판을 미루다가 올해에 출판을 할 수 있게 되었다. 그 동안 다른 지적재산권 분야와 같이 부정경쟁행위를 규율하는 부정경쟁방지 및 영업비밀에 관한 법률 역시 발전을 거듭해 왔다. 상거래 질서의 유지를 목표로 하던 법률의 목적은 건전한 거래질서의 유지로 그 목적 범위를 확대하였으며, 영업비밀에 관한 규정이나 인터넷 도메인 이름과 같이 새로운 영역을 포함하게 되었다.

다만 부정경쟁방지법에 대한 현재의 논의는 제한적이며, 상표권 등록을 받지 않은 표지 등을 보호함으로써 상표법등을 보충하는 역할에 머물고 있다. 그간 부정경쟁행위에 대한 일반조항을 도입하자는 논의도 있었으나, 여전히 한정적으로 열거한 몇 개의 부정경쟁행위에 규율하고자 하는 행위를 부정경쟁행위라고 평가하고 추가하고 있을 뿐이다. 이러한 면에서 어떤 행위를 부정경쟁행위로 평가하고 이를 규율할 것인가 하는 논의는 선택적이며, 부정경쟁행위에 관한 법리의 발전은 제한되고 있다.

본서는 보다 큰 틀의 부정경쟁방지 법리의 전개를 위하여, 그간의 부정경쟁방지 법리를 현행법에 중심을 두면서 정리하고, 나아가 새로운 틀의 정립을 위한 논의를 제시하고자 한다. 이러한 논의를 통하여 표지 보호를 중심으로 한 기존의 틀을 넘어 부정경쟁방지법이 새로운 역할을 담당하도록 발전하는 데 기여하고자 한다. 현재 지적재산권 분야는 산업재산권뿐만 아니라 저작권 분야에서 그 보호 영역을 확대하고 있다. 그 가운데 영역의 경계는 모호해지고, 그 경계를 어떤 식으로 획정하는가에 대한 논의 역시 빈번해지고 있다. 그러나 이러한 논의 속에서 새로운 지적재산권법 체계의 정립이 요구됨에도 불구하고, 부정경쟁방지 법리는 기존의 틀 속에서 벗어나질 못하고 있다. 본서는 이러한 한계를 극복하기 위한 노력에 일조하고자 한다.

끝으로 본서의 출간을 위해 노력해주신 법문사 편집부 김제원 부장님, 기획영업부 장지훈 차장님, 법무법인 대종 정봉현 변호사, 특허법원 박태일 판사, 박종학 판사, 경상대학교 신재호 교수, 한북대학교 조용순 교수, 제주대학교 강명수 교수, 백영준 박사, 곽충목 변호사, 한국지식재산연구원 이헌희 박사, 김린수 변리사, 교정 작업을 도와준 하지현 석사과정생, 그리고 한양대학교 대학원 지적재산권법 전공자들에게도 감사의 뜻을 전한다.

2012년 6월

행당동 연구실에서

저 자

# 차 례

## [문헌약어표]

民集: 日本 最高裁判所民事判例集

刑集: 日本 最高裁判所刑事判例集

下級民集: 日本 下級裁判所民事裁判例集

高級民集: 日本 高等裁判所民事判例集

刑月: 日本 刑事判例月報

無體集: 日本 無體財産權關係民事 · 行政裁判例集

知裁集: 日本 知的財産權關係民事 · 行政裁判例集

勞民: 日本 勞動關係民事裁判例集

判例時報: 日本 判例時報

判タ: 日本 判例タイムズ

判不競: 判例不正競業法, 新日本法規出版, 1978

不競判: 古關敏正編, 不正競業法判例集, 日本 商事法務研究會, 1967

# 제 1 장 부정경쟁방지법 총론

## 제 1 절 서 설

우리나라의 경제 질서는 사유재산제를 바탕으로, 경제활동의 자유와 자유경쟁을 존중하는 자본주의적 자유시장 경제 질서의 골간을 유지하면서, 자유시장 경제에 수반되는 여러 모순을 제거하고 사회정의를 실현하고자 하는 사회적 시장경제질서체제를 취하고 있다. 예컨대 헌법 전문에서 '…정치 · 경제 · 사회 · 문화의 모든 영역에 있어서 각인의 기회를 균등히 하고, 능력을 최고도로 발휘하게 하며'라고 규정하고 있고, 제119조 제1항에서는 '대한민국의 경제 질서는 개인과 기업의 경제상의 자유와 창의를 존중함을 기본으로 한다'고 하고 있으며, 제15조에서는 직업선택의 자유를 규정하여, 우리의 경제 질서가 원칙적으로 자유경쟁에 입각한 시장경제 질서를 근간으로 하고 있음을 명백히 하고 있다.

이와 같이 우리나라의 경제 질서가 사유재산제를 바탕으로 한 자유경쟁 질서를 근간으로 하고 있으나, 이때의 재산권과 경쟁질서의 개념은 어떤 불변의 고정적인 것은 아니다. 먼저 재산권의 경우, 재산권은 사회의 핵심적 제도임과 동시에 육체적 · 경제적 존재로서의 인간에 있어 자유의사의 실현과 생존 확보를 위한 불가결의 전제이다. 그러나 이러한 재산권은 역사적 개념이지 결코 논리적 범주의 것이 아니다. 즉 재산권은 어느 시대 · 사회에 있어서나 불변적인 이데아가 아니며, '초기 사회의 관습과 조직에 대한 초기의 기록으로부터 계속적 발전의 결과를 표시하는 정교한 사회제도'[1]이다. 따라서 재산권은 상이한 사회적 여건 아래[2]에서 시대와 사회에 따라 발전해 왔다.[3] 예컨대 봉건제 생산양식에서 자본주의 생산양식으로의 이행은 정치권력의 도구이자 경제 및 정치질서의 구조 원리를 의미하던 재산권 개념을 개인주의적 · 자유주의적 소유권 개념으로 변화시켰다. 자본주의가 과도기적 경영양식인 공장제 수공업 단계를 거쳐 경쟁적 자본주의 및 독점자본주의 단계로 발전함에 따라 소유권 개념도 자유방임적 · 실정법적 소유권 개념에서 사회구속적 재산권 개념으로 변화하였다. 이처럼 재산권은 그 사회의 사회 · 경제체제에 기초하여 헌법에 규정하는 특정 재산제도보장에 따라 개별 입법에 의해 구체화된 것이라 하겠다.

또한 재산권의 변화는 그 개념 자체에서 뿐만 아니라, 그 내용과 대상 등에 있어서도 일어난다. 즉 유체물에 대한 소유권 중심의 재산권 개념은 지적 재산권이라 하여 무형적인 것에까지 그 대상의 범위를 확장하고 있다.[4] 예컨대 권력자가 특정한 자에게 독점권을 주고 그에 따른 반사적 이익에 불과하던 사실상의 이익이 이제는 하나의 권리인 특허권으로서 인정됨이 그러하다.[5]

---

1) K. Rudolph, Die Bindungen des Eingentums, Tübingen(1960), 1면.
2) 특히 K.Marx는 역사상 무수한 소유의 형태가 존재하였는데 그 사회의 생산양식이 소유의 형태를 결정하고, 이러한 소유의 형태가 분배를 규정한다고 보았다(E.K.Hunt, 김성구 · 김양화 공역, 경제사상사 I, 풀빛, 1982, 292면).
3) 소유권에 관한 법률제도와 경제와의 관계에 대하여 Karner는 법률은 경제적 관계의 조건이긴 하나 그 변경과 발전의 원인은 아니라고 한 반면에 我妻榮은 경제적 변천이 소유권이라 하는 법률제도의 법률적 구성의 변천을 촉구함과 동시에 그 변천이 곧 경제적 과정에 반작용을 하여 양자는 상관관계에 있다고 보았다(我妻榮, 近代法における債權の優越的地位, 有裴閣, 1954, 333면 이하).
4) 물권의 객체와 관련하여서도 물권의 객체는 물건이어야 함은 일종의 역사적 제약 등에 의한 결과로 물권은 그 성질상 반드시 또는 원칙적으로 물건에 한정하여 그 목적으로 삼을 수 있는 것은 아니고, 배타적인 지배가 허용되어야 할 것에 대하여는 일반적으로 물권의 설정이 가능하다고 설명하는 견해도 있다(양창수, '물권의 목적', 고시계(397), 국가고시학회, 90.3, 118면).
5) 우리나라는 헌법 제23조 제1항의 재산권 보장 이외에도 다시 제22조 제2항에서 '저작자 · 발명자 · 과학기술자와 예술가의 권리는 법률로써 보호한다'고 규정하여 지적 재산권에 대한 근거규정을 두고 있다.

경제활동의 자유와 자유경쟁의 존중이라는 개념 역시 사회적 시장경제 질서 내의 활동을 의미하며, 이도 역시 발전하여 온 시장경제 질서 속에서 이해할 수 있다. 즉 노동에 대한 자본의 절대적 지배를 목표로 하는 맨체스터 자본주의의 '만인의, 만인에 대한 투쟁' 원칙에서 국가는 시장에 필요한 기본조건을 마련하며 이 기본조건 아래에서 시장 활동이 이루어지도록 하는 사회적 시장경제질서로 변화한 현재의 경제 질서 속에서 경쟁 행위는 일정한 당위의 법칙 내지 사회규범이 지켜지는 상태에서의 것이어야 한다. 이에 법은 경쟁행위의 공정성 담보가 우리 경제 질서를 유지하기 위한 최소한의 전제임을 확인하고, 자유로운 경쟁 질서를 파괴하는 일정 유형의 비건설적 · 비기여적 경쟁행위에 대하여는 이를 부정경쟁행위 또는 불공정거래행위라고 규정하고 이를 규제하는 법제를 마련하고 있다.

본서에서는 사회적 시장경제질서를 자유시장경제를 유지하기 위한 전제로서 경쟁 활동의 공정을 담보하기 위한 법률로서 부정경쟁방지 및 영업비밀보호에 관한 법률(이하 '부정경쟁방지법'이라 함)의 역할을 이해하고자 한다. 이에 우리 부정경쟁방지법이 규제하는 부정경쟁행위의 의의를 살펴보고, 부정경쟁방지법이 규정하고 있는 개별 부정경쟁행위의 의미, 이러한 부정경쟁행위를 규제하고, 그 침해에 따른 구제 수단 등에 대하여 설명하도록 한다.

## 제 2 절 부정경쟁행위의 의의

### Ⅰ. 부정경쟁행위의 개념

부정경쟁방지법의 의의를 이해하기 위하여는 당해 법률이 규율하는 부정경쟁행위가 무엇인가를 검토할 필요가 있다. 용어적 관점에서 부정경쟁행위는 경쟁 질서를 파괴하는 부정한 행위라고 풀이할 수 있다. 따라서 부정경쟁은 어떠한 가치의 보호를 목표로 하는 규범으로서의 경쟁질서와 이에 대한 침해를 구성하는 행위를 개념 요소라고 볼 수 있다. 이에 아래에서는 부정경쟁행위 개념의 이해를 위하여 경쟁질서의 전제가 되는 영업의 자유와 경쟁 및 이를 통한 경쟁질서의 침해를 구성하는 부정경쟁 개념을 살펴보도록 한다.

### 1. 영업의 자유

영업의 자유는 근대시민법의 기본원리로, 헌법에서도 직업선택의 자유의 일부로서 보장하고 있는 기본권의 하나이다(헌법 제15조). 이러한 영업의 자유는 개업의 자유, 영업계속 및 폐지의 자유 및 거래의 자유 등을 포함하며, 경쟁의 자유는 거래의 자유에 속하게 된다. 이러한 영업의 자유가 경제질서에서 갖는 가치는 아래와 같이 설명할 수 있겠다.

현행 경제 질서의 기초는 의사의 자유와 자기책임의 원칙에서 출발하고 있다. 사적 소유가 인정되고, 계약의 자유, 이전의 자유, 영업의 자유가 사법의 기초가 되고 있다. 이 자본주의적 유통경제 체계에서는 자유로운 상품의 교환이 중요한 구성요소가 되고, 여기에서 가격적 조화가 보장되게 된다. 이러한 가격적 조화가 보장되는 한 영업활동은 자유이며, 그 범위 내에서 어떠한 방법에 의하든 정치권력으로부터 간섭받지 않고 자유롭게 영업활동을 영위할 수 있다. 이는 영업자 사이에서 경쟁의 자유라는 형태로 발현되며, 이 자유경쟁원리에 의하여 사회의 발전이 가능하게 되는 것이다. 이 자유권은 봉건적 권력에 의하여 침해되고, 또한 부당한 특권적 독점이 특정인에게 부여되었던 역사를 거울삼아 기본권으로 보장된다.

현행법의 법적 기초가 등가교환을 타당하도록 하는 것에 있는 한 영업의 자유는 가격적 조화가 보호되는 범위 내에 한정된다. 즉 영업의 자유라고

하여도 무제한의 것은 아니다. 예컨대 경쟁의 자유를 빼앗는 부당독점행위나, 경쟁의 공정을 파괴하는 부정경쟁행위와 같이 영업의 자유를 명목으로 한 행위가 극단적으로 확장된다면 국민경제상 경쟁질서가 파괴될 우려가 있다. 이러한 부당독점이나 부정경쟁은 타인의 영업의 자유를 구속하고, 가격적 조화를 파괴할 수 있기 때문이다. 이에 경쟁 질서를 파괴하고, 가격적 조화를 훼손하는 이러한 행위를 경쟁제한 입법과 부정경쟁방지 입법에 의하여 규제할 필요가 발생하게 된다.

## 2. 경업 행위

경업(競業)이란 것은 영업에서의 경쟁이다. 비록 경쟁이라는 것이 의사활동의 모든 것에 걸쳐 보이는 것이나, 여기서 주목하는 것은 영업상의 것에 한정한다. 이 영업의 의의에 대하여는 부정경쟁방지법의 적용과 관련하여 논의의 필요가 있다. 즉 영리사업이 이에 포함되는 것에는 논란이 없겠으나, 영리사업 이외의 사업이라든지 자유직업 등에 대하여 이를 영업으로 볼 것인가에는 의문이 있다. 예컨대 영업비밀의 보호 주체로서 대학이 부정경쟁방지법이 적용되는 영업의 주체가 될 수 있는가하는 문제가 있을 수 있다.

먼저 영업의 의미는 부정경쟁방지법의 역할에서 찾아야 할 것이다. 부정경쟁방지법은 영업의 자유 보장 아래 자유경쟁이 이루어지는 거래 사회를 전제로, 경제활동을 하는 사업자간의 경쟁이 자유경쟁의 범위를 면탈하여 남용적으로 이루어지거나, 사회 전체의 공정한 경쟁질서를 파괴하는 것인 경우에 이를 부정경쟁이라 하여 방지하고자 하는 것이라 볼 수 있다. 그렇다면 부정경쟁방지법의 적용은 경쟁 질서를 유지하여야 할 분야를 널리 인식할 필요가 있으며, 사회통념상 영리사업이라고 할 수 없는 것이라고 하여 당연히 동법의 적용에서 제외할 것은 아니다. 즉 이때의 영업은 단순히 영리를 목적으로 하는 목적뿐만 아니라, 널리 경제상 수지 계산을 세워, 경제

질서의 일환으로서 이루어지는 사업이라 할 수 있다면 상공업뿐만 아니라 농림수산업등의 원시산업은 물론, 병원, 학교 등의 사회복지, 문화활동 상의 사업을 포함한다고 해석하여야 한다. 생각건대 비영리사업이라고 하여도 그 존립이 사업상의 원활한 수입수익에 관한다는 점에서는 영리사업과 공통된 측면을 갖고 있고, 또한 현재와 같이 고도하게 다양화되고 복잡화된 경제사회에서 부정경쟁의 규제 대상 업무를 단순히 영리사업만이라고 해석하는 때는 객관적인 거래 경제질서의 공정유지 및 일반 이용자의 보호를 충분히 달성할 수 없는 결과를 가져올 수도 있다.[6)]

물론 이러한 주장이 거래 사회에서 사업활동으로 평가할 수 없는 것까지도 동법으로 규율하려는 것은 아니다. 예컨대 종교법인의 활동에 대하여 보면, 종교의례의 집행이나 교의의 보급 전도 활동 등의 본래적인 종교 활동은 영업의 자유 보장 아래에서의 자유경쟁이 이루어지는 거래 사회를 전제로 하는 것이 아니며, 부정경쟁방지법의 대상이 되는 경쟁질서의 유지를 관념할 수 없으므로 거래사회에서 사업 활동으로 평가할 수 없고, 동법의 적용이 되지 않는다고 해석하는 것이 상당하다.[7)] 또한 그 자체만으로는 수익사업으로 인정되는 것이라도 교의의 보급 전도를 위하여 이루어진 출판, 강의 등 본래적인 종교활동과 밀접불가분의 관계에 있다고 인정되는 사업에 대하여도 본래적인 종교 활동과 나누어 별도로 취급하는 것이 적절하지 않으므로 부정경쟁방지법의 적용 대상에서 제외하는 것이 상당하다. 이에 반하여 종교법인이 하는 수익사업으로서 주차장업과 같이 거래사회에서 경쟁관계라는 관점에서 본 경우에 다른 주체가 하는 사업과 다를 것이 없는 것에 대하여는 부정경쟁방지법의 적용 대상이 될 수 있다. 이와 같이 영업의 의의는 거래사회에서 경쟁관계를 전제로 하는 것으로 해석되어야 한다.

영업상의 경쟁은 상품의 공급 영업인지, 서비스 제공 영업인지를 묻지

---

6) 大阪地判 昭和 55.3.18. 無體集 12卷 1号 65면 [少林寺拳法 事件].

7) 最判 平成 18.1.20 平成17(受)575)[天理教 事件].

않는다. 양자의 상품 · 서비스가 동일한 것일 필요도 없다.[8] 다만 대상의 유한성과 공통성이 요구된다. 그러나 이는 대체적 관계에 있는 영업 사이에도 존재하고, 대체관계에 있는 사업부문을 갖는 기업 사이에서는 일반적으로 경쟁 관계가 존재하게 된다. 즉 잠재적 경쟁 관계가 있다고 볼 수 있다.

### 3. 부정경쟁행위

부정경쟁행위는 경쟁질서를 파괴하는 부정한 행위이다. 이때 경쟁질서를 파괴하는 행위라고 하는 것은 자유경쟁의 범위를 일탈한 행위(소위 가격적 조화를 파괴하는 행위)라고 할 수 있다. 경쟁의 자유는 경쟁질서의 존재를 전제로 경제시장발전의 발전에 기여하는 것으로, 이를 남용하여 시장을 파괴하기 위하여 부여되는 것은 아니다. 즉 건설적 노력 내지는 기여적 노력을 위하여 자유가 부여되는 것으로, 이를 파괴하는 것은 자유경쟁의 허용범위를 일탈하는 것이다.

구체적으로는 무엇이 부정한가는 경제사회의 통념에 의하여 결정될 수밖에 없다. 먼저 부정경쟁행위는 위법한 경쟁행위와는 구별된다. 경쟁행위는 제정법에서 정하여진 범위 내에서 이루어지는 것이 필요하며, 따라서 이에 반하는 경쟁행위는 소위 위법한 경쟁행위가 된다. 그러나 부정경쟁행위가 행정법규나 기타 법률 · 명령에 대한 것은 아니다. 즉 부정과 위법은 동의가 아니며, 부정경쟁행위는 위법한 경쟁행위를 포함하며, 이외에도 거래상의 공서양속 · 신의형평에 반하는 일체의 경쟁행위를 포함하는 것이다.

이와 같이 부정이 공서양속 · 신의형평에 반한다고 하는 성격을 갖는 것인 이상, 법적 기준은 상대적인 것일 수밖에 없다. 법규에 반하여 경쟁상의 우위를 획득하는 행위는 당연 부정경쟁행위가 되나, 부정경쟁행위에는 이

---

8) 예컨대 주류상과 전기기구상 사이에도 경쟁 관계가 존재할 수 있다. 증정품으로 술은 적당하지 않다고 하는 허위의 사실로 비방하는 행위는 부정경쟁행위에 해당한다.

법규위반에 그치지 않고 성실한 거래관행에 반하는 것도 포함되기 때문이다. 이와 같이 부정경쟁행위는 경쟁에서 양속을 반하든지, 성실한 관행에 반하는 행위를 포함한다. 이들 반양속이라든지 성실한 관행에 반한다고 하는 관념은 시대에 따라 변화하고, 이러한 의미에서 상대적인 것이다.

그러나 행위자가 어떻게 생각하고 있는가라는 행위자의 주관은 부정경쟁의 관념과는 전혀 관련이 없다. 양속이라든지 관행이라든지 하는 것은 상대적이나, 이러한 의미에서는 객관적인 것이다. 따라서 이 결정은 법원의 판단에 맡겨진다. 부정의 판단은 증거 조사에 의하여 해결하는 사실문제가 아니라, 법원의 법적 판단을 포함한다. 이는 변화하는 사회의 일반인의 의견을 배경으로 신의형평의 원칙에 근거한 법적 판단으로 이루어지는 것이다.

## Ⅱ. 부정경쟁 개념의 형성

우리나라의 부정경쟁방지법은 독일 부정경쟁방지법의 근거로 한 일본 부정경쟁방지법의 영향을 받아 제정되었다. 이러한 독일 부정경쟁방지법 역시 프랑스 혁명 이후 전개된 영업의 자유와 이에 따른 경쟁의 격화로 인한 시장의 교란을 경험한 프랑스에 영향을 받은 것이다. 이에 아래에서는 프랑스에서 전개되었던 부정경쟁 개념의 형성 과정을 살펴보도록 한다.

### 1. '영업의 자유'의 확립

#### 가. 구체제(Ancien Régime) 아래에서의 산업 규제

(1) 절대왕정과 경제정책

중세에서는 영주가 자기 영내의 상공업을 통제하였다. 당시는 기독교의 영향을 받아 '공정하고 성실한 경제(Économie bonne et loyale)'란 사상이 생겼고, 이는 직업상의 관습 및 경찰권력의 상공업 규제에 영향을 미치는 것이 되었다.[9] 영주 또는 도시세력의 강한 지역에서는 시당국에 의한 규제의 목적은 공정하고 성실한 경제의 확보 · 실현에 있었다.

절대왕정기에는 국왕이 공동복지의 재정자로서 신민의 경제생활에 배려하고, 이를 통제하는 정책을 펼쳤다. 경제는 사회전체를 이롭게 하는 것이고, 감시와 통제, 즉 경찰의 대상이 되어야 하는 것으로 생각되었다. 경제에 대한 경찰은 주로 식료품과 제품과의 충분한 공급을 목적으로 하였다.

경제에 대한 왕권의 적극적 관여는 루이 14세의 재무장관 콜베르(Jean-Baptiste Colbert)에 의하여 확립된 중상주의 경제정책의 특징이다. 이 정책의 중심은 재정의 안정에 있었으나, 콜베르는 이에 머물지 않고 사치품 생산을 위한 매뉴팩처[10]의 설립을 통하여 국내 산업의 보호에 노력하였다. 매뉴팩처에는 특권(무이자대부, 보조금, 조세면제 등) 및 특정 지역에서의 제조독점이 인정되었으나, 한편으로는 엄격한 생산 · 품질관리가 가해지고, 제품의 판매촉진 및 구매자의 기망방지를 위하여 품질 · 규격은 왕령에 의하여 통일되었다.[11]

또한 왕권에 의한 산업규제는 일용품 생산에 종사하는 기존의 동업조합(corporation)[12]에도 미쳤다.[13] 사실, 구체제 산업의 중심을 차지하였던 것은

---

9) Fr. Olivier-Martin, *Histoire du droit français des origines à la Révolution*, Éditions Domat Montchrestien(1948), p.615.

10) 왕의 특권에 의하여 창설되는 대공장조직.

11) H. Sée, *Histoire économique de la France*, Librairie Armand Colin(1948), pp.263-271. 제품에는 시찰관에 의한 검사 후에 품질을 보증하는 검인이 부착되었다.

12) corporation이라는 용어는 18세기 중엽 영국에서 유입된 것으로 튀르고에 의하여 처음 사용되었다. 절대왕정제도에서 직업단체는 규제직(métier réglé), 선서직(métier juré) 및 특권직(métier privilégié)의 3개로 나뉜다. métier réglé은 가입자격요건이 요구되지 않으며, 인원 수의 제한도 없다는 점에서 자유로운 것이다. métier privilégié는 국왕에 의하여 특권이 부여된 것으로 국립 매뉴팩처가 그 주체이다. 가장 일반적인 형태는 métier juré으로, 이는 협의의 동업조합이다. métier juré에 가입하기 위하여는 규약에 정하여진 요건을 충족하고 동업체의 승인을 필요로 한다. 도제기간이 정하여지고 장인신분을 취득하기 위하여는 주작품을 제작하고, 가입세(droit d'entrée)를 내야 한다. 장인이 될 때 그 직의 관습과 규칙을 지킬 것을 선언하기 때문에 jurande라는 명칭으로 불린다. 동업조합의 내부관계는 장인(maitre), 중간직인(compagnon), 도제(apprenti)의 3개 층으로 구성된다.

동업조합이 지배하는 소규모 수공업이었다. 혁명기에 확립하게 되는 '영업의 자유(liberté du commerce et de l'industrie)'는 도시의 상공업을 독점하였던 동업체적 결합으로부터의 자유를 그 구체적 내용으로 하였다.

(2) 동업조합에 의한 영업독점

동업조합은 대외적으로는 특정 직업에서의 독점조직이다. 이는 조합규약의 준수를 약속한 수공업 장인의 단체로서 하나의 도시에서 영업을 독점하고 있었다. 장인 신분의 취득은 극히 곤란하였으며, 이에 지원하는 자는 사제 및 중간직인의 기간을 거쳐 주작품(chef d'oeuvre)의 심사에 합격하는 것을 요하고, 가입할 때는 고액의 장인세가 부과되었다. 이와 같이 조합은 폐쇄적이고 독점이 조장되고 있었다. 한편 대내적으로 동업조합은 장인들의 영업을 관리하고 경쟁을 배제하였다.[14)]

이들 동업조합은 14세기 이래로 총회에서 정한 규약(statut)을 갖고 있었으며, 생산방법, 제품규격 및 점포의 수 등을 규정하였다. 이 규약은 국왕의 공개장(lettre patente)에 의한 승인을 받을 것이 요구되었으며, 장인들 사이에서 선출된 임기 2년의 감독(garde 또는 jurés) 또는 공권력이 이 규약의 준수를 감시하였다. 감독의 경우 작업장이나 점포를 불시에 방문하여 불량품을 몰수하고 규약을 위반한 자에 대한 제소권을 갖고 있었다. 또한 국왕 시찰관의 감독을 받으면서 제품의 품질, 생산공정 등을 관리하고, 성실하게 제작되었다고 판단되는 제품에 검인을 부착하였다. 이와 같이 동업조합은 공권력의 상공업규제를 보완하는 역할을 담당하였다.

이상과 같은 조합내부의 규제는 실제 품질관리에 그다지 성공하지는 않았다. 독점체라는 점에서 동업조합 내에서는 생산상의 해태(懈怠)가 발생하

13) 중상주의 아래에서는 재정안정화를 위하여 동업조합에 대한 과세가 중시되었다. 왕권은 각 직업에 대하여 동업조합을 형성하도록 촉진하였다.

14) H. Sée, *La France économique et sociale au XVIII siécle*, Librairie Armand Colin, 1925, pp.101-105.

였으며, 장인들 사이의 경쟁이 배제되었다는 점에서 경제발전의 장벽이 되었다. 또한 모든 기술적 진보에 대하여 적의를 품게 됨으로써 구태에 빠지게 되었다.

한편 18세기 후반에 산업구조에 변화가 발생하였다. 도매상(négociant)이 산업규제가 미치지 않는 농촌의 가내공업을 지휘하여 상업자본을 형성하기 시작하였으며, 이들은 수공업자를 종속관계에 두고, 기업가로서 차츰 세력을 넓혔다. 이와 같이 농촌에서 자유로운 영업이 발전하였던 것에 대하여 도시산업은 여전히 기능부전의 동업조합에 의해 지배되었다.

근대적 자유경쟁사상은 이와 같이 폐해를 보였던 중상주의에 대한 비판에서 발생하였다. 산업의 변화와 때를 같이 하여 경제의 자연적 질서에 대한 규제를 배제하고자 하는 중농주의사상이 대두하였다. 이 사상은 동업조합의 폐지를 정한 1776년 뛰르고 칙령(Edit de Turgot)에서 표현되었다.[15] 뛰르고 칙령은 노동할 권리를 만인의 소유권으로 정의하고, 여하한 종류의 영업을 하는 것도 자유라고 선언하였다. 이 자유를 담보하기 위하여 장인 및 노동자 일체의 결합은 금지되었다.

뛰르고의 개혁은 고등법원을 중심으로 한 특권계급의 격한 반대를 맞게 된다. 1776년 5월 뛰르고는 재무장관직에서 사임하게 되고, 1776년 8월에는 뛰르고의 칙령을 폐지하는 칙령이 공포되면서 동업조합을 폐지하고자 하는 시도는 실패로 돌아간다.[16] 결국 시장의 균형을 모든 개인의 자유경쟁에 위임하고자 하는 그 경제적 자유주의는 혁명의 변혁주체에게 이어졌다.[17]

---

15) 1774년 재무장관으로 임명된 뛰르고(Anne-Robert-Jacques Turgot)는 국내 곡물통상의 자유와 수입 자유를 포고하고, 1776년 2월에는 부역의 폐지, 동업조합의 폐지 등의 6개 항목에 관한 칙령을 공포하게 된다.

16) 장인 신분 취득세가 50% 인하되고, 동업단체의 정리 · 통합 등의 약간의 개혁이 이루어지나 동업조합은 부활된다.

17) 상업자본가로 성장한 도매상은 1789년 삼부회의 소집시 선거회에서도 영향력을 갖게 되어 제3신분의 진정서의 많은 것이 이들에 의하여 작성된다.

### 나. 프랑스 혁명에서의 '영업의 자유'의 확립

(1) 1791년 3월 2일=17일 Décret(d'Allarde 법)[18)]

1789년 인권선언은 영업의 자유를 명시적으로 규정하고 있지는 않았으나,[19)] 중농주의사상은 확실히 국민의회에 침투하고 있었다. 1789년 인권선언 이후 애매한 상태로 결정이 지연되고 있던 동업조합의 폐지 문제는 1791년 2월 15일 영업면허세 설정법안에 삽입된 형태로 공조세위원회(公租稅委員會)의 보고자 d'Allarde에 의하여 제기되었다. d'Allarde는 동업조합의 폐지의 근거로 뛰르고의 주장을 서술하였다. 즉 노동할 권능은 인간의 제1의 권리 중의 하나이나, 선서조합이 이 권리를 침해하고 있다고 서술하고 있다. 선서조합은 도제기간의 장기화, 중간직인제도의 예속화 및 입회 비용 등 폐해의 근원이 되고 있으며, 선서조합은 영업(commerce)을 제한하는 것에 의하여 공중에게 해를 끼치고 있다고 주장한다. 또한 d'Allarde는 노동자의 수는 소비자의 욕구와 언제나 자연적으로 조화를 이루기 때문에 실업자에 대한 고민은 없으며, 소비자의 판단에 맡기면 생산물의 경쟁과 선택이 자연적으로 이루어지기 때문에 동업조합 규제에 의하여 품질의 저하를 막을 필요는 없다고 한다. 따라서 동업조합은 폐지되지 않으면 안 되며, 영업은 새로이 설정하는 영업감찰 제도에 의한 조세 이외의 모든 구속으로부터 해방되지 않으면 안 된다고 한다.

이에 1791년 3월 2일=17일 Décret(d'Allarde 법)에 의하여 영업의 자유가 실정법으로 승인을 받게 된다. 이 명령 제7조는 '모든 인간은 자유롭게 자신이 좋다고 생각하는 거래(négoce)를 하고, 자신이 좋다고 생각하는 직업 또는 수공업에 종사할 수 있다'고 규정하고, 그리고 제2조는 '어떠한 명칭에

---

18) 1791년 3월 2일=17일의 [모든 소비세, 장인 신분 및 선서조합의 폐지 및 영업면허장의 설정에 관한] 명령(Décret portant suppression de tous les droits d'aides, de toutes les maîtrises et jurandes et établissement de patentes)

19) 이 점에 대하여는 1789년 선언 제17조의 '소유권은 하나의 신성불가침한 권리이다'란 문언은 경제적 자유를 포함하는 것이었다는 지적이 있다.

의한 것이든 모든 직업상의 특권은 이와 같이 폐지된다'고 규정하였다. 이에 의하여 동업조합의 폐지는 결정되었다. 나아가 1791년 6월 14일=17일 Décret(Le Chapelier 법)은 동업조합폐지를 헌법상의 원칙으로 평가하고 모든 직업적 결합을 금한다. 프랑스에서 자유경쟁의 기조는 여기에서 정하였다.

(2) 성실 개념의 연속성

중세 이래 '공정하고 성실한 경제'의 사상이 직업윤리를 규정하여 온 것은 이미 기술하였으나, 그 구체적 의미 내용은 동업조합의 내부 규제에 드러나 있다. 예컨대 장인 지원자에게는 도제봉공 및 주작품(chef d'oeuvre)의 제출이 요구되고, 규약에는 생산조건이 상세하게 규정되었는데, 이는 제품의 품질을 담보한다는 의미가 있다고 할 수 있다. 또한 장인이 거느릴 수 있던 직인 및 도제의 수가 제한되고, 가격 등의 판매조건이 미리 설정되었던 것으로부터는 과잉생산의 억제 및 상품의 안정공급의 목적이 관련되어 있었다. 따라서 직업상의 성실(layauté)이라 함은 구매자에 대한 양질의 제품의 안정적 공급을 의미하는 것이었다고 추측할 수 있다.

이러한 성실의 개념은 혁명 당시에도 잔존하였다. 동업조합의 존속을 요구하는 진정서[20] 중에 있는 것은 도제봉공을 거치지 않고 어떠한 경험도 없는 자가 장인이 되는 것을 문제시하고, 구제도로의 복귀를 요구하였다. 한편 동업조합 폐지를 요구하는 진정서에도 도제봉공 및 주작품 제출 제도의 존속을 요구하는 것, 기술의 유지개량 목적을 명시하고, 확실한 기능증명을 부과하여야 한다는 것이 있다. 이들 사실은 중세 이래의 직업규범이 또한 중시되고 있던 것 및 동업조합에 이를 담보할 역할이 기대되고 있었다는 것을

20) 제3신분에 의하여 작성된 진정서 가운데 동업조합과 관련한 것은 장인층의 의견이 압도적으로 많았다. 31개 도시에서 작성된 943개의 동업조합 관련 진정서(185개는 자유직, 138개는 금은세공사 및 도매상, 618개는 수공업 단체(corps de métier)에 관한 것이었다) 중 41개만이 동업조합의 폐지를 요구하였다. 주요도시의 경우에는 동업조합의 폐지에 대하여 반대하는 반면, 소도시나 농촌의 경우에는 대체로 동업조합에 대하여 강한 적개심을 갖고 있었다.

시사한다고 할 수 있다. 동업조합에 대한 비판의 실질적 근거는 이것들이 가져온 과도한 영업독점에 있었다.

혁명의 이데올로기는 영업독점 및 경쟁저해라고 하는 동업조합의 폐해부분을 치유하는 것에 머무르지 않고 동업조합 제도 그 자체를 파괴하는 것이었다. 중농주의사상은 시장의 균형과 품질의 유지를 자유경쟁에 일임하고, 이제는 중간단체를 사이에 둔 공적 규제를 필요로 하지 않았다. 이로서 구체제에서의 생산자는 이제 자유롭게 이윤을 추구하는 경쟁자로서 변하게 된다.

그러나 〈concurrence déloyale〉의 규제에서 보는 바와 같이 여전히 성실은 경쟁자의 직업규범으로서 존속하게 된다. 다만 국가적 간섭을 배제한 자유경쟁의 자기완결성이 인정되고 있는 한, 이 제약 요소가 표면화되지는 않았다. 이것이 경쟁자의 행위규준으로서 실제로 기능하게 된 것은 영업의 자유의 폐해가 인식되게 된 19세기 중엽이며, 이 시기에 프랑스 부정경쟁법이 형성된다.

## 2. 부정경쟁 개념의 확립과 전개

### 가. 전통적 부정경쟁의 확립

프랑스 부정경쟁법은 불법행위규정인 민법 제1382조 및 1383조[21]에 근거한 판례이론에 의하여 형성되었지만, 그 과정에서는 자유경쟁을 보장하는 영업의 자유 원칙을 어떻게 제한하는가라는 점이 문제되었다. 부정경쟁소권(action en concurrence déloyale)은 일정한 경제적 자유를 전제로 한다. 그러나 대혁명에서 자유경쟁의 법적 근거가 부여되었다고 하여 바로 부정경쟁소권이 등장한 것은 아니었다. 경제적 자유라고 하는 법적 토대 위에 그 사회적 표출인 자본주의가 확립되고, 경제경쟁이 활발하게 되지 않는 한

21) 부정경쟁이 고의로 1382조의 적용을 받는 경우에는 〈concurrence déloyale〉, 과실에 의하여 1383조의 적용을 받는 경우에는 〈concurrence illicite〉로 구별되는 것이 정식이나, 이들은 통상 〈concurrence déloyale〉로 통일되게 다루어진다.

부정경쟁 자체는 표면화되지 않기 때문이다. 프랑스에서 부정경쟁의 일반적인 규제가 나타나게 된 것은 산업자본주의가 전개되기 시작한 1850년대 이후였는데, 그 경위는 아래와 같았다.

19세기 전반에는 경쟁자에 대한 침해 및 공중의 기망을 막기 위한 목적에서 상품표시에 관한 약간의 특별법이 제정되었다.[22] 법원은 미기탁 상표의 모용을 불법행위로 제재함으로써 제정법에 의한 규제를 보완하였다. 그러나 제정법의 적용 범위는 좁고 판례 역시 상표의 사용에 의한 소유권을 성립을 인정하고, 이 권리의 침해를 통하여 불법행위가 된다는 구성을 채택하고 있었기 때문에 부정경쟁 규제는 한정적인 것에 머물렀다. '영업의 자유'의 절대성 앞에 부정경쟁의 범위는 극히 좁혀졌다.

이에 대하여, 산업사회가 확립하고 시민법을 기초로 하는 자유주의에서 발생하는 모순의 시정이 요구되게 되고, 영업의 자유에 제약을 가할 필요성이 인정되기 시작하였다. 그 제약요소로서 판례에 의하여 원용된 것이 '영업상의 성실(loyauté commerciale)' 개념이다. 부정경쟁의 규제에서 이 개념을 최초로 적용한 것은 리옹 항소원 1851년 1월 15일 판결로, 자타상품의 혼동을 초래한 피고는 영업상의 성실에 명백히 반하는 수단에 의하여 원고에게 손해를 끼쳤다고 하여 원고의 손해배상청구를 허용하였다.[23] 나아가 1852년 12월 29일 판결에서 파리 항소원은 성실(誠實)이 '영업의 자유'의 제약으로서 기능한다는 취지를 밝혔다.[24] 이 사건에서 법원은 영업의 자유가 신성한 원칙인 것을 인정하면서 '선의 및 성실하게 도입된 상인의 관행(usage)'에 반하는 수단을 이용하는 것은 이 자유에 포함되어 있지 않다고

22) loi du 22 germinal an 11은 기탁상표의 위조(contrefaçon)에 대하여 손해배상과 형사벌에 의한 제재를 규정하였다. 또한 loi du 28 juillet 1824는 형사벌로 상호를 보호하였다.

23) Lyon, 15 janv. 1851, DP, 1854, 2, 138. 이 사건은 포장지 제조업자인 피고가 동종 업자인 원고의 제조의 관련한 포장지의 색채, 포장, 상패 등을 모방한 상품을 제조 · 판매한 경우이다.

24) Paris, 29 déc. 1852, DP, 1853, 2, 163. 이 사건은 원고의 점포와 유사한 외장과 간판을 두고 피고가 원고 근처에 점포를 개설한 경우이다.

하여, 혼동초래행위를 한 피고에 대하여 행위 금지 및 손해배상을 명하였다. 성실위반에 의한 불법행위를 인정하는 이들 판단은 부정경쟁규제를 권리침해의 입장에 한정하고자 한 종래의 판례에서의 탈피를 시사한다고 할 수 있다.

이와 같이 부정경쟁은 '영업상의 성실'에 반하는 경쟁수단에 의한 불법행위로서 인식되게 되었다. 이를 제재하는 소는 부정경쟁소권(action en concurrence déloyale)로서 일반 민사책임이 소에서 구별되었다. 실제, 경쟁관계에 있는 상인 사이에서는 일방이 이익을 거두면 타인에게는 손해가 발생하는 것은 피할 수 없다. 경쟁은 필연적으로 고객의 가로채기(détournement de la clientéle) 등과 같이 상대방의 영업재산에 대한 침해를 수반한다. 자유경쟁 아래에서는 이러한 침해는 원칙적으로 합법이나, 이것이 부정한 경쟁수단에 의한 경우에는 허용되지 않는다. 이에 의하여, 직업규범으로서의 성실이 자유경쟁의 제약요소로서 기능하게 되었다.

부정경쟁법은 근대사법에 의하여 보장되었던 자유경쟁에 대한 제한으로서 등장하였다. 경제의 균형을 자유경쟁에 일임하는 중농주의사상의 영향에서 영업자유의 원칙은 사회의 조화라고 하는 귀결을 내포한다고 생각되고, 근대사법은 이미 이 전제에 입각하고 있다. 그러나 근대사법의 사회적 표현인 자본주의는 부정경쟁이라는 모순을 노정하고, 여기에서 자본주의경제의 발전과정에서 발생하는 현실적인 사회조화적 요구를 만족할 필요성이 인식되게 되었다. 부정경쟁법은 자본주의사회의 폐해를 시정하는 수단으로서 평가된다.

여기에서의 행위규준이 오늘날의 경쟁법에서와 같은 능률경쟁의 왜곡성이 아니고, 직업규범에서 요구된 것은 부정경쟁법이 구체제 아래에서의 동업체적 규제의 연장선 위에 있는 것을 의미하는 것이라고 할 수 있다. 영업의 자유는 동업조합의 직업독점을 부정한 것이지, 직업윤리에 근거하는 산업규제까지도 부정하는 것은 아니었기 때문이다. 중간단체를 통하여 실시되고 있던 직업자 규제의 전통은 부정경쟁규제로 모습을 바꾸어 근대사회에 받아들여지게 된 것이다. 직업관행이 부정경쟁성의 판단기준으로서 채용되고, 장기간 타당시되었던 것[25]은 이 때문이라 할 수 있다.

혁명에서 중간단체가 부정된 이상, 더 이상 동업조합에 의한 규제는 있을 수 없었다. 상인은 자기의 영업재산에 대한 권리를 보호하기 위하여 불법행위법에 의지하고, 그 결과 부정경쟁법은 상인간의 이해조정제도로서의 성격을 지니게 된다.

이러한 부정경쟁행위로는 혼동초래 행위, 영업비방 행위 및 경쟁기업의 교란행위 등이 포함된다. 혼동초래 행위는 타인의 표시를 모용하여 고객의 심리에서 자타상품등의 혼동을 야기하는 점에 위법성이 있으며, 혼동의 우려를 생기는 행위라면 불법행위 즉 부정경쟁이라고 판단된다. 이때 혼동 우려의 인정을 위해서는 표시사용자와 모용자와의 사이에 경쟁관계의 입증이 중요하다. 영업비방 행위는 경쟁자의 상품, 성과 또는 경쟁자 본인의 신용을 훼손하는 행위다. 유포된 언사에는 경쟁자를 직접 비방하는 것뿐만 아니라, 자신에 관한 과대한 정보로 경쟁자를 상대적으로 비방하는 것도 포함한다. 특히 유포된 사실이 허위일 필요는 없으며, 진실이라도 경쟁자의 신용을 훼손하는 경우에는 부정경쟁이 된다. 경쟁기업의 교란행위에는 영업비밀의 부정한 취득, 종업원 빼내기, 계약 가로채기, 판매망의 교란 등의 행위가 포함된다.

### 나. 부정경쟁의 확대 – 기생행위

상술한 바와 같이, 19세기 이래 형성되었던 전통적인 부정경쟁개념은

---

25) Vichy 정권(1940–1944년)의 상업조직일반위원회(comité général d'organisation du commerce)가 작성한 부정경쟁법전(Code de la concurrence déloyale) 제1조는 부정경쟁을 '직업상의 관행 또는 성실에 반하는 수단을 이용하여 … 고객을 가로채거나 가로챌 우려가 있는 … 상인의 행위'로 정의한다. V.G.Ripert, *Aspect juridiques du dapitalisme moderne*(2e éd.), LGDI(1951), n° 86.

행위자와 피해자의 경쟁관계의 존재를 전제로 하는 것이었다. 그러나 그 한편에서 투자의 성과물인 경제적 가치를 무단으로 이용하는 행위는 이것이 경쟁자간에 이루어졌는가를 묻지 않고 규제하여야 한다는 인식이 차츰 형성되게 되었다. 이러한 행위는 노력없이 타인의 성과에 무임승차하여 이익을 얻는다는 점에서 기생행위(agissements parasitaires)라 불린다.[26)]

처음 기생행위가 논의된 것은 비경쟁자간의 저명표시모용행위였다. 이 경우 저명표시의 사용자와 모용자는 서로 다른 거래분야에 속해 있기 때문에 고객이 공통되지 않고 따라서 부정경쟁의 요건인 고객의 가로챔은 발생하지 않는다. 그러나 기생행위이론은 투자 노력의 성과가 갖는 경제적 가치에 착안하여 이를 보호하고자 하는 특징을 갖는다. 이러한 문제에 대한 논의는 1960년대부터 이루어지기 시작하였다. 예컨대 1962년 12월 8일 파리항소원은 자동차를 지정상품으로 하는 저명상표가 냉장고에 사용된 사안에서, 상표권 침해 및 부정경쟁의 성립을 부정하면서도 이러한 사용 행위는 상품의 출처혼동에 의하여 저명상표의 식별력 및 고객흡입력을 저하시켜 원고에게 손해를 끼치는 것으로 불법행위가 성립한다고 인정하였다.[27)] 이 판결은 상대방에 대한 가해를 요건으로 하는 불법행위주의의 틀 안에서 무임승차의 결과로서 발생하는 표시의 희석화에서 실질적인 위법성을 인정하

26) 기생행위 개념을 프랑스에 도입한 것은 Y. Saint-Gal, Concurrence déloyale et concurrence parasitaire(ou agissements parasitaires), RIPA 1967, p.19라고 함. 그는 기생행위를 타인에게 붙어 그 자가 한 노력과 명칭 및 상품의 평판을 이용하는 것으로 기생하는 것으로 정의하였다. 이 후 이 개념에 의한 규제의 확충은 많은 학설에 의하여 지지를 받았다. 그 대표적인 것으로는 X. Desjeux, Le droit de la responsabilité civile comme limite au principe de la liberté du commerce et de l'industrie(à propose de la sanction de la copie), JCP 1985, éd. E, II, 14490; Ph. Le Tourneau, Les professionnels, ont-ils du coeur?, D.1990, chron, p.21.

27) Paris, 8 déc, 1962, D. 1963, 406, n.H.Desbois. 이 사건은 프랑스 가전 제조업체가 GM이 갖고 있는 자동차 상표인 〈Pontiac〉을 냉장고 명칭으로 사용한 사안이다. 당시 프랑스 상표법(loi du 23 juin 1857)에서는 현행 지적재산권법전 L.713-5조와 같은 저명상표보호 규정이 없었기 때문에 상품의 유사성이 부정되는 본건에서 상표권 보호를 구하는 것은 불가능하였다. 또한 판결은 부정경쟁소권은 원고가 피고 상품과 동일 또는 유사한 상품을 판매하고 있는 것을 전제로 한다고 하여 부정경쟁의 성립도 부정하고 있다. 또한 최종적으로 금지 및 손해배상은 인정하지 않고 출처 혼동을 회피하기 위한 정정광고만을 인정하였다.

였다고 평가할 수 있다.

경제적 가치를 갖는 성과의 모용은 경쟁자 사이에서도 문제가 된다. 여기에서 기생행위는 특히 기생경쟁(concurrence parasitaire)라고도 불린다. 1980년대에는 기생행위이론의 확장에 의한 기업성과의 보호가 학설상 논의되게 되었으나,[28] 여기에서는 지적재산권의 보호대상에서 제외된 성과의 보호가 논의의 중심을 차지하고 있다. 예컨대 기업 투자의 성과인 발명, 창작물, 선전방법 등이 배타권의 대상이 되지 않는 경우에 대하여 이를 모용한 행위를 불법행위법으로 규제하고자 하는 논의였다.

이러한 학설의 영향으로 판례도 경쟁자에 의한 성과모용의 규제를 확대하는 방향으로 움직였다. 대표적인 사례로 파리 항소원 1989년 5월 18일 판결이 있다.[29] 종래의 것과는 달리 무임승차의 대상을 경제적 가치로 보고, 그 모용으로부터 발생하는 '부당한 절약(économie injustifiée)'에서 위법성의 근거를 찾음으로써 부정경쟁행성에 대한 근거의 다양화를 가져왔다. 즉 상품표시, 상품형태, 선전콘셉트, 카탈로그 등을 무임승차의 대상이 되는 성과로 두고, 기생행위를 혼동을 수반하지 않는 성과모용행위로까지 정의하게 되었다.

이와 같이 기생행위이론은 저명표시의 보호라는 한정된 범위에서 기업의 성과 일반의 보호로 확장되었다. 이러한 배경에는 경제적 관점에 근거한 시장의 기능에의 배려가 있다. 혼동에 의한 판매량의 감소에 비하여 투자성과의 모용만으로 발생하는 손해는 당해 성과가 저명성을 갖고 있는 경우가 아닌 한 추상적이며 불확실하다. 그러한 점에서 이러한 행위를 불법행위주의로 대응하는 것은 적절하지 않을 수도 있다. 그럼에도 불구하고 판례가 무임승차 자체에서 위법성의 근거를 찾는 것은 시장 기능의 유지 및 그에

28) Ph. Le Tourneau, Variations autour de la protection du logiciel, Gaz, Pal. 1982, 2, Doctr., p.370.
29) Paris, 18 mai 1989, deux arrêts, JCP 1989, éd. E, I, 18706.

대한 유해 가능성에서 부정경쟁행위를 판단하는 것이라 할 수 있다. 이러한 점에서 기생행위의 확대를 지지하는 학설이 시장의 조정이라는 목적을 제시하는 것이며, 판례 역시 성과모용에 의하여 자유경쟁의 작용이 왜곡된다고 지적하는 것이다. 기생행위이론의 의의는 부정경쟁성의 판단, 즉 자유경쟁의 허용범위의 획정에서 기능적 관점을 부여하는 것에 의하여 전통적 부정경쟁이론을 보완한 점에 있다고 판단할 수 있다.

기생행위에는 저명성에 대한 기생 행위와 투자에 대한 기생 행위 등이 있다. 기생행위이론이 저명표시를 본래의 거래분야 이외에서 모용하는 행위로부터 보호하고자 하는 목적에서 제안된 이론이라는 점에서, 표시의 저명성은 식별력은 요소로 한다. 한편 저명성 역시 선전광고 등의 투자 결과로 얻어지는 성과라 할 수 있지만, 저명성에 한하지 않고 타인의 투자 일반에 무임승차하는 행위 역시 투자에 대한 기생행위로서 부정경쟁행위에 해당한다.

### 다. 부정경쟁과 공익

프랑스의 부정경쟁법은 불법행위 규정을 근거로 한다. 따라서 그 규제대상은 특정한 개인에 대한 가해행위에 한정되게 된다. 그러나 실제로는 행위자가 속한 시장전체에 대한 가해를 내용으로 한 공익 침해행위도 또한 부정경쟁행위의 한 유형이 될 수 있다. 예컨대 허위광고, 품질오인표시, 거래거절, 부당염매 등이 이러한 행위에 해당할 수 있다. 이러한 행위는 어떤 직업의 구성원 전체를 대상으로 한 침해하는 점에서 소위 '시장의 전체적 교란(désorganisation générale du marché)'이 된다.[30]

공익침해형의 경쟁행위에 대하여는 오늘날 소비법전 및 상법전 등의 성문규정에 근거하여 규제가 존재하나, 이러한 제정법이 없던 시대에는 시장전체에 대한 침해행위로 할 수 있으면서도 부정경쟁으로 민사규제를 강구

30) Y. Serra, *Le Droit français de la concurrence*, Dalloz, 1993, p.49.

하는 수밖에 없었다.[31] 다만 공익을 해하는 이들 행위를 불법행위주의 아래에서 대처하는 것에는 한계가 있다. 예컨대 허위광고의 경우 직접적인 피해자는 소비자이기 때문에 허위광고를 한 자의 경쟁자가 불법행위 소송을 통하여 제재하는 것은 극히 곤란하다. 경쟁자로서는 손해 및 인과관계의 입증이 곤란하기 때문이다. 그러나 고객을 가로챈 것으로 인한 손해의 입증이 곤란하여 손해배상을 받을 수 없다고 하더라고 부정경쟁행위의 존재를 입증함으로써 침해행위의 금지가 가능하다는 점에서 그 의의를 부정할 수 없다. 이러한 점에서 판례는 '성실한 경쟁의 자유로운 작용(le libre jeu de la concurrence loyale)을 왜곡하였다'는 것을 근거로 허위광고에 대한 경쟁자의 소를 수리하였다.[32]

## 3. 프랑스에서의 부정경쟁 개념

### 가. 형식적 의의의 부정경쟁

프랑스법은 부정경쟁의 규제에서 불법행위주의를 채용하여 왔다. 따라서 원칙부터가 부정경쟁의 성립을 위하여는 불법행위(faute), 손해 및 이들 사이의 인과관계가 필요하다. 이 경우 부정경쟁은 특정의 경쟁자에 대한 가해를 수반하는 행위이어야 한다. 반면 독일법의 경우와 같이 행위규준위반주의 아래에서는 부정경쟁은 일정의 행위규준에 반하는 행위이면 족하고, 경쟁자에 대한 가해를 요하지 않는다.[33]

---

31) 예컨대 허위광고(publicité mensongére)의 금지는 1963년 7월 2일 법률에 의하여 프랑스에 도입되었고, 1973년 12월 27일 법률에서는 오인적(de nature à induire en erreur) 광고도 금지하였다. 현재는 소비법전 L.121-1조가 허위(fausses) 및 오인적 광고를 규제하고 있다. 형벌은 자연인에 대하여는 L.213-1조, 법인에 대하여는 L.213-6조에서 정하고 있다.

32) Paris, 18 mai 1989, deux arrêts, JCP 1989, éd. E, I, 18706.

33) 澁谷達紀, 知的財産權法講義 III, 有斐閣, 2004, 4-7면 참조. 예컨대 2004년 개정된 독일 부정경쟁방지법(Gesetz gegen den unlauteren Wettbewerb)는 일반조항인 제3조에서 '경쟁자(Mitbewer), 소비자(Verbraucher) 또는 기타 시장참가자(Marktteilnehmern)의 불이익이 되는 형태로 경쟁을 경미하지 않은 정도로 침해할 우려가 있는 부정경쟁은 금지된다'고 규정하고 있

불법행위의 효과로서 손해배상 및 금지를 청구하는 경우에는 손해의 증명이 원칙적으로 필요로 하다. 그렇지만 일부 판례는 원고에 의한 손해의 입증이 없는 경우에도 부정경쟁을 규제한 경우가 있다. 예컨대 파리 항소원 1852년 1월 19일 판결의 경우에는 혼동초래행위의 입증만으로 원고의 금지청구를 허용하였으며,[34] 일부 학설 중에서도 부정경쟁소권의 제일 목적은 금지이며, 이는 부정경쟁행위의 존재만으로 인정될 수 있다고 하는 것도 있었다.[35] 이러한 판례 · 학설에도 불구하고 판례 · 통설은 손해를 부정경쟁의 요소로 보고 그 증명이 없는 한 소를 배척하여야 한다는 견해가 지배적이었다. 예컨대 파기원 상사부 1976년 7월 19일 판결은 부정경쟁소권을 부여하는 불법행위규정이 피고의 불법행위(faute)뿐만 아니라 원고가 입은 손해도 전제로 하는 것임을 확인하고 있다.[36]

그러나 불법행위(faute)의 존재에서 손해를 추정하는 것은 인정하는 것으로 파기원의 입장에 변화를 보이고 있다. 예컨대 파기원 상사부 1993년 2월 9일 판결[37]은 손해는 부정경쟁행위에서 필연적으로 추인된다고 판시하고, 손해의 입증이 없는 것을 이유로 손해배상청구를 기각한 원판결을 파기하였다. 이러한 태도는 이후 판결[38]에서도 확인되는데, 이와 같은 손해의 추정으로 경쟁자는 부정경쟁행위의 존재를 증명하는 것만으로도 당해 행위자

---

으며, 현행 부정경쟁방지법 제3조 제1항은 '부정한 거래상의 행위는 경쟁자, 소비자 또는 기타 시장참가자의 이익을 지각 가능한 정도로 저해하는 것인 경우에는 위법이다'고 규정하고 있다. 이와 같이 부정경쟁행위의 피해자를 경쟁자에 한정하지 않는 의도가 문언상 명백하다.

34) Paris, 19 janv. 1852, DP, 1852, 2, 267. 이 사건은 탄산수 생산기구의 명칭을 자신의 기구에 사용한 사건이다. 법원은 피고가 당해 명칭의 사용으로 원고에 대하여 손해를 발생시킬 혼동을 야기하였다고 판시하고, 원고가 평가가능한 손해(domage appréciable)을 증명하지 않음에도 불구하고 당해 명칭의 사용금지를 명하였다. 다만 손해의 증명이 없는 바 손해배상은 인정하지 않았다.

35) P. Roubier, *Le droit de la propriété industrielle*, t.1, Librairie du Recueil Sirey, 1952, pp.508-509.

36) Com., 19 juill. 1976, JCP 1976, II, 18507.

37) Com., 9 févr. 1993, JCP 1994, éd. E, II, 545, n. Danglehant.

38) Com., 9 oct. 2001, RJDA 2002, n° 213.

의 유책판결을 얻을 수 있게 되었다.

판례가 불법행위(faute)의 인정만으로 부정경쟁을 규제하게 된 배경에는 부정경쟁에서 발생하는 손해의 입증이 곤란하다고 하는 사정에 있다고 볼 수 있다. 예컨대 고객을 가로챈 행위(전통적 부정경쟁)나 기업성과의 경제적 가치를 가로챈 행위(기생행위) 등은 손해를 구성하도록 되어 있으나, 이러한 손해의 존재는 극히 불확정하다. 나아가 손해의 입증에 성공하더라도, 원고가 높은 시장 점유율을 갖고 있지 않는 한, 매출액의 감소가 피고의 행위만으로 유발되었다고 말하기 어렵다는 점에서 부정경쟁행위와 손해와의 인과관계를 증명하는 것 역시 매우 곤란하다. 허위표시와 같이 공익이 침해된 경우에는 이러한 입증의 어려움은 배가된다. 이러한 곤란을 고려하여 인과관계의 입증책임을 감경하기 위하여 손해의 추정을 인정한 것이라 이해할 수 있겠다.

이와 같이 프랑스의 부정경쟁규제는 불법행위주의에서 행위규준위반주의에 접근하고 있다고 할 수 있다. 행위규준을 일응, 영업상의 성실이라고 가정하면 부정경쟁의 형식적 의의는 '영업상의 성실에 반하는 불법행위(faute)'에 있다고 할 수 있겠다. 성실에 반하는 부정한 경쟁행위는 곧 불법행위인 한, 이는 제재의 대상이 된다. 불법행위(faute)에서 손해를 추정하는 것에서 불법행위(faute)의 존재 자체에서 소의 이익을 찾을 수 있다.

행위규준위반주의에의 접근은 나아가 원고적격자의 범위 확대라는 점에서도 나타난다. 판례는 부정경쟁의 피해자인 개개의 기업뿐만 아니라, 직업조합(syndicat professionnel)[39] 및 경제이익단체(groupement d'intérêt économique)[40]에게도 소권의 행사를 인정하여 왔다. 이러한 단체는 고객 가

39) Com., 22 juill. 1986, Gaz. Pal. 1986, pan. 278. 이 사건은 택시 영업과의 사이에 혼동을 발생시킨 사업자에 대하여 택시 사업자 조합이 손해배상을 청구한 것으로 파기원은 조합가맹자에 대한 손해배상 지불을 명한 원판결을 유지하였다.

40) Paris, 22 avril 1980, Gaz. Pal. 1981, 1, 184. 영업촉진을 목적으로 하는 단체는 법원에서 자기 상업전략을 영업비방으로부터 보호받을 자격을 갖고 있다고 인정하고 있다.

로채기 등의 손해를 직접적으로 입은 자라고는 할 수 없다. 단체소권의 허용은 독일법에서 보이는 바와 같이 행위규준위반주의의 중요한 지표이다.

### 나. 실질적 의의에서의 부정경쟁

'영업상의 성실에 반하는 불법행위(faute)'라 함은 행위규준위반주의라는 규제방법을 바꿔 말한 것에 불과하다. 마지막으로 이 방법에 의하여 규제되는 행위의 개념이 명백히 이루어지지 않으면 안 된다. 즉 부정경쟁을 실질적으로 파악하기 위하여는 행위규준 즉 위법성 판단기준의 내용을 검토하는 것이 필요하다.

부정경쟁법의 위법성 판단기준은 성실 내지 직업관행으로 윤리적으로 파악되어 왔다. 이에 대하여, 1980년대 이래 부정경쟁성의 판단에 관하여 '자유경쟁의 작용'의 왜곡성을 언급하는 판결이 보이고 있다. 즉 부정경쟁성의 판단기준이 직업윤리에서 기능원리로 변화하고 있다. 이러한 변화의 원인은 아래와 같이 설명할 수 있다. 즉 경쟁작용의 저해행위를 규제대상으로 하는 견해는 소위 경쟁법적 논리인데, 프랑스에서는 이를 실현하는 제도의 형성이 다른 국가에 비하여 늦었다. 유럽공동체의 경우 1957년 로마 조약[41] 이래 자유경쟁의 원칙을 두고 있던 것에 반하여 프랑스는 1986년에야 자유주의적 경쟁법을 제정하게 된다. 경쟁법의 부재 가운데 유럽공동체의 시장경쟁정책을 부정경쟁법으로 대응하면서 부정경쟁성의 판단기준으로 기능원리가 작용하게 된 것이라 할 수 있다. 한편 불법행위주의의 한계라는 부정경쟁법의 내재적인 요인에서도 그 원인을 찾을 수 있다. 직업윤리에 반하는 수단으로 경쟁자의 고객을 빼앗는 행위를 불법행위로 제재한다는 것이 프랑스 부정경쟁방지법의 기본적인 태도이다. 부정경쟁법이 경쟁자의

---

41) Treaty establishing the European Economic Community. 동 조약 제3조(f)는 공동체의 정책으로서 역내시장에서 경쟁이 왜곡(faussée)되지 않는 것을 보장하는 제도를 정비하도록 하고 있다.

이익조정을 목적으로 하는 한 직업관행에 따르는 것이 충분할지 모르나, 불법행위법 자체가 부정경쟁규제로서는 불충분하다. 예컨대 기생경쟁행위나 시장교란행위는 가해성이 옅은 부정경쟁으로 불법행위법을 적용하는 것이 본래 곤란하다. 이러한 어려움을 극복하기 위하여 경쟁작용의 왜곡성이 고려된 것이라 할 수 있겠다.

한편 이와 같이 위법성 판단기준을 능률경쟁의 도태에 착안하게 되면서, 부정경쟁법의 기능이 제정법인 경쟁법, 특히 '시장의 적정한 작용'의 확보를 목표하는 반경쟁행위법의 기능과 일치하게 되는 현상을 보이게 된다. 이러한 점에서 제정법인 경쟁법과 부정경쟁법은 자유경쟁의 옹호라는 목적에서 일치하는 경향을 보인다. 나아가 양자는 공통의 목적 아래 묶여져야 하는 것이라고도 할 수 있다. 즉 전자는 자유경쟁의 이념형을 능률경쟁에 두고 이를 옹호하고자 하는 한편, 후자는 자유경쟁의 이념을 성실한 경쟁에 두고 이를 유지하고자 하는 것이라 평가할 수 있다. 이념의 차이는 규제에 있어 관점의 차이에 유래하는 것에 불과하다. 전자는 주로 공익의 관점에서 규제를 하기 위하여 제도 목표를 필요로 하지만, 후자는 주로 사익의 관점에서 규제를 하기 위하여 직업자의 행동규범에 의거한다. 판례에서 위법성 판단기준의 수렴경향은 양자 목적의 동일성이 실제로 인식되어온 것이 드러난 것이라 할 수 있다.

### 4. 우리나라에서의 부정경쟁 개념

우리나라가 1980.4.14.조약 제707호로서 가입한 Paris Convention for the Protection of Industrial Property(공업소유권 보호를 위한 파리협약 1980.4.14. 조약 제707호; 이하에서는 '파리협약'이라고 약칭한다)이나 특별법으로서 부정경쟁방지법을 두고 있는 대륙법계 국가는 부정경쟁행위를 전반적으로 규제할 수 있는 이른바 일반조항[42]을 두어 부정경쟁행위의 개념을 정하고 있다. 반면 우리나라의 부정경쟁방지법은 일반조항[43)]을 두고 있지 않으며 부정경쟁행위에 관한 통일된 개념을 정하고 있는 실정법규가 존재하지도 않는다.

이에 다수 학설[44)]은 독일과 스위스의 일반조항에 영향받아 '신의성실 및 사회질서에 어긋나는 수단 행위'로 부정경쟁행위를 이해하고 있는 반면, 소수설로서 파리협약 제10조의2 제2조의 문언에 영향받아 '공정한 관행에 반하는 일체의 경쟁행위'라고 보는 견해[45)]와 민법상의 불법행위의 특칙으로서 영업주체가 사업활동을 함에 있어서 경쟁상의 우위를 정당한 대가의 지불 없이 타인의 지배력에 편승하여 확보하려는 행위라는 견해[46)] 등이 있다. 그러나 본서에서는 부정경쟁에 관한 일반적 기본법으로서의 부정경쟁방지법의 지위를 전제로, 부정경쟁행위를 '자유경쟁을 전제로 한 거래질서를 해하는 일체의 행위'로 보고자 한다. 따라서 '고객을 얻기 위한 독립적 노력(an independent striving for patronage)으로 경쟁행위를 저해하는 일체의 행위'를 부정경쟁행위라 하겠다.

물론, 이와 같이 추상적으로 부정경쟁행위의 개념을 어떻게 정하는가의 문제보다는 부정경쟁행위의 개념 아래에 어떠한 행위들을 포섭시키고 또한 이들을 어떠한 방식으로 분류하는가에 문제의 핵심이 있을 것이다.

---

42) 파리협약 제10조의2 제2항에서는 '공업상 또는 상업상의 공정한 관습에 반하는 모든 경쟁행위는 부정경쟁행위를 구성한다'고 규정하고 있다. 독일 구부정경쟁방지법 제1조에는 '영업상 거래에 있어서 경쟁의 목적으로 선량한 풍속에 반하는 행위를 하는 자에 대하여는 중지 및 손해배상을 청구할 수 있다'고 규정되어 있으며, 스위스 부정경쟁법 제1조에는 기만적 또는 기타의 수단에 의한 신의성실의 원칙에 반하는 경제적 경업의 남용을 부정경쟁이라고 규정하고 있다.

43) 1991년 개정법 이전의 제1조는 '부정한 수단에 의한 상업상의 경쟁을 방지하여 건전한 상거래의 질서를 유지함을 목적으로 한다'라는 내용의 목적조항을 둠으로써 부정경쟁행위를 '부정한 수단에 의한 상업상의 경쟁행위'로 규정한 것으로 풀이할 수 있었다.

44) 정성진, 부정경쟁행위론, 경북대학교 박사학위논문, 1987, 80면; 김인섭, "부정경쟁방지법의 '부정경쟁행위' 성부에 관한 일고찰", 대한변호사협회지(134호), 대한변호사협회, 1987.10, 51면 등.

45) 정호열, 부정경쟁방지법론, 삼지원, 1993, 109면.

46) 황의창 · 황광연, 부정경쟁방지 및 영업비밀보호법, 세창출판사, 2007, 22면.

## Ⅲ. 부정경쟁의 유형

우리 부정경쟁방지법은 제2조 제1호에서 9개의 행위 유형을 부정경쟁행위로 정의하고 있으며, 동조 제3호에서는 영업비밀 침해행위를 정의하고 있다. 비록 우리 부정경쟁방지법이 영업비밀 침해행위를 제1호 소정의 부정경쟁행위와 별도로 규정하고 있으나, 영업비밀의 침해행위 역시 크게는 건전한 거래질서를 해한다는 측면에서 부정경쟁행위의 하나로 이해하여야 할 것이다. 우리 부정경쟁방지법이 부정경쟁에 대한 일반조항을 두지 않고, 일정한 행위유형을 부정경쟁행위로 열거하고 있다는 점에서 부정경쟁행위에 관한 유형화는 일응 의미가 없다고 할 수 있다. 그러나 실질적인 부정경쟁수단들은 부정경쟁방지법이 정하고 있는 것들 이외에도 무수하게 많이 존재할 수 있다. 따라서 이의 유형화는 이론적으로 또한 실천적으로 중요한 의미를 가질 수 있다. 이에 아래에서는 부정경쟁의 유형 분류와 관련한 여러 견해를 살펴보도록 한다.

### 1. 독일에서의 유형화 논의

1909년 제정된 독일의 부정경쟁법은 불법행위법의 한 영역으로 교의적으로 보다 안정된 기초에 근거하여 '도의적 사업자(anständigen Gewerbetreibenden)'를 부정경쟁이라는 새로운 구성요건으로부터 보호하고자 한 것이었다. 독일 민법 제826조의 '선량한 풍속'이라는 개념을 사용하는 구독일부정경쟁방지법 제1조의 일반조항을 기초로 학설 · 판례는 고객획득, 방해행위, 부정이용, 법위반, 시장교란 등의 5개 유형군을 형성하고, 이러한 논의를 법전화한다. 즉 2004년 부정경쟁법에서는 제3조 소정의 부정경쟁 개념을 명확화하기 위하여 부정경쟁의 예로 11개의 사례를 규정하였으며,

오인야기광고, 비교광고 및 수인할 수 없는 권유 행위(Unconscionable pestering) 등을 규정하였다. 이와 같은 논의와 이에 따른 법률의 변천 과정을 이해하기 위하여 아래에서는 부정경쟁행위에 대한 독일에서의 유형화 논의를 살펴본다.

### 가. Kohler의 분류

독일에서 처음으로 부정경쟁에 대한 체계화를 시도한 자는 Kohler이다. 그는 행위의 성격에 근거하여 오인유발과 적대행위(또는 강압행위) 두 유형으로 부정경쟁을 분류하였다. 전자에는 광고자와 그 영업상의 급부의 속성에 관한 기만적 표시와 타인의 영업상 표지의 기만적 이용을 포함시켰고, 후자에는 비방, 비밀누설, 수뢰 및 적대적 영업방해 등을 포함시켰다.

### 나. Callmann의 분류

Callmann은 Kohler의 분류를 진전시켜 부정경쟁행위를 3분한다. 즉 기여적 경쟁(능률을 통한 경쟁), 암시적 경쟁(여론에 작용함으로써 행하는 경쟁) 및 폭력적 경쟁(다른 경쟁자에 대한 직접적 압박을 통한 경쟁) 등으로 부정경쟁행위를 유형화한다.

### 다. Emmerich의 분류

Emmerich는 보호법익을 기준으로 부정경쟁행위를 3분한다. 즉 부정경쟁방지법을 통하여 보호받는 자를 경쟁자, 소비자, 일반 공중으로 분류하여 다른 경쟁자의 이익을 침해하는 행위(방해경쟁, 신용훼손과 비방, 비밀누설 및 타인의 급부에 대한 표절), 수요자의 이익을 침해하는 행위(가격광고, 오인유발 및 영업표지남용) 및 공공의 이익을 침해하는 행위(시장교란, 법위반) 등으로 분류한다.

### 라. Baumbach-Hefermehl의 분류

Baumbach-Hefermehl은 부정경쟁행위를 고객유인, 방해, 표찰, 법률위반 및 시장교란의 5개 유형으로 분류한다. 이는 경쟁의 기능을 고려하여 투입된 경쟁수단의 종류와 방향 그리고 이를 통하여 침해되는 다른 경쟁자, 시장참여자 및 공중의 이익을 종합적으로 고려한 분류 방식이다.

## 2. 일본에서의 유형화 논의

독일의 부정경쟁방지법은 일반조항을 가지고 있으며, 풍부할 뿐만 아니라 차별화된 개별 구성요건을 정하고 있다. 그리하여 여러 부정경쟁행위를 일정 기준에 따라 분류하려는 노력이 다방면에서 시도되고 있으며, 이는 일반조항의 해석과 운용에 있어서도 중요한 위치를 차지하고 있다. 반면 우리의 경우와 같이 일본에서는 부정경쟁행위 일반을 포괄적으로 규제하는 소위 일반조항을 두고 있지 않을 뿐만 아니라, 법이 정하는 소수의 부정경쟁행위 유형에 대하여도 한정적 열거주의로서 이해하는 견해가 다수이다.[47] 그러나 여전히 많은 견해가 부정경쟁행위의 유형화를 시도하고 있다는 점에서 이를 소개한다.

### 가. 小野昌延의 분류

小野昌延은 부정경쟁행위를 ① 상표 · 상호 및 기타 표지의 모용, ② 오인유발적 광고 및 라벨의 부정, ③ 경쟁 상대방의 신용이나 노력 · 비용의 무단이용, ④ 경쟁 상대방의 영업 · 상품에 대한 비방행위, ⑤ 가격경쟁 등의 부정거래행위, ⑥ 경쟁자에 대한 기업침해 및 ⑦ 프리미엄 · 부당염가 ·

47) 小野昌延, 不正競爭防止法概說, 有斐閣, 1974, 29면; 豊崎光衛 · 松尾和子 · 澁谷達紀, 不正競爭防止法, 第一法規, 1982, 2-3면, 6면; 江口順一, "現行不正競爭方止法の基本問題", 日本工業所有權法學會年報(8号), 日本工業所有權法學會編, 有斐閣, 1985, 95면 이하; 松尾和子, "不正競爭防止法における一般條項", ジュリスト(No.1005), 有斐閣, 1992, 16-20면 등.

경매부판매, 부당리베이트 등의 7가지로 분류하고 있다.

### 나. 田村善之의 분류

田村善之는 부정경쟁으로 금지하여야 하는 행위유형으로 ① 경쟁감쇄행위, ② 부당수요환기행위, ③ 성과모용행위 및 ④ 외부불경제야기행위 등을 들고 있다. ① 시장이 기능하기 위하여는 경쟁이 이루어지지 않으면 안 되기 때문에 경쟁을 감쇄하는 행위를 금지할 필요가 있다. 이에 경쟁감쇄행위는 부정경쟁행위로 금지하여야 하며, 이에는 가격협정, 경쟁자 배제목적의 부당염가판매, 부당한 거래거절 등이 해당한다. ② 거래 상대방에게 하자있는 정보를 전달하든지, 판단능력을 흐리거나 판단의 자유를 저해하는 행위를 금지할 필요가 있다. 이에 부당하게 수요를 환기하는 행위는 부정경쟁행위로 금지하여야 하며, 이에는 부당하게 상품 · 서비스의 내용을 위장하는 행위나 경쟁상대방의 상품 · 서비스를 중상하는 행위, 부당하게 사행심을 일으키는 광고나 판매방법, 수요자에게 불필요한 재화의 구입을 강제하는 끼워팔기 등이 해당한다. ③ 타인의 노력, 신용, 기술 등에 대한 무임승차행위를 허용하는 경우에는 성과를 얻기 위하여 자본을 투하한 자가 감소할 가능성이 있으며, 경쟁질서의 발전이 저해될 우려가 있다. 이에 타인의 성과를 모용하는 행위는 부정경쟁행위로서 금지되어야 한다. ④ 외부불경제야기행위란 행위자가 사회적 한계비용의 모두를 부담하지 않기 때문에 재화가 바람직한 공급량을 넘어 공급되게 하는 행위를 의미한다. 예컨대 공해를 야기하도록 하는 제조행위가 그 전형적인 예이다.

## 3. 우리 부정경쟁방지법의 분류

우리 부정경쟁방지법 제2조에서는 부정경쟁행위(제1호)와 영업비밀 침해행위(제3호)를 각각 정하고 있다. 그러나 영업비밀 침해행위 역시 거래질서의 파괴한다는 점에서 부정경쟁행위의 한 유형으로 이해하여야 할 것이다. 제2조 제1호에서는 9가지 유형의 부정경쟁행위를 열거하고 있다. 즉 상품주체혼동야기행위((가)목), 영업주체혼동야기행위((나)목), 저명상표 희석행위((다)목), 원산지오인유발행위((라)목), 생산지오인유발행위((마)목), 상품의 품질 · 내용 · 수량의 오인유발행위((바)목), 상표권자의 동의 없는 대리인의 상표사용행위((사)목), 정당한 권한 없는 자의 도메인 이름 선점행위((아)목) 및 타인이 제작한 상품의 형태를 모방한 상품의 사용행위((자)목) 등을 열거하고 있다. 또한 제3호에서는 다수 유형의 영업비밀 침해행위를 규정하고 있다.

이러한 행위유형을 구분하는 기준에는 여러 방식이 존재할 수 있다. 예컨대 직접적 피해자를 기준으로 일정 행위유형은 특정한 동업자의 이익을 해치는 행위로, 다른 행위는 동업자 전체의 이익을 해치는 행위로 분류하는 견해도 있다. 파리협약과 독일 구부정경쟁행위법상의 행위유형에 영향받아 혼동을 일으키는 행위와 오인을 일으키는 행위 등으로 나누는 견해도 있다. 그러나 이러한 견해는 부정경쟁행위의 판정기준으로서는 어떠한 역할도 하지 못하며, 실제 그 견해들 사이의 차이 역시 별로 크지 않다. 더군다나 분류 방식 중에는 특정 영업자의 이익을 침해하는 행위와 불특정 다수의 공중의 이익을 침해하는 행위 및 그 중간 형태의 특정한 공중의 이익을 침해하는 행위 등으로 부정경쟁행위를 개별화시키는 견해도 있는데, 그러한 구분의 설득력도, 그 구분에 따른 실효성도 인정되지 않는다.

오히려 그러한 점에서 특허청의 입장과 같이 법문의 유사성에 근거하여 ① 상품주체 및 영업주체에 대한 혼동행위, ② 저명상표 희석행위, ③ 원산지 · 생산지 또는 제품의 질 · 양 등의 오인유발행위, ④ 대리인등의 무단 상표사용행위, ⑤ 사이버 스쿼팅 및 ⑥ 형태모방 등으로 제2조 제1호 소정의 부정경쟁유형을 분류하여 설명하는 것이 효과적일 수 있겠다.

# 제 3 절 부정경쟁방지법의 성립과 전개

## Ⅰ. 부정경쟁방지 관련 법률의 성립과 전개

봉건질서가 가장 먼저 무너지고 또 절대왕정으로부터 근대 시민사회로의 이행이 가장 앞섰던 영국과 프랑스에서 실질적 의미의 부정경쟁에 관한 법 역시 불법행위법의 체계 안에서 판례법의 형태로 가장 먼저 형성되기 시작하였다. 불법행위법의 범주 안에서 또 판례법의 형태로 부정경쟁에 관한 법이 형성된다는 점에서 양국의 경우가 같지만, 그 구체적인 모습은 상당히 달랐다. 즉 프랑스에서는 부정경쟁(concurrence déloyale)이라는 개념을 구성하여 이 개념 아래에서 불법행위의 한 유형으로 전개되었던 것에 반하여, 영국에서는 부정경쟁에 해당하는 특별한 개념이 형성되지 않은 채 여러 유형의 불법행위로부터 발전된다. 여러 유형의 불법행위로부터 발전되어 온 까닭에 부정경쟁에 적용되는 법리역시 단일한 것이 아니었고, 이후 시간이 흐름에 따라 일부는 제정법에 의하여 또 일부는 판례에 의하여 광범한 개별 구성요건, 예컨대 경쟁자 비방 등의 체계를 이루게 된다.

이와 같이 경쟁자간의 이익조정을 목적으로 하면서 전통적인 불법행위법의 범주 안에서 판례법적 전개를 보이는 영국이나 프랑스와 달리, 독일은 처음부터 부정경쟁을 전반적으로 규율하는 성문법을 제정한다. 독일의 부정경쟁방지법은 후발 자본주의 국가로 프랑스에서 형성된 부정경쟁에 관한 법리를 계수한 것으로 평가되나, 법원에 의하여 불법행위법에 의한 보호가 거부되던 법 상황을 입법을 통하여 타파하였다는 의의를 갖는 것이었다. 이러한 독일의 부정경쟁방지법은 이후 오스트리아, 스위스, 룩셈부르크, 일본 그리고 우리나라의 부정경쟁방지에 관한 법률의 모법이 된다는 점에서 또한 큰 의미를 갖는다.

한편 불문법 원리를 영국으로부터 승계한 미국의 경우도 부정경쟁에 관한 법은 불공정거래관행법(law of unfair trade practices)이라는 이름의 풍부하고 또한 다양하게 전개되고 있다. 즉 부정경쟁법은 불법행위적 내지 상법적 부정경쟁법에서 행정법적 내지 경제법적 부정경쟁법으로 전개되는 특징을 갖는다고 평가된다.[48]

## 1. 부정경쟁방지법으로의 전개

부정경쟁에 대한 부정경쟁방지법으로의 전개는 독일에서 그 시초를 찾을 수 있다. 전통적으로 독일에서의 부정경쟁법은 부정경쟁을 금지하는 법률, 즉 1909년의 부정경쟁방지법(UWG: Gesetz gegen den unlauteren Wettbewerb), 그리고 그 부속 법령들인 1932년의 경품령(Zugabeordnung)과 1933년의 가격할인법(Rabattgesetz)에 의해 포괄되는 소재들을 말하였다.[49] 이러한 독일의 부정경쟁법은 1923년 오스트리아의 부정경쟁에 관한 연방법률 및 1943년 스위스의 부정경쟁에 관한 연방법률 등에 영향을 준다. 오스트리아는 독일의 경우와 같이 일반조항을 둔 가운데 가격할인법이나 경품령과 같은 부속법령을 두고 있으며, 스위스 역시 선량한 풍속이 아닌 신의성실의 원칙에 대한 위반이라는 일반 조항을 두어 부정경쟁을 규율하게 된다. 이 밖에도 독일 부정경쟁법의 영향을 받은 국가로는 그리스, 터키, 스칸디나비아제국, 이탈리아, 브라질, 콜롬비아 등이 있으며, 일본이나 우리나라 역시 이 범주에 속한다.

이와 같이 부정경쟁법 내지 부정경쟁방지법의 제정을 통하여 부정경쟁행위를 대응하는 독일법의 전개는 다음과 같다. 라이히 전영역에 걸쳐 영업

48) 小野昌延, 不正競爭防止法概說, 有斐閣, 1974, 25면.
49) Volker Emmerrich, 정호열 역, 부정경쟁법, 삼지원, 1996, 21면.

의 자유가 일반적으로 인정된 1871년부터 강력한 경제 세력들이 봉건적 구속으로부터 해방되어 격심한 경쟁을 보인다. 모든 분야에서 카르텔화가 진전되고 산업스파이, 부당염가판매 등의 부정경쟁 현상이 대량으로 표출된다. 그러나 제국법원(RG: Reichsgericht)은 카르텔 행위를 긍정하였을 뿐만 아니라 상호법(Firmentrecht)과 상표법(Warenzeichenrecht)을 통하여 소비자는 혼동으로부터 보호되고 또한 이로서 부정경쟁은 완결적으로 규율된다는 태도를 취함으로써 프랑스와는 달리 부정경쟁의 개념을 인정하지 않았다.

부정경쟁이 사실상 무제한으로 허용되는 상황에서 입법자는 이에 대한 대책을 강구하게 된다. 1894년 상표법을 개정한 후, 1896년 최초의 부정경쟁방지법을 제정한다. 그러나 이 법은 경쟁상의 극단적 폐단만을 규제하였을 뿐 부정경쟁 전반에 대한 일반적 규율은 고려하지 않았다. 즉 오인유발, 신용훼손 및 악의의 비방, 영업표지의 남용, 비밀누설 등과 같은 일부 행위에 대한 금지만을 규정하였으며, 판례는 민법 제826조의 일반조항을 원용하여 그 흠결을 보완하였다.

그리하여 1909년 부정경쟁방지법에서는 선량한 풍속에 위배되는 일체의 경쟁행위를 일반적으로 금지하는 일반조항을 삽입하였고, 이를 통하여 민법 제826조에 의한 부정경쟁 행위로부터의 영업자 보호의 한계를 극복하였다. 다만 1909년 부정경쟁방지법 역시 새로운 법영역을 일관하여 규율하는 것이 아니라, 일반 불법행위의 특별법인 것을 입법적으로 명확히 하기 위한 것이었다. 즉 불법행위법 영역에서 보다 안정한 기초에 근거하여 '도의적 사업자(anständigen Gewerbetreibenden)'를 부정경쟁이라는 새로운 구성요건으로부터 보호하고자 한 것이었다.

이후 독일의 부정경쟁방지법은 순수하게 부정행위법적 경쟁자 보호에서 일반 공중과 소비자의 이익에 대한 병행적 보호로 점차 그 의미를 더해갔다. 프랑스의 예에서 본 것과 같이 독일에서도 부정경쟁방지법(UWG)과 경쟁제한금지법(GWB: Gesetz gegen Wettbewerbsbeschränkungen)과의 접근이 이루어지고 있으며, 종래의 판례가 확립한 UWG 제1조에 대한 해석이 이제는 더 이상 수용될 수 없는 자유로운 경쟁에 대한 제한으로 작용하는지 여부에 대한 비판적 검토가 필요하다는 논의가 제기되고 있다. 예컨대 경품령이나 가격할인법과 같은 경우에는 그에 의해 보호되는 자를 위한 안락하고도 불필요한 경쟁제한에 불과하다는 이유에서 폐기되어야 한다는 주장이 있었으며, 이러한 주장을 반영하여 이들 법령은 2001년 폐기된 바 있다. 그러나 경품령 및 가격할인법의 폐지가 기대되었던 성과를 거두지 못하고, 일부 규정이 시대에 부합하지 않는다는 비판 아래 2004년 100년 만에 새로운 부정경쟁방지법(dad neue Gesetz gegen den unlauteren Wettbewerb)이 전면 개정을 통하여 수립된다.[50)]

2004년법은 새로운 소비자상에 합치하지 않는 많은 구법의 규정을 대체 규정없이 폐지하였으며, 학설 · 판례를 통하여 형성된 고객획득, 방해행위, 부정이용, 법위반, 시장저해의 5개 유형군으로 부정경쟁을 분류하고 이에 대한 규정을 마련하고 있다. 그리고 2010년법에서는 역내 시장의 불공정거래 관행에 대한 EU 의회의 2005/29/EC 지침과 2005년 5월 11일 위원회의 결정 등을 반영하였다.

## 2. 공법으로의 전개

미국의 국가법 체계는 영국의 법전통이 이식된 까닭에 보통법, 형평법 및 제정법으로 구성되어 있다. 이 중에도 핵심적인 법원은 게르만 관습이 판례법으로 집적된 보통법이다. 부정경쟁(unfair competition) 내지 불공정거래관행(unfair trade practices)에 관한 법원 역시 이에 준한 양상을 띠고 있다. 다만 시장에서 새로이 출현하는 교묘한 부정경쟁 수단을 보통법 원리로 대응하기 어려웠을 뿐만 아니라 19세기 후반 독점대자본을 배경으로 한 각

---

50) 2010년 3월 3일부로 일부 내용이 개정됨.

종 불공정거래관행을 규율하기 위해서는 보통법 원리를 넘어서는 제정법적 해결로 요구되었다. 이에 미국에서 부정경쟁에 대한 대응은 보통법에서 발전된 법원리가 제정법으로 전개되는 모습을 보인다.

먼저 상사불법행위법(commercial tort law) 또는 부정경쟁에 관한 보통법(common law of unfair competition) 등으로 다양하게 불리는 불공정거래관행에 관한 보통법은 사법적(司法的) 구제수단을 영업자에게 제공하였다. 사람과 재물의 물리적 안전(physical security)의 유지에만 관심을 두던 영국 보통법은 원래 직접 또는 간접의 물리적 가해가 없는 경우 금전적 피해가 없는 사법적(私法的) 보호를 부정하였다. 그러나 차츰 거래 및 기타 유익한 관계를 당사자에 의한 침해로부터 보호하기 위한 계약법이 등장하고, 거래 및 기타 유익한 관계에 대한 제3자의 침해를 규율하기 위한 불법행위법리가 단편적으로 전개된다. 한편으로는 계약 혹은 신뢰관계(confidential relation)에 대한 침해의 일반적 금지로, 또 한편으로는 강요(coercion), 공동모의(conspiracy) 및 비밀침해(invasion of privacy)에 대한 일반적 금지로 발전한다.

유익한 관계 전반에 대한 보호를 넘어 법원은 영업관계를 보호하기 위하여 부정경쟁에 관한 법리를 전개한다. 먼저 다른 상인의 상표를 기만적으로 사용함으로써 자신의 열등한 상품을 보다 평판이 높은 다른 상품 상인의 상품으로 사칭(passing-off)하고자 하는 행위와 관련하여 부정경쟁이라는 용어를 사용하였으며, 이에 차츰 도용(misappropriation)이라는 상사불법행위와 악의적 경쟁(malicious competition)이라는 불법행위 유형을 포함시키게 된다. 그러나 이와 같이 고전적인 보통법 원리를 가지고는 새로이 대두하는 부정경쟁현상을 합리적으로 또한 충분하게 규율할 수 없었으며, 그 전개의 통일성 역시 결여되었다. 여기에서 제정법을 통하여 불공정거래관행을 규율할 필요성이 인정되었다.

예컨대 1914년 제정된 연방거래위원회법(FTC Act: The Federal Trade

Commission Act of 1914. 15 U.S.C. §§ 41–58, as amended)은 독점을 금지할 뿐만 아니라 상거래에 있어 불공정한 경쟁방법(unfair method of competition)과 불공정하거나 기만적인 행위 또는 관행(unfair or deceptive acts or practices)을 금지할 권한을 연방거래위원회에 부여하고 경쟁행위에 대한 최소한의 기준을 확립하고 있다. 이에 사적 구제수단이 존재하지 않는 다양한 거래관행, 즉 원산지허위표시, 허위광고, 영업비방 및 비밀침해 등을 금지하고 있다.[51] 또한 식품의약국(Food and Drug Administration)은 Federal Food, Drug and Cosmetic Act에 의거하여 특정 상품에 대한 허위, 과장광고 등을 규제할 수 있는 권한을 갖게 된다. 이와 같이 미국의 연방법은 다수의 행정기관에 의한 행정적 규제를 인정함으로써 부정경쟁에 대응하고 있다.

한편 주차원에서는 부정경쟁에 관한 보통법과 연방제정법을 보완하는 제정법이 도입되고 있다. 다만 연방법과는 달리 주법은 부정한 경쟁행위의 피해를 구제하는 방식보다는 주의 상업적 이익을 보호하는 방식을 취하고 있다. 예컨대 비기만적 모방 즉 희석화로부터 상표를 보호하거나 원가 이하의 판매 행위와 같이 독점금지법 위반에 이르지 않는 상태에서 가격형성 관행을 금지하거나 하는 주법을 제정하고 있다.

이와 같이 부정경쟁에 관한 미국법의 상황은 사인의 소를 통한 보통법적 해결로부터 제정법적, 행정적 해결로 옮겨가고 있다. 기능적으로는 행정기관 특히 연방거래위원회가 부정경쟁행위의 규율에 있어 결정적인 역할을 맡고 있다. 경쟁자의 영업적 이익의 보호는 물론 일반 소비자의 보호를 포함하고 있으며, 궁극적으로 부정경쟁에 관한 법이 사법 영역에서 공법 내지 경제법적 영역으로 이전하고 있다.

---

51) 또한 연방거래위원회는 1973년 Wool Products Labeling Act와 1953년 Flammable Fabrics Act 등을 통하여 일정 상품에 대한 규율 권한을 부여받게 된다.

## Ⅱ. 우리 부정경쟁방지법의 성립과 전개

부정경쟁행위는 자유경쟁을 전제로 거래질서를 해하는 일체의 행위이며, 이를 규제하는 법이 실질적 의미에 있어서의 부정경쟁방지법이다. 이에는 부정경쟁방지법을 그 중심으로 함께 민법의 불법행위규정, 상법의 상호보호와 경업피지의무에 관한 규정, 독점규제 및 공정거래에 관한 법률 중 불공정거래행위에 관한 규정, 특허 · 상표 · 디자인 · 실용신안 등의 보호에 관한 산업재산권법의 여러 규정 나아가 대외무역법 · 약사법 · 식품위생법 · 품질경영 및 공산품안전관리법 · 농약관리법 등의 개별 단행법규의 허위 또는 과장광고 등을 금지하는 규정 등이 포함된다. 반면, 형식적 의미에 있어서의 부정경쟁방지법은 '부정경쟁방지 및 영업비밀보호에 관한 법률'이라는 제호를 가진 성문의 법 즉 1961년 제정되어 2011년 12월 2일 개정된 법률 제11112호를 가리킨다.

이와 같은 형식적 의미의 부정경쟁방지법은 건전한 거래질서의 유지를 도모하는 것을 목적으로 하고 있음을 동법 제1조 목적 조항에서 밝히고 있으며 주로 민사적 방법으로 부정경쟁행위를 규제하고 있다. 종래에는 부정경쟁방지법을 지적재산권법의 일부분이라고 이해하려고 하지 않으나, 1991년 부정경쟁방지법에 영업비밀의 부정이용행위가 새로운 금지행위유형으로 삽입되면서 부정경쟁방지법이 지적재산을 보호하는 법의 일부분이라는 것을 모두가 의심하지 않고 인식하게 되었다고 할 수 있다. 특히 1986년 개정법 제1조는 '부정한 수단에 의한 상업상의 경쟁을 방지하여 건전한 상거래의 질서를 유지함'을 목적으로 한다고 하였으나, 1991년 개정법 이래 '국내에 널리 알려진 타인의 상표 · 상호 등을 부정하게 사용하는 등의 부정경쟁행위와 타인의 영업비밀을 침해하는 행위를 방지하여 건전한 거래질서를 유지함'을 목적으로 함으로써 부정경쟁방지법은 지적재산을 보호하는 법이라는 것을 확인하고 있다.

## 1. 1961년 제정법

우리나라 부정경쟁방지법의 기원은 일본이 1934년 3월에 제정 · 공포한 부정경쟁방지법(법률 제14호)[52]을 의용하도록 한 조선부정경쟁방지령(制令 제24호)이라 할 수 있다. 동령은 광복 이후에도 사실상 사문화된 상태에서 존치되어 오다가 1961년 12월 30일 입법근대화를 위한 법령정비사업의 일환으로 법률로서 제정되었다(1961.12.30. 법률 제911호).

그러나, '본 법안은 헌법 제100조에 의하여 유효한 조선부정경쟁방지령을 법령정비사업의 하나로서 정리대치하려는 것입니다'라고 밝히고 있는 제안 이유서에서 알 수 있듯 본법의 제정은 부정한 경쟁행위를 금지시켜야 한다는 필요에서 기인한 것이라기보다는 주권 국가로서의 위신을 고려한 입법에 불과한 것이라 하겠다.[53] 그리하여 제1조가 법규의 목적을 정하고 있다는 점과 타인의 상품의 사칭행위가 부정경쟁행위로 추가된 점을 제외하고는 이 법은 일본법과의 차이가 거의 없다. 또한 우리나라와 같은 개발도상국에 있어 상표등의 모용에 의한 부정경쟁행위는 일종의 필요악으로 여겨졌고, 그의 규제는 국익에 반하는 것으로 인식되는 경향으로 부정경쟁행위에 관한 법리의 발전은 극히 미미하였다.

## 2. 1986년 개정법

1960년대 이래의 산업화와 대외 지향적 경제성장은 부정경쟁행위에 대한 실효적 규제의 요구를 낳았다. 즉 지적 재산에 대한 보호의 미비는 국내

---

52) 이는 1934년 5월 파리협약 런던회의에 참석하기 위해서는 부정경쟁방지법을 제정할 의무를 부과하는 헤이그 개정조약을 비준하여야 했고, 이에 따라 商工省이 조약상의 의무를 이행하는 차원에서 작성하여 제국의회를 통과한 법률이다.

53) 이상정, '부정경쟁금지법리의 발전', 경쟁법연구(제1권), 한국경쟁법학회, 1989, 89면.

시장 · 경제 규모의 확대 및 대외 무역량의 증대와 함께 대외적으로 교역상대국의 보호주의에 빌미를 제공하였으며, 상품의 위조 · 모조 · 상표의 도용 등은 국내적으로 소비자보호라는 측면에서 부정적으로 인식되기 시작되면서 부정경쟁방지법의 실효적 운용이 요구되기 시작되었다. 특히 국제거래에서 우수한 상품에 대한 위조 내지 모조를 막고 건전한 국제상거래 질서를 확립하기 위한 파리협약에 가입함에 따라 부정경쟁현상을 규율할 조약상의 의무를 부담하게 되었다. 이에 1986년 12월 31일부로 특허법 · 상표법과 함께 개정되어, 1987년 7월 1일부터 시행되기에 이르렀다.

이 개정은 법체계에 대한 전반적 개편을 내용으로 하는 전문개정의 형식을 취한 것으로 부정경쟁행위에 대한 정의 규정(제2조)을 신설하면서 일부 내용을 수정하였다.[54] 국기 · 국장 등의 사용금지에 관한 규정을 보완하였으며,[55] 부정경쟁행위의 법적 효과로서 중지청구권 · 손해배상청구권 및 신용회복청구권을 제4조에서 통합 규정하였다. 제정법 제4조의 '적용하지 아니하는 행위' 규정은 해석상 당연한 것으로 삭제하였으며, 벌칙 중 자유형 부분은 2년 이하로 하향 통일하고 벌금은 2천만원 이하로 대폭 상향 조정하였다. 마지막으로 다른 법률과의 관계에서 독점규제 및 공정거래에 관한 법률과 형법 중 국기 · 국장에 관한 규정을 추가하고 있다.

이와 같은 법률의 체계 개편과 함께 동 개정법의 가장 큰 특색은 부정경쟁행위에 대한 행정 규제의 법적 근거를 제시함으로써 경쟁영업자 보호를 위한 사법적 성격에서 한 걸음 벗어날 수 있게 되었다는 점이다. 즉 동 개정법은 그 운영을 위한 행정기관으로서 특허청을 명시하고 그 자문기관으로서 부정경쟁심의위원회를 두게 하는 한편(제5조), 위반행위에 대한 특허청장의 시정권고권을 인정하고(제6조), 시정권고를 위한 의견청취절차를 두어

54) 1961년 제정법의 6개 부정경쟁행위 유형 중 영업비방행위를 제외시켰으며, 부정경쟁행위의 유형으로 반포의 무상성을 요하지 않았고, 수입이 추가되었다.

55) 상표로 할 수 없는 국기등이 파리협약 당사국의 것에 제한되었으며, 다른 부정경쟁행위들과 함께 획일적으로 벌칙 규정(제11조)의 적용을 받았다.

(제9조) 공법적 요소를 가미하였다.

### 3. 1991년 개정법

1991년 개정법의 핵심은 영업비밀 침해를 부정경쟁방지법의 규율대상으로 추가한 것을 들 수 있다. 이는 산업스파이행위에 대한 효율적 규제가 어렵던 상황[56]에서 일응 타당한 입법이었다. 다만 이미 1986년의 개정시에도 거론되었으나 입법에 이르지 못했던 노하우 내지 영업비밀 보호의 필요성이 다시 제기되어 부정경쟁방지법의 전면개정에까지 이른 이 개정은 미국의 요구에 의해 신설되었음을 부정하기 어렵다.[57]

1991년 개정법은 제정법 이래의 목적조항(제1조)을 변경하고, 부정경쟁행위에 대하여는 금지청구를 하는 경우에 부정경쟁행위를 조성한 물건의 폐기, 설비의 제거 기타 예방조치의 강구를 청구할 수 있게 하였으며(제4조 제2항), 손해배상청구의 요건으로 삭제하였던 행위자의 고의 · 과실을 명시하였다(제5조). 한편 1997년 제3차 개정법은 정부조직법의 개정으로 부처의 명칭이 변경된 것을 반영하였다.

### 4. 1998년 개정법

1998년 개정법은 영업비밀의 보호에 관한 내용의 비중이 커진 것을 반영하여, 제명을 '부정경쟁방지법'에서 '부정경쟁방지및영업비밀보호에관한법률'로 변경하였다. 즉 우리기업의 기술수준이 향상되고 국제교류가 증대되면서 핵심기술의 유출 등 영업비밀침해행위의 증가가 우려됨에 따라 영업비밀의 보호에 관한 규정의 비중이 커지고 있음을 반영하여 제명을 변경

56) 그 구제로 민법상 불법행위를 이유로 한 손해배상청구나 형법상 절도 또는 업무방해죄를 상정할 수 있으나, 영업비밀침해를 민법 제750조에 의해 규율한 판결례는 없었으며, 무형적 정보의 침해에 대한 절도죄의 적용 또한 어렵던 상황이었다.

57) 정영철, '영업비밀법 제정의 문제', 상사법연구 제9집, 한국상사법학회, 290면 이하 참조.

하였다.

부정경쟁행위 또는 영업비밀 침해행위로 인한 손해배상을 청구하는 경우 당해 행위를 한 자가 그로 인하여 이익을 받은 때에는 그 이익의 액을 청구인의 손해의 액으로 추정하도록 하는 등 부정경쟁행위 또는 영업비밀 침해행위로 인하여 영업상의 이익을 침해당한 자가 손해배상청구소송을 용이하게 수행할 수 있도록 하였다(제14조의 2). 즉 영업비밀은 그 성격상 손해액을 계수화하기 어려운 바, 손해배상액 추정을 두어 피해자의 입증책임을 경감하였다. 이는 특허법등의 산업재산권법에서는 손해액 추정규정을 두어 손해배상 청구소송에서 침해당한 자의 손해액 산정이 용이하고, 최소한의 손해액을 배상받을 수 있도록 하고 있는 것을 영업비밀침해에 따른 피해 구제와 관련하여 도입한 제도라 하겠다.

또한 영업비밀의 보호를 강화하기 위하여 관련 규정을 개정하였다. 먼저 기업에 유용한 기술상의 영업비밀을 외국에서 사용하거나 외국에서 사용될 것임을 알고 제3자에게 누설한 자를 더 무겁게 처벌할 수 있게 하여 영업비밀의 해외유출을 방지하도록 하였으며(제18조 제1항), 종전에는 기업의 현직 임직원이 부정한 이익을 얻거나 그 기업에 손해를 가할 목적으로 그 기업에 특유한 생산기술에 관한 영업비밀을 제3자에게 누설한 경우에 한하여 처벌하였으나, 전직 임직원이 제3자에게 누설한 경우에도 이를 처벌하도록 하고, 그 형량도 상향조정하였다(제18조 제2항).

기존의 법률에서는 부정경쟁을 한 자에 대하여 시정권고만을 할 수 있도록 하고 있어서 부정경쟁행위에 대한 조사를 특허청 훈령에 근거하였다. 이에 위조상품의 제조 · 판매 등 부정경쟁행위를 조사할 수 있는 법률적 근거를 마련하고, 그 실효성 확보를 위하여 조사를 거부 · 방해 또는 기피한 경우에는 과태료를 부과할 수 있도록 하였다(제7조 및 제20조). 한편 1999년 개정법은 독점규제 및 공정거래에 관한 법률에 규정된 표시 · 광고관련제도의 미비점을 보완하기 위하여 표시 · 광고의 공정화에 관한 법률이 제정됨에 따라 다른 법률과의 관계(제15조)에서 표시 · 광고의 공정화에 관한 법률 규정을 삽입하였다.

## 5. 2001년 개정법

상표법조약(Trademark Law Treaty) 가입 추진을 위한 준비단계로서 부정경쟁행위 유형의 추가 등 동 조약 가입을 위하여 이행하여야 할 사항을 정하는 한편, 부정경쟁행위 또는 영업비밀 침해행위와 관련된 소송을 보다 용이하게 진행하여 부정경쟁행위 등으로 인하여 영업상의 이익을 침해당한 자의 손해를 효과적으로 보전할 수 있도록 하기 위하여 손해액 산정방식을 개선하였다.

먼저 유명상표와 혼동외에 비상업적 사용등 정당한 사유없이 유명상표의 표지의 식별력이나 명성을 부당한 방법으로 손상시키는 행위를 부정경쟁행위의 유형으로 추가하고, 이러한 손상행위에 대하여는 다른 부정경쟁행위와 달리 고의가 있는 경우에만 손해배상 및 신용회복의 책임을 묻도록 하였다. 즉 종전에는 국내에 널리 인식된 유명상표 등과 혼동을 일으키는 행위만 부정경쟁행위로 규정하였으나, 개정법에서는 전국적으로 널리 인식된 저명상표의 식별력이나 명성을 손상시키는 행위를 부정경쟁행위 유형으로 추가하고, 이러한 행위는 소비자에게 직접적인 손해를 가져오는 다른 부정경쟁행위와 다르므로 고의가 있는 경우에만 손해배상과 신용회복의 책임을 묻도록 규정하였다.

주의할 부분은 외국의 경우에는 저명상표의 식별력이나 명성을 손상(Tarnishment)시키는 경우뿐만 아니라 희석 또는 약화(Blurring)시키는 경우도 보호대상으로 하고 있으나, 개정법에서는 희석이라는 용어의 모호함으로 인한 남용가능성을 고려하여 저명상표를 손상시키는 경우에만 적용되도록 제한하고 있다. 또한 명성등 손상행위의 보호가 이종상품에도 적용된다는 점을 감안하여 주지의 지역적인 범위를 국내에 널리 인식된 것을 요구하는 현행 유명상표와 달리 전국적으로 널리 인식된 저명상표에 한해 적용토록 하고 있다.

한편 파리협약 제6조의7 제2항의 내용을 수용하여, 상표권자의 대리인이나 대표자, 또는 대리인이나 대표자이었던 자가 정당한 사유 없이 상표권자의 등록상표와 동일 또는 유사한 상표를 그 상표의 지정상품과 동일 또는 유사한 상품에 사용한 경우를 부정경쟁행위 유형에 추가하였다. 우리나라의 경우 권한이 없는 자의 상표출원과 등록을 방지하는 규정은 상표법에 반영하고 있었으나, 상표권자의 허락을 받지 않은 대리인 등의 상표사용행위를 저지하는 규정은 그동안 국내법에 이행규정이 없는 점에서 개정법에 관련 규정을 도입한 것이다. 또한 상표법조약 가입을 국내법상의 이행준비 작업의 하나로 상표법조약 체약국의 국기 · 국장 등의 보호에 관한 규정을 포함하였다(제3조).

1998년 개정법에서와 같이 손해배상청구에 있어서의 피해자의 입증책임을 경감하였다. 즉 기존의 법률에서는 침해자가 침해행위로 이익을 받은 것이 있는 때에는 그 이익액을 침해당한 자의 손해액으로 추정하여 입증책임을 경감해주고 있으나, 이 경우에도 권리자가 침해자의 이익을 입증하여야 하고 그 입증이 어려운 점을 감안하여, 부정경쟁행위 또는 영업비밀 침해행위로 인한 손해액을 침해자가 양도한 수량에 침해당한 자가 그 물건의 판매로 얻을 수 있는 단위수량당 이익액을 곱한 금액으로 보다 구체화하였다. 또한 손해의 발생은 인정되나 손해액의 입증이 성질상 극히 곤란한 경우에는 법원이 구술변론의 전취지 등에 기초하여 손해액을 인정할 수 있도록 하였다.

## 6. 2004년 개정법

2004년 개정법에서는 '부정한 목적의 도메인이름 등록행위'와 '형태모방'을 부정경쟁행위의 한 유형으로 추가하였다. 즉 과거에는 존재하지 않았던 인터넷을 통한 상거래의 등장으로 온라인상의 상행위자를 식별하는 이름(상호)이라 할 수 있는 도메인이름을 선점하여 이를 해당 도메인이름에 대해 성명, 상호, 상표 등 표지에 관한 권원을 갖는 자에게 되팔아 이득을 취하려는 소위 사이버 스쿼팅(cyber squatting) 행위를 부정경쟁행위의 한 유형으로 추가하였다. 또한 타인의 유명상품의 형태를 모방하는 행위도 새로운 부정경쟁행위로 규정하였다. 다만 이들 행위에 대하여는 기존의 부정경쟁행위 유형과는 달리 벌칙의 적용을 명시적으로 제외하였다(제18조 제3항 제1호). 즉 인터넷주소자원에 관한 법률과의 관계에서 사이버 스쿼팅에 대한 벌칙 규정을 제외하였으며, 널리 알려진 상표 등의 혼동유발행위와는 달리 시장에 처음 출시된 주지성없는 상품형태에 대한 모방행위를 벌칙으로 처벌할 경우, 경업자간 경쟁의 우위를 점하기 위해 고소 · 고발을 남용하여 상품개발과 출시를 도리어 위축시키고, 상거래 질서를 혼란에 빠뜨릴 우려가 있다는 점에서 새로 추가된 부정경쟁행위 유형에 대하여는 벌칙 규정의 적용을 제외시켰다.

한편 1991년 개정법을 통하여 영업비밀 보호 규정이 도입된 이래 관련 규정이 강화되었던 것과 같이 2004년 개정법에서도 영업비밀 관련 규정에 변화가 이루어졌다. 즉 가중벌금제도가 도입되었으며, 영업비밀의 침해주체 및 보호범위가 확대되었다. 친고죄 조항이 폐지되었으며, 영업비밀침해에 대한 미수 · 예비 · 음모자 처벌 규정 및 양벌규정이 마련되었다. 즉 영업비밀 침해시 그 부당이득액에 비해 벌금이 너무 낮아 징벌 효과가 적다는 점과 특정경제범죄 가중처벌 등에 관한 법률에서도 재산국외도피죄(제4조)의 경우 '1년 이상의 유기징역 또는 당해 범죄행위의 목적물 가액의 2배 이상 10

배 이하에 상당하는 벌금'에 처하도록 하는 높은 벌금을 부과하고 있는 것을 반영하여 부당이익에 기초한 가중벌금제도를 도입하였다(제18조 제1 · 2항). 기존의 법률이 영업비밀 침해주체를 '해당기업의 전 · 현직 임직원'으로 한정하고 이들이 기업에 대한 의무위반행위로서 비윤리적 부정경쟁행위를 하는 경우에 처벌하던 것을 개정하여, 누구든지 영업비밀을 침해한 경우에는 처벌할 수 있도록 처벌대상을 확대하였다. 또한 '그 기업에 유용한 기술상의 영업비밀'에서 '그 기업에 유용한 영업비밀'로 보호범위를 확대함으로써 경영상의 영업비밀도 형사적 처벌을 통하여 보호되도록 하였다. 영업비밀 침해행위를 실행하다가 미수에 그친 자와 예비 · 음모한 자도 처벌할 수 있도록 규정함으로써 형사정책적으로 영업비밀 누출 직전단계에서의 비밀보호를 강화하였다(제18조의 2, 3). 조직형 · 기업형 영업비밀 침해범에 대한 처벌을 강화하기 위하여 행위자 이외에 법인도 처벌하도록 하였다(제19조). 한편 2004년 12월 제8차 개정법은 디자인보호법의 제호 변경을 반영하였다.

### 7. 2007년 개정법

2007년 개정법은 법률의 한글화와 어려운 법령 용어의 순화 작업을 반영한 것이었다. 즉 법 문장 중 한자를 한글로 바꾸되, 한글만으로 이해가 어렵거나 혼동의 우려가 있는 경우에는 괄호 안에 한자를 병기(倂記)하는 작업과 법률의 내용을 바꾸지 않는 범위에서, '손해를 가할'을 '손해를 입힐'로 하는 등 법 문장에 쓰는 어려운 한자어와 용어, 일본식 표현 등을 알기 쉬운 우리말로 고치는 작업이 이루어졌다.

또한 부정한 이익을 얻거나 기업에 손해를 가할 목적으로 그 기업에 유용한 영업비밀을 외국에서 사용하거나 외국에서 사용될 것임을 알고 제3자에게 누설한 자에 대한 징역형을 현행 7년 이하에서 10년 이하로 강화하였다. 2004년 7차 개정법에서 영업비밀 침해주체를 '누구든지'로 확대했던 것에서 2007년 개정법에서는 이러한 문구를 삭제하였다.

## 8. 2008년 개정법

2008년 개정법에서는 양벌규정을 개정하였다. 2007년 11월 29일 헌법재판소로부터 법인 등 사용자의 과실 유무에 상관없이 양벌규정을 적용하여 사용자를 처벌하는 것이 책임주의 원칙에 어긋난다는 취지의 위헌 결정이 내려짐에 따라 양벌규정에 대한 정비가 이루어졌다. 이에 양벌규정이 문언상 영업주가 종업원 등에 대한 관리·감독상 주의의무를 다하였는지 여부에 관계없이 영업주를 처벌하도록 하고 있어 책임주의 원칙에 위배될 소지가 있으므로, 영업주가 종업원 등에 대한 관리·감독상 주의의무를 다한 경우에는 처벌을 면하게 함으로써 양벌규정에도 책임주의 원칙이 관철되도록 한다는 논의에 따라 양벌규정이 개정되었다. 이에 단서 조항으로 위반행위를 방지하기 위하여 해당 업무에 관하여 상당한 주의와 감독을 게을리하지 아니한 경우에는 양벌규정이 적용되지 않는다는 규정이 추가되었다(제19조).

2009년 11차 개정법[58]에서는 부정경쟁방지 및 영업비밀보호 사업에 대한 근거 규정을 마련하고 있으며(제2조의2), 이와 관련하여 권한의 위임 및 업무의 위탁(제17조) 규정을 개정하였다. 부정경쟁에 대한 새로운 법리적 전개보다는 부정경쟁행위에 대한 단속규정을 변경하는 행정적 목적에서 이루어진 개정이라 하겠다.

## 9. 2009년 개정법

2007년 9차 개정법에서는 기업의 영업비밀 침해행위 중 당해 영업비밀

58) 2008년 10차 개정법을 통하여 양벌규정이 개정되었음에도 불구하고, 11차 개정법의 당초 개정안, 검토보고서, 심사보고서 등에서는 양벌규정에 대한 설명이 제기되고 있다.

이 외국에서 사용될 것을 알면서 취득 또는 사용한 자에 대한 처벌형량을 강화하였다. 즉 기존의 법률에서는 외국에서 사용하거나 외국에서 사용될 것을 알면서 제3자에게 누설한 자에 한하여 10년 이하의 징역 또는 그 재산상 이득액의 2배 이상 10배 이하의 벌금에 처하도록 가중처벌을 규정하고 있으나, 유출하려다 적발된 자에 대하여는 제3자 누설죄 적용이 어렵다는 실정에서 처벌 대상에서 제외되었다. 그러나 2009년 12차 개정법에서는 외국에서 사용될 것을 알면서 취득한 자에 대하여도 외국에 유출한 자와 동일하게 가중처벌하기 위하여 당해 규정을 개정하였다(제18조 제1항). 그러나 이미 기존의 법률에서도 미수행위를 처벌하고 있어서 누설이 이루어지기 이전 단계의 취득 · 사용 행위를 충분히 처벌할 수 있던 상황에서 이러한 개정이 필요하였는지 의문이다.

## 10. 2011년 개정법

2011년 5월 4일 비준동의된 한 · EU FTA의 내용을 국내법에 반영하기 위한 법률 개정으로 자유무역협정에 따라 보호하는 지리적 표시의 사용금지에 대한 규정이 도입되었다. 즉 협정에 따라 보호되는 지리적 표시를 정당한 권원이 없는 자가 사용하지 못하도록 하는 규정을 도입하였으며, 그 사용행위로 인하여 정당한 권리자의 영업상 이익이 침해되는 경우, 침해행위의 금지청구, 손해배상의 청구를 할 수 있도록 하는 해당 지리적 표시의 권리자를 보호하도록 하였다. 또한 타인의 상표 · 상호 등을 부정하게 사용하는 부정경쟁행위를 확인하기 위하여 관계 공무원이 영업시설 또는 제조시설에 출입하여 관계 서류나 장부 · 제품 등을 조사하고, 시정권고를 하는 등 부정경쟁행위에 대한 조사 등에 관한 업무를 중앙행정기관과 지방자치단체가 공동으로 수행할 수 있도록 하기 위하여 특허청장의 사무로 하고 있던 해당 업무를 특허청장과 시 · 도지사 및 시장 · 군수 · 구청장의 공동사무로 조정하였다.

한편, 2011년 12월 2일 개정법에서는 한 · US FTA의 내용을 반영하여 비밀유지명령제도가 도입되었으며, 상표권자의 동의 없는 대리인의 상표사용행위와 관련한 법문의 자구를 수정하였다.

## 제 4 절 부정경쟁방지법의 목적과 보호법익론

우리 부정경쟁방지법은 부정경쟁에 대한 일반조항을 두고 있지 않으며, 일정한 금지행위유형만을 한정열거하고 있을 뿐이다. 그러나 부정경쟁방지법의 개정문제를 검토할 때에는 현행법의 금지유형으로는 무엇이 부족하고, 어떠한 새로운 금지행위유형을 인정할 것인가를 명확히 할 필요가 있다. 또한 이러한 연구에 의하여 현행 부정경쟁방지법을 체계적으로 파악할 수 있다면 해석론에도 이바지하는 바가 적지 않겠다. 다만 이러한 논의는 부정경쟁방지법의 본질론이라는 형태로 논의되어 왔다.

### Ⅰ. 보호법익론

우리 부정경쟁방지법은 '건전한 거래질서를 유지'하는데 법규 전체의 의의와 목적을 두고 있음을 제1조에서 명시하고 있다. 즉 우리나라의 부정경쟁방지법의 목적은 부정경쟁에 의하여 영업상의 이익이 침해되거나 침해될 우려가 있는 자에 대하여 부정경쟁의 금지 · 예방청구권 등을 부여함으로써 부정경쟁을 방지를 할 수 있으며, 그 영업상의 이익이 침해된 자는 손해배상청구를 할 수 있게 하고 있다.

'건전한 거래질서를 유지'한다는 부정경쟁방지법의 일반적 목적은 부정경쟁방지법을 제정하는 나라에 있어서나 혹은 일반 불법행위법에 의거하여 부정경쟁행위를 규율하는 나라의 경우에 있어서든 차이가 있지 아니하다. 모든 나라에서 부정경쟁방지법은 시장경제 내에서 경쟁의 품질, 즉 경쟁의 공정성에 이바지하는 데 그 목적을 두고 있기 때문이다.[59]

한편 부정경쟁방지법은 앞에서 설명한 바와 같이, 연혁적으로 불법행위적 경쟁자 보호에서 비롯하였으며, 특허법 · 실용신안법 · 디자인보호법 · 상표법 등의 개별 산업재산권법에서 보호하고 있는 지적 재산권 권리자 보호의 역할을 수행하고 있다. 따라서 부정경쟁방지법은 주지상품표지자 내지 영업표지자와 영업비밀 보유자의 권리 내지 이익 상태를 보호한다는 사적인 목적을 수행할 뿐만 아니라, 건전한 거래 질서의 유지라는 공익적 역할을 함께 수행하는 법이라 하겠다.

이러한 부정경쟁방지법의 이중적 역할 수행은 그것이 상정하고 있는 구제 수단에 있어서도 확인이 된다. 즉 부정경쟁행위로 인하여 자신의 영업상의 이익이 침해되거나 침해될 우려가 인정되는 자에 한하여 금지청구권(제4 · 10조) 내지 손해배상청구권(제5 · 11조)이라는 사법적 구제수단을 인정하고 있음은 부정경쟁방지법이 사적인 역할을 수행하고 있음을 보여주는 것이다. 한편 단지 부정경쟁행위에 대한 사인의 청구권에 따른 민사적 구제수단만을 인정한 것이 아니라, 특허청장으로 하여금 부정경쟁행위의 위반 확인을 위한 조사권한을 부여하고(제7조), 위반행위에 대한 시정권고권(제8 · 9조)을 부여함을 부정경쟁방지법이 공익적 역할을 수행하고 있음을 확인시켜주고 있다.[60]

다만 이러한 부정경쟁방지법의 양면성에서 그 본질적인 목적이 주지상

59) 정호열, 전게서, 50면.

60) 1986년 개정법에서는 부정경쟁심의위원회를 설치하여 부정경쟁행위의 방지에 관한 사항에 대하여 특허청장의 자문에 응하도록 하였으나, 1998년 개정법에서는 관련 규정을 삭제하고 부정경쟁행위의 조사 등에 대한 규정을 두고 있다.

품표지자 내지 영업비밀보유자 등의 경쟁자의 주관적 권리를 보호하는 것인지 아니면 거래자 및 수요자를 포함한 일반 공중의 포괄적인 이익을 보호하기 위한 것인지에 독일과 일본에서 많은 논의가 있었으며, 이를 보호법익론이라 하여 우리에 설명하곤 한다. 이러한 보호법익론의 의의에 대하여서도 법운용상의 실질적 의의보다는 교의적인 논의 대상으로서의 의미밖에 없다는 견해[61]와 부정경쟁방지법의 위상 설정은 물론 동법의 해석과 입법론의 전개에 있어 이 논의는 불가결하다는 견해[62]가 나누어지고 있다.

다만 이 글에서는 그 실질적인 의의에 대해서는 회의를 느끼면서,[63] 보호법익론을 중심으로 한 부정경쟁방지법 논의의 추이를 확인함으로써 부정경쟁방지법의 이해를 돕고자 하는 의도에서 과거의 설명 등을 소개해 보고자 한다.

## 1. 권리보호설

부정경쟁방지법상의 청구권이 금지청구권인 것에 착안하여 영업권 내지 기업권 등의 뭔가의 지배적 권리를 관념하는 견해이다. 즉 부정경쟁행위에 의하여 그 이익이 침해된 영업자가 그 침해행위에 대한 금지 등의 구제를 받기 위해서는 전제적으로 그의 주관적이며 절대적인 권리가 침해되었을 것을

61) 정성진, 전게서, 12면.
62) 정호열, 전게서, 51면.
63) 예컨대 보호법익과 관련하여 권리보호설 내지 이익보호설은 과거의 논의에 불과하고, 현재에 있어서는 공익보호설 내지 객관적 법질서보호설에 견해가 일치하고 있음도 이러한 논의의 시대성을 의심케 한다. 경쟁자의 이익뿐만 아니라 소비자의 이익, 나아가서는 공익을 보호하는 것이라는 주장이라든지, 이들 사이의 균형을 도모할 필요가 있다는 견해 역시 부정경쟁행위의 판정기준을 정립하는데 도움이 되지 않는다는 한계가 있음을 지적하지 않을 수 없다. 예컨대 판정기준을 경쟁사회의 관습에서 구하는 것이라면 부정경쟁방지법에는 경쟁사회의 관습을 보호 유지하는 법률이라는 평가를 부여할 수 있겠다. 그렇다면 경쟁사회를 규율하는 법률인 이상 적어도 입법론으로서는 경쟁사회에 내재하는 관습뿐만 아니라 오히려 정책적 관점에서 규율하여야 하는 것은 아닌지란 고려가 필요하지 않을가 한다. 또한 경쟁사회의 도덕과 공서양속에 반하는 행위가 부정경쟁행위라는 설도 있지만, 도덕 내지 공서양속의 의미내용을 명확히 하지 않는 한, 부정경쟁행위를 판별하는 기준이 명확해지는 것은 아니다.

요한다는 견해이다. 한편 경쟁행위라는 것은 경쟁자가 다른 경쟁자의 이익을 희생시키면서 자기의 이익을 획득하는 것을 목적으로 하는 행위이므로 영업권 등이란 어떤 권리가 모든 경쟁행위로부터 보호되는 것은 아니다. 그렇지만 어떤 경우에 경쟁자의 이익이 보호되는가라는 문제를 확정하지 않는 한 이들 견해는 부정경쟁행위의 판단기준으로서 어떠한 도움도 되지 않으며, 부정경쟁행위로부터 영업권 내지 경쟁자의 이익이 보호된다는 설명 그 이상의 의미를 갖지를 않는다. 여하튼 이 견해는 부정경쟁행위법은 어떤 절대적인 권리를 그 보호대상으로 한다는 설명으로 이는 다시 인격권설과 영업권설로 나누어진다.

### 가. 인격권설

부정경쟁방지법의 보호대상은 경쟁자의 부정한 행위에 의해 그 이익이 침해된 영업자의 인격권이라는 입장이다. 즉 부정경쟁이란 인격을 떠나 외부에 존재하는 물건이나 권리의 침해가 아니고 인격 그 자체를 침해하는 것이라는 견해이다. 다만 이 역시도 영업과 관계없이 고도화된 타인의 성명, 초상, 신용을 보호한다는 견해와 영업과 관련하여 형성된 명예 · 신용 등을 인격권으로 인정하고 이의 보호를 위해서는 영업활동에 대한 보호로서 나타난다는 견해로 나누어진다.

그러나, 영업의 자유로운 경쟁이 보장되는 경제체제 아래에서 특정인의 영업활동을 독점 · 배타적인 인격권으로 파악하는 것은 옳지 않다. 또한 부정경쟁행위가 반드시 영업주체인 권리자의 인격권을 침해한다는 의도에서만 이루어지는 것이 아니며, 그 행위 역시 다른 영업자의 영업활동 내지 인격 그 자체를 목적으로 하는 것이 아니라 주로 그 기업의 고객이나 영업기회를 대상으로 이루어진다. 또한 원산지의 허위 표시나 상품의 허위 또는 과대광고 등에 의한 오인야기행위등의 부정경쟁행위는 인격권의 침해와는 거리가 있다 하겠다. 따라서 이 견해를 받아들이기는 힘들다 하겠다.

### 나. 영업권설

부정경쟁방지법은 기업 위에 성립된 일종의 재산권을 보호한다는 입장이다. 즉 기업은 스스로의 필요에 따라 자기의 주지표지를 제작 · 사용할 수 있는 독점 · 배타적인 권한을 갖는데, 부정경쟁은 이 권리를 침해한다는 견해이다.

그러나, 우리나라에 있어 영업에 관하여 그 위에 하나의 권리를 인정하는 견해는 찾아보기 힘들다. 즉 영업양도와 같은 거래의 객체로서의 영업에 있어 비록 그 특별재산성을 인정하여도, 그 자체에 대하여 하나의 절대적 · 배타적인 영업권이 성립하는 것은 아니라는 것이 통설이다. 침해의 대상으로서의 영업에 있어서도 영업권의 개념을 인정하기보다는 영업에 고유한 사실관계나 조직을 침해할 때의 그 행위양태에 따라 불법행위의 성립을 판단한다. 또한 영업권의 개념을 인정할지라도 그 핵심은 영업활동 내지 영업에 고유한 사실관계가 되는데, 고객이나 영업기회는 경쟁의 대상이지 배타적 보호의 대상이 되지는 않을 것이다. 따라서 이 견해 역시 받아들이기 힘들다.

## 2. 이익보호설

권리보호설이 부정경쟁방지법의 보호 목적을 경쟁자의 인격권 내지 영업권으로 파악하는데 비해, 이익보호설(경제적 이익보호설)은 부정경쟁방지법의 직접적 보호 목적을 영업자의 영업 및 활동에 의하여 얻는 경제적 이익에서 구하고 영업권 혹은 인격권은 부정경쟁의 간접적 보호 법익이라는 입장이다.

이러한 이익보호설의 근거가 될 만한 규정들은 우리의 부정경쟁방지법 규정에서도 확인된다. 즉 예컨대 부정경쟁방지법 제4조 내지 제6조에서 부정경쟁행위로 인하여 자신의 '영업상 이익'이 침해되었거나 침해될 우려가 있다고 인정하는 자 또는 타인의 '영업상의 이익'을 침해하여 손해를 가한 자라고 규정하고 있는 바 부정경쟁방지법은 경쟁자의 절대적 권리가 아니라 영업활동에 의해서 확보된 개별적이고 구체적인 영업적 이익을 의미한다 볼 수 있겠다. 또한 영업비밀의 보호 역시 비공지의 사실상태에 경제적 가치 내지 이익을 인정하고 그를 보호함이라 볼 수 있겠다. 다만 이러한 이익보호설은 경쟁자의 주관적 권리 내지 이익상태 보호에 그 목적을 한정하고 있어 부정경쟁방지법이 포함하고 있는 공법적 요소들을 설명하기엔 한계가 있다.

## 3. 공익보호설

부정경쟁방지법은 경쟁자의 주관적 이익보호만을 목적으로 하는 것이 아니라 이를 넘어 거래자 및 수요자를 포함한 일반 공중의 포괄적 이익 내지 객관적 거래질서를 유지함을 목적으로 한다는 견해이다. 즉 부정경쟁방지법은 그 목적 조항에서 '부정경쟁행위를 방지하여 … 건전한 거래질서를 유지함을' 목적으로 함을 밝히고 있을 뿐만 아니라, 원산지등의 허위광고와 같이 그 속성상 다른 경쟁자의 개별적 권리나 이익의 침해와는 관련이 없는 형태의 부정경쟁행위를 인정하고 있다. 또한 부정경쟁행위에 대한 행정적 구제수단으로 부정경쟁행위의 조사나 부정경쟁행위자에 대한 시정권고가 인정되고 있고(제7-9조), 부정경쟁행위자에 대한 형사처벌(제18조)이라는 공법적 요소가 존재하고 있다. 따라서 부정경쟁방지법의 보호법익은 전적으로 경쟁자의 절대적 권리나 영업적 이익의 보호만을 위한 것이 아니고 경쟁자는 물론 거래자 및 수요자를 포함한 일반공중의 포괄적 이익이라 하겠다는 견해이다.

현재의 법제 아래에서 부정경쟁방지법의 보호법익을 파악함에 있어서는 가장 타당한 견해라고 생각된다. 다만 우리의 부정경쟁방지법이 그 제2조에서 여러 유형의 개별 구성요건을 정하고 그에 대한 법적 효과를 정한 상태에서 경쟁자의 권리나 이익의 침해란 처음부터 문제되지 않는다는 극단적인 견해는 받아들이기 힘들다 하겠다.

즉 비록 법이 일정의 부정경쟁행위 행위유형을 정하고 있으나, 그러한 행위 규정은 근본적으로 다른 경쟁자를 보호하기 위한 구성요건이며, 특히 법이 정하고 있는 법적 효과(금지청구권 · 손해배상청구권 · 신용회복청구권)는 자신의 영업상의 이익이 침해되었거나 침해될 우려가 있는 다른 경쟁자만이 행사할 수 있는 구제수단이다. 또한 부정경쟁방지법이 정하고 있지 아니한 여러 부정경쟁행위에 대해서는 민법상의 불법행위에 의한 법적 구제에 호소할 수밖에 없는데, 이 경우에는 다시 다른 경쟁자의 권리 · 이익에 대한 위법한 침해가 전제되므로 경쟁자의 권리나 이익의 침해는 문제되지 않는다는 극단적인 견해는 받아들이기 힘들다 하겠다.

## Ⅱ. 우리 부정경쟁방지법의 목적

우리 부정경쟁방지법은 제1조에서 '이 법은 국내에 널리 알려진 타인의 상표 · 상호(商號) 등을 부정하게 사용하는 등의 부정경쟁행위와 타인의 영업비밀을 침해하는 행위를 방지하여 건전한 거래질서를 유지함을 목적으로 한다'고 그 목적을 규정하고 있다. 이 규정은 부정경쟁방지법의 적용을 받는 일반 국민과 이 법을 취급하고 집행하는 관계공무원이 부정경쟁방지 및 영업비밀보호에 관한 법률의 입법목적이나 취지 등을 정확히 파악하고 이해할 수 있도록 함과 동시에 다른 조문의 해석에 있어서 지침으로 작용하게 된다.

이 규정은 1961년 제정법 당시부터 존재하였다. 다만 이 당시에는 부정경쟁방지에 관한 목적 조항만을 두고 있었으며, 1991년 개정법에서 영업비밀 보호에 관한 규정을 신설하면서 영업비밀 보호에 관한 목적 조항을 추가하여 현재와 같이 이르게 되었다. 또한 1961년 제정법이 '부정한 수단에 의한 상업상의 경쟁'이라는 표현을 사용하고 있던 것에 반하여, 1991년 개정법이래로 '국내에 널리 알려진 타인의 상표 · 상호 등을 부정하게 사용하는 등의 부정경쟁행위'와 '타인의 영업비밀을 침해하는 행위'로 부정경쟁방지법의 규율 대상을 대별함으로써 오히려 부정경쟁행위가 제한적으로 해석될 여지를 두게 된 문제점을 지적할 수 있겠다. 즉 기존의 법률에서는 부정경쟁행위가 '부정한 수단에 의한 상업상의 경쟁'이라는 포괄적 개념 아래 정의 규정에서 열거하는 일정 행위유형으로 금지 대상을 정하고 있는 것으로 볼 수 있었던 것에 반하여, 현행법에서는 부정경쟁행위가 제2조 소정의 행위유형만으로 해석되도록 함으로써 부정경쟁행위 내지 부정경쟁방지법의 확장 가능성을 차단하고 있다.

## 제 5 절 타법과의 관계

우리나라 부정경쟁방지 및 영업비밀보호에 관한 법률 제15조는 특허법 · 실용신안법 · 디자인보호법, 상표법 또는 농산물 품질관리법 또는 수산물 품질관리법[64]에 제2조부터 제6조까지 및 제18조 제3항의 규정과 다른 규정이 있는 경우에는 그 법에 따르고, 독점규제 및 공정거래에 관한 법률, 표시 · 광고의 공정화에 관한 법률 또는 형법 중 국기 · 국장에 관한 규정에 제2조 제1호 (라)목부터 (바)목, 제3조부터 제6조까지 및 제18조 제3항의 규정과 다른 규정이 있는 경우에는 그 법에 따르도록 규정하고 있다. 따라서

64) 수산물품질관리법이 2011년 7월 21일 폐지되고, 농산물 품질관리법도 농수산물 품질관리법으로 변경되었다는 점에서 이 규정 역시 다시 변경되어야 할 것이다. 부정경쟁방지법이 2011년 6월 30일 개정되면서 농 · 수산물 품질관리법에 대한 규정을 도입하였다는 점에서, 양 부처의 법률 논의가 얼마나 별도로 진행되었다가라는 문제점을 엿볼 수 있다.

부정경쟁방지 및 영업비밀보호에 관한 법률의 이해를 위하여는 관련 법률과의 관계를 살펴보고, 이를 통하여 우리나라 법률체계에서 부정경쟁방지 및 영업비밀보호에 관한 법률이 차지하는 위치 등을 파악하는 것이 필요하다.

## Ⅰ. 불법행위법과의 관계

비교법적으로 부정경쟁법리의 전개는 불법행위법적 경쟁자 보호에서 비롯하였으며, 이는 우리 법의 실질적인 연혁을 이룬다고 할 수 있는 일본 부정경쟁방지법의 제정과정에서도 확인할 수 있다. 즉 독일 부정경쟁법(UWG)[65]의 영향을 받은 일본 1934년 법의 규정을 살펴보면 불법행위 성립이 주관적 요건인 고의에 대응하여 '부정경쟁의 목적'을 요구하고 있으며, 객관적 요건인 권리침해에 대응하는 차원에서 경쟁행위의 유형을 나열하고 있다. 나아가 1926년 법안의 설명서에서는 부정경쟁방지법을 불법행위의 연장으로 이해하고 있음을 확인하고 있다.[66]

이러한 점에서 부정경쟁방지 및 영업비밀보호에 관한 법률은 일종의 특수한 침해행위(부정경쟁행위)에 관한 민법의 특별법이라 할 수 있고, 부정경쟁방지 및 영업비밀보호에 관한 법률에서 규정하고 있지 아니하는 사항들은 민법의 규정들이 적용된다. 특히 우리나라 부정경쟁방지 및 영업비밀보호에 관한 법률은 독일 부정경쟁방지법 제3조 및 파리협약 제10조의2 제2호와 달리 부정경쟁행위에 대한 일반조항을 두지 않고 한정적 열거주의를 취하고 있어, 규정 외의 부정경쟁행위에 대해서는 우리나라 민법 제750조[67]

65) 독일 부정경쟁법도 1896년 Gesetz zur Bekämpfung des unlauteren Wettbewerbs(부정경쟁금지법)이 제정될 당시는 일반조항이 없이 5종류의 한정하여 열거하였다. 즉 제한적 열거주의를 채택하였으나 1909년 Gesetz gegen den unlauteren Wettbewerb(부정경쟁법)이 제정되면서 일반조항이 신설되었다.

66) 小野昌延, 不正競爭防止法概說, 有斐閣, 1974, 39-40면.

67) 민법 제750조(불법행위의 내용)는 '고의 또는 과실로 인한 위법행위로 타인에게 손해를 가한 자는 그 손해를 배상할 책임이 있다'고 규정되어 있다.

이하의 규정을 보충 적용할 수밖에 없다. 다만 불법행위법은 부정경쟁의 금지 그 자체를 직접적 목적으로 하는 것이 아니고, 따라서 전통적인 불법행위법리에 의하여 부정경쟁을 규율하는 것에는 한계가 있다.[68]

한편 부정경쟁법리가 불법행위법에서 비롯하였으나, 양자의 관계를 직접 언급한 우리 판례는 아직 없다. 이러한 점에서 동일한 사실이 민법 제750조 이하 소정의 불법행위의 구성요건과 부정경쟁방지법의 개별 구성요건을 동시에 충족하는 경우에 양법은 어떠한 관계에 있는지 논란의 여지가 있다. 부정경쟁방지법 역시 다른 법률과의 관계 규정(제15조)에서 민법에 대하여 언급하고 있지 않으며, 판례에서 이를 직접적으로 다룬 것은 없다.

이에 전통적으로는 불법행위법에 대하여 부정경쟁법은 특별법의 지위에서 있으므로 부정경쟁방지법의 적용만을 인정하는 견해가 있다. 반면 양자가 그 요건과 효과를 달리하는 별도의 법제도라는 점에서 청구권 경합설을 주장하는 견해도 있다. 즉 우리 부정경쟁방지법은 여러 유형의 부정경쟁행위에 관하여 개별적으로 그 구성요건을 정하고 있으며, 손해배상외에 금지청구권과 신용회복조치청구권이라는 특수한 법적 효과를 부여하고 있다. 우리 부정경쟁방지법리의 전개는 민법 제750조 이하의 일반불법행위의 성립요건이나 효과와는 다른 방향으로 나아가고 있으며, 따라서 오늘날에 있어서는 더 이상 실정 부정경쟁방지법이 불법행위법에 대한 특별법의 위치에 서는 것이라 말할 수는 없다. 이에 부정경쟁방지법과 불법행위법은 그 요건과 효과를 달리하는 별개의 법제도로서 하나의 사실이 양자의 구성요건을 동시에 충족한다면 양자는 경합한다는 설명이다.

68) 이러한 점에서 부정경쟁행위에 대한 일반조항 도입의 당위성이 도출된다는 견해도 있다.

## Ⅱ. 상법과의 관계

상법은 상인(기업의 주체)의 기업 생활관계에 있어 권리와 의무를 규율하는 특별사법이다. 따라서 상법의 적용대상은 기업성을 가지고 영리를 목적으로 계속적 · 반복적으로 동종의 행위를 반복하는 상인[69]에 한정된다. 반면 부정경쟁방지법은 상인뿐만 아니라 계속적 · 반복적으로 시장에 참여하는 비영리 단체, 변호사, 의사, 회계사 등을 적용대상으로 한다.[70][71]

상인은 그 성명 기타의 명칭으로 상호를 정할 수 있으며(상법 제18조), 이를 등기하지 않고 사용할 수 있으나 등기한 상호는 특별히 보호를 받는다.[72] 또한 부정한 목적[73]으로 타인의 영업으로 오인할 수 있는 상호를 사용할 경우 이로 인하여 손해를 받을 염려가 있는 자 또는 상호를 등기한 자는 그 폐지와 손해배상을 청구할 수 있다(상법 제23조).[74] 한편 부정경쟁방지

---

69) 상인이란 상법상의 권리 · 의무 주체로서 우리나라 상법은 당연상인(자기명의로 상행위를 하는 자, 제4조)과 의제상인(제5조)이 규정되어 있다.

70) 독일 구 부정경쟁방지법 제1조 일반조항은 '영업거래 중 경쟁을 목적으로 선량한 풍속에 위반한 자에 대해서는 그 행위의 침해중지와 손해배상을 청구할 수 있다'라고 규정되어 있으며, '경쟁을 목적으로 선량한 풍속에 위반한 자'에 대하여 독일법원은 '영업거래'의 개념을 최광의로 해석하여 상인에 한정하지 않고 변호사, 의사, 예술가, 건축가 등 자유직업에 종사하는 자도 포함시키고 있다.

71) 우리 법원은 KIST(한국과학기술연구원)의 사업이 부정경쟁방지법의 보호대상이 되는 영업에 해당하는지 여부에 대하여 '과학, 학술, 기예의 진흥발전을 목적으로 하는 공익법인에 있어서도 그 직접의 목적은 영리 그 자체가 아니하고 하더라도 그 사업에 경제성이 인정된다면 부정경쟁방지법이 보호하는 영업에 해당한다'고 판시하고 있다(서울고법 1996.7.5. 선고 96나7382 판결).

72) 타인이 등기한 상호는 동일한 특별시 · 광역시 · 시 · 군에서 동종영업의 상호로 등기하지 못하며(상법 제22조), 동일한 특별시 · 광역시 · 시 · 군에서 동종영업으로 타인이 등기한 상호를 사용하는 자는 부정한 목적으로 사용하는 것으로 추정한다(상법 제23조 제4항).

73) 상법 제23조 제1항, 제4항 소정의 부정한 목적이란 '어느 명칭을 자기의 상호로 사용함으로써 일반인으로 하여금 자기의 영업을 그 명칭에 의하여 표시된 타인의 영업으로 오인시키려고 하는 의도'를 말한다(대법원 1995.9.29. 선고 94다31365,31372(반소) 판결; 대법원 2004.2.13. 선고 2001다57709 판결).

74) 대법원 1964.4.28. 선고 63다811 판결; '뉴 서울 사장'의 위 또는 아래와 옆에 작은 글씨로 '전허바허바 개칭'또는 '허바허바 개칭'이라고 덧붙여서 사용한 것은 부정한 목적으로 등기한 '허바허바 사장'으로 오인할 수 있는 상호를 사용한 것으로 본다고 한 것이 있다

법 제1조는 '국내에 널리 알려진 타인의 상표 · 상호(商號) 등을 부정하게 사용하는 등의 부정경쟁행위'를 규정하고 있고, 제2조에서도 '국내에 널리 인식된 타인의 성명, 상호, 상표, 상품의 용기 · 포장, 그 밖에 타인의 상품임을 표시한 표지'나 '국내에 널리 인식된 타인의 성명, 상호, 표장(標章), 그 밖에 타인의 영업임을 표시하는 표지' 등 상호에 관련한 규정을 두고 있다.[75] 따라서 상호의 보호와 관련하여서는 상법과 부정경쟁방지법이 함께 적용될 수 있다. 다만 상법 제18조 이하의 규정은 상인이 기업(영업)활동상 사용하는 기업(영업)의 명칭을 보호대상으로 하지만, 부정경쟁방지 및 영업비밀보호에 관한 법률 제2조 제1호 (가)목 및 (나)목은 '국내에 널리 인식된 상호'를 보호대상으로 한다.

한편 상법은 상업사용인(제17조), 영업양도인(제41조), 대리상(제89조) 및 합명회사와 합자회사의 무한책임사원(제198조, 제269조), 주식회사와 유한회사의 이사(제397조, 제567조) 등에 대하여 경업행위를 금지하고 있으며, 그 의무위반의 효과로서 영업주 또는 회사에 대하여 손해배상청구권과 해지권을 부여하고 나아가 개입권을 인정하고 있다. 예컨대 영업양도의 경우 양도인이 경업금지의무(상법 제 41조)에 반하여 동종 영업을 한다면, 이는 일반공중에게 구영업을 계속하고 있다는 것을 오인시킬 수 있어 영업양수인에 대한 부정경쟁행위가 된다고 할 수 있다. 이러한 면에서 상업사용인이나 이사 등의 경업행위나 겸직행위는 본인인 영업주나 회사 등에 대하여 부정한 경쟁행위를 구성하며, 상법의 경업개념과 부정경쟁방지법상의 경쟁개념은 동일한 것으로 풀이할 수 있을 것이다.

또한 예컨대 원칙적으로 회사경영에 참여하며 업무집행권이 없는 경우에도 감시권이 있기 때문에 회사의 기밀을 잘 알 수 있는 상태에서 합명회

---

75) 이 규정은 상법에 실질적으로 관련된 규정이나 법체계상은 불법행위의 특칙으로서 민법에 대한 특별법으로 이해될 뿐이지 상법에 대한 특별법으로서 평가할 수 있는 것은 아니다(정호열, 전게서, 88면).

사의 무한책임사원이 경업적 활동을 한다면 이는 영업비밀을 부정하게 사용하는 행위일 수 있다. 이러한 의미에서 경업금지의무의 존재는 영업비밀의 부정공개행위에 있어서의 비밀유지의무의 존재를 판단하는 중요한 자료가 될 수 있다.

## Ⅲ. 산업재산권법과의 관계

산업재산권법(특허법, 실용신안법, 디자인보호법, 상표법)은 지적재산법의 하나로 특허, 실용신안, 디자인, 상표에 대한 권리의 발생 · 변경 · 소멸에 관한 법이다. 부정경쟁방지법 역시 이들 산업재산권과 같이 지적재산법의 하나라 볼 수 있다. 예컨대 부정경쟁방지법에서 규정하고 있는 부정경쟁 중 혼동야기행위의 규제는 상표법과 함께 영업상의 신용에 화체(化體)된 재산을 보호하는 것이고, 영업비밀의 보호는 특허법등과 함께 사람의 창작활동을 보호하는 것이다. 다만 다른 산업재산권이 엄격한 출원 · 심사 · 등록절차를 거쳐 독점배타적 권리를 창설하는 권리부여법인데 반하여, 부정경쟁방지법은 보호대상 소유자에게 독점배타적 권리를 부여하는 것이 아니라, 법 규정을 통한 산업재산권법 영역에서의 부정경쟁행위를 금지하는 행위규제법이다.[76]

판례[77]는 舊부정경쟁방지법 제7조(현행법 제15조)에 관하여 '그 취지는 동법 제2조에 해당하는 행위라 할지라도 제7조 소정의 권리가 있는 자가 그 권리의 행사로써 위 제2조에 해당하는 행위를 하는 경우에는 위 제2조를 적용하지 아니한다는 것이다'라고 판시하고 있다. 즉 특허법, 실용신안법, 디

76) 세계 최초로 부정경쟁행위의 개념을 사용한 프랑스 법원은 산업재산권을 침해하지 않았으나, 영업활동 중 타인을 기만하거나 오해를 유발하는 행위 또는 이러한 행위에 책임이 있는 행위는 부정경쟁행위를 구성하고, 설사 그러한 영업활동이 산업재산권 개념과 관련이 없다고 하더라도 마찬가지라고 하였다.

77) 대법원 1976.2.10. 선고 74다1989 판결.

자인보호법 및 상표법의 규정에 의하여 국가가 정당한 권리로서 인정한 것은 당해 법 규정에 따라서 그 권리가 소멸되지 않는 한 부정경쟁방지법에 의해 규제하는 것은 타당하지 않다는 것이다. 예컨대 상표법상의 등록상표를 사용하는 경우는 비록 그것이 이미 널리 인식된 타인의 상표와 동일 또는 유사한 것으로 주지 상표 보유자의 영업상의 이익이 침해될 우려가 있고 또는 신용이 실추될 우려가 있는 경우에도 부정경쟁방지법상의 부정경쟁행위에 해당하지 않을 것이며, 따라서 주지 상표 보유자는 부정경쟁방지법상의 보호를 받을 수 없게 된다.

특허법, 실용신안법, 디자인보호법, 상표법 등은 발명, 신용신안, 디자인, 상표 등의 보호육성이라는 경제정책적 목적을 위하여 등록 제도를 마련하고 상표나 디자인 등을 등록한 자에게 독점 배타적 사용권을 부여하여 이들의 권리를 보호하는 것을 목적으로 한다. 즉 산업재산권법은 영업상의 표지에 대하여 그의 확실한 이용을 담보함으로써 사권보호에 이바지하고 더불어 지적 창조에 기여하는 것을 궁극적인 목적으로 한다.[78] 또한 등록된 상표나 디자인 등의 보호를 통하여 일정한 표지를 가진 상품의 유통과정상의 배타적 지위 내지 개별화 작용을 가져오는 점에서 나아가 이러한 상태에 대한 위법하거나 부정한 침해를 막아 공정한 거래질서를 확보하게 된다.

그러나 이와 같은 산업재산권이 등기 · 등록의 형식적인 요건만의 충족으로 인정되는 것은 아니다. 즉 그것은 보호받을 가치가 있는 것이어야 하며, 보호받을 수 있는 자의 권리이어야 한다. 따라서 주지된 미등록의 상표임을 알면서 타인의 상표를 등록[79]하여 그 권리를 주장하는 자는 산업재산권의 보호범위를 벗어난 자라고 볼 것이다. 이에 부정경쟁방지법상의 공정한 경쟁질서의 담보는 산업재산권의 인정을 위한 전제라 할 것이며, 법 제

78) 정호열, 전게서, 84면.

79) 부정경쟁방지법상의 보호 상표는 그 주지의 정도가 상표법상의 '현저하게 인식되어 있는' 정도보다는 완화된 것인 바 양법의 보호가 충돌될 수 있다.

15조의 규정과 관련하여도 그 해석을 엄격히 할 것이다.[80] 판례[81] 역시 이러한 태도에서 주지 미등록 상표와의 관계에서 등록 상표권의 효력 범위를 제한적으로 해석하고 있다. 즉 부정경쟁방지 및 영업비밀보호에 관한 법률 제15조와 상표법과의 관계에 대하여 '상표법 등에 부정경쟁방지 및 영업비밀보호에 관한 법률의 위 규정들과 다른 규정이 있는 경우에는 그 법에 의하도록 한 것에 지나지 아니하므로, 상표법 등 다른 법률에 의하여 보호되는 권리일지라도 그 법에 저촉되지 아니하는 범위 안에서는 부정경쟁방지 및 영업비밀보호에 관한 법률을 적용할 수 있고, 등록된 상표라 할지라도 부정경쟁의 목적으로 사용하는 경우 그 효력이 미치지 아니 한다'라는 것이 일관된 판례[82]의 태도이다.

나아가 법원은 상표권의 등록이 자기의 상품을 타인의 상품과 식별시킬 목적으로 한 것이 아니고 국내에서 널리 인식되어 사용되고 있는 타인의 상품표지와 동일 또는 유사한 상표를 사용하여 일반수요자나 거래자로 하여금 타인의 상품과 혼동을 일으키게 하여 이익을 얻을 목적으로 형식상 상표권을 취득하는 것이라면 그 상표의 등록출원 자체가 부정경쟁행위를 목적

80) 우리법 제15조와 관련한 입법례로는 일본 구부정경쟁방지법 제6조를 들 수 있다. 그러나 이 규정에 학설은 비판적이었고, 판례 또한 권리남용을 이유로 이 규정의 적용을 부정하고 있어 현행 부정경쟁방지법에서는 그 규정을 삭제하였다.

81) 대법원 1996.3.12. 선고 95후1180 판결: 피심판청구인이 사용하는 표장인 '원조 현풍박소선할매집곰탕'은 자신의 모친으로서 '현풍할매'로 불리어지기도 한 망 '박소선' 할머니의 별칭을 포함하면서 자기의 상호이기도 한 '현풍할매집식당' 명칭에 위 고인의 명성을 기리기 위하여 '원조'라는 문자와 '박소선'이라는 고유명사를 함께 표기하여 사용하고 있는 것이고, 더욱이 '현풍할매집'이라는 명칭이 사용된 시점은 청구인의 서비스표가 출원된 날보다 먼저인 점 등을 고려하면, 위 피심판청구인의 표장은 모친의 영업을 포괄승계한 피심판청구인이 실질적으로 자기의 명칭이나 상호 또는 그의 저명한 약칭인 '현풍할매'를 보통으로 사용하는 방법으로 표기한 상호 또는 서비스표로 볼 수 있고, 거기에 위에서 본 바와 같은 일부 문자들이 병기되었다고 하더라도 그 동일성을 잃지 아니하며, 서비스표권 침해자 측의 서비스표 선정의 동기 등의 주관적 사정과 피침해서비스표의 신용상태, 서비스표권 침해자 측의 현실의 사용상태 등의 객관적 사정을 고려할 때 위 표장은 그 사용에 부정경쟁의 목적이 있다고 할 수도 없어, 결국 위 표장에는 상표법 제51조 제1호의 규정에 의하여 청구인의 등록서비스표 '현풍할매집'의 효력이 미치지 아니한다.

82) 대법원 2001.4.10. 선고 2000다4487 판결; 대법원 2000.5.12. 선고 98다49142 판결; 대법원 1995.11.7. 선고 94도3287 판결; 대법원 1993.1.19. 선고 92도2054 판결 참조.

으로 하는 것으로서, 가사 권리행사의 외형을 갖추었다 하더라도 이는 상표법을 악용하거나 남용한 것이 되어 상표법에 의한 적법한 권리의 행사라고 인정할 수 없으므로 이러한 경우에는 부정경쟁방지법 제15조의 적용이 배제된다고 판단하고 있다.[83)]

## Ⅳ. 독점규제 및 공정거래에 관한 법률과의 관계

부정경쟁방지법은 독점규제 및 공정거래에 관한 법률(이하 '독점규제법'이라 함)과 함께 경쟁질서의 유지를 도모하기 위한 법률이다. 다만 독점규제법은 시장에서의 자유로운 경쟁의 유지 · 보호를 목적으로 하고 시장에서 경쟁자가 극소수인 독과점 상태를 상정하지만, 부정경쟁방지 및 영업비밀보호에 관한 법률은 공정한 경쟁의 유지 · 보호를 목적으로 하고 시장에서 경쟁자가 너무 많은 무질서한 경쟁상태를 상정하고 있다. 따라서 독점규제법은 행정기관(공정거래위원회)이 적극적으로 시장에 관여하여 시장에의 진입이 자유로운 경쟁질서를 확립함과 동시에 소비자를 보호하는 공법적 규율을 중점을 두는 반면, 부정경쟁방지 및 영업비밀보호에 관한 법률은 무질서한 경쟁질서를 바로 잡아 건전한 거래질서를 확립함과 동시에 부정경쟁행위로 손해를 입은 경쟁자를 보호하는 사법적 규율에 중점을 두고 있다.

목적달성을 위한 수단에 있어서 독점규제법은 공정거래위원회의 시정권고 명령등의 행정규제을 중심으로 하는 것에 반해, 부정경쟁방지법은 공익에 대한 침해의 정도가 높은 것에 대해서는 형사벌의 대상으로 하는 한편 사익의 침해에 한정된 것은 사업자간의 사용금지청구, 손해배상청구, 신용회복청구 등의 민사적 청구에 의하도록 되어 있다.

---

83) 대법원 2001.4.10. 선고 2000다4487 판결; 대법원 2007.4.12. 선고 2006다10439 판결 등.

## Ⅴ. 표시 · 광고의 공정화에 관한 법률과의 관계

표시 · 광고의 공정화에 관한 법률은 상품 또는 용역에 관한 표시 · 광고에 있어서 소비자를 속이거나 소비자로 하여금 잘못 알게 하는 부당한 표시 · 광고를 방지하고 소비자에게 바르고 유용한 정보의 제공을 촉진함으로써 공정한 거래질서를 확립하고 소비자를 보호함을 목적으로 하는 법률이다. 이는 1999년 개정 독점규제법 이전에는 불공정거래행위의 하나로 규제되어 오던 것으로 수요자 중심의 시장구조 변환에 대응하여 소비자의 올바른 상품선택을 통하여 시장경쟁을 촉진하기 위하여 도입된 법률이다.

표시 · 광고의 공정화에 관한 법률에서의 '표시'란 사업자 또는 사업자단체가 상품 또는 용역에 관하여 자기 또는 다른 사업자 · 사업자단체에 관한 사항 또는 그의 상품 등의 내용 · 거재조건 기타 그 거래에 관한 사항을 소비자에게 알리기 위하여 그 상품등의 용기 · 포장(첨부물 및 내용물을 포함한다) 또는 사업장등에 설치한 표지판에 쓰거나 붙인 문자나 도형 및 상품의 특성을 나타내는 용기 · 포장을 말하며, '광고'란 사업자등이 상품등에 관한 제1호 각 목의 어느 하나에 해당하는 사항을 '신문 등의 진흥에 관한 법률' 제2조 제1호 및 제2호에 따른 신문 · 인터넷신문, '잡지 등 정기간행물의 진흥에 관한 법률' 제2조에 따른 정기간행물, '방송법' 제2조 제1호의 규정에 의한 방송, '전기통신기본법' 제2조제1호의 규정에 의한 전기통신, 그 밖에 대통령령이 정하는 방법으로 소비자에게 널리 알리거나 제시하는 것을 말한다(표시 · 광고의 공정화에 관한 법률 제2조 제1 · 2호).

한편 부당한 표시 · 광고행위에는 허위 · 과장의 표시 · 광고, 기만적인 표시 · 광고, 부당하게 비교하는 표시 · 광고 및 비방적인 표시 · 광고 등이 있으며(표시 · 광고의 공정화에 관한 법률 제3조), 공정거래위원회는 고시[84]를

84) 부당한 표시광고행위의 유형 및 기준(2011.09.29. 공정거래위원회고시 제2011-9호).

통하여 그 구체적인 예를 보여주고 있다.

부정경쟁방지법이 건전한 거래질서의 유지라는 소극적인 목적 규정을 두고 있는 것에 반하여, 표시 · 광고의 공정화에 관한 법률은 공정한 거래질서의 확립이라는 보다 적극적인 목적 규정을 두고 있다. 또한 소비자의 보호를 목적으로 함을 명시적으로 규정하고 있다. 이와 함께 관련 목적 달성을 위한 수단으로서 부정경쟁방지법이 국내에 널리 알려진 타인의 상표 · 상호 등을 부정하게 사용하는 행위를 방지하고자 하는 것에 반하여, 주지여부와 상관없이 표시 · 광고에 있어서 소비자를 속이거나 잘못 알게 하는 표시 · 광고를 방지하고자 한다.

독점규제법을 근원으로 두고 있다는 점에서 표시 · 광고의 공정화에 관한 법률은 독점규제법과 유사한 구조를 두고 있다. 즉 공정한 거래질서의 확립과 소비자 보호를 그 주된 목적로 하고 있으며, 피해자의 구제신청 여부와 관계없이 시정조치(제7조), 임시중지명령(제8조), 과징금(제9조)과 같은 공법적 규율을 원칙으로 한다. 손해배상청구의 경우에도 일반적인 불법행위법과 달리 사업자등의 고의 · 과실을 요건으로 하지 않는다(제10조 제2항). 반면 부정경쟁방지법은 피해자의 청구에 따른 사법적 규율을 원칙으로 한다.

## Ⅵ. 형법과의 관계

부정경쟁방지법 제15조에서는 국기 · 국장에 관하여 부정경쟁방지법상의 규정과 다른 형법상의 규정이 있는 경우에는 부정경쟁방지법의 적용을 배제하고 형법에 의하도록 하고 있다. 특히 이와 관련된 형법상의 규정으로는 제105조의 국기, 국장의 모독 규정 및 제109조의 외국의 국기, 국장의 모욕 규정을 들 수 있을 것이다. 다만 형법상의 범죄가 성립하기 위하여는 '대한민국을 모욕할 목적으로' 또는 '외국을 모욕할 목적으로'라는 주관적 요건을 필요로 하며, '국기 또는 국장을 손상, 제거 또는 오욕한'이라는 객관적 요건을 필요로 한다. 따라서 국기 · 국장을 단순히 상표로 사용하는 경우에 대하여 국기모욕죄를 성립된다고는 할 수 없는 바, 적어도 형법과 관련한 법 제15조의 규정은 무의미하다고 하겠다.[85)]

## Ⅶ. 저작권법과의 관계

부정경쟁방지법은 제15조에서 다른 법률과의 관계를 규정하면서 특허법등의 산업재산권법을 언급하고 또 다른 지적재산권의 한 형태인 저작권법에 대하여는 언급하고 있지 않다. 그러나 저작물의 제호, 만화의 캐릭터 등의 저작물이 주지성을 갖추어 어떤 상품 또는 영업활동의 출처표시 기능을 갖춘 경우에는 상품표지 내지 영업표지로서 기능할 수 있다는 점에서 이러한 저작물의 보호와 관련하여 부정경쟁방지법이 관여할 여지가 있다.

다만 저작권법은 저작물 자체의 보호를 위하여 모방행위를 규제하는 것에 반하여, 부정경쟁방지법은 거래상의 혼동으로 인한 경업자의 이익 침해를 막기 위한 것이라는 점에서 모방은 직접적 규제 대상이 아니라 혼동의 유력한 징표일 뿐이다. 또한 저작권법이 저작물의 주지성 여부에 관심을 두지 않는 것에 반하여, 부정경쟁방지법은 상품표지 내지 영업표지로 작용하는 저작물의 주지성을 요구한다.

또한 저작권법이 저작자의 권리 보호와 저작물의 공정한 이용을 전제로 문화 및 관련 산업의 향상발전을 목적으로 하는 것에 반하여, 부정경쟁방지법은 부정경쟁행위의 방지를 통한 건전한 거래질서의 유지를 목적으로 한다는 점에서 양자의 그 목적에서도 큰 차이를 갖는다고 하겠다.

85) 일본 구부정경쟁방지법의 경우에도 형법과의 관계를 규정하지는 않았다.

# 제 2 장　제2조 제1호 소정의 부정경쟁행위

우리 부정경쟁방지법 제2조에서는 부정경쟁행위(제1호)와 영업비밀 침해행위(제3호)를 각각 정하고 있다. 그러나 영업비밀 침해행위역시 거래질서의 파괴한다는 점에서 부정경쟁행위의 한 유형으로 이해하여야 할 것이다. 다만 영업비밀 침해행위를 다른 형태의 부정경쟁행위와 준별하여 규정하고 있다는 점에서, 본서에서는 이를 나누어 설명하도록 한다.

제2조 제1호에서는 9가지 유형의 부정경쟁행위를 열거하고 있다. 즉 상품주체혼동야기행위((가)목), 영업주체혼동야기행위((나)목), 저명상표 희석행위((다)목), 원산지오인유발행위((라)목), 생산지오인유발행위((마)목), 상품의 품질 · 내용 · 수량의 오인유발행위((바)목), 상표권자의 동의 없는 대리인의 상표사용행위((사)목), 정당한 권한 없는 자의 도메인 이름 선점행위((아)목) 및 타인이 제작한 상품의 형태를 모방한 상품의 사용행위((자)목) 등을 열거하고 있다. 여기에서는 제2조 제1호 소정의 9개 유형의 부정경쟁행위에 대하여 살펴보도록 한다.

# 제 1 절 상품주체혼동야기행위

## Ⅰ. 의 의

상품주체혼동야기행위란 '국내에 널리 인식된 타인의 성명, 상호, 상표, 상품의 용기 · 포장, 그 밖에 타인의 상품임을 표시한 표지(標識)와 동일하거나 유사한 것을 사용하거나 이러한 것을 사용한 상품을 판매 · 반포(頒布) 또는 수입 · 수출하여 타인의 상품과 혼동하게 하는 행위'를 말한다(제2조 제1호 (가)목). 이는 타인의 신용을 부당하게 이용하여 자기의 영업상 지위를 유리하게 하는 동시에 그 타인의 고객을 탈취하여 영업상의 이익을 침해하는 행위로 영업주체혼동야기행위와 더불어 사칭통용(passing-off)의 전형적인 한 형태이다.[1)]

입법적으로 (나)목의 영업주체혼동야기행위와 본목의 상품주체혼동야기행위를 별도로 구분하여 규정하는 것이 바람직한지는 의문이다. 즉 실제 소비자 입장에서 영업주체의 혼동과 상품주체의 혼동이 크게 구분되지 않으며, 입법 내용에 있어서도 양자는 큰 차이가 없다. 또한 상품표지를 통한 영업주체의 혼동야기행위 또는 영업표지를 통한 상품주체의 혼동야기행위 등에 대한 대처에 있어서도 양자를 하나의 조문으로 묶는 것이 바람직하다. 즉 일본 부정경쟁방지법의 예에서 볼 수 있듯이 양자를 함께 하나의 조문으로 묶어 규정하는 입법 방식도 고려해볼 만하다.[2)]

널리 인식된 타인의 상품표지와 유사한 것을 사용하여 수요자를 혼동시

1) 우리법은 상품표지와 영업표지를 나누어 각각 (가)목과 (나)목에서 규정하고 있다. 이는 일본 구 부정경쟁방지법의 태도를 따른 것이라 볼 수 있다. 현재 일본 부정경쟁방지법은 상품표시를 이용한 혼동행위와 영업표시를 이용한 혼동행위를 함께 묶어 같은 조문에서 규율하고 있다.

2) 예컨대 부정경쟁방지법의 소관 부처인 특허청에서 발간한 부정경쟁방지 및 영업비밀 보호 업무 해설서에서도 (가)목과 (나)목을 혼동초래행위라 하여 하나의 유형으로 묶어 설명하고 있다.

켜 표지에 화체된 타인의 신용을 무임승차하는 것을 허용하게 되면 상품의 질을 개선하여 신용을 화체하려는 노력을 할 인센티브가 상실될 뿐만 아니라 표지가 특정한 자를 표시하는 기능을 상실하여 거래질서의 유지가 도모될 수 없다. 이러한 혼동행위를 규율하는 법률로서는 무엇보다도 상표법이 있으나, 부정경쟁방지법에서는 상품표지의 주지성을 요구하면서 혼동의 우려가 있는 한도에서 보호를 인정하고 있다.

## Ⅱ. 요 건

본행위에 해당하기 위하여는 ① 국내에 널리 인식된(주지성) ② 타인의 상품임을 표시한 표지와 ③ 동일 또는 유사한 표지를 사용하며 ④ 혼동의 가능성이 있을 것을 요한다.

### 1. 주 지

상품표지로서 보호되기 위하여는 그 표지가 널리 인식될 것, 즉 주지성이 필요하다. 혼동이 발생할 우려가 있는 경우에 상표등록이 없다는 이유만으로 표시의 보호를 부정하게 된다면 수요자의 혼동 우려가 방치되게 된다. 이에 널리 인식되고 있다는 징표를 통하여 구체화된 신용을 확인하고, 관련한 수요자의 혼동을 방지한다는 의의를 갖는다.

이러한 지역 주지성은 일본 舊부정경쟁방지법[3]상의 '본법 시행지역내에서 널리 인식된'이라는 형식의 요건에 해당되는 것으로 본호의 보호대상을 한정하는 요건이다. 다만 파리협약 제10조의 2나 영업상의 표지보호에 관한 독일 구부정경쟁방지법 제16조[4]가 주지성의 요건 없이 표시적 기능이

3) '본법 시행 지역내'에서 '수요자간'으로 개정한 현행 일본부정경쟁방지법에서도 역시 구법하에서와 동일하게 해석하고 있다.

있는 영업표지를 그 보호대상으로 하는 차이에서 그 존재 의의를 의심하는 견해[5]가 있다. 즉 시장에의 진입과 탈퇴가 자유롭고 공정한 경쟁이 존속하는 시장경제체제는 저명한 표지 내지 시장에서 주지된 표지만을 보호할 것이 아니고 수요자의 혼동으로 인하여 그 이익이 침해될 수 있는 모든 표지를 보호하여야 할 것인데, 법이 그 보호의 요건으로서 주지성을 요구하게 되면 모든 사람이 아는 표지만을 보호하는 결과가 되고, 이는 자유롭고 공정한 경쟁질서를 확보한다는 경쟁법의 이념에 배치된다는 것이다. 또한 상품표지가 보유하는 식별력과 주지성의 조화라는 면에서 '주지성' 요건을 비판하고, '국내에 널리 인식된'이란 요건은 입법적으로 삭제됨이 마땅하고, 삭제되지 않은 현상황에서는 이 주지성은 '타인의 상품 또는 영업임을 표시하는' 즉 표시력이 인정되는 하나의 전형적인 경우로서 해석하는 것이 바람직하다고 한다.

이는 부정경쟁방지법을 독점규제법과 함께 경쟁법으로서 보고자 하는 견해가 강하게 반영된 주장이라 하겠다. 그러나 상법이나 상표법상의 사적 이익에 대한 보호의 확대로서 발전한 부정경쟁방지법에 있어 그 보호의 대상을 한정함은 일종의 입법 정책적 판단이라 하겠다. 이에 법은 주지성이라는 경쟁질서 내의 일정 사실 상태를 기준으로 그 보호의 범위를 한정하고 있는 것이다. 또한 식별력과 주지성의 관계에 있어서도 식별력은 상품표지의 개념 요소로서 판단하고, 주지성은 그러한 식별력을 지닌 상품표지를 전제로서 본목의 보호 대상을 한정하는 요소로서 작용한다고 볼 것이다.

### 가. 주지의 지역적 범위

본호의 보호를 받기 위해서는 그 표지가 '국내에 널리' 인식될 것을 요구

4) 우리법상의 상품주체혼동야기행위에 대응하는 독일법상의 규정을 제3조에서 찾는 견해도 있었으나, 이는 우리법 제2조 제1호 (다) · (라) · (마)목에 대응하는 것이고, 독일법 제16조가 우리법 제2조 제1호 (가) · (나)목에 대응할 것이다.

5) 정호열, 전게서, 160-162면.

한다. 여기서 '국내'는 대한민국을 의미함은 명백하다. 다만 문제는 주지의 지역적 범위가 우리나라 전역에 걸쳐 인식되어야 하는 것인지, 아니면 우리나라의 어느 지방 또는 지역에서 인식되는 것으로 충분한 것인지의 것이다.

주지성의 인정여부는 경쟁관계에 있는 영업자와 다른 경쟁자의 영업활동이 미치는 주요지역에서 판단되어야 할 것이다. 따라서 기본적으로 상품주체의 영업자와 그 상대 경쟁자의 영업활동이 미치는 주요한 지역이라면 주지의 지역적 범위는 한 지방으로도 충분하고, 양당사자의 영업활동이 전국적 혹은 국제적이라면 전국적 주지성을 검토하여야 할 것이다. 다수견해[6] 역시 같은 견해를 취하고 있으며 판례[7]도 '부정경쟁방지법 제2조의 '국내에 널리 인식된 상호 · 상표'라 함은 국내 전역에 걸쳐 모든 사람에게 주지되어 있음을 요하는 것이 아니고 국내의 일정한 지역적 범위 안에서 거래자 또는 수요자들 사이에 알려진 정도로써 족하다'고 판시하고 있다.

> 부정경쟁방지법 제2조 제1호 소정의 '국내에 널리 인식된 타인의 상호, 상표'라 함은 국내 전역에 걸쳐 모든 사람들에게 주지되어 있음을 요하는 것이 아니고, 국내의 일정한 지역적 범위 안에서 거래자 또는 수요자들 사이에 알려진 정도로써 족하고 또 그 상표 등의 등록 여부와 관계없다고 할 것인바, 기록에 의하면 피고인이 제작한 재단기 등에 부착 사용한 상표 'KM'은 일본국 법인인 '주식회사 ケ-エム재단기'가 일본국에서 1966년 이전부터 재단기 등에 부착 사용하고 있었고, 공소 외 명성물산 주식회사가 위 상표가 부착된 재단기를 수입 또는 조립 가공하여 국내에서 판매함과 동시에 국내 봉제업계의 전문월간지인 '봉제계'에 위 상표와 제품의 광고를 1976.5.부터 계속하여 게재하는 등 광고 선전을 하여 국내 재단기 제조업체나 거래업계에서 널리 알려진 상표인 사실을 알 수 있으므로, 피고인이 원심이 적법하게 인정한 바와 같이 1991.10.27.부터 1992.1.9. 사이에 위 명성물산 주식회사가 일본에서 수입하거나 조립 가공하여 판매하는 재단기의 상표와 오인 혼동을 일으킬 수 있는

6) 송영식 외, 전게서, 760면.

7) 대법원 1976.2.10. 선고 74다1989 판결; 대법원 1980.12.9. 선고 80다829 판결; 대법원 1995.7.14. 선고 94도399 판결.

'KM'이란 상표가 부착된 재단기를 제조 판매하여 혼동을 일으키게 하였다면, 피고인의 이러한 행위가 부정경쟁방지법 제2조 제1호 (가)목 소정의 부정경쟁행위에 해당한다(대법원 1995.7.14. 선고 94도399 판결).

제2조 제1호의 '국내에 널리 인식된 상표 · 상호'라 함은 국내 전역에 걸쳐 모든 사람들에게 주지되어 있음을 요하는 것이 아니고 국내의 일정한 지역적 범위 안에서 거래자 또는 수요자들 사이에 알려진 정도로써 족하다(대법원 2001.4.10. 선고 2000다4487 판결).

이와 같이 일정 지역에서 주지하면 충분하다고 한다면 그 보호가 인정되는 지역은 어떤 범위인가란 문제가 발생한다. 일정 지역에서 널리 알려져 있다는 것만으로 상표등록이라는 공시 절차를 걸치지 않고 부정경쟁방지법상의 보호를 주지하지 않은 지역에까지도 미치게 한다면 법적 안정성을 잃게 된다. 주지성의 범위가 일정 지역으로 충분하다고 풀이한 이유가 표지가 널리 알려진 지역에서 혼동을 금지하는 것에 있는 이상 표지가 널리 알려져 있지 않은 지역에서는 보호는 부정된다고 해석하여야 한다.

상품표지주체의 유사표지 사용자의 영업지역에서 상품표지가 주지라면 주지성 요건이 충족되므로 그 외의 지역에서의 주지성 여부를 판단할 필요는 없게 된다. 또한 유사표시 사용자의 영업지역에서 상품표지가 널리 알려져 있다고 인정되지 않는다면 이것만으로 유사표지 사용자에 대한 청구는 인정되지 않게 되므로 역시 다른 지역에서 널리 알려져 있는가란 문제는 다룰 필요가 없게 된다. 즉 주지성의 요건은 유사표시 사용자의 영업지역에서의 주지성 요건의 판단만으로 이루어진다. 이 때 영업활동이 미치는 주요 지역 또는 지방인가의 구체적 결정은 상품의 종류와 성질, 거래에 관여하는 자와 수요자의 계층 등 여러 사정을 고려하여 개별적으로 판단하여야 할 것이다.

외국기업의 상품 또한 본법의 보호대상이 되기 위해서는 주지성의 요건이 충족되어야 한다. 따라서 외국에서만 널리 인식된 상품은 본법의 보호를 받을 수 없으며, 판례[8]도 같은 입장이다.

> McDONALD 상표에 대하여 동상표가 게재 선전되어 있는 영문판 잡지인 리더스 다이제스트 및 타임즈지가 1971년 및 1973년에 각 10,000여 부 정도 국내에 수입 · 반포되었고, 또한 20여개의 다른 나라에 선전되어 있다는 사실만으로는 위 원고의 상표가 국내 또는 국내의 일정한 지역의 거래자나 수요자들에게 널리 인식되어 있다고 볼 수 없다(대법원 1981.2. 24. 선고 80다1216 판결).

이에 반하여 오늘날과 같은 대중매체 시대에 있어서 주지의 지역적 범위의 넓고 좁음은 그다지 중요한 문제가 되지 않으며, 이러한 맥락에서 국경을 넘어 세계가 하나로 되는 국제화 · 세계화 시대에서 어느 정도 국내에서 주지되어 있거나 주지될 분위기가 감지될 때에는 외국 또는 국제적으로 저명한 상표에 대해서는 국내에서 주지된 표지로 보는 방향으로 운용하여 국제거래질서의 확립을 꾀하는 것이 바람직하다는 견해[9]가 있다. 또한 TRIPs 협정 제16조 제2항에서도 유명상표보호 규정을 두고 있어 상표로서 등록되지 않았어도 타인의 유명 상표를 사용하는 것을 금지하거나, 타인이 상표등록을 취소하도록 하고 있는데, 이때 유명성 판단 기준과 관련하여서도 선진국은 이와 유사한 주장을 하고 있다. 즉 개도국은 유명상표 보호의 목적이 소비자 보호 및 유통질서 유지이므로 유명상표로 인정받기 위해서는 당해 국내에서 유명해야 한다고 주장한 반면, 선진국은 무역증대와 교류증대로 세계가 글로벌화 되고 있으므로, 국내에서 유명해야만 한다는 주장은 구시대적인 발상이라고 주장하고 있다. 그러나 협정문에서는 '상표의 유명성 판단에 있어서 관련 분야의 공중의 인식도와 아울러 상표의 사용증대에 따라 당해국 내에서 얻어진 지식도 고려되어야 한다'고 규정하고 있어 그 구

8) 대법원 1981.2.24. 선고 80다1216 판결.
9) 황의창 · 황광연, 전게서, 32면.

체적인 판단은 각국에 맡기고 있다.

그러나 주지 상표의 보호는 주지라는 보호 상태가 형성된 곳에서의 문제이다. 따라서 주지성의 지역성 판단은 당해 상품 주체의 영업자와 그 상대 경쟁자의 영업활동이 교착되는 지역에서 판단되는 것이다. 그렇다면 비록 외국에서 저명한 상표일지라도 국내에서 주지되지 않았다면 당사자들의 이익이 교착되는 지역에서의 보호 이익은 부정된다 하겠다. 따라서 교역조건이 GATT 무역체제에서 WTO 무역체제로 변하였다 하여 문제가 달라질 것은 없다 하겠다. 또한 전통적으로 지적 재산권 내지 산업재산권의 보호 판단에 있어서는 속지주의적인 경향이 강하며, 특히 상품재에 대한 자유교역을 지향하고 있는 WTO 체제에서도 지적 재산권에 대한 보호는 속지주의적 경향 속에서 강화되고 있다. 그렇다면 위 견해는 법논리상으로나 정책적으로나 긍정하기 힘들다 하겠다.

상품주체를 나타내는 표지로서 유사상품표지 사용자의 영업지역 전부에서 널리 알려져 있을 필요가 있는가란 문제가 있을 수 있다. 예컨대 부산에서만 주지인 경우 전국적으로 영업을 전개하고 있는 유사표지 사용자에 대하여 부산지역에서만 당해 표지를 사용하지 못하도록 할 수 있는가란 문제이다. 유사표지 사용자에게는 영업지역을 확대할 때 전국적으로 동일한 표지를 사용하고자 하는 이익이 존재한다. 그러나 이러한 이익은 확대 지역에서 이미 타인을 나타내는 표지로 널리 알려져 있는 것과 유사한 경우에 당해 지역에서 발생하는 혼동 가능성이라는 공적 불이익 앞에서는 상대적으로 사적인 이익에 그친다. 혼동가능성을 방지하여야 한다는 공적 이익이 우선하므로 유사표지 사용자에 대하여 주지표지 사용자는 사용금지를 청구할 수 있겠다. 전국적으로 동일한 표지를 사용하고자 하는 이익은 전국적으로 표시의 사용 상황을 파악한 가운데 적당한 표지를 상표 등록함으로써 확보하면 된다. 결론적으로 주지성이 유사표지 사용자의 영업지역 모두에서 존재할 필요는 없으며, 그 일부 지역에서 널리 인식된 경우에는 당해 지역에 한하여 금지청구가 인정된다.

### 나. 주지의 인적 범위

법은 명시적으로 주지성의 인식 주체를 정하고 있지 않다. 그러나 본목의 규정이 자기의 상품에 타인의 주지 표지를 사용함으로써 거래자 또는 수요자로 하여금 타인의 상품과 혼동을 일으키게 하는 행위를 방지하여 상품 주체를 보호하는 것을 목적으로 하는 것이므로 그 상품과 관련되는 자가 바로 주지의 주체가 되는 것에는 이견이 없다. 따라서 주지성의 인식 주체는 일반적으로 상표법상의 저명성(내지 현저성)이나 특허법상의 공지성과 같이 거래자와 수요자는 물론 일반 공중에게까지 알려져 있을 필요는 없다. 즉 당업자 및 거래자 또는 수요자 사이에서만 알려져 있으면 충분하며, 이 경우에도 당업자와 거래자 및 수요자 모두가 반드시 알고 있어야 할 필요는 없고, 상품의 성질이나 종류, 소비자층, 영업의 방법과 형태 등에 따라 그 주지의 인적 범위를 판단하면 된다. 예컨대 관련 상품이 공기기계류일 때에는 그것을 거래하는 업자와 수요자를 기준[10]으로, 여성용 의류인 경우에는 여성을 중심[11]으로, 상품이 일반 소매점에서도 취급되는 대중상품인 때에는 일반대중을 기준[12]으로 판단하여야 할 것이다.[13] 또한 이러한 주지의 인적 범위는 부정경쟁이 인정되는 범위가 된다. 이에 원고의 표시가 의류, 구두 관련 상품등의 거래업자등에게는 널리 알려져 있으나, 기타 거래업자와 일반 소비자에게는 널리 알려져 있지 않은 사안에서, 구두용 냄새 제거제 판매와 관련한 한도에서 피고의 유사상품 사용 금지를 인정한 판결[14]도 있다.

주지의 지역적 범위 판단에서와 같이 인적 범위의 판단 역시 유사표지

---

10) 大阪地判 昭和 32.8.31. 下級民集 8巻 8号 1628면 [三國鐵工 事件]
11) 東京地判 昭和 37.6.30. 下級民集 13巻 6号 1354면 [ライナービヤー 事件]
12) 大阪地判 昭和 38.2.28. 判時 335号 43면 [松前屋 事件]
13) 田村善之, 不正競争防止法概説, 有斐閣, 1994, 36-38면.
14) 大阪地判 平成 4.12.24. 判不競 1038, 36면 [モリトジャパン 事件]

사용자의 고객층을 기준으로 이루어진다. 즉 유사표지 사용자의 고객층에서 상품주체를 표시하는 표지로서 널리 알려져 있는 한 주지성 요건은 충족되는 반면, 유사표지 사용자의 고객층에서 상품주체를 나타내는 것으로 널리 알려져 있지 않다면 부정경쟁의 성립 역시 인정되지 않는다.

### 다. 주지의 정도

이와 같이 주지의 주체로서 상품에 관계하는 거래자 또는 수요자를 인정하고 있으나, 이 경우에도 어느 정도로 주지되어야 하며 또한 관련 거래권의 수요자 중 어떠한 부분이 표지를 식별하고 있어야 하는 문제가 된다. 이와 관련하여 일본의 판례는 '상품의 형태 그 자체가 상품의 출처표시로서 주지성을 갖기에 이르렀다고 하기 위해서는 단순히 그 형태가 일정기간 사용되었다는 것만으로는 부족하며, 나아가서 그 형태가 동종의 상품 중에서 독점적 · 배타적으로 사용되어 그 형태가 갖는 특징이 거래자 또는 수요자에게 인식되어 있어야 한다'고 판시하고 있다. 이에 표지의 계속적인 사용 및 선전광고 등을 통해 자기의 상품 또는 영업을 타인의 것으로부터 구별되는 우월적인 지위를 갖도록 하는 정도로 당업자 및 거래자 또는 수요자 사이에 알려져 있어야 한다는 견해[15]가 있다. 그러나 보호할 가치가 있는 재산적 가치성과 주지성이 반드시 일치하는 것은 아니며, 우월적 지위를 강하게 요구하면 실제로 주지 상표자의 보호가 어려워진다. 따라서 반드시 우월적 지위를 엄격하게 판단하여야 할 필요는 없다 하겠다.

한편 상품표지는 실제로 사용되면서 다음과 같은 발전단계를 거친다. 즉 ① 어느 상품표지자가 상품표지를 최초로 선정 · 사용하는 경우에는 무명의 존재로부터 시작되는 것이 보통이지만 ② 당해 상품이 어느 정도 유통되고 상품표지가 상당한 정도 광고 선전비를 투자한 경우에는 이른바 가치있는 점유상태(wertvollr Besitzstand)를 형성하게 된다. ③ 다음으로 당해 상품의

15) 황의창 · 황광연, 전게서, 36면.

관계거래권(beteiligten Verkehrskreise) 안에 있는 구성원의 상당부분(ein beachtlicher Teil der Kreise)에게 당해 상품표지가 특정 출처의 상품표지인 것으로 인식되게 되고 나아가 ④ 당해 상품에 관한 수요자 및 거래자 등 거래관계자 중의 압도적 다수부분(eine erdrückende Mehrheit)에게 당해 상품표지의 존재가 인식되는 정도에까지 이른다. ⑤ 경우에 따라서는 당해 상품에 관하여 일정한 양질감(Gutevorstellung)이 표창되고 당해 상품에 대한 관계거래자 이외에 일반공중의 대부분에까지 널리 알려지게 됨으로써 저명성(Berühmtheit)을 획득하게 된다.[16)]

이러한 상품표지의 주지 단계와 관련하여 독일에서는 거래에 통용하여 관계거래자 중 상당부분에게 인식되어 있는 정도의 상표(③의 단계에 있는 상표)에 대하여는 등록상표권과 동등한 독점배타적 권리(표장권: Ausstattungsrecht)를 부여하나, 그에 저촉하는 상표의 등록을 불허하지는 않는다. 반면 거래통용의 정도를 넘어선 주지의 상표(④ · ⑤의 단계에 있는 상표)에 대하여 그 존재를 절대적 상표 부등록 사유로 하고 있으며, 그에 저촉하는 상표가 잘못 등록된 경우에는 특허청에서 직권으로 그 등록을 말소할 수 있고(독일 구상표법 제19조 제2항 제2호), 이해관계인도 등록말소소송을 제기할 수 있도록 하고 있다(동법 제11조 제1호 제2호). 우리나라 상표법에 있어서도 상표의 주지 단계와 관련하여 ④ 단계 이상의 주지를 형성한 상표가 존재하는 경우에는 타인이 그와 동일 또는 유사한 상표를 등록하지 못하도록 하고 있다(상표법 제7조 제1호 제9호).

이러한 상표법과의 관계에서 부정경쟁방지법사의 주지 정도는 ③ 단계의 주지 정도로 충분하다고 볼 것이다. 즉 부정경쟁방지법이 제15조에서 등록상표권에 대하여 그 적용을 거부하고 있는 바 본법상의 주지성의 정도는 상표법상의 주지성의 정도보다는 완화된 것으로 족하다고 하겠다. 이에 거

16) 송영식 외, 전게서, 594면.

래자 또는 수요자의 어느 정도가 인식하고 있어야 '널리 인식'되어 있다고 볼 수 있는지의 주지의 정도에 관하여는 상표법 소정의 주지성의 요건인 '수요자간에 현저하게 인식되어 있는' 정도(상표법 제7조 제1호 제9호)보다는 완화하여 관계거래권의 상당부분의 인식으로 충분하다고 하겠다.[17)18)] 나아가 모용자의 악의가 인정되는 경우에는 모용할 만한 가치만 존재한다면 일반적으로 주지에 이르렀다고 볼 수 없는 경우에도 주지성을 인정하여야 한다는 견해[19)]도 있다.

이에 재판례 중에서는 제2조 제1호 (가)목 · (나)목 소정의 표지의 저명성은 거래관계자들뿐만 아니라 일반 소비자 대중에게까지 널리 알려지고, 또한 양질감으로 인한 우월적 지위를 가지는 상태를 의미하는 것으로, 협의의 혼동에서의 상품 · 영업의 소비자 또는 거래자에게 현저하게 인식되어 있음을 요구하는 소위 '주지성'보다는 강하지만, 출처의 혼동이나 경쟁관계의 존재를 요구하지 아니하는 같은 법 제2조 제1호 (다)목 소정의 희석행위 금지규정에서 해석상 요구되는 소위 '저명성'보다는 약화된 것이라고 볼 수 있다고 판시하고 있는 것도 있다.[20)]

### 라. 주지의 형성

본목의 보호대상이 되는 것은 국내에 널리 인식된 타인의 상품임을 표시하는 표지이다. 즉 보호의 대상은 상품 자체가 아니라 상품표지이다. 따라서 본목의 상품표지는 당해 상품표지를 사용한 상품의 배포 상태를 전제로 하지는 않으며, 상품의 출시 전이라도 당해 상품표지에 대한 주지 형성을 인정할 수 있다.

---

17) 동지: 정호열, 전게서, 159면.

18) 프랑스에서도 ④ · ⑤ 주지 단계의 상표에 저촉하는 등록상표권에 대하여는 상표법상 무효소송에 의한 보호를 부여할 뿐이고, 그 밖의 모든 문제는 부정경쟁소송(action en concurrence déloyal)의 탄력적인 운용으로 해결하고 있다.

19) 김인섭, 전게논문, 53면.

20) 서울중앙지방법원 2003.8.7. 선고 2003카합1488 판결.

한편 주지되지 않은 타인의 상품표지에 대하여 주지를 형성한 경우 이러한 주지의 형성을 보호할 것인가의 문제가 있다. 부정경쟁방지법은 모든 상품표지를 보호 대상으로 하지는 않는다. 즉 주지의 상품표지를 그 보호대상으로 하고 있다. 이러한 부정경쟁방지법의 취지는 상품표지의 주지 형성에 따른 당해 상품표지자의 노력에 일정한 우월적 지위를 보호하는 것이며, 주지 상품표지가 형성한 신용상태에 대한 소비자의 혼동을 방지하여 자유로운 선택권을 보장하는 것이다. 따라서 위와 같은 경우 주지의 형성을 인정할 것인가는 주지 형성자의 노력에 대한 보호판단과 주지에 따른 소비자의 신뢰보호의 문제가 함께 판단되어야 하겠다.

상표법은 일정 기간의 불사용을 상표 등록의 취소 사유로 하고 있다. 이러한 상표법의 태도는 상표의 보호가 법적 안정성의 확보와 상표에 화체될 상표권자의 영업상 신용 축적을 도모하기 위함을 목적으로 하며, 불사용 상표라면 차라리 타인의 상표 선택의 자유를 보장하겠다는 의도임을 알게 해주는 것이다. 이러한 상표법상의 상표보호의 정신은 부정경쟁방지법상의 상품표지 보호에 있어서도 원용될 수 있다 하겠다. 즉 상품의 주지는 일순간에 형성되는 것이 아니다. 따라서 상품표지의 후사용자가 주지를 형성해 나가는 과정에서 선사용자가 자신의 상품표지에 대한 보호를 주장하지 않는다면, 후사용자에 의한 상품표지의 주지형성을 보호된다 하겠다. 판례[21]는 선사용자라도 주지된 타인의 상호를 사용하는 행위가 소비자로 하여금 혼동을 일으킬 우려가 있는 경우에는 부정경쟁행위를 구성한다고 본다.

> 부정경쟁방지법 제2조 제1호 (가)목 소정의 부정경쟁행위에 있어서는 '부정경쟁행위자의 악의' 또는 '부정경쟁행위자의 부정경쟁의 목적' 등 부정경쟁행위자의 주관적 의사를 그 요건으로 하고 있지 아니할 뿐더러 부정경쟁방지법상 선의의 선사용자의 행위를 부정경쟁행위에서 배제하는 명문의 규정이 없으므로, 가령 원고가 그 상호에 관한 주지성을 획득하기 이전부터 피고가

21) 대법원 2004.3.25. 선고 2002다9011 판결.

원고의 상호의 존재를 알지 못한 채 또는 부정경쟁의 목적이 없는 상태에서 '옥시화이트' 상표를 사용하여 왔다고 하더라도 원고의 상호가 주지성을 획득한 상품의 표지가 되었고, 피고의 그 상표가 주지된 원고의 상호와 혼동될 위험이 존재한다고 인정되는 이 사건에서는 피고의 위와 같은 행위는 부정경쟁방지법 제2조 제1호 (가)목 소정의 부정경쟁행위를 구성한다는 취지로 판단하였다(대법원 2004.3.25. 선고 2002다9011 판결).

주지성은 늦어도 유사표지 사용자가 사용을 개시한 시점에 인정되어야 하는가란 문제가 있다. 이에 대하여 일본의 판례는 유사표지 사용자의 행위가 문제된 시점, 즉 금지청구에 대하여는 현재(사실심리구두변론종결시), 손해배상청구에 대하여는 손해배상청구의 대상인 유사상품표지의 사용 등을 한 시점에서 주지성을 갖추고 있을 것을 요한다고 본다. 따라서 유사표지사용자의 사용개시 후라도 주지표지 사용자의 상품표지가 주지가 되고 혼동가능성이 발생한다면 유사표지사용에 대한 금지청구가 가능하다. 왜냐하면 부정경쟁방지법이 방지하여야 한다고 판단하고 있는 혼동의 우려가 있기 때문이다. 따라서 표지가 주지가 되기보다 먼저 유사표지사용자가 사용을 시작하였더라도 심지어 주지표지 사용자보다 먼저 사용을 시작하였더라도 표지가 타인인 주지표지 사용자의 것으로 널리 인식되고 있는 이상 유사표지 사용자는 그 표지 사용을 그만두지 않으면 안 된다. 물론 이 경우 유사표지 사용자는 부정한 목적이 없으므로 선사용자로서의 지위가 인정되어 보호받을 수 있을 것이다.

상호를 먼저 사용한 자(선사용자)의 상호와 동일 · 유사한 상호를 나중에 사용하는 자(후사용자)의 영업규모가 선사용자보다 크고 그 상호가 주지성을 획득한 경우, 후사용자의 상호사용으로 인하여 마치 선사용자가 후사용자의 명성이나 소비자 신용에 편승하여 선사용자의 상품의 출처가 후사용자인 것처럼 소비자를 기망한다는 오해를 받아 선사용자의 신용이 훼손된 때 등에 있어서는 이를 이른바 역혼동에 의한 피해로 보아 후사용자의 선사용자에 대한 손해배상책임을 인정할 여지가 전혀 없지는 않다고 할 것이나, 상호를 보호하는 상법과 부정경쟁방지 및 영업비밀보호에 관한 법률의 입법 취지에 비추어, 선사용자의 영업이 후사용자의 영업과 그 종류가 다른 것이거나 영업의 성질이나 내용, 영업방법, 수요자층 등에서 밀접한 관련이 없는 경우 등에 있어서는 위와 같은 역혼동으로 인한 피해를 인정할 수 없다(대법원 2002.2.26. 선고 2001다73879 판결).

한편 상품표지에 대한 선사용자의 존재를 알고도 '악의'로 당해 상품표지에 대하여 주지를 형성한 경우 그러한 주지의 형성을 보호하여야 할 것인가에는 견해가 나누어진다. 일본의 판례는 '표시를 주지시키기 위하여 당초에 타인의 표시를 도용한 경우인가 아닌가를 불문하고 일정한 표시의 사용을 통하여 특정 상품의 출처가 지표화되는 이익상태가 사회적 사실로서 객관적으로 존재하는 경우에는 주지표시로 보아야 한다'고 판시[22)]하고 있다. 또한 나아가 '주지성을 취득하기 전에 있어서 특정 상품표시의 사용이 제3자의 상표권을 침해하는 것이었다는 사정은 그 상표에 대하여 주지성을 취득하거나 부정경쟁방지법에 의한 보호를 받는 데 있어서 당연히 장애사유로는 되지 않는다'고 판시[23)]하고 있다.

이에 반하여 비록 부정경쟁방지법이 주지성이라는 사실 상태를 보호하는 것이며, 소비자 이익 면에서 상품이나 영업의 출처에 대한 혼동상태가 배제된다 할지라도, 선의의 경쟁질서나 미풍양속 등에까지 반하는 주지의 형성까지를 보호해서는 안 된다는 견해[24)]가 있다. 이 견해의 배경에는 유사상표 사용자의 행위를 금지하는 것은 주지상표를 보호하는 것에 있으며, 따

22) 東京地判 昭和 34.6.29. 下級民集 10巻 6号 1396면 [是はうまい 事件]
23) 東京地判 昭和 62.3.20. 判例タ 651号 211면[東京ベルモード 事件]; 특히 이 판결에서는 그 논거로서 "일본의 부정경쟁방지법 제6조가 동법의 적용제외 예로서 상표법에 의한 권리의 행사만을 들고 있을 뿐, 제3자의 상표권과의 저촉 등을 기록하고 있지 않는 점에 비추러 보아도 명백하다"고 판시하고 있는데, 이를 舊不正競爭防止法 제6조에 대한 大審院의 비판적 태도가 반영된 의견이라 하겠다.
24) 황의창 · 황광연, 전게서, 35면.

라서 악의의 주지성 취득을 보호하는 것은 타당하지 않다는 생각이 있다고 하겠다.

그러나 부정경쟁방지법이 유사상표 사용자의 행위를 금지하는 것은 주지상표를 보호하고자 한다는 의미보다는 혼동 가능성에서 소비자를 보호하고자 하는 것에 그 의의가 있다. 만약 후자의 견해에 의하면 주지상표 사용자와 유사상표 사용자 모두가 고의인 경우에는 모두가 상대방에 대한 상품표지 사용 금지 청구가 인정되지 않게 되며, 결국 쌍방 모두가 표시를 사용하여 혼동행위를 하게 될 수 있게 된다. 한편 이 경우의 '악의'라 함은 단순히 타인이 당해 표지를 사용하고 있는 것을 알고 있었다는 의미가 아니라 부정경쟁의 목적, 사회질서, 신의칙 등의 위반 등과 같이 건전한 거래 질서를 해치는 등의 적극적인 행위로 해석하여야 한다고 주장하는 후자의 견해는 실제에 있어 전자의 것과 다르다고는 생각되지 않는다. 즉 후자의 견해에 있어서 악의의 주지 형성은 전자의 입장에서는 일종의 권리남용으로 보아 그 보호를 거부할 수 있기 때문이다.

### 마. 주지의 인정자료

본호의 주지성은 객관적으로 그것이 인정될 경우에만 성립된다 할 것이며, 이를 증명하기 위한 자료로서는 특별한 제한이 없다. 이에 상표등 표지의 사용기간과 그 강도, 상품의 종류와 성질, 상품의 거래수량과 판매액, 선전광고의 유무 · 방법 · 빈도 · 기간, 상품이나 그 표지에 관한 신문기사 등의 것들이 효과적인 자료로 고려된다. 예컨대, 일본의 하급심판결례에서는 기업의 성장력이 높은 사실,[25] 다수인이 모인 전시회에 상품이 출품된 것, 공기관의 추천품인 사실,[26] 상품표시가 新造語이기 때문에 다른 상품과 구별도가 높은 것 등을 주지성 인정에 유리한 조건들로 보는 반면에, 상표가

25) 東京地判 昭和 41.8.30. 下級民集 17巻 7=8号 729면 [ヤシか 事件]
26) 福島地判 昭和 30.2.21. 下級民集 6巻 2号 291면 [菊屋總本店 事件]

보통명사인 까닭에 그 자체 식별력이 없는 사실,[27] 일정한 상품표지가 그 자체 개별성이 있거나 또는 일정한 상품표지가 계속 사용되었다고 하더라도 같은 종류의 상품이 시장에 다수 존재하는 경우[28] 등의 사실은 불리한 조건들로 본다. 물론, 이때의 인정자료 역시, 주지의 주체에 관한 판단에서와 같이 각 사안에 따라 개별적으로 또 제반사정을 총체적으로 고려하여 결정하여야 한다.

### 바. 주지의 승계

본호는 상품출처의 혼동을 방지하여 소비자를 보호함과 동시에 정당한 표시의 귀속주체의 이익을 보호하기 위한 것이다. 따라서 실질적으로 그 주체의 변동이 없는 경우에는 기업의 신용을 표상하는 표지에 아무런 변화가 없기 때문에 당해 상품표지에 의해 주지성도 승계가 가능하다 할 것이다. 이에 주지된 상품의 주제가 그 법적 형태를 바꾸는 경우나 주지된 상품표지를 가진 회사가 그 상품의 제조 · 판매부분을 독립하여 새로운 회사를 성립하는 경우에도 주지성의 승계는 인정된다. 또한 영업양도 등 상품주체의 인격이 변경되는 경우에 있어서 주지 상품표지의 이전과 함께 거기에 관계된 영업의 일체 등이 함께 이전된 경우 원칙적으로 상품표지의 주지성이 신영업주에게 승계되고, 주지표시라고 말할 수 있기 위해서는 타인에게 특정인의 상품을 표시하고 있는 것이 알려져 있는 것을 요하지만 그 특정인이 누구인가 까지가 명확히 알려져 있는 것을 요하지는 않는다.[29]

그러나 영업활동 자체의 이전을 수반하지 않고 단순히 표지만을 이전하는 경우에는 주지성은 승계되지 않으며,[30] 이 점에서 영업과 분리하여 상표권만을 이전할 수 있는 상표법과 다르다 하겠다.

---

27) 大阪地判 昭和 35.5.30. 判時 236号 27면 [ファーストプリンター 事件]
28) 東京地判 昭和 53.5.31. 無體集 10巻 1号 200면 [シャネルバック 事件]
29) 대법원 1996.5.31. 선고 96도197 판결.
30) 大阪地判 昭和 53.6.20. 無體集 10巻 1号 237면[公益社 事件].

### 사. 주지의 충돌

여러 상품표지가 주지성의 요건을 충족하고 있을 때에는 원칙적으로 먼저 주지성을 획득한 표지가 보호된다. 따라서 먼저 주지성을 획득한 표지가 있고 그와 혼동될 위험이 있다면 비록 주지성을 획득한 표지일지라도 금지의 대상이 된다. 그러나 나중의 표지가 주지성을 획득한 시점에 혼동의 위험이 존재하지 않았다면 이러한 표지의 사용이 부정한 경쟁행위라 할 수 없을 것이다. 따라서 여기에서의 혼동의 위험은 사실심 변론종결시뿐만 아니라 나중의 표지가 주지성을 획득한 시점에서도 이미 존재하고 있어야 한다.

한편 후사용자의 표지가 주지성을 획득할 당시에는 선사용자와 서로 영업활동지역을 크게 달리하여 혼동의 위험이 없었으나 선사용자가 그의 취급상품을 확장하면서 후사용자의 표지와의 혼동위험이 생긴 경우라면 통상 선사용자의 표지에 대해 우선권을 인정할 수는 없을 것이다.

## 2. 타인의 상품임을 표시한 표지

보호의 대상이 되는 것은 국내에 널리 인식된 타인의 상품임을 표시한 표지이다. 따라서 인식의 대상은 상품자체가 아니라 상품표지이다.

### 가. 타인의 상품

타인이란 자신의 상품표지에 대한 타인의 부정한 혼동야기행위로부터 보호를 주장할 수 있는 자이다. 따라서 본목의 권리주체는 원칙적으로 상품의 제조 · 가공 · 판매 기타 상품의 공급을 사업으로 하는 자로 그 전형은 상인이라 하겠다. 또한 그 형태에 관계 없이 법률행위적 상행위의 주체가 될 수 있는 자는 보호의 권리 주체가 된다 하겠다.[31] 한편 구 부정경쟁방지법

31) 예컨대 설립중의 회사와 같이 권리능력 없는 사단 역시 본목의 권리주체가 될 수 있다: 정호열, 전게서, 128면.

에서는 '부정한 수단에 의한 상업상의 경쟁'을 방지하여 '건전한 상거래의 질서'를 유지함을 목적으로 하고 있어, 본호의 보호주체가 상인에 한정되는가란 논의가 있었다. 이러한 권리보호 주체 범위에 대한 논의는 비록 '건전한 거래 질서' 유지를 목적으로 그 법문구가 바뀐 상태에서도 달라지지는 않았다. 예컨대 부정경쟁방지법상의 '영업' 개념을 상법상의 '영업' 개념을 그대로 사용할 수 있는가의 문제는 아직도 남아 있기 때문이다.

부정경쟁방지법은 그 규율 대상을 경제 질서 내의 거래 관계로 보지만 상법상의 거래 관계에 한정하지 않는다. 따라서 재화 내지 용역을 대상으로 한 경쟁적 거래관계가 성립한다면 부정경쟁방지법이 관여하게 된다 하겠다. 이에 본호의 권리보호주체는 상인에 한정되지 않으며, 경쟁관계가 존재한다면 변호사, 의사, 예술가 등의 자유직업인과 기타 경제적 경쟁에 개입하는 모든 사업자가 여기의 타인에 해당된다. 다만 공법상의 단체나 그 부속기관은 원칙적으로 본호의 보호 주체에서 제외된다 하겠다. 즉 공법상의 권리주체로서 공법인은 부정경쟁방지법 제3조의 규율을 받으며, 다만 私經濟的 거래 주체로서 공법인이 당해 표지를 사용한 경우에만 본호의 보호주체가 된다 하겠다.

외국 생산원의 주지상품 표지를 붙인 상품이 국내에 수입 판매되고 있는 경우 거래자 또는 수요자가 그 외국 생산원만을 상품의 출처로 인식하고 있다면 그 외국 생산원은 타인이다.[32] 구법 제16조는 '외국인으로서 파리협약 당사국 안에 주소 또는 영업소가 있는 자외의 자는 제4조 내지 제6조 및 제10조 내지 제12조의 규정에 의한 청구 등을 할 수 없다'라고 규정하고 있는바, 본목의 보호주체가 되는 외국인은 파리협약 당사국안에 주소 또는 영업소가 있는 자에 한하도록 하였다. 그러나 현행법에서는 이 규정이 삭제되었으므로 외국인이라도 그 주소지 · 영업지에 상관없이 내국인과 같은 취급을

32) 독점적으로 수입 판매를 계속하여온 업자의 영업상의 노력에 의하여 상품표지가 주지된 경우에는 외국 생산원 외에 그 수입판매업자도 타인으로 볼 수 있다.

받는다.

> 부정경쟁방지법 제2조에서 말하는 '타인'의 개념에는 특정의 표시에 관한 상표 등 사용계약에 의하여 결속한 동 표지의 사용허락자, 사용권자 및 재사용권자의 집단과 같이 동 표지가 갖는 출처식별기능, 품질보증기능 및 고객흡인력을 보호·발전시킨다고 하는 공통의 목적하에 결속하고 있는 것으로 평가할 수 있는 집단도 포함되며, 공업소유권보호를 위한 파리협약 가맹국의 국민인 외국인은 같은 협약 제1조, 제2조 제1항, 제10조의 2 제1항의 규정에 의하여 부정경쟁행위자의 상호등록 당시나 현재에 이르기까지 국내에 주소 또는 영업소를 두지 않고 있었다 하더라도 한국민과 동일하게 취급받게 되어 부정경쟁행위의 중지를 구할 권리가 있다(서울고법 1997.8.12. 선고 95나36598 판결).

타인의 상품을 나타내는 표시로서 주지하다는 요건을 충족하기 위하여는 표시가 특정한 자의 상품을 나타내는 표시로서 널리 알려진 경우에 이와는 별도의 자에 의하여 유사표시가 사용되고 있는 것을 요건으로 한다. 그러나 이것은 타인의 상품을 나타내는 표시로서 주지하면 충분하고, 그 표시가 동시에 자신의 상품을 나타내는 표시로서 널리 알려져 있더라도 청구는 기각되지 않는다. 양자를 모두 나타내는 것으로 널리 알려져 있는 경우에는 상호 청구가 인정되는 것이 원칙이다. 즉 어떤 표시가 A를 나타내는 표시로서도 B를 나타내는 표시로서도 널리 알려져 있는 경우에는 A가 B에게 하는 청구도, B가 A에게 하는 청구도 모두 인정되는 것이 원칙이며, 이를 통하여 혼동행위가 방지되게 된다. 그리고 이들 사이의 관계는 선사용의 문제로 처리하게 된다. 예컨대 A가 서울에서, B가 부산에서 각각 사용하는 표시가 아직 널리 인식되지 않은 상태의 광주 지역에서 주지가 된 경우, 광주에서는 A와 B 모두 사용할 수 없게 된다. 이 경우 A가 부산에서도 널리 알려지게 되더라도 A의 B에 대한 청구는 B의 선사용 항변으로 기각되게 된다.

상품이란 상업학의 입장에서 보면, 인간의 물질적 욕망을 만족시킬 수 있는 실질적 가치를 가지고 있고 매매를 위하여 이동이 가능한 유체재산이지만, 여기서 말하는 상품이란 그 중에서도 표지와 관련이 있는 것으로 유체물이고 이동 가능해야 할 뿐만 아니라, 독립적 · 반복적 거래의 대상이 되어야 한다. 따라서 일반 소비자에게 제공되는 것에 국한되지 않고 업무용 상품과 중간재, 자본재, 부품 등 독립적 · 반복적 거래의 대상이 되면 족하다. 동산이 그 보통의 형태이나, 거래 대상이 된다면 건축물도 이에 해당되는 것이 있을 수 있다는 견해[33]도 있다. 액체나 기체도 용기에 담아 거래의 대상이 되는 경우에는 상품에 속하며, 서비스는 상품에 해당하지 않는다.

나아가 경제적 가치를 갖고 거래의 대상이 되는 것이라면 무체물인 경우에도 본목의 상품에 해당할 수 있다. 예컨대 일본 재판례에서는 서체가 본목의 상품에 해당하는가를 판단하면서, 무체물이라도 그 경제적 가치가 사회적으로 승인되고 독립하여 거래의 대상이 된 경우에는 상품에 해당한다고 판시하고 있다.[34]

### 나. 상품임을 표시한 표지

일반적으로 표지라 함은 대상물을 개성화하여 다른 동종의 것과 구별하

---

33) 손주찬, 경제법(공정거래법), 법경출판사, 1993, 440면; 澁谷達紀, 知的財産法講義 III, 有斐閣, 2005, 90면 등; 日本辨理士會 中央知的財産研究所, "意匠法と不正競爭防止法 第2條 第1項 第3号との關係ついて", 研究報告書(第6号), 日本辨理士會, 2000.3.29, 36면.

34) 東京高決 平成 5.12.24. 判時 1505号 136면[モリサワタイプフェイス 事件]. 가처분신청사건인 이 사건의 원심은 채권자의 서체는 상품에 해당하지 않는다는 것을 이유로 신청을 각하하였다. 그러나 항고심에서는 부정경쟁방지법은 불공정한 경쟁행위를 배제하고, 공정한 거래질서의 유지, 확립을 목적으로 하는 것이 명확한 바, 동법이 사용하는 용어의 해석에 있어서는 동법의 관련 목적을 충분히 고려하여 해석할 필요가 있다고 설시한 후, 상품 개념에 대하여 경제적 가치가 긍정되는 거래대상이 되는 대표적인 것으로서 유체물이 있다는 것은 말할 것도 없으나, 사회의 다양화와 더불어 새로운 경제적 가치가 창출되는 것은 당연한 것이고, 그것이 갖는 경제적 가치에 착안하여 거래대상이 되는 것이 유체물이 한정되어야 한다는 합리적인 이유가 없다는 점에서 무체물이라도 그 경제적인 가치가 사회적으로 승인되고 독립하여 거래의 대상이 되고 있는 경우에는, 이것이 부정경쟁방지법 제1조 제1항이 규정하는 각 부정경쟁행위 유형의 어느 하나에 해당하는 것인 이상, 이를 상품에 해당하지 않는다고 하여, 동법의 적용을 부정하는 것은 동법의 목적 및 상품의 의의를 해석에 맡긴 취지를 몰각하는 것으로 상당하지 않다고 하여야 할 것이라고 판시하고 있다.

는 표지로서, 널리 감각적으로 파악될 수 있는 수단 모두를 포함하는 개념이다. 따라서 상품표지란 특정의 상품을 표창하기 위해 감각적으로 파악할 수 있는 수단으로서 특정상품을 개별화(Individualiesierung)하고 다른 동종의 상품으로부터 구별시키는 구별력(Kennzeichnungskraft) 또는 식별력(Unterscheidungskraft)을 갖는 것을 말한다. 즉 상품표지는 그 표지를 갖춘 상품이 누구로부터 나온 것인가를 알려주어 다른 출처로부터 나온 상품과 구별시켜 주는 인식수단이다. 따라서 그것은 특정의 출처로부터 나온 것임을 알 수 있게 하는 것으로 족하며 그 출처의 명칭을 상기시킬 수 있는 것일 필요는 없다. 또한 상표법이나 디자인보호법상의 등록 여부를 그 보호요건으로 하지도 않는다.

표지가 본목의 보호를 받기 위해서는 식별력을 갖추어야 한다. 따라서 일반 명칭과 같이 특별현저성이 없는 것은 표지로서의 보호적격이 부정됨이 원칙이다. 이에 제정법 제4조는 '상품의 보통명사 또는 거래상 통상 동종의 상품에 관용되는 표지를 보통 사용되는 방법으로 사용하는 행위 또는 이를 사용한 상품을 판매, 반포, 수입, 수출하는 행위(동조 제3호)'를 침해적 표지사용행위에서 배제하고 있었으며, 이 조항이 삭제된 현행법에서도 이는 해석으로 인정된다. 그러나 상표법이 식별력이 없거나 약한 상표라 하더라도 특정인이 오랜 기간에 걸쳐 자기의 상품표지로서 사용하고, 이로 인하여 거래자 · 수요자에게 상품의 명칭으로 현저하게 인식되어 거래상의 식별력을 획득한 경우에는 예외적으로 상표의 등록을 인정하는 바와 같이, 식별력이 없던 표지라 해도 오랫동안 사용됨으로써 사용에 의한 특별현저성을 취득한 때에는 본호의 보호대상에 속한다.

다만 사용에 의한 식별력을 통용력(Verkehrsgeltung)이라 하여 식별력과 구별되는 개념으로 파악하고, 표지의 주지성과는 관계없이 관련 거래권이 표지에서 어느 특정 기업에 대한 일의적 관련성을 간취하는 경우에는 통용력이 인정된다고 하는 견해[35]가 있다. 즉 식별력 또는 구별력의 경우에는 관계거래권의 '완전히 중요치 않은 것은 아닌 일부(ein nicht ganz unerheblicher Teil)'의 인식으로 충분한 반면, 통용력이 인정되기 위해서는 '관계거래권의 중요한 일부(erheblicher Teil)'가 인식하는 것을 의미한다고 한다. 이는 독일 구상표법이 식별력 없는 상표를 출원인이 자기의 상품표지로서 거래에 통용시킨 경우(im Verkehr durchsetzen)에는 등록을 허용하도록 하고 있는 것(독일 구상표법 제4조 제3항)에 영향을 받은 주장인 듯하다.

이러한 상품표지는 사회적 · 경제적 측면에서 상품출처표시의 기능 · 품질보증의 기능 · 광고선전의 기능을 가진다고 할 수 있다. 즉 상품표지는 그 문자 · 도형 등의 상징적 표현양식에 의하여 상품의 동일성을 표시할 뿐만 아니라 그것이 가지는 불가시적 · 선험적 가치, 즉 상품 자체의 품질성능, 영업의 우수성 · 성실성 기타 명성 등의 신용(goog will)을 상징하는 힘까지 갖게 되며, 상품을 극히 단순하게 형상화함으로써 쉽사리 대중의 의식에 침투하는 능력을 가져 그 자체가 광고적 · 선전적 기능을 갖추고 있다고 할 수 있다.

이러한 상품표지기능을 역사적으로 보면, 처음에는 출처표시기능만이 그 본질적인 기능으로 인식되었으나, 사회경제의 변천과 상품거래의 발전에 따라 최근에는 광고선전기능의 비중이 점차 중요시되고 있다. 또한 그 기능의 내용에 관한 법률적 평가도 경제 사회의 실정에 따라 변화하고 있으며, 동시대에 있어서도 보는 사람의 관점에 따라 다를 수 있다. 즉 예컨대 일반적인 수요자의 입장에서 보면 상품표지의 기능은 그 출처표시기능보다는 품질보증기능이 강조되는 반면, 기업의 입장에서는 상품표지는 상품의 얼굴로서 상품의 홍보 내지 판매촉진에 기여하는 상품표지의 광고선전기능이 강조된다.

부정경쟁방지법은 상품임을 표시하는 표지로서 성명 · 상호 · 상표 · 상

35) 정호열, 전게서, 134-135면.

품의 용기 · 포장 기타 타인의 상품임을 표시한 표지를 예시하고 있다. 이 중에서 본래적인 상품의 표지는 상표뿐이며, 그 밖의 표지는 그것이 상품의 표지로서 사용되는 경우에 있어 본목의 보호를 받는다. 이하 법문의 규정을 중심으로 상품 표지를 분설한다.

(1) 성 명

부정경쟁방지법에서의 성명은 거래상 상품의 표시로서 사용되는 것이다. 따라서 일상 생활에서 자신을 나타내기 위해 사용하는 성명[36]과는 그 성격이 다르다. 즉 인격권의 일종인 성명권과는 다른 개념으로 상품에 화체되어 자신의 상품을 타인의 그것과 구별시키는 표지의 일종이다. 예컨대 유명한 운동선수 · 연예인 · 정치가 · 학자 등의 성명이 상품에 부착되어 사용되는 경우 광고계약을 체결한 기업의 상품임을 식별시키는 기능을 나타내고, 이것을 법 제2조 제1호 (가)목이 보호하는 것이다.

한편, 특정인의 성명이 상표법 소정의 요건을 구비하여 상표로 등록되어 사용되는 경우 혹은 성명이 전적으로 상품의 출처를 식별시키는 기능만을 가지는 경우에는 (가)목의 상표로서 보호되는 것이지 성명에 해당되는 것은 아니다.[37] 그러므로 처음에는 타인의 상품임을 표시하는 성명으로서 사용되던 것이 장기간의 사용을 통하여 상품표시로서 정착된다면 이는 완전한 상표가 될 수도 있다.

(2) 상 호

상호란 상인이 영업활동에서 자신을 나타내는 명칭을 말한다. 이에 대해 상호는 법형식상으로는 상인의 명칭이지만 실질적으로는 기업 그 자체의 명칭이 되고, 여기서 영업표지로서의 상호의 위치가 확보되는 것이라고 설명하는 견해[38]가 있다. 그러나 상호는 다만 장기간 사용함으로써 기업의 명

36) 이는 인격권의 일종으로서 보호된다.
37) 동지: 정호열, 전게서, 137면.

칭과 같이 작용할 따름인 것이며, 상호가 기업의 명칭이라고 함은 통상 상인이 수행하는 기업을 상호로 대표화시켜 인식하는 대중의 오류를 받아들인 것으로 법적으로는 의미가 없는 설명이다. 또한 법인의 상호는 법인의 유일한 명칭인데 상호를 기업의 명칭으로 이해한다면 법인이 운영하는 기업의 경우에는 기업만이 명칭을 갖고 정작 그 주체인 법인은 명칭을 갖지 못한다는 불합리가 있다. 따라서 통설과 같이 상호란 상인의 영업상 명칭이라 하겠다.

이러한 상호는 특정인이 영업 내지 영업활동을 타인의 그것으로부터 개별화시킴을 그 본질적인 기능으로 한다. 따라서 상호는 상품의 표지가 아닌 영업의 표지로서의 기능을 본질로 한다. 다만 상인이 자기의 제품을 상호와 더불어 선전광고하거나 특히 상호를 상품에 부착시키는 경우에 상호는 상품의 출처를 표시하게 되는 것이며, 상품표지로서 본목의 보호를 받는 것이다.

상호는 명칭이므로 구두로 발음할 수 있고 문자로 기록할 수 있어야 한다. 따라서 별호 · 도서 · 도형 같은 것은 상호가 될 수 없다. 한편 외국어로 표기된 상호에 대하여는 등기 실무상 그 상호등기를 허용하지 않고 있어 이러한 외국어 상호의 보호가 문제된다. 그러나 상호는 상품의 표지로서 본목의 보호를 누리는 데는 상품을 개별화시키는 기능을 가진 것으로 충분하고 등기를 필요로 하지 않는다. 따라서 본법의 보호대상인 상호는 외국어로 된 상호이기 때문에 상호로서 등기가 불가능한 경우를 포함하며, 반대로 등기된 상호의 경우에도 소위 주지성을 구비하여야 본법의 보호대상이 된다.

한편 예컨대 상호가 대단히 길어 이를 간편하게 부르기 위해 약칭하여 부르는 경우와 같이 상호의 구성요소 내지 약칭 등이 상품을 개별화시키는 힘을 가지게 되는 경우가 있다. 이러한 경우에는 상호의 약칭이나 약자 등

38) 정호열, 전게서, 137면.

에 관하여 영업주가 그러한 것을 상품표지로 사용하고자 하는 주관적 의사 내지 적극적 행위에 관계없이 본목의 상호로서 보호 대상이 된다 하겠다.

상호에 대하여 상법에서는 그 사용권과 전용권을 보장하고 있다. 즉 선정한 상호를 타인의 방해를 받지 않고 사용할 수 있는 상호사용권과 자신의 상호를 타인이 부정하게 사용할 경우에는 이를 배척할 수 있는 상호전용권을 인정하고 있으며, 등기 상호에 관하여는 등기배척권까지를 인정하고 있다. 이러한 상법과의 관계에 있어 구법 제9조는 상호에 관한 상법규정에 대해서도 특별법적 지위를 부여하였다. 따라서 부정경쟁방지법은 신용회복청구권과 같이 상법상의 보호가 없는 경우에만 추가적으로 적용되는 보충적인 역할만을 하였다. 그러나 현행법에서 상호에 관한 상법규정을 특칙에서 의도적으로 삭제하고 있는 바 양법은 중복 적용된다. 특히 부정경쟁방지법상의 보호는 상대방에게 부정목적이 있다는 입증할 것을 전제하지 않으며 나아가 이종영업을 위해 동일하게나 유사한 상호를 사용하는 경우에도 그 사용의 중지청구가 가능하다는 점에서 상법상의 보호보다 강력하고 포괄적이다.

(3) 상 표

사회적 사실로서 존재하는 상표는 그 객체 면에서 대상적으로 파악하면 상품거래사회에서 누구인가의 업무와의 관계에서 개성화된 상품의 동일성을 표시하기 위하여 상품에 사용된 문자 · 도형 · 기호 등 감각적으로 파악할 수 있는 수단을 말하며, 그 기능적 측면에서 파악하면 상품의 상징으로서 상품의 출처표시 · 품질보증 · 광고선전 등의 기능을 가지는 표지라 할 수 있다. 따라서 상표는 특정의 영업자가 자신의 상품을 타인의 상품으로부터 식별시키기 위한 상품표지의 전형적인 예이다. 다만 이러한 사회관념상의 상표 개념은 그 기능 · 범위 · 사용양태 등에 있어서 사회 경제거래의 발전 · 변천에 따라 능동적으로 변화하는 상대적 것이라는 것에 유의하여야 한다.

예컨대 상표법에서는 그 상표 개념을 '상품을 생산 · 가공 · 증명 또는 판매하는 것을 업으로 영위하는 자가 자기의 업무에 관련된 상품을 타인의 상품과 식별하기 위하여 사용하는 기호 · 문자 · 도형 · 입체적 형상 · 색채 · 홀로그램 · 동작 또는 이들을 결합한 것, 기타 시각적으로 인식할 수 있는 것(상표법 제2조 제1항 제1호)'이라고 규정하고 있다. 즉 상표법상의 상표는 시각을 통하여 인식할 수 있는 표지로, 기호 · 문자 · 도형 · 입체적 형상 · 색채 · 홀로그램 · 동작 등을 요소로 하는 것이라 할 수 있다. 그러나 이와 같은 상표로서의 표지의 범위를 어떻게 정하는가는 입법정책상의 문제이다.[39] 또한 부정경쟁방지법상의 상표가 상표법상의 상표 개념에 한정될 필요도 없다. 예컨대 과거에 상표가 평면적 형상에 한정되던 것이 입체적 형상을 포함하게 되고, 동작상표를 포함하게 된 것과 같이 부정경쟁방지법상의 상표 역시 상표법상의 그것에 한정될 필요는 없다. 따라서 원칙적으로 상품을 표창하기 위하여 사용된 수단이라면 그것이 시각 이외의 다른 감각기관에 의하여 파악될 수 있는 것도 포함될 수 있을 것이다. 즉 상표법이 업무상의 신용형성을 위한 수단으로서의 상표 보호를 목적으로 하는 것에 반하여, 부정경쟁방지법이 표시의 부정한 사용을 통하여 건전한 거래질서를 혼란시키는 행위를 방지하는 것에 있다. 이러한 점에서 부정경쟁방지법상 부정경쟁행위의 대상이 되는 상표인가의 여부는 소비자의 신뢰에 의하여 상거래 관계의 혼란이 야기될 수 있는가란 관점에서 판단하여야 한다.

상품표지로서의 성명이나 상호는 문자로 이루어진 표지, 즉 명칭적 기능을 보유한 것에 한한다. 이에 반하여 문자는 도형, 기호, 색채 등으로 이루어질 수 있다. 도형적 표지의 경우에는 그것이 상표인가 아니면 단순히 장식적인 디자인에 지나지 않는가의 판단이 곤란한 경우도 있으나, 여하튼 어

39) 송영식 외, 전게서, 525면.

느 표지가 상품표지로서의 기능을 가지는 이상 부정경쟁방지법 소정의 보호대상이 되는 것이다.

부정경쟁방지법은 상표가 특정인의 상품을 타인의 그것으로부터 식별시키는 사실상태 그 자체를 보호하기 위한 것인 바, 상표법에 따른 등록을 그 보호요건으로 하지 않는다. 즉 부정경쟁방지법의 보호를 받기 위해 상표법 소정의 등록요건인 특별현저성을 구비하였는가를 판단할 필요가 없으며 등록상표는 물론 미등록상표 또한 본법의 보호대상이 된다. 판례[40]도 '부정경쟁방지법 제1조 제1호 소정의 행위는 등록여부와 관계없이 국내에 널리 인식된 타인의 성명, 상호, 상표, 상품의 용기 · 포장 기타 타인의 상품임을 표시한 표지와 동일 또는 유사한 것을 사용하거나 이러한 것을 사용한 상품을 판매등을 하여 타인의 상품과 혼동을 일으키게 하는 행위'라고 판시하고 있다.

> 부정경쟁방지법 제2조 제1호 소정의 행위는 등록여부와 관계없이 국내에 널리 인식된 타인의 성명, 상호, 상표, 상품의 용기, 포장 기타 타인의 상품임을 표시한 표지와 동일 또는 유사한 것을 사용하거나 이러한 것을 사용한 상품을 판매 등을 하여 타인의 상품과 혼동을 일으키게 하는 행위를 의미하고, 따라서 국내에 널리 인식된 타인 사용의 상표 및 상품명이 표시된 비닐포장지(때밀이 수건인 이태리 타올 포장지)와 유사한 상표나 포장지를 사용하여 타인의 상품과 혼동케 한 행위도 이에 포함한다(대법원 1981.9.22. 선고 81도649 판결).

나아가 비록 상표법상 등록받지 못하는 상표라 하더라도 그것이 오랫동안 사용됨으로써 거래자나 일반 수요자들에게 어떤 특정인의 상품을 표시하는 것으로 널리 알려져 인식되게 된 경우에는 본목의 상품표지에 해당한다.[41] 다만 상품의 보통명칭은 자타상품의 식별력이 없으므로 보통명칭을

40) 대법원 1981.9.22. 선고 81도649 판결.

41) 대법원 1999.4.23. 선고 97도322 판결; 대법원 2007.6.14. 선고 2006도8958 판결; 대법원

보통으로 사용하는 방법이 아니고 보통명칭을 조합하거나 그 글자체 등에 특수한 기교가 더하여지고 그것이 특정인에 의하여 오랫동안 사용됨으로써 거래계에서 어떤 특정인의 상품을 표시하는 것으로서 식별력을 갖추게 된 때에 한하여 본목의 '타인의 상품임을 표시한 표지'에 해당하게 된다.[42)]

상표법과의 관계에 있어 상표법상의 권리행사가 부정경쟁행위를 구성하지 아니함은 당연하다. 또한 부정경쟁방지법은 상표법의 특별법으로서의 위치를 명정하고 있으며(제15조), 나아가 상표법에 따른 민사적 구제나 형사적 제재가 부정경쟁방지법에 의한 것보다 강력하며 실효적이므로 실제로 부정경쟁방지법의 보충적 적용이 문제될 소지는 적다.

(4) 상품의 용기나 포장

상품의 용기 또는 포장도 상표등과 같이 상품의 자타식별기능 또는 출처표시기능을 가진 것이라면 상품표지라고 할 수 있다. 여기에서 용기는 상품을 담는 병 · 상자 등을 말하고, 포장은 상품을 싸거나 혹은 싸서 꾸미는 포장지 등을 말한다. 경우에 따라서는 상자가 포장으로 사용되기도 하고 용기 자체가 포장을 겸하기도 하며 양자를 엄격하게 구별할 실익은 없다.

이는 본래 상품을 담거나 싸는 수단에 지나지 않다. 그러나 기업이 자신의 상품에 독특한 개성을 부여하는 수단으로서, 나아가 어느 기업이 개별화 수단의 하나로 사용하려 할 때 타인의 상품으로부터 자신의 상품을 식별시키는 기능을 수행하게 된다. 특히 상호나 상표와는 달리 용기나 포장은 소비자의 시각과 촉각 모두를 자극함으로써 특정기업의 상품의 이미지를 창출하고 이를 통하여 타인의 상품으로부터 자신의 상품을 식별시키게 된다.

물론 용기와 포장은 상표와 달리 본래 상품을 표시하기 위한 것도 아니고 성명이나 상호처럼 특정한 기업주체의 명칭도 아니다. 따라서 본래의 기

---

2008.9.11. 자 2007마1569 결정 등.

42) 대법원 2003.8.19. 자 2002마3845 결정.

능을 넘어 용기나 포장이 상품을 식별시키는 기능을 갖기 위해서는 그 자체로 상품표지로서의 기능을 가져야 하며, 주지성의 요건 또한 신중하게 판단하여야 할 것이다.

판례 역시 일반적으로 상품의 용기나 포장은 상품의 출처를 표시하는 기능을 가진 것은 아니고, 다만 어떤 용기나 포장의 형상과 구조 또는 문양과 색상 등이 상품에 독특한 개성을 부여하는 수단으로 사용되고, 그것이 장기간 계속적 · 독점적 · 배타적으로 사용되거나 지속적인 선전광고 등에 의하여 그 형상과 구조 또는 색상 등이 갖는 차별적 특징이 거래자 또는 수요자에게 특정한 품질을 가지는 특정 출처의 상품임을 연상시킬 정도로 현저하게 개별화되기에 이른 경우에만 비로소 제2조 제1호 (가)목에서 정하는 '타인의 상품임을 표시한 표지(표지)'에 해당된다고 판시하고 있다.[43)]

한편 용기나 포장을 겸하고 또 그곳에 단순히 상호나 상표, 디자인 등이 찍혀 있는 경우에는 어느 구성요소가 상품표지가 되는가의 개별적인 판단보다는 전체가 보호의 대상이 되는가를 판단하게 된다. 즉 표지란 상품이 누구의 것인가를 알려 주어 다른 상품과 구별시켜 주는 식별수단이므로, 식별가능한 표지로서의 전체적 일체성을 가지고 판단하면 충분하다고 하겠다.

판례도 상품표장의 도안 구성이 유사함을 이유로 부정경쟁행위를 인정한 판결[44)]에서 '껌 포장지에 비록 한글로 된 문자부분 1열이 있기는 해도 전체적으로 과일의 관념이 강조됨과 아울러 문자부분의 호칭 · 외관의 유상성이 곁들여서 껌 포장지의 도안구성 전체의 결합이 주는 외관 · 호칭 및 관념과 시각적 심미감이 유사하여 타회사의 상품과 혼동을 일으킬 우려가 있다면 본조 제1호의 부정경쟁행위에 해당한다'고 판시하고 있다.

43) 대법원 2001.2.23. 선고 98다63674 판결.
44) 대법원 1978.7.25. 선고 76다847 판결.

> 피신청인이 제작 사용하는 껌 포장지는 비록 한글로 된 문자부분 1열이 있기는 해도 전체적으로 과일의 관념이 강조됨과 아울러 문자부분의 호칭, 외관의 유사성이 곁들어서 위 껌 포장지의 도안구성 전체의 결합이 주는 외관, 호칭 및 관념과 시각적 심미감이 신청인 회사의 껌 포장지와 유사하여 신청인 회사의 상품과 혼동을 일으킬 우려가 있어 부정경쟁방지법 제2조 제1호의 부정경쟁행위에 해당한다(대법원 1978.7.25. 선고 76다847 판결).

> 기록에 의하면, 먼저 피해자 주식회사 크린랩(이하 '피해자'라 한다)은 식품포장용 랩(WRAP)을 좌우가 긴 직육면체의 상자 모양의 포장용기에 넣어 판매하여 왔는데, 장기간 계속적, 독점적, 배타적으로 사용되고 또 지속적인 선전광고 등에 의하여 위 포장용기에 표기된 '크린랩' 또는 'CLEAN WRAP'의 문자부분은 물론 도형, 색상, 기타 외관에 나타난 차별적 특징이, 피고인이 그 상품표지를 사용하여 식품포장용 랩을 제조·판매할 당시인 1994년 1월경 이미 국내의 일반 수요자들에게 특정한 품질을 가지는 특정 출처의 상품임을 연상시킬 정도로 개별화되기에 이르러 자타상품의 식별기능을 가지게 되었다고 보여지므로, 피해자의 포장용기의 문자, 도형 등의 구성은 부정경쟁방지법 제2조 제1항 (가)목 소정의 '타인의 상품임을 표시하는 표지'에 해당된다고 할 것이다. … '그린랩' 또는 'GREEN WRAP'의 글자모양, 크기, 위치, 글자색 및 호칭이 위 '크린랩' 또는 'CLEAN WRAP'과 극히 유사하고 … 결국 피고인의 위와 같은 상품표지의 사용은 부정경쟁방지법에 위반된다고 보아야 할 것이다(대법원 2001.4.10. 선고 98도2250 판결).

#### (5) 그 밖에 타인의 상품임을 표시한 표지

법 제2조 제1호 (가)목에서 나열한 성명, 상호, 상표 등은 특정인의 상품임을 표시하는 표지를 예시한 것으로, 이외에도 상품주체를 식별시키는 기능을 가진 표시는 그 태양에 관계없이 여기서 말하는 '그 밖에 타인의 상품임을 표시한 표지'에 포함될 수 있다. 어떤 표지 내지 형상이 상품표지로서 출처표시기능을 갖추고 아울러 주지성을 획득한 경우에는 부정경쟁행위로부터 보호받을 가치가 있다고 할 것이다. 이에는 인쇄물의 제호, 상품의 형태, 특별한 배색, 캐치프레이즈, 캐릭터 등 다양한 예가 거론된다. 또한 상표법과의 관계에서 상표법이 보호하지 못하는 상품표지 역시 부정경쟁방지법의 보호대상이 될 수 있다. 예컨대 상품이 보통명칭의 경우에는 원칙적으로 상표법으로 보호받을 수 없으나 어느 특정인의 상품을 표시하는 것으로 식별력을 갖추게 된 때에는 부정경쟁방지법을 통하여 그 상품표지를 사용하는 행위를 금지할 수 있다.

> 상품의 보통명칭은 자타상품의 식별력이 없으므로 보통명칭을 보통으로 사용하는 방법이 아니고 보통명칭을 조합하거나 그 글자체 등에 특수한 기교가 더하여지고 그것이 특정인에 의하여 오랫동안 사용됨으로써 거래계에서 어떤 특정인의 상품을 표시하는 것으로서 식별력을 갖추게 된 때에 한하여 부정경쟁방지 및 영업비밀보호에 관한 법률(다음부터 '부정경쟁방지법'이라 한다) 제2조 제1호 (가)목에 정하여진 '타인의 상품임을 표시한 표지'에 해당한다. 같은 취지에서 원심이, 채권자가 커피추출액과 우유를 혼합한 커피음료에 부착하여 사용한 'Cafe Latte'와 '카페라떼'라는 표장은 이탈리아식 에스프레소 커피에 우유를 넣은 커피의 보통명칭을 보통으로 사용하는 방법으로 표시한 표장에 불과하여 비록 채권자가 오랫동안 이를 사용하여 왔다고 하더라도 식별력을 갖추지 못하였으므로 부정경쟁방지법 제2조 제1호 (가)목에 정하여진 '타인의 상품임을 표시한 표지'에 해당하지 아니한다(대법원 2003.8.19. 자 2002마3845 결정).

(가) 인쇄물의 제호

서적, 잡지, 신문 등 인쇄물의 제호는 개인의 정신적 창작물로서의 언어작품의 내용을 표시하는 경우가 많지만, 인쇄물의 제호가 작품의 내용을 표시할 뿐만 아니라 한 작품을 다른 작품으로부터 구별시켜 주기에 적합한 것인 경우에는 자타작품 식별력을 갖는 특별한 표지로 인정될 수 있을 것이다. 특히 신문 · 잡지와 같은 정기간행물에 있어서 그 제호는 신문사나 출판사가 편집하여 정기적으로 발행하는 개성 있는 상품임을 표시하는 출처표시기능이 매우 강하다 할 수 있으므로 상품표지로서 보호되어야 할 것이다.

이에 독일 구부정경쟁방지법은 소위 표제보호(Titelschutz)라 하여 제16조 제1항에서 인쇄물의 제명을 보호하였으며, 우리나라에서도 저작권법상의 보호이외에도 부정경쟁방지법상의 보호가 요구된다. 이에 학설[45)]은 상품표지로서의 인쇄물의 제호 보호를 긍정하고 있으며, 판례[46)]도 저작물인 영화대본의 제호에 대하여 그 보호를 인정하고 있다. 즉 '신청인이 방송극 '혼자 사는 여자'의 영화화권을 매수하고 그 영화화 기획이 일간지 및 주간지 등의 연예란을 통하여 보도되었다면, 그 '혼자 사는 여자'라는 제호는 보호되어야 하고, 피신청인이 소외인작 '독신녀'를 '혼자 사는 여자'라는 제호를 사용하여 영화화한다면 이는 신청인의 영업상의 이익을 침해할 우려가 있으므로 부정경쟁방지법 제2조 제1호에 해당되어 신청인은 피신청인에게 이러한 행위의 중지를 청구할 권리를 가진다'고 판시하고 있다.

이러한 인쇄물의 표지에 속하는 것으로는 잡지와 단행본의 부제와 부속표제, 그리고 규칙적으로 간행되는 잡지부록의 표제는 물론이고, 시리즈물에 관한 일련표제 등 포괄적 표제, 나아가 희곡이나 영화 · TV필름의 표제 등이 있다.[47)]

한편 독일 구부정경쟁방지법상의 표제보호와 관련하여 신규성이 있고 고유적이며 어느 인쇄물을 다른 인쇄물로부터 구별시키는 인쇄물상의 일체의 표지가 보호되지만, 표제는 명칭적 기능을 가져야 하고 또 식별력이나 통용력을 가져야 한다고 설명하고 있다.[48)] 그러나 식별력을 전제로 한 주지의 표지라면 굳이 신규성이라는 요건은 필요치 않다고 생각된다. 또한 이러한 제호 보호와 관련하여는 그 혼동위험성 판단의 특수성을 설명[49)]하기도 한다. 즉 거래계가 통상 내용은 알지 못한 채 표제를 관찰하므로 항상 작품

---

45) 정호열, 전게서, 149-150면.
46) 대법원 1979.11.30. 선고 79마364 결정.
47) 정호열, 앞의 부분.
48) 정호열, 앞의 부분.
49) 정호열, 전게서, 176면.

의 표제만을 문제삼아야 하고 그 내용을 고려해서는 안 되며, 많은 표제들이 상당히 유사하기 때문에 소비자들이 사소한 차이에도 주의하고 따라서 기타의 영업상의 표지와는 달리 약간의 표제상의 차이로 혼동위험은 배제된다고 한다.

(나) 상품의 형태

상품의 모양 내지 형태는 본래 상품 고유의 기능과 사용상의 편의를 고려하고 상품의 아름다움을 살리기 위한 것으로 상품의 출처를 표시하기 위한 것은 아니다. 이에 그 상품의 표지가 특이하다는 것이 널리 알려져 있다 하더라도 상품이 그 유통세계에서 특정인의 상품으로서 타인의 상품과 식별되기 위하여는 상품 자체의 형태와는 별개로 그것이 특정인의 상품인 것을 나타내는 표지가 부가되어야 비로소 그때부터 특정인의 상품이라는 표시가 이루어졌다고 보아야 할 것이고, 따라서 상품의 형태만으로 상품의 표지라고 할 수는 없다는 견해(부정설)[50]도 있었다.

그러나 자신의 상품을 차별화하려는 기업의 노력은 기능적인 면에서 뿐만 아니라 비기능적인 면에서 발휘되며, 그 모든 면에서의 노력이 보호되어야 될 것이다. 이에 상품의 형태로서 자신의 상품을 개성화하려 하고, 그것이 장기간 계속적으로 또 배타적으로 사용되거나 혹은 지속적인 선전광고를 통하여 소비자에게 구별력을 심고, 그것이 특정한 품질을 가진 특정한 출처의 상품임을 연상시키게 된다면, 상품형태는 상품표지로서의 식별력을 갖게 되며, 이는 상품표지로서 보호되어야 할 것이다. 따라서 상품의 형태 자체도 용기 · 포장과 마찬가지로 본래의 상품표지는 아니지만 상품의 외관을 구성하여 상품의 출처를 표시하는 기능을 가질 수 있으므로, 그것이 주지성을 획득하고 나아가 상품개별화작용을 하기에 이른 때에는 상품표지로서 본목의 보호를 받는다고 하겠다. 다만 상품의 형태라는 것은 경합하는

50) 大阪地判 昭和 35.5.30. 判時 236号, 27면 [ファーストプリンター 事件]

동종의 상품 사이에서는 대략 비슷한 형태를 채택하는 경우가 적지 않은데, 이러한 경우에 어느 특정한 상품의 형태가 특정의 출처를 식별하는 기능을 발휘하는 경우가 거의 없다고 지적하는 견해[51]도 있다.

판례는 일반적으로 상품의 형태나 모양은 상품의 출처를 표시하는 기능을 가진 것은 아니고, 다만 어떤 상품의 형태와 모양 등이 상품에 독특한 개성을 부여하는 수단으로 사용되고, 그것이 장기간 계속적 · 독점적 · 배타적으로 사용되거나 지속적인 선전광고 등에 의하여 그것이 갖는 차별적 특징이 거래자 또는 수요자에게 특정한 출처의 상품임을 연상시킬 정도로 현저하게 개별화되기에 이른 경우에 상품표지에 해당한다고 판시하고 있다.[52]

한편 상품형태의 경우, 그 형태가 특정의 출처를 나타내는 표시로서 널리 인식된 경우에 비로소 상품등의 표시성을 획득하기 때문에 상품등표시해당성의 인정과 주지성의 인정이 중복되게 된다. 물론 비록 상품표시로서 주지하다고 인정되었더라도 유사형태 사용자의 상품에 상품명 등의 식별표시가 명확하게 부착되어 있는 경우에 있어, 게다가 고가품이기 때문에 충분히 조사검토를 거쳐 구입하는 상품인 경우나 판매형태가 방문형태 등인 경우에는 상품의 형태가 아니라 유사상품의 상품명이나 판매업자 등의 식별표시에 의하여 정확히 유사상품의 제조판매업자가 출처로 식별된다고 인정되는 결과, 상품의 형태가 유사하다고 하여도 혼동을 일으킬 우려는 없다고 판단될 수 있다.[53] 다만 이러한 특수한 사정이 인정되지 않는 한 다른 상품명 내지는 제조판매업자명 등이 부착되어 있다고 하여 혼동의 우려가 부정되는 경우는 드물다고 하겠다.

> 상품의 형태는 디자인권이나 특허권 등에 의하여 보호되지 않는 한 원칙적으로 이를 모방하여 제작하는 것이 허용되며, 다만 예외적으로 어떤 상품의

51) 田村善之, 不正競爭法概說(第2版), 有斐閣, 2003, 120면.

52) 대법원 2002.2.8. 선고 2000다67839 판결; 대법원 2002.10.25. 선고 2001다59965 판결 등.

53) 大阪地判 昭和 35.5.30. 判時 236号, 27면 [ファーストプリンター 事件]

형태가 2차적으로 상품출처표시기능을 획득하고 나아가 주지성까지 획득하는 경우에는 부정경쟁방지 및 영업비밀보호에 관한 법률 제2조 제1호 (가)목 소정의 '기타 타인의 상품임을 표시한 표지'에 해당하여 같은 법에 의한 보호를 받을 수 있다. 그리고 이 때 상품의 형태가 출처표시기능을 가지고 아울러 주지성을 획득하기 위해서는, 상품의 형태가 다른 유사상품과 비교하여, 수요자의 감각에 강하게 호소하는 독특한 디자인적 특징을 가지고 있어야 하고, 일반수요자가 일견하여 특정의 영업주체의 상품이라는 것을 인식할 수 있는 정도의 식별력을 갖추고 있어야 하며, 나아가 당해 상품의 형태가 장기간에 걸쳐 특정의 영업주체의 상품으로 계속적 · 독점적 · 배타적으로 사용되거나, 또는 단기간이라도 강력한 선전 · 광고가 이루어짐으로써 그 상품형태가 갖는 차별적 특징이 거래자 또는 일반수요자에게 특정 출처의 상품임을 연상시킬 정도로 현저하게 개별화된 정도에 이르러야 한다(대법원 2007.7.13. 선고 2006도1157 판결).

한편, 구 부정경쟁방지법 제15조에서 '특허법, 실용신안법, 디자인보호법, 상표법에 다른 규정이 있는 경우에는 그 법에 의한다'고 규정하고 있어 특정인의 상품임을 표시하는 기능을 가진 상품형태가 상품의 기술적 기능에서 유래하는 필연적이고 불가피한 결과인 경우에 부정경쟁방지법상의 보호대상에서 이를 배제할 것인가 하는 논의가 있었다. 즉 상품의 형태가 기술에서 유래하는 때에는 특허권이나 실용신안권의 대상으로서, 디자인에서 유래하는 때에는 디자인보호법의 대상으로서 각각 보호되므로 산업재산권 보호제도와 저촉되지 않을 필요가 있다는 점에서 기술적 형태비보호설, 기술적 형태제한적 보호설, 기술적 형태무제한보호설 등이 대립되고 있으며, 대체로 절충적인 제한적 보호설로 기울고 있다고 설명하기도 하였다.[54] 또한 시각적으로 포착되는 상품의 형태는 그 형상, 모양, 색채나 이들의 조합을 통하여 자유로운 표현이 가능하고 따라서 디자인의 선택여지가 남는 것이므로 디자인과 관련한 상품의 형태는 기술적 형태에서 유래된 상품형태

54) 김인섭, 전게논문, 54면.

와는 달리 파악하여야 한다는 견해[55]도 있었다.

그러나, 상품의 형태가 그 표지적 기능을 이유로 부정경쟁방지법상의 보호 대상이 됨은 그 기술적 이유로 해서 협의의 산업재산권의 보호대상이 됨과는 다른 차원의 것이다. 따라서 협의의 산업재산권의 보호요건을 충족시키지 못한 상품형태는 본목의 보호대상이 될 수 있으나, 협의의 산업재산권의 보호를 받는 상품형태는 본목의 보호대상에서 제외된다는 설명은 긍정하기 힘들다. 일본의 법원 역시 부정경쟁방지법의 상품표시로서의 보호와 특허권등의 산업재산권과의 보호 조정은 불필요하다는 입장이다. 즉 양자의 경합을 배제하는 규정이 없고, 또한 특허권등의 보호법익이 기술적 사상의 창작인 반면 부정경쟁방지법의 보호대상이 영업활동에 있어 기업의 신뢰성 내지 상품의 수요흡인력이므로 양자는 보호 대상, 보호법익, 요건을 달리 한다. 더불어 영업활동과 기업노력의 계속을 요건으로 하는 부정경쟁방지법의 보호는 기술적 사상에 관한 영구권 설정이라고는 할 수 없다는 입장이다.

이에 현재에는 동업자의 제품과 구별할 수 있는 특별현저성이 있는가라는 틀 안에서 기술적 기능에 유래한 것을 상품등 표시해당성을 부정하는 하나의 요소로 고려하는 판례[56]도 등장하였으며, 경쟁상 유사할 수밖에 없는 것의 상품등표시해당성을 부정하는 견해가 차츰 유력한 입장을 차지하고 있다. 즉 산업재산권과의 조정이 필요한 기술적 형태인가 여부라는 관점이 아니라, 유사할 수밖에 없는 형태인가라는 관점에서 상품으로서 통용하기 위하여는 그럴 수밖에 없는 형태에 대하여 상품표시해당성을 부정하는 견해가 있다. 이 견해에 의하면 기술적 형태제외설과는 달리 기술적 형태가 아니라도 유사할 수밖에 없는 것으로서 상품표시해당가능성이 부정될 수 있다.

55) 정호열, 전게서, 144-145면.

56) 東京地判 平11.12.21 判時 1709호 83면.

상품의 형태는 본래 상호 · 성명 그리고 상표와 같이 상품표지로 의도된 것은 아니므로 표지로서의 기능을 취득하자면 동종의 다른 상품의 형태와 구별되는 것이어야 한다. 그러나 이는 극단적으로 특수하거나 기발하거나 의외적인 것이어야 할 필요는 없다. 상품의 용기 · 포장에 관한 경우와 같이 상품표지적 기능을 인정하는가의 판단은 상품의 판매기간, 판매량, 선전광고의 기간과 강도, 다른 영업자의 동종 상품의 형태 등을 총체적으로 고려한 것이어야 한다.[57)]

(다) 상품의 색채와 문양

특정 영업자가 어느 특정한 색깔 또는 특수한 색의 배합을 장기간 사용함으로 해서 당연히 그 색깔 또는 색의 배합에 대하여 배타적이고 독점적인 사용권이 인정되지는 않는다. 다양한 색채라도 큰 틀안에서는 동일한 것으로 평가될 수 있는 있다는 점에서 색채의 선택은 한정된 범주에 속하게 되고, 이에 대한 독점을 특정한 자에게 인정하게 된다면 선택할 수 있는 색채가 없게 되는 사태가 초래될 수 있다는 점에서 특정인의 상품인 것을 식별하는 기능을 갖고 있다고 하여 이에 상품표시로서의 보호를 인정하여서는 안 된다.

그러나 예외적으로 어떤 색의 상품이 어느 기업의 것이라는 인식이 이루어지는 등, 어느 색채 또는 색의 배합이 특정한 영업자의 상품과 극히 밀접하게 결합하여 출처표시기능을 취득하게 되는 경우라면 이는 법 제2조 제1호 (가)목의 보호대상이 된다. 즉 상품구별력이 없던 색채나 색의 배합이 특정상품과 관련하여 널리 또는 계속 사용되면서 이차적으로 '그 밖에 타인의 상품임을 표시한 표지'로서의 의의를 얻게 되는 것이다. 이는 상품의 표면 또는 소재에 장식으로서 표시된 각종의 문양의 경우도 마찬가지이다.

57) 동지: 정호열, 앞의 부분.

(라) 캐릭터

원래 캐릭터 소설이나 연극, 영화, 만화 등의 인물, 역할을 뜻하는 것인데, 여기에서 문제되는 캐릭터란 상품이나 영업에 이용되고 그 대가로 로얄티를 받는 상품화사업의 대상이 되는 것이다. 오늘날 그 이름이나 성격, 목소리, 행동 등의 독특한 개성을 통하여 대중의 인기를 끌고 있는 이러한 캐릭터는 상품의 식별표지는 아니나 상표와 마찬가지로 상품에 사용되어 상품의 선전광고력과 고객흡인력을 강화하고 있어 그 법적 보호가 논의되고 있다.

상품화사업에서 상품화권은 캐릭터가 저작물인 경우에는 저작권에 의해 발생된다고 본다. 따라서 이러한 상품화사업에 있어서의 캐릭터는 원칙적으로 저작권법에 의하여 보호된다. 그러나 이러한 캐릭터는 저작물과 관계없이 주지성을 갖고 상품표지로서의 기능을 가질 때는 부정경쟁방지법상의 적용이 가능하다고 하겠다. 따라서 저작권법의 대상이 될 수 없는 캐릭터의 제명이나 명칭, 실재인의 명칭도 본호의 보호대상에 포함될 수 있다.

다만 대부분의 경우에 캐릭터는 본래 상품의 구매의욕을 일으킬 목적으로 사용되는 것이므로 그 사용양태에 따라서는 상품의 식별표지로서의 사용이 아니라고 할 수 있다. 또한 상품화사업의 경우는 상품화가 성질이 다른 광범위한 상품을 포함하고 다수의 사용권자, 재사용권자가 참가하기 때문에 캐릭터가 거래계에서 상품표지로서 자타식별의 표시력이 있는가의 여부는 상품화사업의 영업활동이나 그 결합관계 등을 고려하여 신중하게 판단하여야 한다. 따라서 단순히 저작권자등 권리자로부터 허락을 받아 캐릭터를 부착한 상품이라는 사실만으로 당해 캐릭터가 상품표지로서의 식별력이 인정되는 것은 아니다.

## 3. 동일 또는 유사한 표지의 사용

제2조 제1호 (가)목은 타인의 상품임을 표시한 표지와 '동일 또는 유사한 것을 사용하거나 이러한 것을 사용한 상품을 판매, 반포 또는 수입, 수출하여' 타인의 상품과 혼동을 초래하는 것으로 규정하여, 혼동초래의 구조를 '동일 또는 유사한 표지'를 '사용하는 등'으로 한정하고 있다. 이는 독일 구부정경쟁방지법이 '타인의 표지와 혼동을 일으키는 방법으로 특정한 표지를 사용하는 자(독일 구부정경쟁방지법 제16조 제1항)' 또는 '사용의 성질과 방법상 혼동을 일으키기에 적합한…'으로 규정하여 혼동초래의 수단에 관해 제한을 두고 있지 않는 것과 대조되며, 동일 또는 유사성의 판단문제가 혼동위험의 인정문제에 포함된다는 점에서 일응 불필요한 요건이라 볼 수 있다.[58] 그러나 일본 최고재판소는 '거래의 실정 아래, 거래인, 수요자가 양자의 외관, 호칭, 또는 관점에 근거한 인상, 기억 연상 등에서 양자를 전체적으로 유사한 것으로 받아들일 우려가 있는지 여부를 기준으로 한다'고 판시하였다.[59] 즉 유사성 요건을 혼동 가능성의 요건을 해소시키는 방식을 부정하고, 유사성 요건을 혼동 가능성과는 별개의 독자적인 취지를 갖는 것으로 보고 있다.

상품 출처의 혼동가능성이 있음에도 불구하고, 유사성 요건에서 금지가 허용되지 않는다면 혼동 상태가 방치되는 결과가 발생할 수 있다. 따라서 유사성의 판단은 혼동의 위험을 기준으로 탄력적으로 판단되어야 하겠다.

### 가. 동일 또는 유사한 표지

'동일'이란 대비적으로 관찰하여 사회관념상 차이가 없다고 생각되는 경우를 말하고, '유사'란 일반적 · 추상적으로 표지 사이에 공통점 또는 근사

58) 동지: 정호열, 전게서, 162면.

59) 일본 최고재판소 58.10.7 民集 37권 8호 1082면; 일본 최고재판소 昭 59.5.29 民集 38권 7호 920면.

점이 있고 이로 인하여 이에 접하는 수요자가 상품의 출처를 혼동할 우려가 있는 경우를 말한다. 부정경쟁방지법은 상품출처에 관한 혼동을 초래하는 행위를 금지함을 목적으로 하는 바, 이러한 동일성 또는 유사성의 검토는 구체적인 사안에서 상품에 관한 혼동을 초래하는가의 관점에서 판단되어야 한다. 즉 표지의 동일 또는 유사성은 혼동을 일으키는 하나의 요소 또는 수단으로서의 의미를 가질 뿐이며, 혼동위험을 인정하기 위한 보조적 수단에 지나지 않는다. 따라서 상표법상의 유사개념이 상표의 권리범위에 관한 기술적 기준으로서 경험칙에 의하여 수요자간에 일반적 · 추상적으로 출처의 혼동을 야기할 위험이 있는가 여부를 기준으로 하여 판단되는데 비하여, 여기에서의 유사는 현실의 사용 상황에 비추어 본 구체적 혼동야기 수단의 표현으로서 상표법상의 유사개념보다 탄력적이라 하겠다.

이러한 상품표지 자체의 유사성이 상품출처의 혼동 위험성에 대한 전제적 요건이 되지도 않는다. 즉 주지의 성명 · 초상 · 상표 · 상호 등과 칭호나 외관 또는 관념 등을 대비해 보아도 유사표지라고까지는 볼 수 없는 표지가 그 표지의 구성이나 아이디어 등으로 보아 용이하게 주지표지를 연상시켜 이를 상품이나 영업에 사용하는 경우에는 주지표지 등이 사용되는 상품과의 유사여부에 불문하고 출처의 혼동을 야기시킬 수 있다 하겠다.

이러한 상품표지 자체의 유사성이 상품출처의 혼동 위험성에 대한 전제적 요건이 되지도 않는다. 즉 주지의 성명 · 초상 · 상표 · 상호 등과 칭호나 외관 또는 관념 등을 대비해 보아도 유사표지라고까지는 볼 수 없는 표지가 그 표지의 구성이나 아이디어 등으로 보아 용이하게 주지표지를 연상시켜 이를 상품이나 영업에 사용하는 경우에는 주지표지 등이 사용되는 상품과의 유사여부에 불문하고 출처의 혼동을 야기시킬 수 있다 하겠다.[60] 이러한 상품의 유사 여부와 관련하여 판례는 '대비되는 상품에 동일 또는 유사한

60) 동지: 황의창 · 황광연, 전게서, 44면.

상표를 사용할 경우 동일 업체에 의하여 제조 또는 판매되는 상품으로 오인될 우려가 있는가의 여부를 기준으로 하여 판단하되, 상품 자체의 속성인 품질, 형상, 용도와 생산 부문, 판매 부문, 수요자의 범위 등 거래의 실정 등을 종합적으로 고려하여 일반 거래의 통념에 따라 판단하여야 한다'고 판시하고 있다.[61)]

또한 판례도 비록 부정경쟁방지법상의 판단은 아니나, 상표법상의 등록과 관련한 판단에서 '상표 자체로는 그 주지 또는 저명한 상품 등에 사용된 타인의 상표와 유사하지 않아도 양상표의 구성이나 아이디어 등을 비교하여 볼 때 그 상표에서 타인의 상표 또는 그 상표가 사용된 상품 등이 용이하게 연상되거나 또는 타인의 상표, 상품 등과 밀접한 관련성이 있는 것으로 인정되어 상품의 출처에 오인 · 혼동을 일으키는 경우에 그 상표는 수요자간에 현저하게 인식되어 있는 타인상품이나 영업과 혼동을 일으키게 할 염려가 있으므로 상표법 제7조 제1항 제10호 규정에 해당되어 등록을 받을 수 없다'고 판시[62)]하고 있다.

#### (1) 동일 또는 유사성 판단의 주체

주지성의 판단에서 주지의 주체와 정도에 관한 설명은 동일 · 유사의 판단에도 유효하다. 따라서 주지성의 인식에서와 같이 소비자를 포함한 일반수요자가 그 판단 주체가 되며, 문제된 상품에 관계하는 거래권의 평균인의 통상적 주의력 또는 판단력을 기준으로 하여 개별적으로 판단하게 된다. 물론 거래의 대상인 상품의 종류, 성질, 가격 등에 의하여 판단의 주체와 주의력의 정도가 달라지게 된다.

#### (2) 동일 또는 유사성의 판단

동일 또는 유사성의 판단[63)]은 상품표지를 그 대상으로 한다. 이 경우 타

---

61) 대법원 2007.4.27. 선고 2006도8459 판결.

62) 대법원 1980.4.22. 선고 80후17 판결; 대법원 1987.8.18. 선고 86후181 판결.

인의 상품등 표시와 동일의 것의 판단은 비교적 용이하지만, 유사성의 판단은 매우 어렵고 미묘한 문제가 포함된다 하겠다. 본목의 유사성 개념은 상표법상의 그것보다는 탄력적임을 위에서 지적하였다. 그러나 이러한 해석이 표지의 유사성을 구체적으로 판단함에 있어 상표법상의 상표 유사성에 관한 논의가 원용될 수 없음을 뜻하지는 않는다. 이에 일본의 판례도 '상표법상의 상표의 동일 또는 유사와 부정경쟁방지법에 있어서의 그것이 완전히 같은 것이 아님은 원고의 주장과 같다고 하더라도, 특단의 사정이 없는 한 양자를 같은 뜻으로 해석해도 차이가 없다'고 판단하고 있다.[64] 따라서 표지의 저명성, 표지의 주변상황, 즉 주변에 비슷한 표지가 존재하는지의 여부, 그리고 표지에 부가되어 사용되는 문자, 표지의 전체적 인상 등이 고려의 대상이 된다(이를 '전체관찰'이라고 한다).

또한 표지의 동일성 또는 유사성은 혼동을 인정하기 위한 수단인 바 그 판단에는 표지 자체의 대비는 물론 기타 혼동을 초래하는데 기여하는 일체의 사정이 제한없이 고려되어야 한다. 즉 상표법 소정의 유사성 인정에 있어서는 참작되어서는 아니되는 영업주체의 지리적 위치, 종전의 관계, 표지를 선택한 동기, 표지에 나타난 악의, 영업주체의 대비 등이 고려된다 하겠다. 이외에도 유사성 인정을 위한 기타의 자료로서는 상품의 유사성, 상품의 모양과 색깔, 표지와 다른 문자 및 도형의 위치, 동일한 종류의 상품에 사용된 다른 영업자의 표지의 상태, 표지의 주지성의 강도와 표지의 종류, 표지 또는 표지주체가 수요자에게 주는 인상, 표지가 신조어인가 또는 보통명사인가 하는 점 등을 들 수 있다.[65]

일반적으로 소비자가 상품을 구입하는 경우 하나의 상표 제품과 다른 상표 제품을 나란히 놓고 그것을 서로 비교하여 꼼꼼히 따져 본 다음 구입하

63) 小野昌延 編, 註解 不正競爭防止法, 青林書院, 1990, 124-142면.
64) 東京地判 昭和 41.10.27. 不競判 945면 [ワイキキパール 事件]
65) 정호열, 전게서, 165면.

는 것(이를 '대비적 관찰'이라고 한다)이 아니고, 과거에 다른 곳에서 구입하였거나 혹은 광고 등에 의하여 알고 있는 기억 또는 이미지 등에 의존하여 선뜻 구매하는 것이 보통이다. 따라서 유사여부의 판단은 수요자가 문제의 표지를 때와 장소를 달리하여 관찰하는 것을 전제로 관찰자가 표지를 장시간 바라보고 이를 분석적으로 대비하는 것이 아니라, 상품표지에 기울이는 일반적 주의력으로서 한정된 시간 내에 통상 기억하고 있는 표지의 이미지를 기준으로 행하여져야 한다(이를 '이격적 관찰'이라고 한다).[66]

한편 상품표지가 문자 · 도형 · 기호 색깔 등의 여러 요소로 이루어진 경우에도 이는 상품은 식별시키는 표지로서 전체적 일체성을 가지는 것이다. 따라서 표지의 유사여부를 판단함에 있어서는 대상을 자의적으로 나누어 그 일부에만 초점을 두고 비교할 것이 아니고 그 전체를 일체로서 비교하는 전체적 관찰이 필요하다. 즉 구성요소의 각 부분만을 적출 비교하는 것만으로는 부족하고, 그 표지가 거래자에게 주는 인상, 기억, 연상 등을 종합적으로 관찰하여야 한다. 물론 상품표지가 의미 또는 시각상으로 그 구성요소가 나누어지고 각 구성요소 사이에 비중의 차이가 인정되는 경우라면 수요자의 주의를 끄는 주요부분을 분리하여 이 부분을 기준으로 유사여부를 판단하는 분리관찰도 전체적 관찰의 보완적 수단으로서 인정될 수 있다.

일본 판례는 상품과 용기 그리고 포장 등이 복합적으로 상품표지가 되는 경우에는 상표 부분,[67] 상표의 경우에는 기억하기 쉬운 간단한 문자로 구성된 부분이나 상호와 공통되는 부분, 상호의 경우에는 회사의 종류를 표시하는 것을 제외한 부분[68] 등이 주요부분이 된다고 판시하고 있다. 우리의 판례역시 전체적 관찰을 전제로 한 가운데 분리관찰 내지 요부관찰의 보완적 기능을 인정하고 있다. 이에 상품의 용기나 포장에 상표 · 상호 또는 상품명

66) 山本庸幸, 要說新不正競爭防止法, 發明協會, 1993, 60-80면.
67) 前橋地判 昭和 41.3.8. 不競判 849면 [長崎タンメン 事件]
68) 東京地判 昭和 41.8.23. 不競判 889면 [不二こロンパン 事件]

등 식별력 있는 요소가 표시되어 있는 경우에는 그 상표나 상호, 상품명 등의 표기 부분은 상품표지로서의 용기나 포장의 주요 부분으로 보아 그 부분의 유사 여부 등도 고려하여 다른 표지와의 유사성 내지 혼동가능성 여부를 판단하여야 한다고 판시하고 있다.[69]

표지의 유사여부의 판단은 이와 같은 이격적 관찰, 전체관찰과 분리관찰, 요부관찰을 전제로 표지의 형태, 호칭, 의미 내용을 고려하여 그 어느 하나가 유사하면 긍정적 판단을 내릴 수 있다. 물론 이는 표지 그 자체의 형식적인 대비에만 그치는 것이 아니므로, 표지의 외관 · 호칭 · 관념의 어느 하나가 형식적으로 근사하더라도 거래사정을 감안하여 혼동의 염려가 없다면 표지의 유사성은 부정된다 하겠다.

> 상품표지의 유사 여부 내지 혼동가능성에 관한 판단에 있어서는 동종의 상품에 사용되는 두 개의 상품표지를 전체적 · 객관적 · 이격적으로 관찰하여 외관, 호칭, 관념의 어느 하나가 형식적으로 유사하다고 하더라도 거래사정을 감안하여 혼동의 염려가 없다면 그 유사성 내지 혼동가능성은 부정된다 할 것이고, 특히 상품표지가 도형, 문양, 문자, 기호, 색깔 등 여러 요소로 이루어진 경우에 그 표지의 구성요소를 자의적으로 나누어 그 일부에만 초점을 두고 표지들의 유사 여부 내지 혼동가능성을 판단할 것이 아니라, <u>상품의 출처를 표시함에 기여하고 있는 일체의 자료를 고려하여 그 표지가 수요자 내지 거래자에게 주는 인상, 기억, 연상 등을 종합적으로 관찰 · 비교하는 이른바 전체적 관찰이 필요하다</u> 할 것이고, 상품표지가 외관상 또는 관념상 그 구성요소를 분리 · 관찰하는 것이 부자연스럽다고 여겨질 정도로 불가분적으로 결합된 것이 아닌 한 <u>수요자의 주의를 끄는 주요 부분을 분리하여 그 부분을 기준으로 유사 여부를 판단하는 이른바 분리관찰 내지 요부관찰도 보완적 수단으로 이루어져야 할 것</u>인바, <u>상품의 용기나 포장에 상표 · 상호 또는 상품명 등 식별력 있는 요소가 표시되어 있는 경우에는</u> 그 부분이 지나치게 작다든가 제품설명서에만 기재되어 있는 등으로 특별히 눈에 띄지 않거나, 용기나 포장의 전체 구성에 비추어 현저히 그 비중이 낮다고 보여 지는 경우가 아닌 한 <u>그 상표</u>

69) 대법원 2001.2.23. 선고 98다63674 판결.

나 상호, 상품명 등의 표기 부분은 상품표지로서의 용기나 포장의 주요 부분으로 보아 그 부분의 유사 여부 등도 고려하여 다른 표지와의 유사성 내지 혼동가능성 여부를 판단하여야 한다(대법원 2001.2.23 선고 98다63674 판결).

피고인들의 행위가 부정경쟁행위에 해당하는지 여부를 살피기 위해서는 위 두 상품표지를 서로 비교하여야 하는바, 이를 대비하면, 그 호칭이나 관념이 동일 · 유사하다고 보기는 어렵지만, 외관에 있어서는 앞의 세 글자는 동일하고, 네 번째 글자는 그 모양에 일부 차이가 있다고 하더라도 전체적으로 특이한 글자체를 동일하게 사용하고 있으며 그 글자체의 색채까지도 동일한 점, 실사용상표의 마지막 글자는 오비맥주 주식회사의 상표 중 마지막 글자를 약간 변형한 것으로서 그 외관상의 차이가 크지 않은 점, 실사용상표 또한 위 오비맥주 주식회사의 용기와 동일한 형상 및 색채와 모양으로 이루어진 용기에 상표가 위치한 곳과 동일한 부분에 같은 크기의 글자체로 부착 사용된 점을 종합하면, 양 상표를 전체적, 이격적으로 관찰하는 경우에 그 외관이 유사하다고 봄이 상당하고, 그에 따라 피고인들이 실사용상표를 그 상품의 용기에 부착 사용한 행위는 오비맥주 주식회사의 상품과 혼동을 일으키는 행위에 해당한다(대법원 2005.1. 27. 선고 2004도7824 판결).

### 나. 사용행위 기타

'사용행위 기타'의 행위는 주지의 상품표시와 동일 또는 유사의 상품 등 표시에 대하여 ① 이것을 상품에 사용하는 것에 의해 혼동을 야기하는 행위, ② 이것을 사용한 상품을 판매 · 반포 또는 수입 · 수출에 의하여 혼동을 야기하는 행위이다. 즉 상품표지를 매체로 하여 상품출처를 혼동을 가져오는 모든 경우를 의미하며 거래와 관련된 경우라면 상표법과 같이 혼동을 초래하는 수단인 사용의 방법 내지 범위를 한정할 필요도 없다. 따라서 상품 그 자체에 각인, 인쇄, 첨부하는 행위, 상품 자체가 아닌 용기 · 포장에 표지를 붙이는 행위, 정가표 · 거래서류 · 광고 등에 상품과 관련하여 사용하는 행위 등이 모두 사용행위에 해당한다. 표지를 붙인 상품의 제조행위도 특별한 사정이 없는 한 혼동을 초래할 가능성이 있으므로 사용이라고 해석하여야 한다. 상품의 형태 그 자체가 상품표지로서의 주지성을 갖추고 있는 경우의 그 상품의 제조도 마찬가지이다.

상품표지의 사용은 전적으로 상품표지로만 사용되는 경우에 한정되지 아니하고 주지의 상품표지와 유사한 표지를 자기의 영업표지로 사용하여 상품주체에 혼동을 초래할 가능성이 있는 경우도 포함된다고 본다.

법은 사용행위 이외에 표지를 사용한 상품을 유통시키는 행위로서 상품의 판매 · 반포 또는 수입 · 수출의 4가지를 열거하고 있다.[70] 이는 동일 또는 유사한 표지의 사용행위의 특수한 형태로 입법기술상 굳이 사용행위 외에 별도로 이를 나열할 필요가 있는지 의심스럽다.[71] 예컨대 상표법에서는 상표의 사용행위에 대하여 상품 또는 상품의 상표를 표시하는 행위뿐만 아니라 상표를 표시한 것을 양도 또는 인도하거나 그 목적으로 전시 · 수출 또는 수입하는 행위 및 상품에 관한 광고 · 정가표 · 거래서류 · 간판 또는 표찰에 상표를 표시하고 전시 또는 반포하는 행위를 포함한다고 정의하고 있다(상표법 제2조 제6호). 이러한 상표법의 상표 사용 개념에 대하여, 부정경쟁방지법은 부정경쟁행위에 해당하는 행위를 국내에 널리 인식된 타인의 상품임을 표시한 표지와 동일 · 유사한 것을 사용하는 행위와 이러한 것을 사용한 상품을 판매 · 반포 또는 수입 · 수출하는 행위로 한정함으로써 그 표지 사용행위를 제한하는 면이 있다.

다만 판례는 혼동을 하게 하는 일체의 행위를 부정경쟁행위로 이해한다는 입장[72] 아래 사용행위 그 자체에 주목하고 있지 않다. 법원이 이와 같이 사용 행위 그 자체에는 별로 관심을 두고 있지 않더라도 입법적으로 이것이 적절한지 여부는 좀 더 살펴보아야 할 것이다. 특히 부정경쟁방지법 제3조의 2에서는 지리적 표시의 사용금지와 관련하여 지리적 표시를 사용하는

70) 제정법에서는 '판매, 무상 반포 또는 수입하여'로 규정하고 있었다.
71) 동지: 정호열, 전게서, 169면.
72) 대법원 1996.1.26. 선고 95도1464 판결; 대법원 1996.5.31. 선고 96도197 판결; 대법원 1999.4.23. 선고 97도322 판결 등.

행위 및 이를 사용한 상품을 양도 · 인도 또는 이를 위하여 전시하거나 수입 · 수출하는 행위를 규정하고 있는데, 같은 취지의 사용 행위에 대하여 각각 판매 · 반포와 양도 · 인도로 정의하는 것은 부적절한 것이라 하겠다.

판매란 대가를 받고 소유권을 타인에게 이전하는 행위 즉 매각이 업으로서 행하여지는 경우를 말한다. 반포란 거래 유통의 과정에서 판매, 수입 및 수출을 제외한 일체의 거래 행위를 의미하는 것으로 점포진열, 박람회 · 전시회에의 출품 등의 유인적 성격의 행위는 물론 유상 · 무상의 대여, 증여 등을 널리 포함한다. 수입이란 국내 시장에 국외의 상품을 반입하는 행위이고, 수출이란 국내의 상품을 국외의 시장으로 반출하는 행위를 일컫는 것으로, 이는 우리나라의 국제적 신용을 제고하기 위한 규정이다. 다만 본법은 국내에서 주지된 타인의 상품표지를 보호하기 위한 것인 바, 외국에서 주지되었으나 국내에는 널리 인식되지 아니한 표지와 유사한 것을 사용한 상품을 수출하는 행위는 여기에 해당되지 아니하고 대외무역법의 적용대상이 된다.

한편 판례는 주지성을 획득한 상호의 존재를 모르는 선의의 선사용자의 행위도 부정경쟁행위를 구성할 수 있다는 태도를 취하고 있다. 즉 '제2조 제1호 (가)목 소정의 부정경쟁행위에 있어서는 '부정경쟁행위자의 악의' 또는 '부정경쟁행위자의 부정경쟁의 목적' 등 부정경쟁행위자의 주관적 의사를 그 요건으로 하고 있지 아니할 뿐더러 부정경쟁방지법상 선의의 선사용자의 행위를 부정경쟁행위에서 배제하는 명문의 규정이 없으므로, 가령 원고가 그 상호에 관한 주지성을 획득하기 이전부터 피고가 원고 상호의 존재를 알지 못한 채 또는 부정경쟁의 목적이 없는 상태에서 상표를 사용하여 왔다고 하더라도 원고의 상호가 주지성을 획득한 상품의 표지가 되었고, 피고의 그 상표가 주지된 원고의 상호와 혼동될 위험이 존재한다고 인정되는 이 사건에서는 피고의 위와 같은 행위는 부정경쟁방지법 제2조 제1호 (가)목 소정의 부정경쟁행위를 구성한다는 원심의 판단에 잘못이 없다'고 판시

하고 있다.[73)]

## 4. 혼동 가능성이 있을 것

### 가. 혼동의 의의

일반적 의미에 있어서의 혼동은 상이한 것을 동일하다고 오인하는 것으로, 이에는 표시의 혼동과 상품의 혼동 그리고 출처의 혼동 등이 있다. 다만 여기에서 문제가 되는 것은 상품 자체가 아니라 상품표지이며 상품표지의 중심적 기능은 상품출처표지기능인 바 혼동이라 함은 상품과 상품 사이의 혼동이 아니라 상품출처 즉 상품주체들 사이에서의 혼동을 일으키는 것을 의미한다. 따라서 상품주체간의 혼동이 일어나지 않는다면 표지 상호간에 혼동이 일어나는 사실만으로는 문제가 되지 않는다.

> '타인의 상품과 혼동을 하게 하는'이라는 의미는 상품의 출처가 동일하다고 오인하게 하는 경우뿐만 아니라 국내에 널리 인식된 타인의 상품표지와 동일 또는 유사한 표지를 사용함으로써 일반수요자나 거래자로 하여금 '당해 상품표지의 주체와 사용자 간에 자본, 조직 등에 밀접한 관계가 있지 않을까'라고 오신하게 하는 경우도 포함하며, 타인의 상품과 혼동을 하게 하는 행위에 해당하는 여부는 상품표지의 주지성과 식별력의 정도, 표지의 유사 정도, 사용태양, 상품의 유사 및 고객층의 중복 등으로 인한 경업 · 경합관계의 존부, 그리고 모방자의 악의(사용의도) 유무 등을 종합하여 판단하여야 할 것이다(대법원 2007.4.27. 선고 2006도8459 판결).

혼동은 혼동의 가능성의 객관적 존재로 충분하다. 따라서 표지의 모용자에게 부정경쟁의 목적이나 의사 또는 거래상 현실적으로 발생하는 혼동에 대한 인식 등의 주관적 요소가 요구되는 것도 아니며, 현실적인 상품주체의 혼동을 필요로 하지도 않는다. 다만 이러한 혼동위험은 형식적 · 추상적인

73) 대법원 2004.3.25. 선고 20002다9011 판결.

위험으로 부족하고 구체적인 사안에 있어서 개별적 · 구체적인 판단에 의해 인정되는 것이어야 한다. 따라서 상품거래가 신중한 조사검토가 수반되는 개별적 거래만으로 이루어지는 경우에는 동종의 상품이 유사한 형태를 갖고 있어도 출처의 혼동을 일으키는 위험은 없다고 할 수 있다.[74]

혼동의 개념은 표지의 주체와 모용자 사이의 현실적인 경쟁관계를 전제로 관련거래권의 일반적 관찰자가 일반적 주의력으로 사용된 상품표지로부터 상품출처를 동일한 것으로 오인하는 것을 의미하는 협의의 혼동과 거래계가 사용된 표지의 동일 · 유사성으로부터 두 영업자 사이에 영업상 · 조직상 · 재정상 또는 계약상의 관계나 특수한 인적관계를 오인하는 광의의 개념으로 나누어진다. 전통적인 이론은 공동의 활동분야(common field of activity)라는 표현이 나타내는 바와 같이 현실의 경쟁관계를 전제로 해서 동종의 상품의 범위에 한정한 협의의 혼동을 취하였다.[75] 그러나 오늘날 기업의 대규모화 · 다각화의 전진, 광고선전의 발달과 매체의 진보 등의 현상과 함께 표지의 주지성은 점차 상품종류의 동일 또는 유사의 범위를 초월하고 있으며, 이로 말미암아 이종의 상품간에 있어서도 상품출처의 혼동이 생기는 경우가 있다. 예컨대 경쟁관계에 있지 않은 이종의 상품에 사용하는 때에도 이른바 저명상표의 경우에는 그가 지니는 품질보증적 기능으로 인하여 타인 명성의 기생적 이용이 가능하게 되어 타인의 명성 또는 신용을 침해할 염려가 생긴다. 특히 이러한 행위는 직접적으로 매출감소 등의 유형적 손해를 발생시키지 않을지라도 많은 노력과 비용을 들여 획득한 타인 상표등의 저명성을 부당히 이용하는 것이 될 뿐 아니라 그 상표등의 특정 이미지를 손상시켜 그 이미지를 약화 · 희석화시킨다. 따라서 부정경쟁방지법상의 혼동은 상품의 동종성이나 현실적인 존재를 요구하지 않는 광의의 혼동을 의미한다고 하겠다.[76]

---

74) 대법원 1985.3.12. 선고 83도2085 판결.

75) 송영식 외, 전게서, 763면.

대법원도 한 기업이 여러 산업분야에 걸쳐 여러 종류의 상품을 생산 · 판매하는 것이 일반화된 현대의 산업구조하에서는 저명상표와 유사한 상표를 저명상표의 지정상품이 아닌 다른 상품에 사용하더라도 수요자들로서는 저명상표권자나 그와 특수 관계에 있는 자에 의하여 그 상품이 생산 · 판매되는 것으로 인식하여 상품의 출처 등에 관하여 혼동을 일으킬 수가 있으므로 그러한 행위는 부정경쟁방지법 제2조 제1호 (가)목 소정의 부정경쟁행위에 해당하고, 다만 상품의 성질, 영업의 형태 기타 거래사정 등에 비추어 유사상표를 사용하는 상품이 저명상표의 저명도와 그 지정상품 등이 갖는 명성에 편승하여 수요자를 유인할 수 있을 정도로 서로 경업관계 내지 경제적 유연관계(유연관계)가 있다고 보기 어려운 경우에는 상품의 출처에 대한 혼동을 일으킬 우려가 없다는 점에서 부정경쟁행위가 성립하기가 어렵다고 판시하고 있다.[77]

> 한 기업이 여러 산업분야에 걸쳐 여러 종류의 상품을 생산 · 판매하는 것이 일반화된 현대의 산업구조하에서는 저명상표와 유사한 상표를 저명상표의 지정상품이 아닌 다른 상품에 사용하더라도 수요자들로서는 저명상표권자나 그와 특수관계에 있는 자에 의하여 그 상품이 생산 · 판매되는 것으로 인식하여 상품의 출처 등에 관하여 혼동을 일으킬 수가 있으므로 그러한 행위는 부정경쟁방지법 제2조 제1호 (가)목 소정의 부정경쟁행위에 해당하고, 다만 상품의 성질, 영업의 형태 기타 거래사정 등에 비추어 유사상표를 사용하는 상품이 저명상표의 저명도와 그 지정상품 등이 갖는 명성에 편승하여 수요자를 유인할 수 있을 정도로 서로 경업관계 내지 경제적 유연관계가 있다고 보기 어려운 경우에는 상품의 출처에 대한 혼동을 일으킬 우려가 없다는 점에서 부정경쟁행위가 성립하기가 어렵다. 'POLO'라는 문자 및 도형 부분으로 구성된 등록상표는 의류분야에 있어 국내에 널리 인식되어 있는 상표이고, 최근

76) 경쟁관계가 없는 이종상품주체 사이에서의 저명상표의 기생적 사용에 대하여는 그 위법성을 판단하여야 한다는 견해(손주찬, 전게서, 448면)가 있는데, 이는 부정경쟁방지법상의 규율대상에서 제외된다는 것인지 의심스럽다.

77) 대법원 1998.5.22. 선고 97다36262 판결.

> 의류업계에서는 이른바 토털패션의 경향에 따라 단순히 의류의 생산에만 그치는 것이 아니라 같은 상표를 사용하여 가방, 구두, 액세서리, 시계 등의 제품을 동시에 생산 · 판매하는 추세에 있는 실정을 고려하면, 위 저명상표와 유사한 상표를 지정상품이 아닌 시계류 제품에 부착 · 사용하는 경우에도 일반 거래자나 수요자들은 그 상품의 주체가 저명상표의 상표권자와 일정한 관계에 있는 것이 아닌가 하는 인상을 받게 되어 결국 동일한 출처에서 나온 것으로 혼동하게 될 것이므로 부정경쟁행위에 해당한다(대법원 1998.5.22. 선고 97다36262 판결).

물론 구체적으로 혼동을 인정함에 있어서는 상품의 동종성이나 관련된 영업자들의 주된 활동영역 사이의 원근이 중요한 역할을 한다. 따라서 특단의 사정이 존재하지 않는 한 완전히 다른 업종의 경우에는 심지어 동일한 표지를 사용한 경우에도 혼동가능성이 부정될 것이고, 반대로 영업내용이 가까울수록 표지의 단순한 유사성만으로도 혼동이 인정될 수 있다. 이러한 의미에서 상품 또는 영업의 종류적 혹은 공간적 근사성 내지 경쟁관계의 성질과 존부는 혼동위험의 인정에 영향을 미치는 중요한 자료가 되는 것이다.[78]

### 나. 혼동 가능성의 판단

원칙적으로 혼동 가능성을 인정함에 있어 참작되는 자료에 대한 제한은 없다. 즉 부정경쟁의 목적이나 의사, 현재적 또는 잠재적 경쟁관계의 존부, 상품표지의 동일 또는 유사의 정도와 그 표지의 사용방법과 태양, 상품의 종류와 그 근사성, 표지가 주지된 정도 및 식별력의 유무 등 상품표지와 관련하여 관련 거래권에 영향을 미치는 일체의 사정이 총체적으로 고려된다. 특히 표지의 동일 · 유사의 정도 내지 주지성의 강도 등은 중요한 자료로서 이의 판단은 실질적으로 혼동 가능성에 관한 판단과 동일한 것이라 하겠다.

---

78) 동지: 정호열, 전게서, 173면.

또한 이러한 의미에서 혼동의 주체는 주지성을 인식하고 표지를 식별하고 나아가 표지 상호간의 유사성을 판단하는 주체와 동일하다고 하겠다.[79)]

## 제 2 절 영업주체혼동행위

### Ⅰ. 의 의

영업주체혼동야기행위는 '국내에 널리 인식된 타인의 성명, 상호, 표장(標章), 그 밖에 타인의 영업임을 표시하는 표지와 동일하거나 유사한 것을 사용하여 타인의 영업상의 시설 또는 활동과 혼동하게 하는 행위(부정경쟁방지법 제2조 제1호 (나)목)'를 말한다. 본목의 규정은 타인의 영업자체를 나타내는 표지를 사용하여 타인의 영업상의 시설 또는 활동과 혼동을 일으키게 하는 행위를 규제하는 것으로, 타인의 신용을 화체한 표지를 이용하여 타인의 고객을 탈취하는 행위를 대상으로 하는 점은 상품주체혼동야기행위와 같지만 상품에 관한 신용이 아니라 영업 자체에 관한 신용을 보호하는 점이 다르다.

본행위에 해당하기 위해서는 ① 국내에 널리 인식된(주지성) ② 타인의 영업임을 표시한 표지와 ③ 동일 또는 유사한 표지를 사용하며 ④ 혼동위험이 있을 것을 요한다. 이 가운데 ①·③·④의 요건은 상품주체혼동야기행위에서의 설명이 대체로 유효하다고 하겠다.

---

79) 동지: 정호열, 전게서, 170면.

## Ⅱ. 요 건

### 1. 주지성

주지성의 지역적 · 인적 범위와 주지 정도, 주지의 형성, 주지의 인정자료, 주지의 승계 및 충돌 등에 관하여는 상품주체혼동야기행위에서 논한 바와 대체로 같다. 본목의 규정은 영업표지의 주체가 갖는 신용을 보호하는 규정이므로 그 영업주체의 영업활동이 미치는 주요지역에서 표지의 주체와 그 상대방의 영업이 현재적 · 잠재적으로 관계하는 거래 사회가 주체가 되어 판단하게 된다. 이때 영업활동이 미치는 주요지역의 구체적 결정은 상품과 영업의 종류와 성질, 거래에 관여하는 자와 수요자의 계층 등 여러 가지 사정을 고려하여 개별적으로 결정되어야 한다. 예컨대 일본의 판례를 보면, 東橋病院과 東橋中央病院이 소재하는 비교적 좁은 지역인 '東京部 中央區'[80]를 기준으로 주지성을 문제삼은 것이 있는가 하면, 보다 넓은 '佐世保市内'[81] 및 나아가 '본점이 소재하는 동경을 중심으로 하는 京阪神地域'[82]에서의 주지성을 검토하고 있다. 또한 전국적인 주지성이 인정되는 경우에도 상대방의 영업활동이 이루어지는 지역을 고려하여, 영업표지의 주지성이 구체적으로 판단된 사례로는 '東京都를 중심으로 한 일본 지역[83]' 또는 '東京都를 중심으로 그 주변은 물론 大阪 시내 등의 전국주요도시[84]'에서의 주지성을 검토하기도 하였다.

타인의 영업임을 표시한 표지가 국내에 널리 인식되었는지 여부는 그 사용기간, 방법, 태양, 사용량, 영업범위 등과 그 영업의 실정 및 사회통념상

80) 東京地判 昭和 37.11.28. 下級民集 13卷 11号 2395면 [東橋中央病院 事件]
81) 長崎地佐世保地判 昭和 41.2.21. 不競判 843면 [山縣西部駐車場 事件]
82) 京都地判 昭和 40.12.22. 不競判 826면 [永大産業 事件]
83) 東京地判 昭和 37.6.30. 下級民集 13卷 6号 1354면 [三愛 事件]
84) 大阪地判 昭和 52.3.4. 無體集 9卷 1号 195면 [ミスターサンアイ 事件]

객관적으로 널리 알려졌느냐의 여부 등이 기준이 된다.[85] 이때 영업표지에 관한 주지성의 인정자료로서는 영업표지 자체의 기발성 · 신규성 · 독창성 · 특이성 · 특별현저성의 유무, 영업의 내용 · 규모의 대소 · 거래의 형태, 영업표지의 사용기간 · 사용방법, 선전광고, 설문조사 또는 실지조사의 결과 등을 들 수 있으며, 이상의 자료를 종합하여 각 사건마다 개별적으로 판단하게 된다.

영업표지의 보호는 영업활동을 전제로 하므로 주지의 영업표지는 영업양도와 함께 타인에게 이전될 수 있다. 특히 부정경쟁방지법의 취지는 수요자에 의하여 영업주체가 사실상 혼동되는 것을 방지하고자 함에 있는 바, 영업의 사실상의 승계가 있는 때에도 주지영업표지의 승계는 인정된다. 이에 일본의 판례는 '주지성은 주지표지를 양수한 중지청구권자 자신의 표지로서 주지되어 있을 것을 필요하다'고 판시[86]한 상태에서 '양도인 아래에서 그 표지가 주지되어 있었으면 양수인 아래에서도 그 표지가 주지라고 인정하기 쉽다'고 판시[87]하고 있다.

영업주체가 그 법적 형태를 바꾸는 경우는 물론 법적으로 상호의 양수가 불가능하더라도 당해 상호가 사회적 · 경제적으로 영업표지로서 기능한다는 면에서 식별력이 있는 부분이 사실상 승계되어 사용된다면 영업표지의 주지성은 승계된다.[88] 반면 일본의 판례는 '사실상 영업이 계속되었어도 주지표지를 갖고 있는 회사가 도산한 틈을 타고 일부채권자가 그 영업을 침탈하여 주지표지를 사실상 갖게 된 경우에는 주지표지의 승계가 인정되지 않는다'고 판시하고 있다.[89]

---

85) 대법원 2001.9.14. 선고 99도691 판결; 대법원 2005.11.25. 선고 2005도6384 판결; 대법원 2008.2.29. 선고 2006다22043 판결 등.

86) 札幌高判 昭和 56.1.31. 無體集 13巻 1号 36면 [バター飴容器 II 二審]

87) 大阪地判 昭和 54.9.12. 特許ニュース 5313号 1면 [阪急サービス 事件]; 東京地判 昭和 62.3.20. 判例タ 651号 211면 [東京ベルモード 事件]; 大阪地判 平成 1.9.13. 無體集 21巻 3号 677면 [森田ゴルフ 事件]

88) 東京地判 昭和 40.2.2. 不競判 718면 [山形屋 事件]

## 2. 타인의 영업임을 표시한 표지

### 가. 타인의 영업

舊부정경쟁방지법(1991.12.31. 법률 제3897호로 개정되기 이전의 것)은 제1조에서 '이 법은 부정한 수단에 의한 상업상의 경쟁을 방지하여 건전한 상거래의 질서를 유지함을 목적으로 한다'라고 규정하고 있어서 이 법에서 말하는 영업의 의의에 관하여 그것이 상법상의 상인이 하는 사업 또는 상행위 개념에서 포착되는 영업에 한정되는가 여부에 관하여 견해가 대립하고 있었다.[90] 즉 제1조의 '목적 조항'과 관련하여 본목의 '타인의 영업임을 표시하는 표지'와 '타인의 영업상의 시설'이라는 문언 및 제4조 · 제5조 · 제6조 소정의 '영업' 개념은 상법상의 '영업' 개념으로서 영리를 목적으로 동종의 행위를 계속해서 되풀이 하는 것으로 볼 것이며, 따라서 부정경쟁방지법은 상인에 대해서만 적용된다는 견해[91]가 있었으며, 판례[92] 역시 '의사들의 의료행위는 국민보건의 보호증진에 주목적으로 하는 것이므로 사회통념상 의료행위가 주목적인 의료기관인 개설운영행위를 … 부정경쟁방지법 제1조 소정의 상거래에 해당한다고 볼 수 없으므로 … 부정경쟁방지법 규정은 의료기관의 명칭사용행위에 적용될 수 없다'고 판시한 바 있다. 일본 판례[93] 중에도 비영리법인의 사업에 대하여 영업성을 부정한 판결이 있기도 하였다.

그러나 거의 대부분의 일본 판례는 영업의 의의를 영리를 목적으로 하는 경우라도, '경제상 그 수지계산상으로 이루어진 사업'이라면 족하다고 해석

---

89) 大阪地判 昭和 54.3.28. 判例タ 396호 142면 [SKK キャスター 事件]

90) 부정적인 견해로는 尹炳角, 金仁燮 등을 들 수 있고, 긍정적인 견해로는 鄭城鎭, 鄭浩烈 등을 들 수 있다. 유추적용설을 취하는 宋永植 등의 견해에 대하여 이를 긍정설로 보기도 하나 이는 기본적으로 부정경쟁방지법의 직접적인 적용에서 배제하는 것으로 부정설이라고 보아야 할 것이다.

91) 김인섭, 전게논문, 51면.

92) 서울고등법원 1983.6.10. 선고 1083나274 판결.

93) 東京地判 昭和 39.9.25 下級民集 15권 9호 2293면 [五輪マーク]

하면서 대략 영업성을 긍정하는 태도를 취하고 있다. 나아가 학설 중에는 수지계산을 강조할 필요는 없다는 견해도 있다. 이에 경제활동을 영위하는 사업체끼리 유사표시를 사용하는 경우, 이들 사업체가 영리기업이든 비영리기업이든 거래에서 혼동을 발생시키는 것에는 변함이 없으며, 특히 이를 구별할 합리적 이유도 없다. 이에 거래사회에서의 사업활동이라면 영업 요건을 충족하는 것으로 해석하여야 한다는 견해도 있다.

부정경쟁방지법은 사실행위적 성격을 가지는 부정경쟁수단을 규율하는 것으로 법률행위를 그 적용대상으로 하는 상법상의 영업개념이 전적으로 인용될 수는 없다. 한편 경쟁의 공정성 담보라는 부정경쟁방지법상의 의의를 보건대, 부정경쟁방지법은 경쟁 또는 경쟁관계가 발생하는 모든 경제거래분야에 적용되어야 하며 이 모두가 동법상의 '영업'개념에 포섭되어야 한다. 다만 순수한 사법적 활동이나 행정적 활동의 경우에는 부정경쟁방지법의 적용이 없으므로 경제적 거래 영역에서의 활동만을 동법상의 영업개념이라 보아야 할 것이다. 이는 상거래뿐만 아니라 널리 거래질서의 유지를 목적으로 한다는 현행 부정경쟁방지법 제1조의 개정 의의에도 부합한다고 하겠다. 따라서 여기서의 영업은 상업, 공업은 물론 광업 · 임업 · 수산업 · 농업 등의 1차 산업, 병원 · 약국 · 학원 등의 경영, 변호사 · 변리사 · 의사 · 공인회계사 · 설계사 · 예술가 등의 소위 자유직업, 학술이나 기술의 진흥을 목적으로 하는 사업, 사회복지나 문화활동상의 사업 등 경제적 경쟁이 수반되는 모든 사업을 포괄한다.[94] 판례[95] 역시 간접적이나마 '원고 보령제약주식회사가 개설한 보령약국과 피고가 수원에서 경영하는 수원보령약국은 그 영업의 종류, 범위, 시설, 규모 등 그 영업의 양상을 달리 함은 물론 그 고객을 서로 달리하므로 원고회사의 일반 고객이 피고 경영의 수원보령약국을 원고회사의 영업으로 혼동한다고 인정할 수 없다'고 판시한 바 있어

94) 豊崎光衛 · 松尾和子 · 澁谷達紀, 不正競爭防止法, 第一法規, 1982, 160면.
95) 대법원 1976.2.24. 선고 73다1238 판결.

상법상의 영업 개념에서 제외되는 약국업을 영업으로 인정하고 있다. 또한 KIST(한국과학기술연구원)의 사업이 부정경쟁방지법의 보호대상이 되는 영업에 해당하는지 여부에 대하여 '과학, 학술, 기예의 진흥발전을 목적으로 하는 공익법인에 있어서도 그 직접의 목적은 영리 그 자체가 아니라고 하더라도 그 사업에 경제성이 인정된다면 부정경쟁방지법이 보호하는 영업에 해당한다'고 판시하고 있다.[96)]

한편 판례는 병행수입업자의 상품표지 사용과 관련하여, 적극적으로 상표권자의 상표를 사용하여 광고 · 선전행위를 한 것이 실질적으로 상표권 침해의 위법성이 있다고 볼 수 없어 상표권 침해가 성립하지 아니한다고 하더라도, 그 사용태양 등에 비추어 영업표지로서의 기능을 갖는 경우에는 일반 수요자들로 하여금 병행수입업자가 외국 본사의 국내 공인 대리점 등으로 오인하게 할 우려가 있으므로, 이러한 사용행위는 부정경쟁방지 및 영업비밀보호에 관한 법률 제2조 제1호 나목 소정의 영업주체 혼동행위에 해당되어 허용될 수 없는 것이다.[97)]

### 나. 영업의 표지

영업표지란 영업활동을 표시함과 아울러 영업활동을 위한 인적 · 물적 설비를 표시하는 기능을 가진 것으로서 자신의 영업과 타인의 영업을 구별시키고 자신의 동일성을 식별시키기 위해 사용하는 표지를 의미한다.[98)] 이러한 영업표지도 상품표지와 같이 영업주체를 표시하는 기능, 영업의 신용을 표시하는 기능, 나아가 영업과 그 활동을 선전광고하는 기능을 갖는다.

부정경쟁방지법은 영업을 표시하는 표지로서 성명 · 상호 · 표장 기타 타

96) 서울고등법원 1996.7.5 선고 96나7382 판결.

97) 대법원 2002.9.24. 선고 99다42322 판결; 대법원 2009.1.30. 선고 2008도7462 판결 등.

98) 독일 구부정경쟁방지법 제16조는 그 보호대상인 기업표지를 원칙적으로 언어로서 표현될 수 있는 것으로 하고 있다. 그러나 우리의 경우는 식별력 이외에 명칭적 기능을 함께 요하지는 않는다는 것이 일반적인 견해이다.

인의 영업임을 표시하는 표지를 예시하고 있으며, 이 중 성명 · 상호에 관하여는 상품주체혼동야기행위에서의 설명이 대체로 유효하다.

본목의 표장이란 영업을 개별화하는 인식수단으로 사용되는 표지를 말한다. 본래 표장이란 일정한 표지를 위하여 사용되는 형상을 총칭하는 것으로, 상표 · 서비스표 · 업무표장 등이 그 전형적인 예이다. 다만 상표로서의 표장은 이미 법 제2조 제1호 (가)목의 보호대상이 되는 것이고, 표장이 계속적으로 널리 사용되고 또 선전광고되면 영업을 식별시키는 기능을 갖는 경우에는 영업표지로서 (나)목의 보호대상이 되는 것이다.

> 부정경쟁방지법 제2조 제1호 (나)목은 '국내에 널리 인식된 타인의 성명, 상호, 표장 기타 타인의 영업임을 표시하는 표지와 동일 또는 유사한 것을 사용하여 타인의 영업상의 시설 또는 활동과 혼동을 일으키게 하는 행위'를 부정경쟁행위의 하나로 규정하고 있는바, 여기서 국내에 널리 인식된 타인의 영업임을 표시하는 표지는 국내의 전역 또는 일정한 범위 내에서 거래자 또는 수요자들이 그것을 통하여 특정의 영업을 다른 영업으로부터 구별하여 널리 인식하는 경우를 말하는 것으로서, 단순히 영업내용을 서술적으로 표현하거나 통상의 의미로 사용하는 일상용어 등은 포함하지 않으나, 그러한 경우라도 그것이 오랫동안 사용됨으로써 거래자 또는 수요자들이 어떤 특정의 영업을 표시하는 것으로 널리 인식하게 된 경우에는 위 법이 보호하는 영업상의 표지에 해당한다고 할 것이며, 또 위 법이 규정하는 혼동의 의미에는 단지 영업의 주체가 동일한 것으로 오인될 경우뿐만 아니라 두 영업자의 시설이나 활동 사이에 영업상 · 조직상 · 재정상 또는 계약상 어떤 관계가 있는 것으로 오인될 경우도 포함된다고 볼 것이다(대법원 1997.12.12. 선고 96도2650 판결).

한편 은행, 보험, 운송, 광고, 통신 등의 서비스업자가 자신의 서비스업을 타인의 서비스업과 식별시키기 위해 사용하는 표장으로서 특별현저성을 갖는 서비스표(상표법 제2조 제1항 제2호)나 동종업자 및 이와 밀접한 관계가 있는 업자가 설립한 법인이 그 감독하에 있는 단체원의 영업에 관한 상품 또는 서비스업에 사용하는 단체표장(상표법 제2조 제1항 제3호) 및 영리를 목적으로 하지 아니하는 사업을 경영하는 자도 업무를 표창하는 위해 사용하는 업무표장(상표법 제2조 제1항 제4호) 등은 일차적으로 상표법의 보호를 받으며, 부정경쟁방지법은 부차적 의미만을 갖는다.

법 제2조 제1호 (나)목은 영업표지로 예시하고 있지는 않으나 상표 역시 영업을 개별화하는 인식수단에 포함될 수 있을 것이다. 즉 상품은 일차적으로 상품의 동일성을 식별시키는 표지로서 기능하지만 더 나아가 상품출처 즉 영업주체를 개별화하고 품질보증 및 광고선전의 기능까지도 가지고 있다. 특히 저명상표의 경우는 그 권리자의 의도 여하와 관계없이 영업을 나타내는 표지로서도 널리 인식될 수 있으므로 본목의 영업표지로 인정된다.

기타 타인의 영업임을 표시하는 표지에 관하여는 법문상 어떠한 한정도 없고 한정적으로 해석할 이유도 없다. 따라서 성명 · 상호 등과 명칭적 기능을 가진 표지는 물론 명칭적 기능이 흠결된 표지라 할지라도 어느 영업을 다른 영업으로부터 식별시켜 그 기업을 특정한다면 여기에 해당된다. 이에 상호의 주요부분으로 구성된 상호의 약자나 통칭은 물론, 도형이나 기호로 구성된 경우도 자타영업식별력을 갖는다면 영업표지로서 보호를 받는다. 또한 영업주체 자신은 사용하고 있지 않으나, 수요자들 사이에서는 애칭, 약칭 등으로 널리 인식되게 된 표시에 대하여 주지성을 긍정할 것인가에 대한 논의가 있는데, 수요자 사이에서 혼동이 발생할 가능성이 있는 한 유사표시사용자의 혼동야기행위를 방치할 필요는 없다는 점에서 주지성이 부정되어서는 안 된다는 견해가 유력하다.

비록 상품주체혼동야기행위에서와 같이 간단하고 흔히 있는 표장만으로 구성된 상표[99)]나 현저한 지리적 명칭만으로 된 상표나 서비스표[100)]이어서 상표법상 보호받지 못한다고 하더라도 그것이 오랫동안 사용됨으로써 거래자나 일반 수요자들이 어떤 특정인의 영업을 표시하는 것으로 널리 알려져

99) 대법원 2006.5.25. 선고 2006도577 판결.

100) 대법원 1999.4.23. 선고 97도322 판결.

인식하게 된 경우에는 부정경쟁방지법이 보호하는 영업표지(서비스표에 한정되지 아니하고, 타인의 성명이나 상호, 표장 기타 타인의 영업임을 표시하는 일체의 표지를 포함한다)에 해당한다.

먼저, 피해자의 상호이자 영업 표지인 '원숭이학교'가 부정경쟁방지법 제2조 제1호 (나)목에 의한 보호대상인지에 관하여 살피건대, 이는 보통명사인 '원숭이'와 '학교'가 결합된 것으로서 일반 수요자나 거래자에게는 이를 '원숭이들이 모여 학습 또는 훈련하는 곳' 또는 '원숭이를 이용하여 공연을 하는 곳'으로 쉽게 직감되어 상표법 제6조 제1항 제3호에 해당하므로, 동물훈련업이나 동물공연업의 서비스표로 등록될 수는 없다고 판단된다. 이러한 보통명사로 된 명칭은 특정인의 영업에 관한 자타구별기능과 출처표시기능 즉, 식별력을 가지지 못하므로 부정경쟁방지법에 의해서도 보호받지 못하는 것이 원칙이다.

그렇지만 부정경쟁방지법이 금지하는 부정경쟁행위는 상표권 침해행위와는 달라서 반드시 등록된 상표(서비스표)와 동일하거나 유사한 상호를 사용하는 것을 요하는 것은 아니고, 등록 여부와 관계없이 사실상 국내에 널리 인식된 타인의 성명, 상호, 상표 기타 타인의 상품임을 표시하는 표지와 동일하거나 유사한 것을 사용하여 타인의 영업상의 시설 또는 활동과 혼동을 일으키게 하는 일체의 행위를 의미한다. 따라서 비록 보통명사로만 구성된 기술적 상표나 서비스표이어서 상표법상 보호받지 못한다고 하더라도, 그것이 오랫동안 사용됨으로써 거래자나 일반 수요자들이 어떤 특정인의 영업을 표시하는 것으로 널리 알려져 인식하게 된 경우에는 부정경쟁방지법이 보호하는 영업 표지에 해당하며, 두 영업자의 시설이나 활동 사이에 영업상, 조직상, 재정상 또는 계약상 어떤 관계가 있는 것으로 오인될 경우에는 타인의 영업상의 시설 또는 활동과 혼동을 일으키게 하는 부정경쟁행위에 해당한다(서울동부지법 2004.7.15. 선고 2003고단3650 판결).

## 3. 동일 또는 유사한 표지의 사용

제2조 제1호 (가)목의 상품표지의 동일 · 유사 판단에서의 설명은 본목

의 영업표지 동일 · 유사에서도 인용할 수 있다. 타인의 영업임을 표시하는 것으로서 그 표장을 전체로서 관찰하여 외관 · 호칭 · 관념을 비교 · 검토하여 판단하며, 전체적 관찰과 병행하여 표장을 기능적으로 관찰하고 그 중심적 식별력을 가진 부분을 추출하여 두 개의 표장을 대비하여 유사 여부를 판단하게 된다.

> 부정경쟁방지 및 영업비밀보호에 관한 법률 제2조 제1호 (나)목의 표장은 타인의 영업임을 표시하는 것으로서 통상 표장을 구성하는 전체가 일체로 되어 그 기능을 발휘하게 되는 것이므로 표장을 전체로서 관찰하여 외관 · 호칭 · 관념을 비교 검토함으로써 판단하여야 함이 원칙이고, 다만 표지를 전체적으로 관찰하는 경우에도 그 중에서 일정한 부분이 특히 수요자의 주의를 끌고 그런 부분이 존재함으로써 그 표장의 식별기능이 인정되는 경우에는 전체적 관찰과 병행하여 표장을 기능적으로 관찰하고 그 중심적 식별력을 가진 요부(要部)를 추출하여 두 개의 표장을 대비함으로써 유사 여부를 판단하는 것은 적절한 전체 관찰의 결론을 유도하기 위한 수단으로서 필요하다. '세종대학교'의 구성 부분인 '세종'은 조선시대 제4대 임금의 칭호이자 행정중심복합도시의 지리적 명칭인 점, 특허청에 출원 · 등록된 상표 중 '세종'과 결합한 상표가 다수인 점 등에 비추어 볼 때, '세종'은 일반 수요자에게 식별력이 없거나 미약하여 그 부분만으로 간략하게 호칭되거나 관념되는 요부로서 위 대학교를 운영하는 학교법인이 독점적으로 사용할 수 있는 표장에 해당하지 않는다. '캠퍼스(campus)'라는 단어는 '들판'이라는 뜻에서 유래하여 주로 '대학 등의 교정'을 의미하는 것으로 간혹 '대학'을 의미하기도 하나, 우리나라의 통상적인 언어 관습상 교육기관으로서의 대학을 지칭하는 표현으로 사용되기보다는 지역명과 결합하여 대학의 '교정' 또는 대학의 타지방 '분교'를 지칭하는 표현으로 주로 사용되고 있으므로, '세종캠퍼스'는 세종시 또는 그 부근에 위치한 대학의 분교를 지칭하는 것으로서, 부정경쟁방지 및 영업비밀보호에 관한 법률상 그 외관 · 호칭 · 관념의 면에서 교육기관으로서의 대학을 지칭하는 '세종대학교'와 동일하거나 유사한 표장이라고 볼 수 없다(서울중앙지법 2008.3.25. 자 2008카합799 결정).

병행수입업자가 적극적으로 상표권자의 상표를 사용하여 광고 · 선전행위를 한 것이 실질적으로 상표권 침해의 위법성이 있다고 볼 수 없어 상표권 침해가 성립하지 아니한다고 하더라도, 그 사용태양 등에 비추어 영업표지로서의 기능을 갖는 경우에는 일반 수요자들로 하여금 병행수입업자가 외국 본사의 국내 공인 대리점 등으로 오인하게 할 우려가 있으므로, 이러한 사용행위는 부정경쟁방지 및 영업비밀보호에 관한 법률 제2조 제1호 (나)목 소정의 영업주체혼동행위에 해당되어 허용될 수 없다(대법원 2002.9.24. 선고 99다42322 판결).

여기서 영업표지를 사용하는 방법 및 형태 등에는 특별한 제한이 없다. 예컨대 인터넷 웹페이지상의 팝업광고 행위가 팝업창 자체의 출처표시 유무, 웹페이지 내에서의 팝업창의 형태 및 구성, 웹페이지의 운영목적과 내용, 팝업창의 출현 과정과 방식 등에 비추어 웹페이지상에 표시된 국내에 널리 인식된 타인의 영업표지를 그 팝업광고의 출처표시로 사용한 것으로 인식되고 이로써 팝업광고의 영업 활동이 타인의 광고영업 활동인 것처럼 혼동하게 하는 경우에는 위 법조 소정의 부정경쟁행위에 해당한다.[101]

## 4. 혼동가능성이 있을 것

상품주체혼동야기행위에서와 같이 본목의 혼동도 국내에 널리 인식된 타인의 영업표지와 동일 또는 유사한 표지를 매개체로 하여 자신의 영업을 그 타인의 영업인 것처럼 거래자 또는 수요자에게 혼동을 일으키는 것으로, 영업의 출처 내지 영업주체에 관한 혼동을 의미한다. (가)목에서의 혼동과 같이 본목의 혼동은 혼동의 가능성의 객관적 존재로 충분하다. 따라서 표지의 모용자에게 부정경쟁의 목적이나 의사 또는 거래상 현실적으로 발생하는 혼동에 대한 인식 등의 주관적 요소가 요구되는 것도 아니며, 현실적인 상품주체의 혼동을 필요로 하지도 않는다.

101) 대법원 2010.9.30. 선고 2009도12238 판결.

본목의 혼동 역시 타인의 영업 자체는 아니라도 이것과 거래상, 경제상 또는 조직상 밀접한 관계가 있는가의 오인을 일으키는 광의의 혼동 또는 후원관계(後援關係)의 혼동을 포함한다.[102] 즉 관련 거래권의 평균적 관찰자가 평균적 주의력으로 사용된 영업표지로부터 영업주체의 동일성을 판단하는 경우에 그 주체가 동일한 것으로 오인하는 것뿐만 아니라, 거래계가 사용된 표지의 동일 · 유사성으로부터 두 영업자 사이에 영업상 · 조직상 · 재정상 또는 계약상의 관계나 특수한 인적 관계를 오인하면 혼동이 인정된다 하겠다. 따라서 잠재적 경쟁관계가 있는 경우는 물론 저명한 표지의 경우에는 희석화이론에 의하여 전혀 다른 업종에서의 동일 · 유사한 표지 사용으로부터 보호된다.

혼동의 위험여부를 판단함에 있어서는 표지의 유사정도, 거래계에서의 인식의 정도 및 업종 이종차이 등이 상호보완적으로 고려된다. 다만 오늘날 기업들은 그의 본래 또는 주력 업종뿐만 아니라 다른 업종에서도 활동하고 있으며 특히 그의 취급 품목을 확장하는 경향이 있는 바, 이러한 경향에 비추어 업종의 근사성의 판단에 있어서 상품의 종류나 경영장소 등의 차이점은 경시할 수 있다. 한편 당해 영업표지가 일정한 지역에서만 널리 알려져 있거나, 당해 업종의 성격상 영업의 범위가 지역적으로 한정되는 것임이 사회관념상 명백한 경우[103]에는 혼동의 가능성은 그 지역 내에서만 판단된다고 보아야 할 것이다. 우리의 법원도 영업의 종류, 범위, 시설 및 규모 등 그 영업의 양상은 물론 고객이 서로 다른 것을 이유로 혼동가능성을 부정한 예가 있다.

> 보령제약주식회사 '갑'이 '을'명의로 서울에 개설한 '보령약국'과 '병'이 수원에 개설한 '수원보령약국'은 영업의 종류, 범위, 시설 및 규모등 그 영업의

102) 最判 昭和 58.10.7. 民集 37卷 8号 1082면 [日本 ウーマン · パワー上告審]

103) 종래의 제과점, 여관, 음식점 등의 경우가 여기에 해당된다고 본다. 그러나 전국적인 프랜차이즈(franchise)시스템으로 경영하는 경우에는 여기에 해당되지 않는다고 본다.

> 양상은 물론 고객도 서로 달리하고 있어서 '갑'의 고객이 수원에 있는 '병'경영의 위 약국을 서울에 있는 '갑'경영의 위 양국의 영업으로 혼동 오인하게 될 염려는 없다 할 것이므로 '보령'이라는 상호가 공통된다 해도 '병'경영의 위 약국의 영업상 이익을 침해하는 것 즉 '보령'이라는 상호가 '갑'이 부정경쟁방지법에 의하여 보호를 구할 수 있는 정당한 영업상의 이익이라고 할 수 없다(대법원 1976.2.24. 선고 73다1238 판결).

또한 본목의 '타인의 영업상의 시설 또는 활동과 혼동을 하게 한다'는 것은 영업표지 자체가 동일하다고 오인하게 하는 경우뿐만 아니라 국내에 널리 인식된 타인의 영업표지와 동일 또는 유사한 표지를 사용함으로써 일반수요자나 거래자로 하여금 당해 영업표지의 주체와 동일 · 유사한 표지의 사용자 간에 자본, 조직 등에 밀접한 관계가 있다고 잘못 믿게 하는 경우도 포함한다. 이때 타인의 영업표지와 혼동을 하게 하는 행위에 해당하는지 여부는 영업표지의 주지성, 식별력의 정도, 표지의 유사 정도, 영업 실태, 고객층의 중복 등으로 인한 경업 · 경합관계의 존부 그리고 모방자의 악의(사용의도) 유무 등을 종합하여 판단하게 되는데, 지방자치단체가 '예술의 전당'이라는 문구가 포함된 영업표지를 사용하여 문화예술작품의 공연 및 전시 등의 행위를 한 사안에서, 그 영업표지는 통상적으로 지방자치단체 내에 거주하는 사람들이 주로 이용하는 그 지역의 문화예술의 중심장소로 이해된다는 사정 등에 비추어 공법인인 예술의 전당의 영업상의 시설 및 활동과 혼동할 우려가 있다고 보기 어렵다고 판단한 바 있다.[104)]

---

104) 대법원 2009.4.23. 선고 2007다4899 판결.

# 제 3 절 저명표시의 부정사용행위

## Ⅰ. 의 의

이 규정은 상표법조약(Trademark Law Treaty) 가입을 위하여 2001년 2월 개정시 추가된 부정경쟁행위의 유형 중 하나로 일반적으로 이를 '저명상표 희석행위' 또는 '저명상표 부정사용행위'라 한다. 이는 (가)목과 (나)목의 부정경쟁행위와는 달리 표시의 저명성을 요구하는 가운데 혼동의 우려를 요건으로 하지 않는 점에서 차이가 난다.

많은 선전광고비를 들여 형성된 저명표시는 표시가 실제 사용되고 있는 상품이나 영업은 물론 다른 상품이나 영업에 사용된 경우에도 그 매출을 촉진하는 고객흡인력과 독자의 재산적 가치를 갖는다. 이러한 타인의 저명표시를 무단으로 이용하는 행위는 직접 선전광고비용을 들이지 않고 재산적 가치를 이용하는 행위이므로 표장의 저명성에 무임승차하는 행위라고 할 수 있다. 무임승차하는 방법에는 2종류가 있는데 그 하나는 타인의 저명표시를 사용하여 그 타인의 상품이나 영업인 것처럼 오인하도록 한다든지 그 타인의 관련 기업의 상품이나 영업인 것으로 오인하도록 하는 경우이다. 그리고 또 하나는 상품주체나 영업주체가 타인인 것까지는 속이지 않아도 저명한 표시를 사용하여 사람들의 이목을 끄는 행위이다. 요컨대 표시의 저명성만을 이용하는 행위이다. 2001년 개정법 이전의 부정경쟁방지법은 전자의 행위만을 규율하였다. 그러나 2001년 개정법을 통하여 표시의 저명성만을 이용하는 행위도 저명표시가 상품 또는 영업표시로 사용되는 한도에서 금지하게 되었다.

이러한 입법을 통하여 신용 형성을 위한 기업 노력의 인센티브가 훼손되지 않도록, 표시의 저명성의 확립에 노력한 저명표지의 주체를 희석화나 오염화라는 불이익으로부터 보호할 수 있게 되었다. 그러나 한편 표시가 저명하다면 그것만으로 일률적으로 타인이 동일 · 유사한 표시를 사용하는 행위를 금지하도록 해석할 수 있다는 문제점이 발생한다. 즉 표시의 보호범위를 확대하는 것은 한편에서는 타인의 상품등 표시 선정의 자유를 제한하는 것을 의미하게 된다. 따라서 표시를 보호하는 제도를 구축할 때에는 제3자에게 표시를 사용할 수 있도록 함으로써 저명표시의 형성자가 입게 되는 불이익의 상황과, 거꾸로 표시의 사용을 허용하지 않은 경우에 발생하는 제3자의 상품등 표시선정의 제한 정도를 비교형량하는 것이 요구된다.

## Ⅱ. 요 건

### 1. 저명성

본목의 상품등의 표시는 저명한 것이어야 한다. (가) · (나)목의 요건으로서의 주지성보다는 높은 수요자의 인지도를 요구한다. 즉 타인의 표시 선정의 자유를 제한하면서까지 절대적인 보호를 허용하기 위하여는 희석화등의 행위로부터 보호받아야 할 정도로 당해 표시가 갖는 식별력이 높은 것이지 않으면 안 된다. 한편 혼동 가능성을 요건으로 하지 않고 광범위한 보호를 부여한다는 점에서 고도하게 인지되고 있는 것만으로는 부족하고, 표시가 특별히 현저한 것, 즉 독점에 적절한 것일 필요가 있다는 견해[105]도 있다.

부정경쟁방지및영업비밀보호에관한법률 제2조 제1호 (다)목은 2001.7.10. 시행된 현행 부정경쟁방지 및 영업비밀보호에 관한 법률에 신설된 규정으로서, '(가)목 또는 (나)목의 규정에 의한 혼동을 하게 하는 행위 외에 비상업적

105) 田村善之(2003), 242면.

> 사용 등 대통령령이 정하는 정당한 사유 없이 국내에 널리 인식된 타인의 성명 · 상호 · 상표 · 상품의 용기 · 포장 그 밖에 타인의 상품 또는 영업임을 표시한 표지와 동일하거나 이와 유사한 것을 사용하거나 이러한 것을 사용한 상품을 판매 · 반포 또는 수입 · 수출하여 타인의 표지의 식별력이나 명성을 손상하게 하는 행위'를 부정경쟁행위로 규정하고 있는바, 위 규정의 입법 취지와 그 입법 과정에 비추어 볼 때, 위 규정에서 사용하고 있는 '국내에 널리 인식된'이라는 용어는 '주지의 정도를 넘어 저명 정도에 이른 것'을, '식별력의 손상'은 '특정한 표지가 상품표지나 영업표지로서의 출처표시 기능이 손상되는 것'을 의미하는 것으로 해석함이 상당하며, 이러한 식별력의 손상은 저명한 상품표지가 다른 사람에 의하여 영업표지로 사용되는 경우에도 생긴다(대법원 2004.5.14. 선고 2002다13782 판결).

이러한 저명성을 판단하기 위하여는 다양한 것이 판단요소가 될 수 있다. 국내에 널리 인식되었는지 여부는 그 사용기간 · 방법 · 태양 · 사용량 · 영업범위 등과 그 영업의 실정 및 사회통념상 객관적으로 널려 알려졌느냐의 여부 등이 기준이 되며, 예컨대 매출액, 시장점유율, 선전광고비 등이 높은 사정은 저명성을 긍정하는 요소로 고려될 수 있다.

한편 표시가 적극적으로 강하게 인식될 것이 요구되는가라는 논점이 있다. 이에 대하여 전국적으로 저명한 것은 요구되지 않고, 주지성과 같이 유사표시가 사용되고 있는 지역을 포함한 일정 지역에서 저명하면 족하다는 견해가 있는가 하면, 전국적으로 저명하여야 한다는 견해가 있다. 이에 대하여 전국적인 저명을 요구하게 되면 충분한 보호가 이루어지지 않는다는 점에서 일정 지역에서 저명하면 충분하다고 해석하면서 영업상의 이익 등의 요건을 해석하면서 사용자의 이익과 저명표시 주체의 불이익 사이의 비교형량을 통하여 해결하자는 견해도 있다.

2001년 개정법의 당초 개정안에서는 현행법과 같이 '국내에 널리 인식된'이란 표현 대신에 '전국적으로 널리 인식된'이란 표현을 사용하고 있었다. 그러나 심사과정에서 제2조 제1호 (다)목에서 '전국적으로'의 표현은

(가)목 또는 (나)목에서 보호되는 상표보다 유명성의 강도를 좀 더 강화하려는 취지에서 인식되는 지역적 범위를 전국수준으로 한정하려는 것이었으나 문리적으로 '전국적으로'와 '국내에'가 구분이 명확하지 않고, 또한 그 적용의 수준에 대해서는 법원의 판단에 따르는 것이 적합하다는 이유에서 현행법과 같이 수정되었다.[106] 이러한 입법 과정을 고려하건대, 적어도 입법자들은 저명성의 지역적 범위에 대한 고민을 하였던 것으로 보인다. 이에 대하여 우리 법원은 저명성의 지역적 범위와 관련하여서는 국내 전역 또는 일정한 지역 범위 안에서 저명한 정도에 이른 것으로 해석하고 있다.[107]

> 부정경쟁방지및영업비밀보호에관한법률 제2조 제1호 (다)목의 입법 취지와 그 입법 과정에 비추어 볼 때, 위 규정에서 사용하고 있는 '국내에 널리 인식된'이라는 용어는 국내 전역 또는 일정한 지역 범위 안에서 거래자 또는 수요자들 사이에 알려지게 된 '주지의 정도'를 넘어 관계 거래자 이외에 일반 공중의 대부분에까지 널리 알려지게 된 이른바 '저명의 정도'에 이른 것을 의미하는 것으로 해석함이 상당하며, 여기서 국내에 널리 인식되었는지 여부는 그 사용기간 · 방법 · 태양 · 사용량 · 영업범위 등과 그 영업의 실정 및 사회통념상 객관적으로 널리 알려졌느냐의 여부 등이 기준이 된다 할 것이고, 한편 영업을 수행하는 데에 필요한 도구나 물건 등에 표시된 문양 · 색상 또는 도안 등은 일반적으로 영업의 출처를 표시하는 기능을 곧바로 가지고 있다고 보기 어렵고, 그것이 영업에 독특한 개성을 부여하는 수단으로 사용되고 장기간 계속적 · 독점적 · 배타적으로 사용되거나 지속적인 선전광고 등에 의하여 그 문양 · 색상 또는 도안 등이 갖는 차별적 특징이 거래자 또는 수요자뿐만 아니라 일반 공중의 대부분에까지 특정 출처의 영업표지임을 연상시킬 정도로 현저하게 개별화되고 우월적 지위를 획득할 정도에 이른 경우에만 비로소 국내에 널리 인식된 타인의 영업표지에 해당된다고 할 수 있다(대법원 2006.1.26. 선고 2004도651 판결).

---

106) 부정경쟁방지 및 영업비밀 보호에 관한 법률 중 개정법률안 심사보고서, 2001.1. 산업자원위원회, 8면.

107) 대법원 2006.1.26. 선고 2004도651 판결.

지역적 범위만이 아니라 고객층에 관하여도 모든 수요층에게 저명한 것이 필요한가란 문제가 있다. 일정 고객층에게만 저명하더라도 그 고객층에서 다른 자가 표시를 사용하는 한 저명표시의 주체에게 발생하는 불이익은 모든 수요층에서 저명표시와 다를 바 없으므로 저명성 요건을 충족한다고 보아야 한다는 견해가 있다. 다만 이 견해도 적어도 저명표시를 무단으로 사용하는 자의 수요자 범위 내에서는 저명한 것을 요구하고 있다.

## 2. 동일 또는 유사한 표지의 사용

본목의 부정경쟁행위에 해당하기 위하여는 저명표시와 동일 또는 유사한 표시가 사용되는 것이 요구된다. 그리고 이러한 표지의 사용은 비상업적 사용 등 대통령령이 정하는 정당한 사유없이 국내에 널리 인식된 타인의 성명 · 상호 · 상표 · 상품의 용기 · 포장 그 밖에 타인의 상품 또는 영업임을 표시한 표지와 동일하거나 이와 유사한 것을 사용하거나 이러한 것을 사용한 상품을 판매 · 반포 또는 수입 · 수출하는 행위이다.

### 가. 동일 · 유사한 표지

본목의 부정경쟁행위에 해당하기 위하여는 저명표시와 동일 또는 유사한 표시가 사용되는 것이 요구된다. 본목은 (가) · (나)목의 경우와는 달리 혼동 가능성과는 무관하다. 이때 동일 · 유사한 표시라 함은 저명표시와 관련 주체의 1대1 대응을 붕괴하고, 회석화 등을 일으킬 정도로 흡사한 표시, 즉 용이하게 저명표시를 상기시킬 정도로 흡사한 표시이어야 한다.

유사여부를 판단할 때에는 표시가 거래에서 그 재산가치를 구현하는 것인 이상, 이격적 관찰에서 흡사한 경우에도 유사성을 긍정하게 된다. 또한 수요자가 어떠한 인상, 기억, 연상을 품게 되는가라는 점이 중요하므로, 표시의 자체나 문자의 색, 배열 등의 외관이 흡사하면 유사성을 긍정할 수 있겠다.

### 나. 상품등 표시로서의 사용

본목의 행위는 대통령령이 정하는 일정한 정당화 사유없이 국내에 널리 인식된 타인의 성명 · 상호 · 상표 · 상품의 용기 · 포장 그 밖에 타인의 상품 또는 영업임을 표시한 표지와 동일하거나 이와 유사한 것을 사용하거나 또는 이러한 것을 사용한 상품을 판매 · 반포 또는 수입 · 수출하는 행위이다. 이때 대통령령이 정하는 정당한 사유란 ① 비상업적으로 사용하는 경우, ② 뉴스보도 및 뉴스논평에 사용하는 경우, ③ 타인의 성명, 상호, 상표, 상품의 용기 · 포장 그 밖에 타인의 상품 또는 영업임을 표시한 표지(이하 '표지'라 한다)가 국내에 널리 인식되기 전에 그 표지와 동일하거나 유사한 표지를 사용해온 자(그 승계인을 포함한다)가 이를 부정한 목적 없이 사용하는 경우 및 ④ 그 밖에 해당 표지의 사용이 공정한 상거래 관행에 어긋나지 아니한다고 인정되는 경우 등이다(시행령 제1조의 2). 즉 비상업적 사용행위, 선사용 및 공정한 상거래 관행에 반하지 않는 행위는 비록 타인의 저명표시를 사용하는 것이라도 본목에서 규율하는 부정경쟁행위에 해당하지 않는다. 환언하면 본목에서 규정하는 부정경쟁행위는 비상업적 사용을 그 적용대상에서 제외하는 것이며, 식별력이나 명성 손상행위에 해당하는 표지의 사용이 상업적 사용을 의미하는 것으로 보아야 한다.

> 비상업적 사용을 그 적용대상에서 제외하고 있는 부정경쟁방지 및 영업비밀보호에 관한 법률 제2조 제1호 (다)목의 식별력이나 명성 손상행위에 해당하는 표지의 사용은 '상업적 사용'을 의미하는 것으로 해석하여야 할 것이고, 도메인 이름을 먼저 선점하여 비상업적으로 사용하고 이의 양도에 대한 대가로 금원 등을 요구하는 행위는 도메인 이름을 상품 또는 영업임을 표시하는 표지로 사용한 것이라고는 할 수 없으므로 법 제2조 제1호 (가)목, (나)목의 혼동행위나 같은 호 (다)목 소정의 식별력 또는 명성의 손상행위에 해당하지 아

니한다(대법원 2004.2.13. 선고 2001다57709 판결).

①②의 비상업적 사용행위나 ④의 공정한 상거래 관행에 반하지 않는 행위가 부정경쟁행위에 해당하지 않는 것은 굳이 법문의 규정을 필요로 하지 않는 것이라 하겠다. 즉 부정경쟁방지법의 목적이 건전한 거래질서를 유지하는 것에 있다는 점에서 표지의 비상업적 사용행위나 거래 관행에 반하지 않는 행위가 부정한 경쟁행위로 이해될 여지는 없다 하겠다.

한편 국내에 널리 인식되기 전에 그 표지와 동일 · 유사한 표지를 사용해 온 자가 부정한 목적 없이 사용하는 경우에도 본목의 부정경쟁행위에 해당하지 않는다. 즉 타인의 저명표시가 저명해지기 전에 부정한 목적 없이 동일 또는 유사한 한 표시를 사용하는 행위는 부정경쟁행위에 해당하지 않는다는 것이다. 어떤 표시를 사용하고 있는 가운데 타인이 유사한 표시가 후발적으로 타인을 나타내는 표시로서 저명해진 경우, 이 타인으로부터 자기에 대하여 청구된 표시의 사용 금지를 감수하지 않으면 안 되고, 표시를 변경하지 않으면 안 된다면 예측불가능한 불이익을 입게 되어 법적 안정성이 훼손된다. 더불어 표시가 사용되고 있는 거래권 안에서는 그 표시는 선사용자의 상품이나 영업을 나타내는 표시로서 기능하여 왔을 것이므로 이를 계속 사용하도록 하는 것은 그곳에서 수요자의 이익에도 기여하게 된다. 따라서 저명해지 전에 표시를 사용하고 있던 자는 계속 사용을 할 수 있게 된다.

선사용자의 표시 사용은 부정한 목적이 없이 이루어져야 한다. 법적 안정성의 보장이라는 점에서 자기의 거래권에서 장래 저명해질 수 있는 타인의 유사 표시가 출현할 것을 인식한 경우이면서 당해 표시의 사용에 대한 특별한 이익도 갖고 있지 않은 자의 계속 사용을 보호할 이유가 없고, 혼동을 방지하기 위하여는 이러한 사용의 금지를 인정할 필요가 있겠다. 그러나 타인이 자신의 거래권에 영업을 확대하는 것을 예상할 수 없던 경우이면서, 나아가 당해 표시를 사용하는 것에 어떤 정당한 이유를 갖는 자가 선사용자인 경우에는 그 계속사용을 필요가 있다. 따라서 단순히 표시를 알고 있던 것만으로 적용제외를 받아들이지 않는 것은 타당하지 않으며, 이러한 점에서 부정한 목적이 없을 것을 요구하고 있다.

이때 부정한 목적은 사용개시 시점뿐만 아니라 사용 계속 중에도 요구된다. 선사용자가 표시 사용을 중단하였다가 다시 동일 표시를 사용하였더라도 이는 저명해진 후에 표시를 사용한 것이 되므로 선사용으로는 인정되지 않는다. 선사용자가 표시 사용을 중단하였기 때문에 계속적인 사용을 보장할 필요가 없게 된 경우라면 적용제외의 대상으로 할 필요가 없게 되었기 때문이라 하겠다. 다만 사용 중지 기간이 일시적인 것으로 관련 거래권에서도 당해 표시가 여전히 선사용자의 상품이나 영업을 나타내는 기능을 갖고 있는 경우에는 선사용자로서의 지위를 인정할 수 있겠다. 나아가 표시 사용의 중단 이유가 어쩔 수 없었던 경우였다면 사용 재개에 대하여 부정한 목적이 없었다고 평가할 수 있겠다.

업무를 승계한 자의 표시사용행위도 선사용자로서의 보호를 받을 수 있다. 표시의 사용을 계속할 수 없다면 영업양도에 지장을 초래할 수 있으며, 그 영업에 관하여 그 표시가 실제로 발휘하고 있는 식별기능을 보호할 수 있다는 점에서 업무를 승계한 자는 계속하여 표시를 사용할 수 있도록 하여야 하겠다. 반면 저명표시와 유사하게 표시를 변경한 경우에는 원칙적으로 부정한 목적으로 이루어진 것으로 평가될 가능성이 있다.

한편 본목의 규정에서는 '(가)목 또는 (나)목의 규정에 의한 혼동을 하게 하는 행위 외에…'라고 규정하고 있어서 (가)목 또는 (나)목의 규정과 본목의 규정이 상반 관계에 있는 것처럼 해석될 여지를 두고 있다. 즉 (가)목 또는 (나)목의 규정이 적용되는 경우에는 (다)목이 적용될 수 없으며, 거꾸로 (다)목이 적용되는 경우에는 (가)목 또는 (나)목의 규정이 적용될 수 없다는 해석에 도달할 수 있다. 그러나 (가) · (나)목의 규정과 (다)목은 인지도의 차이와 혼동가능성이라는 측면에서 차이가 있을 뿐 기본적으로 상품등 표시에 형성된 소비자의 신뢰를 보호하고 경쟁질서를 유지하는 것에는 차이가 없다. 따라서 주지를 넘어 저명한 상품 표시가 오인의 우려가 있는 형태로 이용되고 있는 상황이라면 (가)목이 적용될 수도 (다)목이 적용될 수도 있다고 이해하여야 할 것이다. 대법원 역시 양자의 관계가 상반 관계에 있는 것은 아니라고 판시하고 있다.

> 위 법률 제2조 제1호 (다)목이 '(가)목 또는 (나)목의 규정에 의한 혼동을 하게 하는 행위 외에…'라고 규정하고 있기는 하지만, 위 (다)목의 입법 과정에 비추어 볼 때 위 법률 제2조 제1호 (가)목의 혼동행위와 (다)목의 식별력 손상행위는 상반된 관계에 있는 것이 아니라, 별개의 근거로 위 법률에 규정된 것이므로, 위 규정은 '(가)목 또는 (나)목의 규정에 의한 혼동이 발생하지 않더라도'라는 취지로 해석함이 상당하고 … (대법원 2004.5.14. 선고 2002다13782 판결).

## 3. 식별력 또는 명성의 손상

저명표시의 부정사용행위에 의하여 타인의 식별력이나 명성을 손상하여야 한다. 이때 '식별력'을 손상하게 하는 행위란 특정상품과 관련하여 사용되는 것으로 널리 알려진 표지를 그 특정상품과 다른 상품에 사용함으로써 신용 및 고객흡인력을 실추 또는 희석화시키는 등 자타상품 식별기능을 훼손하는 것, 즉 상품이나 서비스를 식별하게 하고 그 출처를 표시하는 저명상표의 힘(식별력, 단일성, 독특함, 명성 등)이나 기능이 감소하게 하는 것을 의미하고, '명성'을 손상하게 하는 행위란 어떤 좋은 이미지나 가치를 가진 주지의 표지를 부정적인 이미지를 가진 상품이나 서비스에 사용함으로써 그 표지의 좋은 이미지나 가치를 훼손하는 행위를 말한다.

> 부정경쟁방지법은 제2조 제1호 (다)목에 규정된 타인 표지의 식별력이나 명성을 손상하게 하는 행위로서의 부정경쟁행위는 ① 상품표지 또는 영업표

> 지가 국내에 널리 인식되었을 것, ② 그 상품표지 또는 영업표지와 동일 또는 유사한 것을 사용하는 행위, ③ 이로 인하여 타인 표지의 식별력이나 명성을 손상하게 하는 행위 등을 그 요건으로 하는 반면 당사자 사이의 경쟁관계나 혼동가능성 등은 요구되지 않으며, '식별력'을 손상하게 하는 행위란 특정상품과 관련하여 사용되는 것으로 널리 알려진 표지를 그 특정상품과 다른 상품에 사용함으로써 신용 및 고객흡인력을 실추 또는 희석화시키는 등 자타상품 식별기능을 훼손하는 것, 즉 상품이나 서비스를 식별하게 하고 그 출처를 표시하는 저명 상표의 힘(식별력, 단일성, 독특함, 명성 등)이나 기능이 감소하게 하는 것을 의미하고, '명성'을 손상하게 하는 행위란 어떤 좋은 이미지나 가치를 가진 주지의 표지를 부정적인 이미지를 가진 상품이나 서비스에 사용함으로써 그 표지의 좋은 이미지나 가치를 훼손하는 행위를 말한다(서울중앙지방법원 2003.8.7. 선고 2003카합1488 판결).

타인이 저명표시를 사용하는 것을 금지하게 되면 그 만큼 타인의 표시선정의 자유는 훼손되게 된다. (가)·(나)목의 경우에는 혼동 가능성에 따른 시장의 교란을 이유로 타인의 표시선정의 자유를 제한하였다면, 본목의 저명표시 부정사용과 관련하여서는 혼동 가능성이라는 가늠자가 없는 반면에 저명표시에 형성된 식별력이나 명성의 훼손이라는 요건을 두었다. 따라서 식별력이나 명성의 훼손을 인정하기 위해서는 타인의 표시선정 자유 제한에 따른 불이익과의 이익형량이 필요하다.

이익을 형량할 때에는 먼저 저명표시가 표시하는 상품등 주체측의 불이익 상황이 단순한 희석화 수준에 머무는지 아니면 잠재적 경쟁관계 차원가지도 도달하였는가를 살펴보아야 한다. 한편에서는 그러한 표시를 보호하였을 때 일반이 받게 될 불이익을 고려하여야 한다. 예컨대 강한 상표(strong mark)의 경우에는 일반이 받게 되는 불이익이 작지만, 약한 상표(weak mark)의 경우에는 불이익이 크다.[108] 따라서 약한 상표의 경우에는

108) 이때 강한 상표와 약한 상표의 구별은 저명표시 사용자가 갖는 표시의 의의가 아니라, 저명표시를 모용하고 있다고 여겨지는 자에게 있어서 당해 표시를 사용하는 것이 어떠한 이익을 갖는가라는 문제로 다루어져야 한다. 이러한 관점에서 본다면 예컨대 'Apple'이라는 저명표시는 컴퓨

식별력이나 명성의 손상을 엄격하게 해석하여야 한다. 즉 표시가 저명하다면 이와 동일 · 유사한 표시의 사용행위에 대하여는 희석화의 가능성을 원칙적으로 인정하는 방향에서 접근할 수 있겠으나, 약한 상표의 경우에는 저명표시의 사용자가 입게 되는 구체적인 불이익을 입증하여야 한다.

또한 저명표시를 사용하고자 하는 타인의 행위 양태도 고려하여야 한다. 예컨대 저명표시 사용자에 대한 가해목적을 갖고 있는 경우에는 이를 금지하고 있다고 하여 일반의 표시선정의 자유가 훼손되었다고는 볼 수 없을 것이다. 판례의 경우에는 저명표시의 식별력, 저명표시 사용자와 모용자의 관계, 저명표시에 대한 소비자의 신뢰 등을 요소로 식별력의 손상 여부를 판단하였다.[109)]

> 피고의 상호이자 상표인 위 'SONY'가 상품표지 또는 영업표지로서 국내에 널리 알려져 주지 · 저명한 사실 및 원고가 위 표장과 유사한 이 사건 도메인 이름을 등록한 사실은 앞서 본 바와 같고, 여기에, 피고의 상호 및 상표인 'SONY'는 국내뿐만 아니라 외국에서도 저명한 상품표지 및 영업표지로서 강한 식별력을 가지고 있는 점, 원고가 이 사건 도메인 이름을 그 등록비용을 초과한 비싼 대가로 피고측에게 매도하려고 제의하고, 이에 응하지 아니할 경우 타인에게 위 도메인 이름을 무상으로 양도하는 등 심각한 문제를 야기할 것이라고 피고측에게 통지한 점, 원고의 이 사건 도메인 이름을 접한 일반인들은 이 사건 도메인 이름에 피고가 영위하는 네트워크 은행업과 관련된 홈페이지가 개설되어 있을 것이라고 자연스럽게 생각할 수 있는 점 등을 덧붙여 보면, 원고의 이 사건 도메인 이름 등록행위로 인하여 피고의 상호 및 상표로서 국내에 널리 인식된 'SONY'라는 표지가 그 식별력이 손상된다고 보아야 할 것이다(서울중앙지방법원 2002.10.18. 선고 2001가합35469 판결).

---

터 업계나 관련 산업에 속한 자에게는 강한 상표이나, 식품관련산업에 속한 자에게는 약한 상표가 된다.

109) 서울중앙지방법원 2002.10.18. 선고 2001가합35469 판결.

# 제 4 절 원산지오인유발행위

## Ⅰ. 의 의

원산지오인유발행위란 '상품이나 그 광고에 의하여 또는 공중이 알 수 있는 방법으로 거래상의 서류 또는 통신에 허위의 원산지의 표지를 하거나 또는 이러한 표지를 한 상품을 판매 · 반포 또는 수출 · 수입하여 원산지의 오인하게 하는 행위(부정경쟁방지법 제2조 제1항 (라)목)'를 말한다. 즉 본목의 행위는 중국산 인삼에 '풍기', 한국산 포도주에 '샴페인'만 표시하는 경우와 같이 상품 또는 그 광고 기타에 허위의 원산지표시를 하거나 이것을 표시한 상품을 취급하여 원산지의 오인을 일으키게 하는 행위를 규제한다.[110)]

여러 영업자가 제공하는 경쟁적인 상품이나 용역에 관한 소비자 내지 일반수요자의 정확한 정보 확보는 자유롭고 공정한 경쟁질서의 원활이란 작

110) (가) · (나)목의 행위를 오인혼동행위라 설명하는 가운데 이와 비교하여 본목 및 (마)(바)목의 행위를 오인유발행위라 설명하는 견해가 있다. 한편 부정경쟁으로 금지하여야 할 행위를 ① 경쟁감쇄행위, ② 부당수요환기행위, ③ 성과모용행위 및 ④ 외부불경제야기행위 등의 행위유형으로 분류한 가운데, 상품등주체혼동행위, 저명표시 부정사용행위, 대리인등상표무단사용행위, 도메인이름 부정취득행위, 상품형태 모방행위, 영업비밀부정이용행위, 기술적 제한수단 우회장치 제공행위 등을 성과모용행위로, 품질등 오인행위, 신용훼손행위, 종업원의 부정경쟁 · 빼돌리기 행위 등을 불공정한 경쟁행위로 그리고 기타 부정행위로 분류하는 견해도 있다. 이들 견해는 (라)(마)(바)목의 행위를 하나의 행위 유형으로 묶어 설명하고 있다. 후자의 견해는 상품만을 전제로 원산지오인행위, 출처지오인표시 및 품질등오인표시행위를 규정하고 있던 일본의 부정경쟁방지법이 새로이 서비스를 포함하고 일괄적으로 이들을 포괄하는 규정을 설명하는 것이라 이해할 수 있다. 반면 전자의 견해는 법문에 근거하여 (가)(나)목의 규정이 혼동하게 하는 행위라는 표현을 사용하고 있는 것에 반하여, (라)(마)(바)목의 규정이 오인하게 하는 행위라는 표현을 사용한 것에 착안한 분류로 이해된다.
실제 (가)(나)목의 행위유형과 (라)(마)(바)목의 행위유형은 각기 하나로 묶일 필요가 있다. 그러나 일본의 부정경쟁방지법과 달리 우리의 부정경쟁방지법이 종전의 일본법과 같이 표시에 관한 부정경쟁행위를 중심으로 규정하고 있는 상태에서 이들에 대한 유형화는 다음으로 미루도록 한다. 본서에서는 부정경쟁방지법의 예를 따라 (라)(마)(바)목의 행위를 각각 나누어 설명하도록 한다.

동을 위한 불가결한 전제조건이라 할 수 있다. 이에 부정경쟁방지법은 상품의 품질이나 내용 등에 관하여 허위 · 과장의 표시나 광고를 하여 수요자의 오인을 유발시키거나 그러한 상품을 판매하는 등의 행위를 규제하고 있다.

이러한 상품 품질의 한 요소로서의 원산지에 대한 허위표시방법은 사실상 존재하지 않는 가공의 지명을 원산지로 표시하는 경우와 실제 존재하는 지명을 원산지로 표시하되 그것이 당해 상품의 사실상의 원산지가 아닌 경우가 있다. 이 때 전자의 경우가 (마)목의 상품의 출산지(원산지)오인야기행위에 해당하는 반면, 후자는 본목에 해당하겠다. 다만 본목의 허위표시는 오인유발적 표시보다 좁은 개념으로서 (마)목에 포섭된다고 하겠다. 특히 오인을 유발하지 아니하는 허위표시가 가능하더라도 그러한 원산지허위표시는 그 자체가 타인의 상품 · 영업표지를 침해하지 않는 한 본법이 개입할 필요가 없는 바 본목의 규정을 불필요한 규정이라 할 수 있다.

본목의 행위는 원산지를 허위(false)로 표시하는 행위 및 그러한 허위의 표시를 한 상품을 판매 기타의 방법으로 유통 상태에 두는 행위를 함으로써 원산지의 오인(misleading)을 일으키게 하는 행위의 2가지 유형이 있다.

## Ⅱ. 요　　건

본목의 행위는 상품이나 그 광고에 의하여 또는 공중이 알 수 있는 방법으로 거래상의 서류 또는 통신에 허위의 원산지의 표지를 하거나 또는 이러한 표지를 한 상품을 판매 · 반포 또는 수출 · 수입하여 원산지를 오인하게 하는 행위이다. 따라서 본목의 행위가 성립하기 위하여는 ① 표시의 대상으로서 '상품'이나 그 광고에 의하여 또는 공중이 알 수 있는 방법으로 행해진 '거래상의 서류 또는 통신'등에 ② 표시 내용으로서 '거짓의 원산지 표시'를 하여 ③ 오인하게 하는 행위가 있어야 한다.

## 1. 상품 또는 광고 등에의 표시

본목의 행위는 '상품'이나 그 '광고'에 의하여 또는 공중이 알 수 있는 방법으로 행해진 '거래상의 서류 또는 통신'에 표시하여 원산지를 오인하게 하는 행위이다. 이때 '상품'은 영업적 거래를 목적으로 하는 유형재산로, 매매업에 국한되지 않고 임대 · 교환 등 경제적 거래 행위의 목적이 되는 재화를 의미한다. 상품표지의 혼동초래행위에서와 같이 일반 소비자에게 제공되는 것에 국한되지 않고 업무용 상품과 중간재, 자본재, 부품 등 독립적 · 반복적 거래의 대상이 되는 것을 말한다. 또한 협동조합등의 비영리 법인이 취급하는 물품이나 1차 산업의 생산자가 생산하여 판매하는 물품도 여기의 상품의 해당된다. 그러나 사인(私人)이 일회적으로 매각하는 물품은 비록 그것이 유상이라 할지라도 본목의 상품에는 해당되지 않는다. 한편 본목의 상품은 표시의 수단을 의미하므로 상품에 허위의 표지를 한다는 것은 상품 자체에 하는 것뿐만 아니라 이외의 상품 표지 · 포장 등에 하는 경우를 포함한다. 후단의 '원산지'의 문구를 볼 때 부동산과 서비스업 등의 영업은 여기에 포함되지 않는다. 일본의 부정경쟁방지법의 예와 같이 서비스가 포함될 여지가 있으나, 적어도 법문상 본목의 행위는 상품에 한정된다.

'광고'는 넓은 의미에서 공중을 대상으로 행하여진 표시로 민법이나 상법 기타 법규상의 공고, 공시, 선전 등이 모두 포함된다.[111] 다만 본목에서의 광고는 영업을 목적으로 한 것에 한한다 하겠다. 즉 부정경쟁방지법의 보호 대상 내지 본목의 행위 대상이 경제적 거래 행위를 목적으로 하는 바 본목의 광고 역시 영업을 목적으로 한 것에 한한다. 이에 '영업상의 거래에

111) 예컨대 표시 · 광고의 공정화에 관한 법률에서는 광고를 ① 자기 또는 다른 사업자에 관한 사항 또는 ② 자기 또는 다른 사업자등의 상품등의 내용, 거래 조건, 그 밖에 그 거래에 관한 사항을 '신문 등의 진흥에 관한 법률' 제2조 제1호 및 제2호에 따른 신문 · 인터넷신문, '잡지 등 정기간행물의 진흥에 관한 법률' 제2조 제1호에 따른 정기간행물, '방송법' 제2조 제1호에 따른 방송, '전기통신기본법' 제2조 제1호에 따른 전기통신, 그 밖에 대통령령으로 정하는 방법으로 소비자에게 널리 알리거나 제시하는 것으로 정의하고 있다.

서 경쟁의 목적으로 영업 관계에 관하여, 특히 특정의 상품 또는 영업상의 급부 또는 전체 공급품의 성질, 출처, 생산지 또는 가격산정에 관하여, 가격표에 관하여, 상품의 구입방법 또는 구입처에 관하여, 수상 사실에 관하여, 판매의 동기나 목적에 관하여 혹은 재고량에 관하여 오인을 유발하는 표시를 한 자는 표시의 중지청구를 받는다'라고 규정하고 있는 독일 구부정경쟁방지법 제3조의 규정을 들어 (라) · (마) · (바)목의 행위를 포괄하고, 본목에서의 '상품이나 그 광고에 의하여'와 독일 부정경쟁방지법상의 '영업적 거래상으로'의 문언을 대응적으로 파악하여야 하며, 이에 표지나 선전이 영업거래상으로 행하여질 것을 명시적으로 규정하지 아니하는 우리 법의 경우에도 해석을 통하여 이 요건을 요구하여야 한다고 설명하는 견해[112]도 있다. 광고의 대상은 불특정 다수의 일반소비자 공중인 경우가 일반적이나 예컨대 점포를 찾은 고객에게 상품을 권하는 것 역시 광고에 해당되며, 광고가 최종소비자를 향할 필요도 없는 바 도매상등에 대한 광고도 포함된다.

'공중이 알 수 있는 방법'의 문구로 볼 때, 광고의 방법 · 매체는 신문, 잡지, TV, 라디오, 영화, 포스터, 견본, 전단, 방문광고, 실연에 의한 광고, 전광판, 포스터 등 원칙적으로 그 제한이 없다. '공중이 알 수 있는 방법'이란 어떤 표지가 그 표현 · 방법에 의하여 불특정 다수인이 알 수 있는 성격을 갖는 것을 의미하며, 여기에서의 불특정 다수는 일반 대중뿐만 아니라 당해 상품의 수요자나 거래 관련자를 포함한다.

'거래'란 영업목적을 가지고 상품을 판매 · 반포 또는 수입 · 수출하기 위하여 시장에 내놓는 행위를 말한다. 따라서 상품과 관련된 판매뿐만 아니라 임대 · 교환 · 전시 등도 포함되며, 영리성 유무 및 이윤획득 여부는 불문이다. '거래상의 서류 또는 통신'은 영업거래상 사용되는 초청장 · 추천장 · 견적서 · 송장(送狀) · 계산서 · 거래서 · 영수증 · 편지지 · 봉투 등의 일체 서류

112) 정호열, 전게서, 198면.

또는 전보 등 거래상의 의사표시행위를 포함하는 일체의 통신물을 의미한다. 그러나 사내전표나 사내연락문서에는 일반적으로 거래의 의사표시행위가 포함되어 있지 않은 것은 여기에서 제외된다.

## 2. 거짓의 원산지 표시

본목의 행위는 거짓의 원산지를 표시하는 것이다. '원산지'란 농수산물이나 광산물 등의 천연산품의 산출지는 물론 상품의 제조 · 가공된 곳을 의미하는 것으로 그 넓이에 관계없이 지리적 공간을 의미한다. 따라서 여기서의 '地'란 일정한 지방이나 도 · 시 · 군 등의 행정구역, 사회경제적 구역 및 국가 등을 포함한다. 산지의 범위 또한 당해 상품이 그 곳에서 과거에 생산되었거나 현재 생산되고 있는 경우는 물론 거래자 또는 일반수요자가 그 곳에서 생산되는 것으로 인식하고 있는 경우를 모두 포함한다. 공산품의 생산에 있어 원료의 출처지와 상품의 제조 또는 가공지가 다른 경우, 제조공정이 여러 단계로 여러 지역에서 이루어진 경우 등 원산지 확정의 문제가 제기될 수 있다. 이에 대하여는 상품의 주요소가 생산된 곳을 원산지로 본다든지 혹은 그 장소를 원산지로 하는 것이 관습상 허용되는가 여부에 달려있다는 등의 견해도 있으나,[113] 결국은 거래통념이 문제의 원산지표시에 결부시키는 의미를 탐구하여 개별적으로 결정하는 수밖에 없다.[114] 일반적으로 농산물 · 수산물 · 광물 등의 천연산물은 재배 · 채취된 지역이 원산지가 되고, 섬유제품류 · 기계류 등과 같이 가공 또는 제조되는 것은 가공 또는 제조된 곳이 원산지로 보게 될 것이다.

한편 공정거래위원회 고시 제2011-9호의 규정에서는 수입제품에 대하여 생산 · 가공 또는 제조를 행한 국가의 원산지에 대하여 다음과 같이 규정

113) 田倉整 · 元木伸 編, 實務相談 不正競爭防止法, 商事法務研究會, 1989, 187면; 豊崎 외 2인, 전게서, 224면 등.

114) 정호열, 전게서, 215-216면.

하고 있다. 즉 당해 물품의 전부를 생산한 국가, 또는 당해 물품이 2개국 이상에 걸쳐 생산 · 가공 · 제조된 경우에는 그 물품에 대하여 실질적인 변화를 가져오게 하고 당해 물품으로서의 새로운 특성을 부여한 행위를 최종적으로 행한 국가로 원산지를 규정하고 있다.

> '허위의 원산지의 표지'라 함은 반드시 완성된 상품의 원산지만에 관한 것은 아니고, 거래통념에 비추어 상품 원료의 원산지가 중요한 의미를 가지는 경우에는 그 원료의 원산지를 허위로 표시하는 것도 이에 포함된다고 할 것이고…, 삼베는 전래적으로 대마를 재배 · 수확하여 실을 만들고 이를 수직 베틀로 짜는 일련의 생산과정이 특정 지역 내에서 이루어져 왔고, 그러한 지역의 고유한 특제품은 전통적인 장례용품성이 반영된 지역명을 삼베의 명칭으로 호칭하는 경우가 많고, 수의로서 외국산보다는 우리 것을 선호하는 경향이 있으며, '身土不二'는 '우리 땅에서 재배 · 수확된 농산물이 우리 체질에 맞는다.'는 의미를 가진 점을 감안하면, 이 사건 수의 제품의 포장상자에 '身土不二, 안동삼베', '국내 최초 100% 대마(삼베)사 개발' 등의 표시를 하고, 또한 포장상자 안에는 '안동포 인간문화재 1호'에 관한 선전문과 사진이 실린 품질보증서를 넣은 것은 일반 수요자나 거래자로 하여금 이 사건 수의가 안동에서 생산(재배)된 대마(삼)로 만든 삼베 수의인 것처럼 삼베 원사의 원산지를 허위로 표시하여 원산지의 오인을 일으키게 하는 행위로 봄이 상당하다(대법원 2002.3.15. 선고 2001도5033 판결).

원산지표시란 특정한 지리적 공간에서 어떤 상품이 유래되었다는 사실을 나타내는 일체의 객관적 표시로 도시나 지역의 명칭과 같이 특정한 지리적 개념이 표시되는 경우(직접적 원산지 표시)뿐만 아니라 화장품에 불어로 표기하는 것과 같이 지리적 개념이 포함되어 있지 않으나 다른 사실로부터 그 상품이 특정 지역으로부터 유래하였음을 추단하게 하는 경우(간접적 원산지 표시)를 포함한다.

예컨대 프랑스의 일정한 지역을 나타내던 샴페인과 같이 원래 어떠한 상품의 원산지를 나타내던 표시가 시간의 경과와 함께 단순히 상품의 품질이나 종류에 관한 표시로 변하는 경우도 있는데, 이 경우에는 (바)목의 보호대상이 된다. 다만 원산지표지보호는 부정경쟁방지법상으로도 그 구성요건이 개별화되어 있을 뿐만 아니라, 기타의 특별법규의 보호대상이 되므로 (바)목에 해당하는 종류 및 품질표시로의 전화(轉化)는 제한적으로 인정되어야 할 것이다.[115] 이에 관련거래권의 대다수가 당해 표시로부터 품질 또는 종류만을 연상하고 더 이상 원산지 표시임을 인정하지 아니하는 경우에 한하여 전화를 인정하여야 할 것이다.

한편 TRIPs협정에서는 특히 와인과 증류주에 있어서는 추가적인 보호를 규정하고 있다. 즉 동협정 제23조 제1항에서는 와인과 증류주에 대하여서는 허위로 원산지를 표시하지 않았어도 kind, type, style, imitation 등의 표현을 병기하여 소비자의 혼동을 일으키는 행위를 금지하고 있고 있으며, 소비자의 혼동을 요건으로 하지도 않고 있다. 또한 와인의 지리적 표시가 동음이의어인 경우 각 회원국은 생산자에 대한 동등한 보호와 소비자의 혼동을 막기 위해 서로 구분할 수 있는 실제적인 방법을 결정하여야 한다. 예컨대 프랑스와 스페인에 보르도 와인이 있다면 프랑스 보르도 와인, 스페인 보르도 와인으로 명기하도록 하여야 할 것이다.

또한 자유무역협정에 따라 보호하는 지리적 표시와 관련하여서는 진정한 원산지 표시를 한 경우라도 이외의 표시로 지리적 표시를 사용하는 행위를 부정경쟁행위의 하나로 규정하고 있다. 즉 일정 지리적 표시에 관하여는 오인·혼동가능성 여부를 판단하지 않고 지리적 표시를 사용하는 행위를 규제하고 있다.

### 3. 오인하게 하는 행위

법은 원산지를 오인하게 하는 행위를 부정경쟁행위로 보고 이를 규제하

115) 동지 정호열, 전게서, 215면.

고 있다. 이때 원산지를 오인하게 하는 행위는 ① 상품에 거짓의 원산지 표지를 하거나 ② 영업상의 거래행위에 거짓의 원산지 표지를 하거나 ③ 이러한 표지를 한 상품을 판매 · 반포 또는 수입 · 수출하여 원산지를 오인하게 하는 행위이다.

이때 '오인을 일으키게 하는'의 뜻은 (가) · (나)목의 '혼동을 일으키게 하는'에 대한 해석이 대체로 적용된다. 따라서 오인은 선전의 대상거래권이 실제로 오인에 이르러야 하는 것을 뜻하는 것이 아니라 오인의 위험성만으로 족하며, 이는 개별적 · 구체적으로 판단하게 된다.[116]

한편 부정경쟁방지법은 표시 자체의 오인성을 문제로 하는 것이지 표시를 사용한 결과 오인의 생기는지 여부를 따지는 것이 아니므로 표지 그 자체를 기준으로 오인위험을 판단하면 족하지, 판매 · 반포 · 수출 행위의 양태, 표시에 관한 부기 등 당해 표지이외의 사실을 고려할 필요는 없다는 견해[117]가 있다. 그러나 이 역시 (가) · (나)목의 혼동위험의 판단에서와 마찬가지로 표시 이외의 사정, 예컨대 표시가 겨냥하는 수요자의 층, 표시의 매개체, 표시의 주체 등을 종합적으로 고려하여 객관적으로 판단하게 된다.[118]

표지의 오인위험을 판단하는 기준 역시 표지자 자신의 의사나 주의력을 기준으로 하는 것이 아니라 표지의 대상이 되는 거래권에 속하는 일반인의 통상적 주의력을 기준으로 한다. 즉 표시 자체의 문리적 의미보다는 일반인이 받아들이는 의미를 중심으로 거래관념상 표시의 의미가 사실과 다르게 이해될 위험이 있으면 오인의 위험성이 인정된다.

상인이 상품을 판매함에 있어 다소의 과장이 수반되는 것이 보통이므로

116) 한편 TRIPs 협정에서는 타지역에서 생산되는 것으로 오인될 위험성이 인정되면 설령 정당한 지역적 명칭을 표시한 경우라 할지라도 금지의 대상이 된다고 보고 있다(동 협정 제22조 제4항).

117) 송영식 외, 전게서, 767면.

118) 동지 정호열, 전게서, 222면.

상품의 선전, 광고에 수반되는 과장과 허구는 사회생활에 있어서 일반적으로 시인되는 정도의 것인 한 기망성이 결여 되어 사기죄로 처벌할 수 없으나, 다만 거래상 중요한 사항에 관하여 구체적 사실을 거래상의 신의와 성실의 의무에 비추어 비난받을 정도의 방법으로 허위로 고지하였을 경우에는 기망행위로 인정될 수 있으므로, 서울시내 시장의 굴비도매상으로부터 구입한 가짜 영광굴비를 마치 영광 현지에서 직접 제조된 굴비인 것처럼 영광굴비 품질보증서까지 붙여 놓고 소비자들에게 판매한 행위는 상거래상 용인될 정도의 단순히 판매촉진을 위한 과장의 차원을 넘어 기망행위에 해당한다(서울형사지법 1991.12.18. 선고 91노890 판결).

# 제 5 절 생산지등 오인유발행위

## Ⅰ. 의 의

생산지등 오인유발행위란 '상품이나 그 광고에 의하여 또는 공중이 알 수 있는 방법으로 거래상의 서류 또는 통신에 그 상품이 생산 · 제조 또는 가공된 지역 외의 곳에서 생산 또는 가공된 듯이 오인하게 하는 표지를 하거나 이러한 표지를 한 상품을 판매 · 반포 또는 수입 · 수출하는 행위(부정경쟁방지법 제2조 제1호 (마)목)'를 말한다. 즉 상품 또는 그 광고 등에 그 상품이 생산 · 제조 · 가공된 지역 이외의 장소에서 생산 · 제조 · 가공된 것 같이 오인을 일으키게 하는 표지를 하거나 또는 이러한 표지를 한 상품을 취급하는 행위를 부정경쟁행위로 규제한다.

본목의 규정은 (라)목의 원산지허위표시규정을 확장한 것이다. 즉 (라)목의 행위가 허위의 원산지를 표시함으로써 원산지의 오인을 하게 하는 행위인 반면, 본목의 행위는 허위의 여부를 따지지 않고 출산지등의 표지가 사실과 다르게 혼동을 일으키게 하는 행위 및 이러한 표지를 한 상품을 판매 기타의 방법으로 유통 상태에 두는 행위 등을 포함한다. 예컨대 중국산 전자제품에 대하여 일본어로 중국산임을 밝히면서 일본을 연상케 할 수 있는 상징물들을 표시함으로써 마치 일본에서 제조된 것처럼 암시적인 표시를 하는 행위가 이에 해당한다.

## Ⅱ. 요 건

### 1. 상품 또는 광고 등에의 표시

(라)목의 경우와 같이 본목의 행위는 '상품'이나 그 광고에 의하여 또는 공중이 알 수 있는 방법으로 행해진 '거래상의 서류 또는 통신'에 표시하여 원산지를 오인하게 하는 행위이다. 이에 대한 설명은 (라)목의 원산지오인유발행위에 대한 설명을 그대로 원용할 수 있다.

### 2. 거짓 출처지 등의 표시

본목의 행위는 상품이 생산 · 제조 또는 가공된 지역 외의 곳에서 생산 또는 가공된 듯 오인하도록 표시하는 것이다. 파리협약 제10조에서 허위표시(False Indication)에 대한 규정을 두면서 원산지(source)[119] 또는 생산자(the identity of the producer) 등에 대한 허위 표시행위를 규제하고 있다. 이때 원산지 개념은 상품이 제조된 지역을 포함하는 일반적인 개념으로 해석하고 있으며, 이는 상품의 품질이나 특성이 자연적 및 인적 요소를 포함하는 지리적 환경에 따라 좌우되는 리스본 협정 제2조 제1항의 '원산지 명칭

119) 공업소유권의 보호를 위한 파리협약의 국문이 source를 원산지로 번역하고 있는데, 일본의 경우 이는 'origine'을 연상케 하는 '원산지'가 아니라 '출처지'로 해석하여야 한다고 지적하는 견해도 있다.

(appellations d'origine)'보다도 넓은 개념이다. 이러한 점에서 본목의 생산지, 제조지 또는 가공지는 원산지와 함께 규율될 수 있으며, (라)목의 규정과 (마)목의 규정을 통합하자는 견해역시 일응 합리적인 주장이라 할 수 있다.

한편 거꾸로 본목과의 관계에서 (라)목의 원산지 개념을 리스본 협정 제2조 제1항의 개념과 같이 한정하여 해석할 여지도 있기는 하나, 이는 입법자들이 의도하였던 것으로는 보이지 않을뿐더러 우리 법의 모델이 되었던 일본 부정경쟁방지법이 '허위의 원산지'표시와 '상품이 산출, 제조 또는 가공된 지'를 오인하게 하는 표시를 통합하여 '원산지'를 오인하게 하는 표시로 규정한 것에서 (라)목의 원산지 개념을 제한적으로 해석할 이유는 없다. 즉 원산지 표지는 출처지 표지의 한 형태로 보면 충분하다고 볼 것이다.

### 3. 오인하게 하는 표지

법은 상품이 실제에 생산 · 제조 · 가공된 지역 이외의 곳에서 생산 · 제조 · 가공된 듯이 오인하도록 하는 행위를 부정경쟁행위로 보고 이를 규제하고 있다. 여기서 생산은 농업 · 임업 · 광업 · 수산업 등의 제1차 산업의 원시적 생산을 말한다. 제조는 재료에 노력을 가하여 전혀 다른 종류의 물건을 만드는 것을 말하며, 가공은 물건의 종류를 변경하지 않는 정도에서 노력을 가하는 것을 뜻한다.

'지역'은 일반적으로 제한된 범위(지방)를 뜻하는 것이나 여기서는 그 밖에 국가까지를 포함된다. 따라서 국산제품을 외국품으로 오인할 수 있는 표지를 사용하는 경우도 본목의 행위가 된다. 오인을 일으키게 하는 표지인가의 여부는 전체적으로 판단하여야 한다. 지명이나 국명을 문자로 정확하게 표시하지 않아도 이를 상징하는 도형이나 색을 배합하거나 이러한 것과 문자의 결합으로 지명 또는 국명을 표시하는 것도 오인을 일으키게 하는 것은 본목의 표지가 된다. 부분적으로 불명확하거나 불완전한 표지 또는 가공의 표지도 전체적으로 출산지를 오인할 수 있는 것은 본목에 해당된다.

> 부정경쟁방지 및 영업비밀보호에 관한 법률 제2조 제1호 (마)목에서 '상품의 생산, 제조, 가공 지역의 오인을 일으킨다.' 함은 거래 상대방이 실제로 오인에 이를 것을 요하는 것이 아니라 일반적인 거래자 즉 평균인의 주의력을 기준으로 거래관념상 사실과 다르게 이해될 위험성이 있음을 뜻하며, 이러한 오인을 일으키는 표지에는 직접적으로 상품에 관하여 허위 표시를 하는 것은 물론, 간접적으로 상품에 관하여 위와 같은 오인을 일으킬만한 암시적인 표시를 하는 것도 포함된다. '초당'이 바닷물을 직접 간수로 사용하여 특별한 맛을 지닌 두부를 생산하는 지역의 명칭에 해당한다고 보아 '초당' 이외의 지역에서 생산하는 두부제품에 '초당'을 사용하는 행위가 부정경쟁방지 및 영업비밀보호에 관한 법률 제2조 제1호 (마)목에서 정한 상품의 생산, 제조, 가공 지역의 오인을 일으키는 것으로 본다(대법원 2006.1.26. 선고 2004도5124 판결).

한편 부당한 표시광고행위의 유형 및 기준을 규정하고 있는 공정거래위원회 고시 제2011-9호에서는 자기가 공급하는 상품의 원산지 및 제조자에 관하여 다음과 같이 사실과 다르게 또는 모호하게 표시 · 광고하여 소비자를 오인시킬 우려가 있는 표시 · 광고행위를 하는 경우에는 부당한 표시 · 광고 행위라고 규정하고 있다.

> 가. 국내에서 제조되었음에도 불구하고(수출 불합격품 또는 수출반품을 포함한다) 외국문자, 외국어 등으로만 표시 · 광고함으로써 그 표시 · 광고된 내용으로 보아서는 국산품인지 수입품인지를 식별하기가 불가능하거나 곤란하게 표시 · 광고하는 행위. 단, 국내에서 제조되었더라도 원산지가 외국산에 해당되는 경우에 있어 그 해당국가의 언어나 문자 등을 표시 · 광고하는 경우는 제외한다.
> 나. 외국에서 수입된 상품을 마치 국산품인 것처럼 원산지를 사실과 다르게 표시 · 광고하거나 또는 당해상품의 원산지와 관계없는 국가의 문자, 국기 등을 사용하여 표시 · 광고하면서 실제 원산지를 표시 · 광고하지 아니하거나 소비자가 이를 식별하기 곤란하게 표시 · 광고하는

행위. 단, 외국에서 수입된 상품이라도 원산지가 국산에 해당되는 경우에 있어 당해 제품이 국산품인 것으로 표시 · 광고하는 경우는 제외한다.

다. 외국회사와 기술 제휴하여 국내에서 생산 · 판매하는 상품인 경우에 외국상표나 외국제조회사의 명칭만 표시 · 광고하고 국내에서 생산된 상품이라는 사실은 표시 · 광고하지 아니하거나 소비자의 식별이 곤란하게 표시 · 광고하는 행위. 단, 외국회사와 기술 제휴하여 국내에서 생산 · 판매하는 상품인 경우에도 원산지가 외국산에 해당되는 경우에 있어 그 해당국가의 상표 등을 표시 · 광고하는 경우는 제외한다.

라. 일부재료나 성분만 수입되고 실제는 국내에서 제조, 조립 또는 가공되었는데도 불구하고 외국에서 생산 또는 수입된 것처럼 표시 · 광고하고 제조업자를 표시 · 광고하지 아니한 행위. 단, 일부 재료나 성분만 수입되고 실제는 국내에서 제조 · 조립 또는 가공되었어도 원산지가 외국산에 해당되는 경우에 있어 당해제품의 원산지가 그 해당국가인 것으로 표시 · 광고하는 경우는 제외한다.

마. 자기가 제조하는 상품에 타사업자의 상표나 상호를 표시 · 광고하여 타사업자가 제조한 것처럼 표시 · 광고하거나 소비자가 식별하기 곤란할 정도로 타사업자의 상표와 유사한 상표를 표시 · 광고함으로써 일반소비자로 하여금 제조자를 혼동시킬 우려가 있는 표시 · 광고행위

바. 국내 특정지역에서 생산되는 상품이 일반적으로 소비자들에게 선호되는 경향이 있다는 사실을 이용하여 당해상품이 국내 유명산지에서 생산된 것처럼 사실과 다르게 표시 · 광고하거나 소비자를 오인시킬 우려가 있는 표시 · 광고행위

사. 제조자 식별이 곤란한 제품을 다수의 사업자로부터 구입 · 판매함에도 불구하고, 특정 사업자가 공급한 제품만을 판매하는 것처럼 그 사업자의 상표 또는 상호를 표시 · 광고하는 행위

# 제 6 절 상품의 품질 · 내용 · 수량의 오인유발행위

## Ⅰ. 의 의

상품의 품질 · 내용 · 수량의 오인유발행위란 '타인의 상품을 사칭(詐稱)하거나 상품 또는 그 광고에 상품의 품질, 내용, 제조방법, 용도 또는 수량을 오인하게 하는 선전 또는 표지를 하거나 이러한 방법이나 표지로써 상품을 판매 · 반포 또는 수입 · 수출하는 행위(부정경쟁방지법 제2조 제1호 (마)목)'를 말한다. 본목의 행위는 허위광고 · 과대광고 등의 행위로 상품 또는 그 광고에 상품의 품질 · 내용 · 수량 등에 관하여 오인을 할 만한 표지를 하는 행위 및 그러한 표지를 한 판매 기타의 방법으로 유통 상태에 두는 행위의 2가지 유형이 있다.

본목의 행위는 수요자에 대한 수요를 부정하게 조장행위이자 시장의 일반적 파괴를 가져오는 행위로서 (라)목의 원산지오인유발행위나 (마)목의 생산지등 오인유발행위 등과 같이 고객을 부정하게 획득하는 행위이다.

## Ⅱ. 요 건

본목의 행위는 타인의 상품을 사칭(詐稱)하거나 상품 또는 그 광고에 상품의 품질, 내용, 제조방법, 용도 또는 수량을 오인하게 하는 선전 또는 표지를 하거나 이러한 방법이나 표지로써 상품을 판매 · 반포 또는 수입 · 수출하는 행위이다. 따라서 ① 타인의 상품을 사칭하거나 ② 상품 또는 광고 등에 ③ 상품의 품질, 내용, 제조방법, 용도 또는 수량에 대한 거짓 내용을 선전 등의 행위를 하여 ④ 오인하도록 하는 행위이다.

## 1. 타인 상품의 사칭

'타인의 상품을 사칭하는 행위'란 자기의 상품을 타인의 것으로 속이거나 이러한 방법으로 상품을 판매 · 반포 또는 수입 · 수출하는 행위를 말한다. 이러한 사칭행위에는 이 제품은 Y사의 제품이라고 고객에게 권유하는 적극적 사칭뿐만 아니라, 고객이 이 제품은 K사의 제품입니까라고 물었을 때, 네 그렇습니다라고 대답하는 경우와 같은 소극적 사칭을 포함한다. 이 사칭행위를 구두로 이야기하는 행위로 설명하는 견해도 있으나, 이러한 사칭행위가 구두로 이루어진 것에 한정될 이유는 없다. 즉 타인의 상품을 자기의 상품인 것처럼 팜플렛으로 인쇄하여 배포하였다면 타인의 상품을 사칭하는 경우에 해당한다.

> (상품의) 광고에 상품의 품질, 내용 또는 수량에 오인을 일으키게 하는 선전'을 한다 함은 상품광고를 함에 있어 허위광고나 과대광고 등과 같이 상품의 품질 등에 오인을 일으키는 표시 등을 하는 경우를 말하고, 비록 <u>타인의 상품을 자기의 상품인 것처럼 팜플렛으로 인쇄하여 배포하였더라도 자기상품의 품질 등에 관하여 아무런 표시를 하지 않았다면 이는 동호 전단 소정의 '타인의 상품을 사칭'하는 경우에 해당할 뿐 '상품의 품질 등에 오인을 일으키게 하는 선전'을 한 경우에는 해당하지 않는다</u>(대법원 1989.6.27. 선고 87도1565 판결).

## 2. 상품 또는 광고 등에의 선전 · 표지 사용 등의 행위

상품이란 유형재화를 의미하는 것으로 서비스는 여기의 상품에 해당되지 않는다. 따라서 예컨대 영업의 규모, 조직형태, 다른 기업과의 관계 등에 관하여 오인을 일으키게 하는 선전 또는 표지를 하는 행위는 본목에 해당되지 않는다. 이에 대하여 독일 구부정경쟁방지법 제3조에 영향을 받아 경쟁법적 규율이 필요한 영업적 급부이면 모두 본목의 상품거래에 포함된다는 견해[120]가 있다. 즉 예컨대 보험업, 은행업, 신탁업, 증권업, 운송업, 운송주선업, 창고업 등 상법이 규율하는 주요한 업태에 관하여 부당표시와 광고에 대한 경쟁법적 규율이 방치되는 결과가 되므로 통설과 같이 용역을 배제하면 본목의 의의가 상실된다는 것이다. 그러나 법 제2조 제1호 (가) · (나)목이 상품과 영업활동을 별도로 취급하고 있고, 파리협약 제10조의 2 제3항 제1 · 2호에서도 상품과 공업상 혹은 영업상의 활동을 구별하고 있다. 이와 같이 상품과 용역이 차별적으로 사용되고 있는 현재의 법 상태에서 이는 입법론적인 해석에 불과하다 생각된다. 다만 상표와 서비스표의 이중등록을 방지하는 것이 바람직한 상표법과 달리 부정경쟁방지법에서는 상품이든 서비스이든 부정경쟁행위로부터 보호받아야 하는 것에는 차이가 없다. 예컨대 표시 · 광고의 공정화에 관한 법률에서 상품과 용역을 동일하게 취급하는 상황에서 부정경쟁방지법이 규율하는 부정경쟁행위에서 상품과 서비스를 준별할 필요는 크게 없다고 생각된다.

광고란 (라)목에서의 설명과 같이 '영업을 목적으로 공중을 대상으로 행하여진 표시 또는 선전'을 의미한다. 한편 법은 '상품 또는 그 광고에 … 선전 또는 표지를 하거나'라 규정하여 상품상의 표지와 상품광고상의 선전을 구분하고 있으므로 여기의 광고는 위 협의의 광고에서 표지를 배제한 것만을 지칭한다. 여기에서의 표지는 소비자들에게 자기가 공급하는 상품을 특정하고 식별시켜 계약체결로 이끄는 최종적 정보제공행위 또는 그 제공물을 말한다.[121] 본목의 광고 역시 그 방법 · 매체에는 아무런 제한이 없다.

### 3. 상품의 품질, 내용 등의 거짓

본목의 행위는 상품 또는 그 광고에 상품의 품질, 내용, 제조방법, 용도

120) 정호열, 전게서, 199면.
121) 정호열, 전게서, 200면 참조.

또는 수량의 오인을 일으키게 하는 선전 또는 표지를 하는 행위이다. 이는 직접 품질을 과대 또는 허위로 공고하는 경우뿐만 아니라 연구소나 상공회의소, 박람회 등의 시설이나 전문기술자로 하여금 보증하도록 하는 방식으로 간접적으로 부당하게 유리한 효과를 거두는 경우도 포함한다. 또한 최신의 선진 제품검사시설을 갖추고 엄격한 검사과정을 거친 제품이라고 사칭하는 경우도 있을 수 있다. 특히 중고품을 신품으로 표시하거나 저급품을 초일류품으로 칭하는 경우, 존재하지도 않는 기관의 인증을 받은 것처럼 마크를 부착하는 행위는 본목의 전형적인 예이다. 일본의 부정경쟁방지법 판례로서는 등급 판정을 받지 아니한 술에 특급주의 표시증을 붙인 행위에 대하여 본목의 부정경쟁행위를 인정한 것[122]이 있다. 특허는 품질을 보증하는 제도는 아니나 일반적으로 기술적 진보가 있는 제품에 주어진다고 누구나 생각하고 있으므로 특허되지 아니한 제품을 특허품이라 칭한다든지 특허번호표시를 붙이는 것은 특허법 제224조 소정의 허위표시의 죄에 해당하는 것 이외에도 아울러 본목에 해당된다.[123]

> 부정경쟁방지 및 영업비밀보호에 관한 법률은 제2조 제1호 (바)목에서 상품에 상품의 품질 · 내용 등의 오인을 일으키는 표지를 하는 행위를 부정경쟁행위의 하나로 규정하고, 제4조 제1항에서 부정경쟁행위로 인하여 자신의 영업상 이익이 침해되거나 침해될 우려가 있는 자는 부정경쟁행위자에 대하여 법원에 그 행위의 금지 및 예방을 청구할 수 있다고 규정하고 있는데, 본래부터 품질을 보증하는 정부기관의 인증이 아니더라도 전국적인 운동협회 등이 운동용품에 대하여 부여하는 인증은 일반 수요자들에게 품질에 대한 실질적인 보증의 효과를 줄 수 있어 그 협회 등의 허락을 받지 아니하고 자신의 운동용품 등의 상품에 그 인증표지를 하는 행위는 위 법 제2조 제1호 (바)목이 말하는 부정경쟁행위에 속하고, 그 협회 등의 공인을 받아 인증표지를 사용하고

122) 最判 昭和 53.3.22 刑集 32卷 3号 316면 [清酒特級 事件] ; 小野昌延, 전게서, 230면.

123) 이러한 사실을 인정하지 않은 판결(품질오인이 되지 않은 판결)로서는 コールドパーマ-액사건(東京地裁 1989.10.25. 特許と企業 253.96)이 있다.

있는 동종의 영업을 하는 자로서는 법원에 그러한 부정경쟁행위의 금지를 청구할 수 있다(대법원 2007.10.26. 자 2005마977 결정).

예컨대 '돈으로 살 수 없는'[124] 또는 '오로지 이 상품'[125] 등의 선전과 같이 소비자에게 상품의 호화로움이나 품질에 관한 일반적인 관념만을 불러일으키고 또 이를 통하여 자신의 상품에 대하여 긍정적 반응을 획득하고자 하는 행위는 본목의 광고에 해당하지 아니 한다. 반면 국내유일 · 국내최고 등의 소위 유일지위선전 또는 정상지위선전의 경우에는 그 사실에 대한 객관적 심사가 가능하므로 그것이 그릇되거나 과장되었을 때에는 본목의 광고에 해당한다. 다만 이 경우의 정상여부는 당해 영업자가 임의로 유리한 척도를 사용하여 판단하는 것이 아니라 관련거래권의 관념을 결정적인 그 기준으로 한 것이다.[126]

상품의 내용이란 급부내용이다. 이를 널리 이해하는 경우에는 품질 · 제조방법 · 용도나 수량 등을 포함한다. 그러나 본목에서는 이들을 별도로 열거하고 있으므로 상품의 원료와 재료, 성분과 함량, 부속품과 여분 등이 그 직접적인 대상이 된다. 나아가 보증의 내용과 그 기간, AS의 유무와 그 기간 등의 상품거래조건도 상품의 내용에 포함시킬 수 있다.

상품의 제조방법이란 상품을 제조하는 방법으로 가공방법이나 조립방법을 포함한다. 나아가 공정 · 방수 혹은 내역처리 등의 처리방법, 상품의 제조에 사용하는 기구와 설비 등 제조과정과 직접 · 간접으로 관련되는 사실 등이 여기의 제조방법에 포함된다.

상품의 용도란 상품의 품질관념을 전제로 한 개념으로 상품의 사용방법과 사용가능성, 그 효용형태, 용도의 수 등을 사실과 다르게 혹은 과장하여 표시하는 경우가 본목의 용도에 관한 오인유발행위가 된다. 예컨대 화장품

124) BGH,LM Par.1 UWG Nr.224=NJW1971, 378.
125) BGHZ 43, 140, 142.
126) 정호열, 전게서, 203면.

에 의약품이라는 인상을 심어주는 표지를 사용하는 경우[127]가 있겠다.

상품의 수량이란 상품의 수와 양, 즉 길이, 넓이, 무게, 용적과 체적, 중량 등을 의미하며, 상품의 무게나 양을 사실과 다르게 표시하는 행위, 상품의 과대포장, 거래단위인 수량을 광고보다 줄여서 판매하는 경우 등이 수량에 관한 오인야기행위에 해당한다. 여기서의 수량은 영업자와 상대방 수요자 사이에서의 직접적 거래의 대상이 되는 당해 상품의 수량은 물론 그 영업자가 보유하고 있는 동종상품의 재고량을 포함한다. 따라서 실제보다 재고량을 적게 표시하거나 과다하게 표시하여 소비자의 오인을 불러 일으켜 고객을 유인하는 경우는 본목의 수량에 관한 오인야기행위에 해당한다.

### 4. 오인하게 하는 행위

법은 상품의 품질등에 관하여 오인하게 하는 상품 또는 광고상의 '표지 또는 선전'을 규제한다. 우리 법의 '선전 또는 표지'라는 문언은 독일이나 일본 부정경쟁방지법상의 '표시' 개념에 대응하는 것으로 상품의 품질이나 수량 등에 관한 정보를 전달하는 행위 또는 수단을 의미한다. 따라서 내용적으로 전달하는 바가 없는 단순한 찬사인 선전행위는 정보 제공적 성격이 없으므로 여기의 '선전 · 표지'에 해당하지 않으며, 검증이 불가능한 찬사 역시 본목의 선전 · 표지에 해당되지 않는다. 반면 그 진실성을 심사할 수 있는 바 의견표시도 본목의 선전 · 표지에 해당한다. 다만 선전행위의 진실성이 검증될 수 있는가의 판단은 관련거래권이 그 선전을 어떻게 받아들이는가에 달려 있다.

선전 · 표지의 양태에는 제한이 없다. 말이나 문장뿐만 아니라 그림이나 사진 또는 도형 등의 형상 및 TV나 라디오에서 들리는 음향을 통해서도 선전 · 표지는 이루어질 수 있다. 광고를 하는 자에게 설명의무가 인정되는 경

127) BGH,LM Par.3 UWG Nr.174=MDR 1981,993.

우에는 사실에 대한 침묵이 오인을 일으키는 선전 · 광고가 될 수 있다. 이 때 설명의무는 거래통념에 입각하여 볼 때 거래권의 구매결정에 영향을 미치는 중요한 사실에 관하여 인정된다.

법은 선전등이 객관적으로 허위인가의 여부보다는 그 대상으로 하는 수요자가 선전등에 의하여 당해 상품에 관하여 그릇된 인식을 하게 되어 상품구매의 결정에 영향을 받을 우려가 있는가의 오인유발성만을 문제로 한다. 따라서 엄밀한 의미의 허위광고뿐만 아니라 객관적으로 정확한 표시도 본목의 오인유발행위에 속할 수 있다.

선전 · 표지가 오인을 일으키게 하는 것인가의 구체적인 판단에 있어서는 다음의 세 가지 단계가 일반적으로 거론된다. 첫째, 오인 위험의 인정에 불가결한 기초로서 선전 · 표지가 어떤 수요자를 상대로 한 것인가를 확정하여야 한다. 예컨대 전문가를 상대로 한 광고에 있어서는 관련 전문영역에 있어서의 전문인의 인식이 기준이 된다. 이 때 대상 거래권은 기본적으로 상품의 종류에 따라 달라지므로 상품의 종류는 대상거래권의 확정에 중요한 자료가 된다. 둘째, 당해 거래권이 문제의 선전등을 어떻게 이해하는가를 심사하여야 한다. 영업자 자신이 그 선전이 거래권에 의하여 인식되기를 원하는 내용이나 전문가가 주의 깊은 심사를 통하여 인식하는 내용은 문제가 되지 않는다. 오히려 당해 거래권의 평균적 관찰자가 그 선전등을 피상적으로 관찰하여 순간적으로 얻는 인식 또는 인상이 기준이 된다. 셋째, 이렇게 하여 밝혀진 선전등의 의미가 오인을 일으키게 하는 것인가의 판단을 하게 되며, 선전등의 의미가 사실과 일치하지 않는다면 오인을 일으키게 하는 것이라고 볼 수 있다. 광고에 의해 거래권이 실제로 오인하였을 것을 요구하는 것이 아니라 오인을 일으킬 수 있는 것으로 족하다. 다만 본목의 규정은 수요의 부정한 조장행위를 그 대상으로 하는 것이므로 허위선전이라 할지라도 수요자의 구매결정에 영향을 미치지 아니함이 명백한 경우에는 오인을 일으키는 행위에는 해당되지 않는다.

> 피고인이 양복점을 개설하고 고객의 주문을 받아 양복을 제작. 판매하는 영업을 하면서 그 양복점 외부에 'DIOR'이라고 영문으로 표기된 간판 등을 사용하였다 하더라도 위 영업실태에 비추어 피고인과의 상품거래는 피고인 개인점포의 신용과 제작기술을 맡고 이루어지는 것으로 봄이 상당하여 피고인에게 부정경쟁의 목적이 있었다거나 주문자가 피고인의 점포에서 제작하는 양복을 등록상표인 디올(DIOR)의 상표권자가 제작 · 공급하는 양복으로 오인 · 혼동하여 거래를 하였다고 보기 어렵다(대법원 1985.3.12. 선고 83도2085 판결).

한편 부당한 표시광고행위의 유형 및 기준을 규정하고 있는 공정거래위원회 고시 제2011-9호에서는 자기가 공급하는 상품의 품질, 성능, 효능, 규격, 용량, 수량에 대한 부당한 표시 · 광고 행위에 대하여 아래와 같이 규정하고 있다.

원산지 및 제조자에 관하여 다음과 같이 사실과 다르게 또는 모호하게 표시 · 광고하여 소비자를 오인시킬 우려가 있는 표시 · 광고행위를 하는 경우에는 부당한 표시 · 광고 행위라고 규정하고 있다.

> ※ 품질, 성능, 효능 등에 관한 표시 · 광고
>
> 가. 품질 또는 성능이 일정한 수준에 해당하지 아니함에도 불구하고 당해 수준에 해당한다고 하거나 당해수준에 해당하는 것처럼 표시 · 광고하는 행위
>
> 나. 성능이 발휘될 수 있는 판단기준을 명시하지 아니하고 막연히 일정 성능을 발휘한다고 표시 · 광고하는 행위
>
> 다. 일부 또는 부분에 관련되는 품질 또는 성능을 전체에 관련되는 품질 또는 성능인 것처럼 과장하여 표시 · 광고하는 행위
>
> 라. 표시 · 광고된 상품의 성능이나 효능이 객관적으로 확인될 수 없거나 확인되지 아니하였는데도 불구하고 확실하게 발휘되는 것처럼 표시 · 광고하는 행위

※ 규격, 용량, 수량 등에 관한 표시 · 광고

가. 규격이 일정한 기준에 해당하지 아니함에도 불구하고 당해규격에 해당한다고 하거나 해당하는 것처럼 표시 · 광고하는 행위

나. 실제 용량 또는 수량과 다르게 용량 또는 수량을 표시 · 광고하는 행위

다. 용량을 실제보다 크게 나타내기 위하여 외형의 크기를 내형의 크기인 것처럼 표시 · 광고하는 행위

# 제 7 절 상표권자의 동의 없는 대리인의 상표사용행위

## Ⅰ. 의 의

상표권자의 동의 없는 대리인의 상표사용행위란 '① 파리협약 당사국, ② 세계무역기구 회원국 또는 ③ 상표법조약의 체약국 중 어느 하나의 나라에 등록된 상표 또는 이와 유사한 상표에 관한 권리를 가진 자의 대리인이나 대표자 또는 그 행위를 한 날부터 1년 이내에 대리인이나 대표자이었던 자가 정당한 사유 없이 해당 상표를 그 상표의 지정상품과 동일하거나 유사한 상품에 사용하거나 그 상표를 사용한 상품을 판매 · 반포 또는 수입 · 수출하는 행위(부정경쟁방지법 제2조 제1호 (사)목)'를 말한다. 파리협약 당사국, 세계무역기구 회원국 또는 상표법조약의 체약국에 등록된 상표 또는 이와 유사한 상표에 관한 권리를 가진 자의 대리인이나 대표자 또는 그 행위를 한 날부터 1년 이내에 대리인이나 대표자이었던 자가 정당한 사유 없이 당해 상표를 그 상표의 지정상품과 동일하거나 이와 유사한 상품에 사용하거나 그 상표를 사용한 상품을 판매 · 반포 또는 수입 · 수출하는 행위는 부정경쟁행위에 해당한다.

외국기업의 표시는 국내에서 주지하거나 저명하지 않는 한 부정경쟁방

지법 제2조 제1조 (가)(나)(다)목에 의한 보호를 받을 수 없으며, 따라서 국내에서 타인이 동일·유사한 표시를 사용하였다고 하여 이를 금지할 수는 없다. 설령 그 표시가 타국에서 상표권이 등록되었더라도 결론에 있어서는 변함이 없다. 그러나 기업이 국제적으로 활동하고자 하는 경우, 진출하고자 하는 국에 대리점이나 특약점을 두고 그곳을 거점으로 영업활동을 전개하는 경우가 적지 않다. 기업의 활동상황을 보다 잘 알 수 있는 입장에 있는 대리점등이 진출국에서 사용하고 있는 상표나 이후 사용계획이 있는 상표를 무단으로 사용하거나 앞질러 무단으로 상표등록출원을 하여 상표권을 취득할 가능성이 있다. 이러한 신의칙 위반행위를 허용하는 경우에는 대리점등을 거점으로 국제적인 영업활동을 전개한다고 하는 인센티브가 훼손될 수도 있다.

이러한 점에서 파리협약 제6조의 7[128] 제1항에서는 동맹국에서 상표와 관련한 권리를 갖는 자는 대리인 또는 대표자가 무단으로 다른 동맹국에서 상표등록 출원을 한 경우에는 등록이의신청이나 무효로 하는 청구를 할 수 있도록 규정함과 동시에 제2항에서는 대리인 또는 대표자가 무단으로 상표를 사용하는 것을 저지할 수 있다는 취지를 규정하고 있다. 이에 상표법은 1990년 제8차 전부개정 과정에서 거절결정의 사유로서 대리인 또는 대표자의 무단 출원을 규정하였으며, 상표법조약의 가입을 추진하는 준비단계에서 2001년 제6차 개정법을 통하여 본목의 규정을 부정경쟁행위의 한 유형으로 규정하였다. 2007년 제9차 개정을 통하여 약간의 문구 수정이 이루어졌으나, 종전과 큰 차이가 없으며 이 규정은 현행법에 이르고 있다.

> 상표법 제23조 제1항 제3호, 제73조 제1항 제7호는 우리나라가 1980.5.4. 가입한 '공업소유권 보호를 위한 파리협약' 제6조의 7 '소유권자의 허가를 받지 아니한 대리인 또는 대표자 명의의 등록에 관한 규정'을 취소심판 청구의

128) Registration in the Name of the Agent or Representative of the Proprietor Without the Latter's Authorization.

행사 기간 등을 명시하여 국내 입법화한 규정(1980.12.31. 법률 제3326호로 상표법 일부 개정 시 제16조 제1항 제4호로 신설)으로서, 국제 교역이 활발히 이루어짐에 따라 수입국의 대리점이 수입국 내에서의 상표권에 관한 자신의 독점적 지위를 확보함과 동시에 수입선(輸入先)에 의한 대리점계약 파기나 거래 중단 등에 의하여 선행 투자의 효과가 상실되는 것을 우려한 나머지, 또는 독자적인 영업을 할 목적으로 외국 상표권자의 동의 없이 거래 상품에 사용한 상표를 임의로 출원하여 상표권을 취득하는 사례가 빈번히 발생하였고, 이로 인하여 수요자 사이에 상표소유권자의 상품과 오인, 혼동을 일으키게 할 염려가 있게 되자 이를 방지하고 공정한 국제 상거래 질서를 확보할 필요성에서 일정한 요건 하에 등록국에서와 같은 보호를 부여한다는 취지의 규정이다(특허법원 2001.6.8. 선고 2000허7458 판결).

## Ⅱ. 요　　건

본목의 행위는 ① 일정 조약 체결국에 등록된 상표 또는 이와 유사한 상표에 관한 권리를 가진 자의 ② 대리인이나 대표자 또는 그 행위를 한 날부터 1년 이내에 대리인이나 대표자이었던 자가 ③ 정당한 사유 없이 해당 상표를 그 상표의 지정상품과 동일하거나 유사한 상품에 사용하거나 그 상표를 사용한 상품을 판매 · 반포 또는 수입 · 수출 등을 하는 것이다. 따라서 ① 파리협약 당사국등의 상표권자, ② 대리인 또는 대표자 및 ③ 정당한 사유없는 무단사용행위 등을 요건으로 한다.

### 1. 동맹국등의 상표권자

본목의 행위는 ① 파리협약 당사국,[129] ② 세계무역기구 회원국, ③ 상표

129) 상표법에서는 파리협약 동맹국이라는 표현을 사용하고 있는 것에 반하여, 부정경쟁방지법은 파리협약 당사국이라는 표현을 쓰고 있다. 이 글에서는 3개의 조약을 포괄하는 표현으로는 상표법에서 사용하고 있는 동맹국등이라는 표현을 사용하도록 한다.

법조약 체약국 등 일련의 상표 관련 조약의 회원국에 등록된 상표 또는 이와 유사한 상표에 관한 권리를 가진 자의 대리인 · 대표자의 무단상표사용행위이다. 파리협약 당사국에서의 상표에 관한 권리가 대상이 된 것이 파리협약 제6조의 7 규정에 따른 것이라면, 세계무역기구 회원국은 TRIPs 협정 제2조 제1항, 상표법조약 체약국은 상표법조약 제15조의 규정에 따른 의무를 이행하기 위한 것이다.

파리협약 제6조의 7은 그 표제를 '소유권자의 허가를 받지 않은 대리인 또는 대표자의 명의의 등록(Registration in the Name of the Agent or Representative of the Proprietor Without the Latter's Authorization)'이라 정하고 있는 가운데, 그 본문에서 '상표에 관한 권리를 가진 자(the person who is the proprietor of a mark)'라고 규정하고 있다. 일본 부정경쟁방지법 제2조 제15호의 경우에는 '상표에 관한 권리(商標に関する權利)를 가진 자'로 규정하고 있는 가운데 이를 상표권에 상당하는 권리로 한정하고 있어서, 실시권자나 질권자 등 통상 상표의 처분에 관하여 결정권을 갖지 않은 자를 제외한다는 취지로 본다. 반면 우리 부정경쟁방지법은 '등록된 상표 또는 이와 유사한 상표에 관한 권리를 가진 자'로 규정하고 있는 가운데, 이를 상표권자에 한하는 규정을 두고 있지 않다. 따라서 등록된 상표에 관한 권리를 가진 자가 단순히 상표권을 가진 자에 한하는지 아니면 상표권에 기초한 실시권자나 질권자 등을 포함하는지 여부는 논란의 여지가 있다. 다만 본 규정을 도입한 2001년 개정법 논의 과정에서 이 규정이 파리협약 제6조의 7 제2항의 내용을 수용한 것임을 밝히고 있다는 점에서 일본의 경우와 같이 상표권자에 상응하는 자의 대리인 또는 대표자에 한하여 해석할 것이다.

> 상표법의 규정은 어느 체약국에서 등록 또는 사용으로 인하여 상표권이 인정되고 있는 상표에 대하여는 비록 그것이 다른 체약국에서 그와 같은 지위를 가지고 있지 않더라도 일정한 요건 하에 등록국에서와 같은 보호를 부여한

> 다는 취지의 규정으로서, 일반적인 상표권의 보호에 관한 속지주의 원칙에 대한 예외 규정이라고 할 것이므로 그 요건에 해당되는지 여부는 조약의 문언을 참고로 엄격하게 해석하여야 할 것인바, 위 규정에서 말하는 상표에 관한 권리를 가진 자의 대리인이나 대표자는 위 조약의 문언이 의미하는 바대로 그 상표의 등록권리자 내지 소유권자와 대리인 또는 대표자의 관계에 있는 자(the agent or representative of the person who is the proprietor of a mark)를 의미하는 것일 뿐이라고 봄이 타당하다. … 그 상표소유권자가 국내에서 등록한 상표에 대한 통상사용권만을 가진 자는 특단의 사정이 없는 한 위 규정에서 말하는 대리인 또는 대표자 에 해당하지 않는다고 해석하여야 할 것이다(특허법원 2001.11.30. 선고 2001허2269 판결).

한편 독일의 表裝權(Ausstatungsrecht), 사칭통용(passing-off) 등 부정경쟁방지법상 주지표시의 보호에 상당하는 정도의 보호를 받는 것도 본목에서 말하는 상표에 해당하는가에 대한 논의가 있다. 만일 이를 긍정하게 된다면 외국의 일부 지역에서만 보호를 받는 상표라도 본목의 규정이 적용될 수 있다. 본목에 의한 규율이 신의칙 위반을 이유로 한 것인 이상 적어도 외국에서의 등록 여부에 따를 필요는 없다 하겠다. 판례역시 등록뿐만 아니라 사용에 의하여 상표권이 인정되는 상표에 대하여 일정한 요건에서 당해 국가와 같은 보호를 부여하고자 하는 것이 본 제도의 취지임을 언급하고 있다(특허법원 2001.11.30. 선고 2001허2269 판결).

한편 동맹국에서의 상표에 관한 권리에 우리나라에서의 것이 포함되는가라는 문제, 즉 동맹국에 우리나라가 포함되는가라는 문제가 있다. 물론 우리나라에서 등록상표권을 갖고 있는 자는 무단사용자에 대하여 등록상표권을 행사하면 본목의 규정이 문제될 여지는 없다. 그러나 부정경쟁방지법 제2조 제1호 (가)(나)(다)목의 보호도 본목의 '이와 유사한 상표에 관한 권리'에 포함된다고 하면 이야기를 바꿀 수 있다. 지역적으로 한정된 주지성, 저명성을 갖고 있는 표시에 대하여 당해 지역 이외에서 대리인등이 유사상표를 사용하는 경우를 상정한다면, 국외에서만 주지, 저명한 표시의 경우와 이익상황에 차이가 있다고는 말하기 쉽지 않겠다.

## 2. 대리인 또는 대표자

'대리인이나 대표자'라 함은 동맹국등의 상표권자를 위하여 국내에서 상표권에 관한 상품 내지 서비스를 거래하는 자를 이른다. 이러한 자에게는 다른 자와는 구별되는 신의칙상의 의무를 인정할 수 있기 때문이다. 실무상 대리점이나 특약점 등으로 불리는 자도 이에 해당한다. 본인과 대리점 · 계약점의 계약관계에는 다양한 형태가 존재하나, 본목의 대리인 또는 대표자에 해당하는지 여부를 판단할 때에는 법률상 대리권의 존부가 기준이 되는 것만은 아니다. 또한 명시적인 계약에 의하여 본인과 대리인등과의 관계가 설정되나, 명시적인 계약조항이 없는 경우에도 유효하다.

> 상표법 제73조 제1항 제7호는 상표등록취소 심판사유의 하나로 '제23조 제1항 제3호 본문에 해당하는 상표가 등록된 경우에 그 상표에 관한 권리를 가진 자가 당해 상표등록일부터 5년 이내에 취소심판을 청구한 경우'를 들고 있고, 같은 법 제23조 제1항 제3호 본문은 '조약당사국에 등록된 상표 또는 이와 유사한 상표로서 그 상표에 관한 권리를 가진 자의 대리인이나 대표자 또는 상표등록 출원일 전 1년 이내에 대리인이나 대표자이었던 자가 상표에 관한 권리를 가진 자의 동의를 받지 아니하는 등 정당한 이유 없이 그 상표의 지정상품과 동일 또는 유사한 상품을 지정상품으로 상표등록 출원한 경우'라고 규정하고 있는바, 위 규정의 입법취지에 비추어 볼 때 여기서 말하는 "대리인 또는 대표자"라 함은 대리점, 특약점, 위탁판매업자, 총대리점 등 널리 해외에 있는 수입선(輸入先)인 상표소유권자의 상품을 수입하여 판매, 광고하는 자를 가리킨다고 보아야 할 것이다(대법원 1996.2.13. 선고 95후1241 판결).

한편 대리점 등 계약의 당사자가 자신과 법인격은 다르지만 그 소유와 경영을 실질적으로 지배하고 있는 자회사의 명의로 상표등록을 하면 대리점 등이 스스로 상표를 등록한 것과 동일한 결과가 초래된다는 점에서 이에는 자회사가 포함된다(특허법원 2001.6.8. 선고 2000허7458 판결). 다만 이 경우에도 법원은 계약 당사자의 실질적 지배를 받는 관계에 있다는 사정만으로 계약 당사자와 동일시하여 당연히 상표소유권자의 대리인으로서의 지위를 갖게 된다고 할 수는 없다는 입장이다. 즉 대리점 계약 당사자인 모회사와 자회사와의 관계 및 영업형태, 상표사용계약의 체결경위 등을 종합하여 법률 규정의 적용을 회피하기 위한 것이었는가를 판단하여야 한다는 입장이다(대법원 2003.4.8. 선고 2001후2146 판결).

> 상표법 제23조 제1항 제3호, 제73조 제1항 제7호의 입법 취지에 비추어 볼 때 여기서 말하는 '대리인 또는 대표자'라 함은 대리점, 특약점, 위탁판매업자, 총대리점 등 널리 해외에 있는 수입선인 상표소유권자의 상품을 수입하여 판매, 광고하는 자(이하 '대리점 등'이라 한다)를 가리킨다고 할 것이고(대법원 1996.2.13. 선고 95후1241 판결 참조), 그 대리점 등에는 상표소유권자와 직접 대리점계약을 체결한 계약당사자 뿐만 아니라 계약당사자인 대리점 등인 개인 또는 법인이 그 소유와 경영을 실질적으로 지배하고 있는 자회사도 이에 포함된다고 해석하여야 할 것이다. 왜냐하면 대리점 등 계약의 당사자가 자신과 법인격은 다르지만 그 소유와 경영을 실질적으로 지배하고 있는 자회사의 명의로 상표등록을 하는 경우 대리점 등이 스스로 상표를 등록한 것과 동일한 결과가 초래되어 위 규정을 잠탈하는 행위를 방지할 수 없게 되며, 나아가 공정한 국제 상거래 질서를 확보하고 수요자 사이에 혼동을 방지하고자 하는 입법 목적을 달성할 수 없게 되기 때문이다. 이 사건 등록상표는 공업소유권 보호를 위한 파리협약의 동맹국인 프랑스국에 등록된 인용상표와 유사한 상표로서 피고의 대리인의 지위에 있는 원고가 정당한 이유 없이 인용상표의 지정상품과 유사한 상품을 지정상품으로 하여 등록한 상표에 해당한다(특허법원 2001.6.8. 선고 2000허7458 판결).

> 상표법 제73조 제1항 제7호, 제23조 제1항 제3호의 입법 취지에 비추어 볼 때 상표법 제23조 제1항 제3호에서 말하는 '대리인이나 대표자'라 함은 일

반적으로 국외에 있는 상표에 관한 권리를 가진 자의 그 상품을 수입하여 판매·광고하는 대리점, 특약점, 위탁판매업자, 총대리점 등을 가리키는 것이고, 대리점 등 계약의 당사자가 자신과 법인격은 다르지만 그 소유와 경영을 실질적으로 지배하고 있는 자회사의 명의로 상표등록을 하면 대리점 등이 스스로 상표를 등록한 것과 동일한 결과가 초래되어 위 규정을 잠탈하는 행위를 방지할 수 없게 되고, 나아가 공정한 국제 상거래 질서를 확보하고 수요자 사이에 혼동을 방지하고자 하는 입법 목적을 달성할 수 없는 문제가 있지만, 그렇다고 하더라도 계약 등에 의하여 대리인이 된 자가 위 상표법 규정의 적용을 회피하기 위하여 법인을 편의상, 형식적으로 설립하였다는 등의 특별한 사정이 없는 한 별개의 법인격을 가지는 회사가 계약 당사자의 실질적 지배를 받는 관계에 있다는 사정만으로 그 회사를 계약 당사자와 동일시하여 당연히 그 회사가 상표소유권자의 대리인으로서의 지위를 갖게 된다고 할 수는 없다 (대법원 2003.4.8. 선고 2001후2146 판결).

대리인등에는 부정경쟁행위를 하는 시점에서 대리인 또는 대표자인 경우뿐만 아니라, 부정경쟁행위를 한 날부터 1년 이내[130]에 대리인이나 대표자이었던 자를 포함한다. 자신의 입장을 이용하여 상표를 사용하게 된 것에는 변함이 없기 때문이다. 다만 대리인등의 관계가 종료한 후에도 과도하게 오랫동안 대리인등을 구속하는 것은 대리인이 아니었던 자가 상표 선정에 대하여 어떤 제한도 받지 않는 것에 비하여 가혹하다는 판단에 따른 것이다.

## 3. 정당한 사유 없는 무단사용행위

대리인등이 정당한 사유없이 동맹국 상표권자의 승낙을 받지 않고, 동맹

130) 2011년 12월 2일 개정법 이전에는 '1년 이전'이라는 표현을 사용하였다. 이에 '1년 이전'이라는 문구의 해석과 관련하여 이를 문리적으로 해석할 경우 부정경쟁행위를 한 날부터 '1년 이전'에 대리인이나 대표자이었던 자에 대한 제한을 의미하나, 실질적으로 제한하려는 범위는 현재의 대리인이나 대표자 및 그 행위를 한 날부터 '1년 이내'의 대리인이나 대표자로 보는 것이 타당하기 때문에 이를 수정하여 제도운영의 안정성 및 통일성을 꾀하기 위하여 '1년 이내'로 정정하자는 논의도 있었다.

국 상표권에 관련한 상표의 지정상품과 동일하거나 유사한 상품에 사용하거나 그 상표를 사용한 상품을 판매 · 반포 또는 수입 · 수출하는 행위는 부정경쟁행위가 된다. 허락이 없어도 정당한 사유가 있다면 대리인등이 상표를 사용할 수 있게 되지만, 이때 무엇이 정당한 사유에 해당하는가라는 문제가 있다. 예컨대 오로지 대리인등의 영업노력으로 상표에 신용이 화체된 가운데, 동맹국 상표권자의 상품 품질로는 개척한 고객을 유지해 두기 어려워 다른 자로부터 상품을 구입할 필요가 있어 계약관계를 종료할 수밖에 없었던 경우에는 정당한 사유가 있다는 견해[131]도 있다. 그러나 본목이 상정하는 정도의 관계가 있는 대리인등은 통상 당해 상표와 관련한 신용을 화체하는 것이 예정되어 있기 때문에 이러한 사실이 있다고 하여도 그것만으로 정당한 이유를 긍정하기는 곤란하겠다. 결국 본목에서 말하는 정당한 이유란 묵시의 승낙을 인정할 수 있는 경우에 한하겠다.

## 제 8 절 정당한 권한 없는 자의 도메인 이름 선점행위

### Ⅰ. 의 의

정당한 권한 없는 자의 도메인 이름 선점행위란 '① 상표 등 표지에 대하여 정당한 권원이 있는 자 또는 제3자에게 판매하거나 대여할 목적, ② 정당한 권원이 있는 자의 도메인이름의 등록 및 사용을 방해할 목적 또는 ③ 그 밖에 상업적 이익을 얻을 목적으로 국내에 널리 인식된 타인의 성명, 상호, 상표, 그 밖의 표지와 동일하거나 유사한 도메인이름을 등록 · 보유 · 이전 또는 사용하는 행위(부정경쟁방지법 제2조 제1호 (아)목)'를 말한다. 인터넷

131) 豊崎光衛, 工業所有權法(新版增補), 有斐閣, 1980, 391면 참조.

을 통한 소통을 가능하게 하기 위하여는 송신자와 수신자가 네트 위의 어떤 곳에 위치하고 있는가란 정보가 필요하므로 인터넷에 접속된 각 컴퓨터에는 고유의 숫자(IP address)가 할당되어 있다. 그러나 IP address는 숫자의 나열로 기억하기 어려워서 이를 대체하는 것이 도메인 이름[132)]이다. 특히 부정경쟁방지법은 제2조 제4호에서 도메인 이름을 '인터넷상의 숫자로 된 주소에 해당하는 숫자 · 문자 · 기호 또는 이들의 결합'이라고 정의하고 있다.

인터넷상의 주소로 기능하기 위하여 동일한 도메인 이름의 중복을 허용하지 않고 먼저 등록된 것만을 보호한다. 그런데 경쟁목적이나 방해목적 또는 양도료를 받기 위한 목적에서 타인의 저명표시나 등록상표를 먼저 등록하는 행위가 빈번해지면서 거래 관계에서 많은 혼란이 발생하였다. 이에 타인의 저명표시나 등록상표를 부정한 목적에서 선등록하는 행위를 사이버 스쿼팅(cyber–squatting)이라 하면서 부정적인 입장을 취하게 되었다.

그러나 이러한 사이버 스쿼팅 행위를 기존의 법률로 규율하는 것에는 한계가 있었다. 즉 상표법이나 부정경쟁방지법 제2조 제1호 (가)(나)(다)목의 규정에 의하여 대처할 수 있는 경우도 있었다. 그러나 도메인이름을 등록한 것만으로 '상표의 사용'으로 보기 어려워 상표권 침해로 포섭하기 어려웠으며, 부정경쟁방지법의 규정 역시 도메인 이름 취득자가 단순히 비방목적의 웹사이트를 개설한 것이라든지 아직 사용조차 이루어지지 않은 경우에는 상품등의 표시 내지 상표로서의 사용요건을 충족하지 않기 때문에 적용 가능성이 낮았다. 상법에 의한 규제 역시 상표나 성명 등은 보호할 수 없으며, 단순히 상호를 도메인 이름으로 등록한 것만으로 상호의 사용을 인정하는 것에는 무리가 있다는 한계가 있었다.

---

132) 인터넷에서 인터넷 프로토콜 주소를 사람이 기억하기 쉽도록 하기 위하여 만들어진 것(인터넷 주소자원에 관한 법률 제2조 제1호 (나)목).

> 도메인 이름의 요부가 저명한 등록상표와 동일하기는 하나, 상표법에서 규정하는 상표권 침해행위가 되기 위해서는 타인의 등록상표와 동일한 상표를 그 지정상품과 유사한 상품에 사용하거나, 타인의 등록상표와 유사한 상표를 그 지정상품과 동일 또는 유사한 상품에 사용하는 행위가 있어야 하는데, 위 도메인 이름하에 운용되는 웹사이트에서 등록상표권의 지정상품과 동일 또는 유사한 상품을 취급하거나, 등록서비스표의 지정서비스업과 동일 · 유사한 영업을 취급한 사실이 전혀 없다면 위 웹사이트를 통해 등록상표권을 침해하였거나 침해할 우려가 있다고 볼 수 없고, 등록상표와 동일한 이름을 도메인 이름으로 사용한 것만으로는 상표법 제66조에서 규정하는 상표권 침해행위에 해당한다고 보기 어렵다. 부정경쟁방지 및 영업비밀보호에 관한 법률 제2조 제1호 (가)목의 상품주체 혼동행위에 해당하는 표지의 사용은 '상품에 관련된 일체의 사용행위'를, 같은 호 (나)목의 영업주체 혼동행위에 해당하는 표지의 사용은 '영업에 관련된 일체의 사용행위'를, 비상업적 사용을 그 적용대상에서 제외하고 있는 같은 호 (다)목의 식별력이나 명성 손상행위에 해당하는 표지의 사용은 '상업적 사용'을, 각 의미하는 것으로 해석하여야 할 것이고, 도메인 이름의 양도에 대한 대가로 금원 등을 요구하는 행위는 도메인 이름을 상품 또는 영업임을 표시하는 표지로 사용한 것이라고는 할 수 없어서, 같은 법 제2조 제1호 (가)목, (나)목의 혼동행위나 같은 호 (다)목 소정의 식별력 또는 명성의 손상행위에 해당하지 아니한다(대법원 2004.2.13. 선고 2001다57709 판결).

이에 우리나라는 사이버 스쿼팅이라는 행위가 급증하여 정당한 표지에 관한 권리를 갖고 있는 자에 대한 상거래상의 신뢰를 저하시키고 소비자의 혼동을 야기함으로써 거래질서를 저해할 뿐만 아니라 일반인의 인터넷 검색에 있어서의 사회적 총비용을 증가시키는 등의 폐해가 발생하는 판단 아래 2004년 제7차 개정법(2004.1.20 법률 제7095호)에 이를 부정경쟁행위의 한 유형으로 규정하였다.

## Ⅱ. 요 건

본목의 행위는 ① 정당한 권원이 없는 자가 법이 정하는 일정한 목적으로 ② 국내에 널리 인식된 타인의 성명, 상호, 상표, 그 밖의 표지와 ③ 동일하거나 유사한 도메인이름을 ④ 등록 · 보유 · 이전 또는 사용하는 행위이다. 즉 본목의 행위는 ① 일정 목적의 정당한 권한 없는 자, ② 국내에 널리 인식된 타인의 성명 등, ③ 동일 · 유사한 도메인 이름 및 ④ 등록 · 보유 등의 사용행위를 그 요건으로 한다.

### 1. 일정 목적의 정당한 권한 없는 자

본목의 행위는 정당한 권한이 없는 자가 부정경쟁방지법이 정하고 있는 일정 목적으로 타인의 주지 · 저명한 성명 등의 표지를 사용하는 행위이다. 이때 부정경쟁방지법이 정하고 있는 일정 목적은 ① 상표 등 표지에 대하여 정당한 권원이 있는 자 또는 제3자에게 판매하거나 대여할 목적, ② 정당한 권원이 있는 자의 도메인이름의 등록 및 사용을 방해할 목적 또는 ③ 그 밖에 상업적 이익을 얻을 목적 등이며, 이러한 목적으로 타인의 주지 · 저명한 성명 등을 사용하는 정당한 권한이 없는 자가 본목의 행위 주체이다.

본목에서는 '정당한 권한이 없는 자'란 표현을 사용하고 있는데 이것이 어떠한 의미를 갖는 문구인지 의심스럽다. 특허청의 업무해설서에서는 '성명, 상호, 상표 또는 그 밖의 표지에 대한 정당한 권원이 있는 자와 도메인이름 등록인이 비록 상표권 등을 갖고 있지 않더라도 당해 도메인 이름으로 일반에게 널리 인식되고 있었던 경우와 같이 도메인이름에 대하여 정당한 이익을 갖고 있는 자'는 보호를 받을 수 있다는 설명을 하고 있는데, 이러한 설명이 정당한 권원이 없는 자에 대한 설명이 될 것인지, 또한 '정당한 권한

이 없는 자'라는 법문의 표현이 필요한 것인지에 대한 설명이 될 것인지는 의문이다.

본목의 행위는 ① 상표 등 표지에 대하여 정당한 권원이 있는 자 또는 제3자에게 판매하거나 대여할 목적, ② 정당한 권원이 있는 자의 도메인이름의 등록 및 사용을 방해할 목적 또는 ③ 그 밖에 상업적 이익을 얻을 목적 등의 주관적 목적아래 이루어져야 한다. 본목에 해당하는 일본 부정경쟁방지법 제2조 제12호의 규정은 '부정한 이익을 얻을 목적' 또는 '타인에게 손해를 가할 목적'을 요구하고 있는데, 우리 법은 이외에도 상업적 이익을 얻을 목적으로 이루어진 경우에도 부정경쟁행위로 인정하고 있다. 이 요건은 (다)목의 저명표시 부정사용행위에서와 같이 혼동가능성이라는 요건이 없는 가운데 도메인이름 선정의 자유 제한이라는 불이익과 타인의 주지 · 저명한 상표 등의 도메인이름 사용에 따른 거래 혼란이라는 불이익 사이의 이익형량을 위한 기준으로 이용되는 것이라 할 수 있다.

한편 본목에서는 '그 밖의 상업적 이익을 얻을 목적'을 정하고 있는데 어떠한 것이 이에 해당하는가 살펴보아야 할 것이다. 특허청의 업무해설서에서는 타이포 스쿼팅(typo-squatting) 행위[133]가 그 밖의 상업적 이익을 얻을 목적에 의한 행위로 설명하고 있다. 그러나 이러한 행위가 부정경쟁행위에 해당하는가에 대하여는 좀 더 논의할 필요가 있겠다. 즉 단순히 주지 · 저명한 상표등과 동일 · 유사한 도메인 이름을 등록하였다는 이유만으로 부정경쟁행위를 구성한다고 보는 것은 무리가 있다. 만약 주지 · 저명한 상표권자와의 경쟁 관계가 인정되지 않거나, 주지 · 저명한 상표권자의 진정한 도메

133) 네티즌들이 사이트에 접속할 때 주소를 잘못 입력하거나 철자를 빠뜨리는 실수를 이용하기 위해 이와 유사한 유명 도메인을 미리 등록하는 일. URL 하이재킹(hijacking)이라고도 한다. 유명 사이트들의 도메인을 입력할 때 발생할 수 있는 온갖 도메인 이름을 미리 선점해 놓고 이용자가 모르는 사이에 광고 사이트로 이동하게 만든다. 예를 들면, 야후(yyahoo.com), AOL(wwwaol.com), MSN(www-msn.com), 넷스케이프(Netcsape.com) 등과 같이 미리 등록해 놓고 여기에 광고 배너를 가득 채운 뒤 클릭을 하게 만드는 수법이다.

인 이름으로 연결시켜주는 경우라면, 이러한 도메인 이름의 등록을 부정경쟁행위로 볼 것인지는 의문이다. 특히 도메인 이름의 오기를 통하여 접근하게 되는 사이트가 주지 · 저명한 상표권자의 사이트와의 관계에서 고객을 흡인할 가능성이 없다면 부정경쟁행위로 인정하기 어렵다. 다만 당해 도메인 이름을 주지 · 저명한 상표권자등에게 판매하려고 하였다거나 다수의 도메인 이름을 등록하고 있는 상태라면 부정경쟁행위를 구성하는 부정한 목적을 인정할 수도 있겠다.

한편 본목의 '그 밖의 상업적 이익을 얻을 목적'과 관련하여 판례는 공서양속 내지 신의성실의 원칙에 반하는 형태로 자신이 이익을 얻거나 타인에게 재산상 손해나 신용의 훼손 등 유형 · 무형의 손해를 야기함으로써 반사적 이익을 얻고자 하는 목적을 의미한다고 판시하고 있다. 이와 함께 주지 · 저명한 상표권자를 비난하기 위한 목적에서 유사한 도메인 이름을 사용하는 행위가 사이버 스쿼팅 행위에 해당하지 않는다는 것이 미국 법원[134]의 태도이다.

> 부정경쟁방지 및 영업비밀보호에 관한 법률 제2조 제1호 (아)목에서 부정경쟁행위의 주관적 요건으로 규정하고 있는 '그 밖의 상업적 이익을 얻을 목적'이라 함은, 표지에 대하여 정당한 권원이 있는 사람 또는 제3자에게 판매하거나 대여할 목적 또는 정당한 권원이 있는 사람의 도메인이름의 등록 및 사용을 방해할 목적 외에 공서양속 내지 신의성실의 원칙에 반하는 형태로 자신이 적극적으로 이익을 얻거나 타인에게 재산상 손해나 신용의 훼손 등 유형 · 무형의 손해를 야기함으로써 반사적으로 이익을 얻고자 하는 목적을 의미한다(서울중앙지방법원 2007.8.30. 선고 2006가합53066 판결).

## 2. 국내에 널리 인식된 타인의 성명, 상호, 상표, 그 밖의 표지

일본의 부정경쟁방지법 제2조 제12호는 '타인의 특정상품표시'와 동

134) Lamparello v. Falwell, 420 F.3d 309.

일 · 유사한 도메인 이름을 등록등을 하는 행위를 부정경쟁행위로 보는 것에 반하여, 우리 부정경쟁방지법은 단순히 타인의 특정상품표시에 머물지 않고, 이 표시가 '국내에 널리 알려진 상표 등'으로 한정하고 있다. 따라서 국내에 널리 인식되지 아니한 상표 등은 본목의 보호대상이 아니다. 보호대상의 범위를 '국내에 널리 알려진 상표 등'으로 한정한 이유는 사이버 스쿼팅 행위의 주된 목적의 하나가 바로 상표 등 표지가 갖는 경제적 가치에 편승하고자 하는 것이어서 사이버 스쿼팅의 주된 대상이 널리 알려진 상표 등 표지에 한정되기 때문이라고 설명하고 있다. 또한 보호대상의 범위를 한정함으로써 인터넷의 자유로운 이용이 저해되지 않도록 하고자 한다고 그 이유를 밝히고 있다.[135] 이때 '국내에 널리 알려진 상표 등'의 주지 정도를 어떻게 보아야 할 것인지 의문이다. 부정경쟁방지법 제2조 제1호 (가)(나)목의 주지정도로 충분할 것인지 아니면 (다)목의 저명상표에 해당하는 인지도를 요구하는지는 법원의 판단을 기다려야 할 것이다.

### 3. 동일하거나 유사한 도메인이름

본목에서 규제하는 부정경쟁행위는 주지 · 저명한 타인의 상표등과 동일 유사한 도메인이름을 취득하는 등의 행위이다. 이때 도메인 이름의 동일 · 유사성의 판단은 혼동가능성을 요건으로 하지 않는 저명표시의 부정사용행위에 있어서의 유사성 판단에서의 논의를 원용할 수 있다. 즉 타인의 표지와 도메인이름의 유사성을 판단할 때는 도메인이름 가운데 식별력을 갖는 부분을 기준으로 표지 그 자체를 형식적으로 대비함은 물론 그 이외에 당해 도메인이름을 타인의 표지로 오인하는 데 기여하는 일체의 요소들을 참작

135) 한편 보호대상의 범위를 '널리 알려지지 아니한 상표 등'으로 확대하는 것은 부정경쟁방지 및 영업비밀보호에 관한 법률 목적규정의 범위를 벗어난다는 인터넷업계 및 전문가 등의 의견을 반영하였다는 설명이 있으나, 이는 부정경쟁방지법의 법률 목적을 지나치게 제한적으로 해석하려는 견해라는 점에서 우려가 된다.

하여 그 양자 표지의 외관, 호칭 또는 관념에 기초한 인상, 기억, 연상 등에 비추어 양자를 전체적 · 이격적으로 관찰 · 비교하여 유사한 것으로 받아들일 우려가 있는지 아닌지를 기준으로 판단해야 한다.[136)]

> 부정경쟁방지 및 영업비밀보호에 관한 법률 제2조 제1호 (아)목은 타인의 표지의 인지도와 신용에 편승하여 부정한 이익을 얻을 목적이나 타인에게 손해를 가할 목적으로 타인의 표지와 동일하거나 유사한 도메인이름을 등록하여 보유하는 것을 방지하고자 하는 취지에서 규정된 것으로서, 도메인이름을 등록하여 보유하기만 하면 그 도메인이름을 사용한 웹사이트를 개설하지 아니하여 어떤 표지를 사용하였다고 할 수 없는 경우에도 위 규정에서 정하는 부정경쟁행위에 해당한다. 따라서 타인의 표지와 도메인이름의 유사성을 판단함에 있어서는 도메인이름 가운데 식별력을 갖는 부분을 기준으로 표지 그 자체를 형식적으로 대비함은 물론 그 이외에 당해 도메인이름을 타인의 표지로 오인하는 데 기여하는 일체의 요소들을 참작하여 그 양자 표지의 외관, 호칭 또는 관념에 기초한 인상, 기억, 연상 등에 비추어 양자를 전체적 · 이격적으로 관찰 · 비교하여 유사한 것으로 받아들일 우려가 있는지 아닌지를 기준으로 판단해야 한다(서울중앙지방법원 2007.8.30. 선고 2006가합53066 판결).

### 4. 등록 · 보유 · 이전 또는 사용하는 행위

본목의 부정경쟁행위는 주지 · 저명한 타인의 표지와 동일 · 유사한 도메인 이름을 사용하는 것뿐만 아니라 등록, 보유, 이전 등의 행위도 포함된다. 도메인이름이 등록된 것만으로 주지 · 저명한 표지에 대한 정당한 권리자는 당해 도메인이름을 등록할 수 없게 되고, 고가로 이를 구입해야 하는 등의 불이익을 입게 된다. 따라서 주지 · 저명한 표지에 대한 정당한 권리자에게 있어 당해 도메인이름의 부정취득 · 보유자가 실제로 당해 도메인이름을 사용하고 있는지 여부는 크게 문제가 되지 않기 때문에 이와 같이 규정하고

136) 서울중앙지방법원 2007.8.30. 선고 2006가합53066 판결.

있는 것이다.

도메인이름을 사용하고자 하는 자는 이를 인터넷주소관리기관에 등록하여야 한다(인터넷주소자원에 관한 법률 제11조 제1항). 인터넷주소자원에 관한 법률 제12조에서는 누구든지 정당한 권원이 있는 자의 도메인이름등의 등록을 방해하거나 정당한 권원이 있는 자로부터 부당한 이득을 얻는 등 부정한 목적으로 도메인이름등을 등록 · 보유 또는 사용하여서는 아니 된다고 규정하고, 이에 위반하여 도메인이름등을 등록 · 보유 또는 사용한 자가 있으면 법원에 그 도메인이름등의 등록말소 또는 등록이전을 청구할 수 있도록 하고 있다. 따라서 정당한 권한이 없는 자에 의하여 도메인 이름이 등록된 경우에는 본목의 규정이나 인터넷주소자원자원에 관한 법률에 의한 규정에 의하여 그 등록의 말소 또는 이전을 청구할 수 있다. 또한 등록이 되기 이전 단계에서는 부정경쟁방지법 제4조 제1항에 근거하여 그 등록 행위의 금지 또는 예방을 청구할 수 있다.

다만 법원은 본목에 근거하여 등록이전은 인정되지 않는다는 태도이다. 즉 부정경쟁행위의 대상이 된 도메인이름의 이전등록은 등록말소에 버금가는 강력한 조치인데, 부정경쟁방지법은 제4조 제2항 제3호에서 '등록말소'만을 규정하고 있을 뿐 명시적으로 '이전등록'을 규정하고 있지 않은 점, 같은 항 제4호 '그 밖에 부정경쟁행위의 금지 또는 예방을 위하여 필요한 조치'에 이전등록이 포함된다고 단정하기도 어려운 점, 주지 · 저명한 상표 등의 표지를 보호하기 위하여 도메인이름의 사용금지나 등록말소만으로도 충분함에도 이전등록까지 인정하는 것은 목적과 수단의 비례, 보충성의 원칙에 반하는 점, 만약 하나의 도메인이름에 관하여 다수의 권리자가 이전등록을 청구할 경우 누구에게 우선권을 부여하여야 할 것인지를 결정하기 어려운 점 등의 사정을 종합하면, 부정경쟁방지 및 영업비밀보호에 관한 법률상 부정경쟁행위 금지의 효과로서 부정경쟁행위의 대상이 된 도메인이름의 이전등록청구권까지 인정된다고 볼 수는 없다고 판시하고 있다.[137)]

보유란 도메인 이름을 사용할 수 있는 상태를 유지하는 것이며, 이전은 도메인 이름에 대한 권리자의 지위를 타인으로 변경하는 것이다. 등록을 통한 도메인 이름의 취득에 대하여 보유 · 이전을 열거하고 있는 것은 도메인 이름을 취득한 후 부정경쟁방지법이 정하고 있는 일정 형태의 부정한 목적을 갖게 된 경우에도 규제의 대상이 됨을 명확하게 하기 위한 것이라 평가할 수 있다.

## 제 9 절 타인이 제작한 상품의 형태를 모방한 상품의 사용행위

### Ⅰ. 의 의

상품형태의 모방행위란 '타인이 제작한 상품의 형태(형상 · 모양 · 색채 · 광택 또는 이들을 결합한 것을 말하며, 시제품 또는 상품소개서상의 형태를 포함한다. 이하 같다)를 모방한 상품을 양도 · 대여 또는 이를 위한 전시를 하거나 수입 · 수출하는 행위(부정경쟁방지법 제2조 제1호 (자)목)'를 의미한다. 이 규정은 2004년 제7차 개정법을 통하여 도입된 것으로 주지성 요건과 관계없이 상품의 형태도 그 상품의 형태가 갖추어진 날로부터 3년간 보호받을 수 있도록 한다. 기존의 부정경쟁방지법이 영업비밀 보호 관련 규정이외의 부정경쟁행위가 상품 표지 내지 영업표지로서의 표시 보호를 중심으로 한 것에 비하여, 본목의 규정은 상품의 형태 그 자체를 보호한다는 점에서 부정경쟁행위의 범위를 확대한 규정이라 평가할 수 있다.

137) 광주지방법원 2008.7.17. 선고 2007가합11141, 2008가합6375 판결.

## 1. 입법취지

상품의 형태가 지적재산권의 보호대상이 되지 않거나 심사기간에 비하여 라이프 사이클이 짧아 산업재산권의 보호가 그다지 큰 의의를 갖지 않는 경우, 또는 여러 사정으로 출원을 하지 않은 등의 이유로 산업재산권의 보호를 받지 않는 경우가 있다. 지적재산권의 보호와는 상관없이 이러한 상품의 개발활동이 이루어지는 것은 새로운 상품을 다른 사람에 앞서 시장에 내놓는 것이 이익이기 때문일 수 있다. 지적재산권의 보호가 미치지 않는다는 점에서 다른 사람이 이를 모방할 수 있지만, 선행자가 시장에서 선행한 시점부터 다른 사람이 동일한 상품을 모방하여 시장에서 경쟁할 때까지는 이를 상품화하기 위하여 필요한 시간만큼 시차(time lag)가 발생하게 된다. 이 기간 중 선행자는 경쟁이 없는 상태에서 판매활동을 할 수 있으며, 투하자본을 유리하게 회수할 수 있다. 또한 다른 사람이 경쟁 상태에 진입한 때에도 이미 신상품의 판로를 확보하였기 때문에 유리하게 경쟁할 수도 있다.

그런데 만약 상품의 모방을 허용한다면 이러한 시장선행의 이익은 크게 상실된다. 다른 사람은 선행자의 상품을 모방하는 것으로 상품화를 위한 시간을 절약할 수 있으며, 그 결과 신상품이 시장에 출현하자마자 모방상품이 시장이 출현하여 경쟁하게 될 수 있다. 이렇게 된다면 선행자가 누릴 수 있는 시장 선행의 기간이 짧아지거나 아예 사라질 수 있다. 또한 모방자는 상품화를 위한 노력, 비용을 절약할 수 있으므로 복제 비용을 제외한다면 상품화에 관한 투하자본을 회수할 필요가 없으므로 경쟁 후에는 모방자가 보다 유리한 입장에 서게 된다. 나아가 선행자는 신상품의 시장 성공여부에 대한 위험을 부담하고 있는 것에 반하여, 모방자는 이미 성공한 상품만을 모방할 수 있으므로 관련한 위험은 부담하지 않아도 되는 유리한 입장에 서게 된다. 이와 같이 모방을 허용한다면 모방자가 선행자보다 유리한 입장에 서고, 시장선행에 따른 이익이라는 인센티브가 사라지면서 신상품 개발의

욕이 감퇴될 수 있겠다. 더군다나 복제기술의 발달로 보다 값싸고 다양한 복제수단을 이용할 수 있게 되면서 이러한 위험은 더욱 심화되었다고 할 수 있다. 따라서 신상품의 개발을 촉진하기 위하여는 상품의 모방을 금지하여 시장선행의 이익을 법적으로 보호하여야 하겠다.

다만 상품의 모방을 금지하는 법제도를 구축할 필요가 있다는 명제가 곧 부정경쟁방지법에서 금지하여야 한다는 명제로 연결되는 것은 아니다. 왜냐하면 개인의 성과를 모용하는 행위를 금지하는 것은 개별 지적재산권법에 의한 대처가 우선하기 때문이다. 기존의 지적재산권법으로 이러한 모방행위를 충분히 규제할 수 있다면, 또는 개별 지적재산권법의 입법에 의한 대처가 보다 익숙하다면 부정경쟁방지법이 관여할 바는 없어지게 된다. 그것만이 아니라 부정경쟁방지법에 의하여 지나치게 많은 보호를 인정하게 되면, 출원, 등록이라는 절차를 밟아야 보호가 인정되는 산업재산권에 대한 매력이 없어지게 될 수 있다. 이러한 점에서 모방 행위에 대한 부정경쟁방지법의 규율은 다른 지적재산권법의 보호가 미치지 않는 범위 내에서 설계될 수 있겠다.

부정경쟁방지법에 의한 상품형태의 보호 규정이 신설되기 이전에도 우리나라에서는 상품형태의 법적 보호와 관련한 논의가 있었다. 산업재산권법이나 저작권법, 민법상의 불법행위 규정 등에 의한 보호 등이 논의되었으나, 어느 경우에나 그 보호에는 일정한 한계가 있다는 점이 지적되었다. 예컨대 모방된 상품형태에 특허권, 실용신안권, 디자인권 등의 산업재산권이 존재한다면 관련 법률을 통하여 상품형태의 모방행위를 규율할 수 있었다. 그러나 모방된 상품형태에 산업재산권의 보호가 미치지 않는 경우에는 당해 상품형태의 주지성을 근거로 부정경쟁방지법이 관여하거나, 상품형태의 저작물성을 근거로 저작권침해를 주장하기도 하였다. 그러나 부정경쟁방지법의 보호를 위하여는 상품형태가 식별표시로서 주지인 것이 요구되며, 저작권법의 보호를 위하여는 상품형태가 인간의 사상과 감정을 표현한 창작물에 해당하여야 한다는 요건을 충족하여야 한다는 한계가 있었다. 이에 2004년 제7차 개정법에서는 상품형태의 모방행위를 부정경쟁행위의 한 형태로 보는 규정을 마련하였다.

### 2. 법규정

상품형태의 모방행위에 해당하기 위하여는 ① 타인이 제작한 상품의 형태(형상 · 모양 · 색채 · 광택 또는 이들을 결합한 것을 말하며, 시제품 또는 상품소개서상의 형태를 포함한다. 이하 같다)를 ② 모방한 상품을 ③ 양도 · 대여 또는 이를 위한 전시를 하거나 수입 · 수출하는 행위임을 요한다. 다만 ④ 상품의 시제품 제작 등 상품의 형태가 갖추어진 날로부터 3년 이내에 한하여, ⑤ 타인이 제작한 상품과 동종의 상품(동종의 상품이 없는 경우에는 그 상품과 기능 및 효용이 동일 또는 유사한 상품)이 통상적으로 갖는 형태의 것을 제외한다. 즉 타인에 의한 모방행위를 폭넓게 규제하면서도, 기술의 필연적 결과로서 그러한 형태를 취하는 경우에는 그 적용을 제외하는 것과 같이 일정한 예외를 두어 법적 타당성을 확보하고 있다. 또한 보호대상인 상품형태를 상품의 형태가 갖추어진 날부터 3년이 경과하지 아니한 것으로 한정함으로써, 선행자에게 3년의 투자회수기간을 보장하고 있다.

## Ⅱ. 요 건

### 1. 타인이 제작한 상품의 형태

본목의 행위는 타인이 제작한 상품의 형태를 모방하는 행위이다. 이때 '타인'이란 상품 또는 영업주체로서 새로 개발 · 제작한 상품의 형태에 대하여 보호를 주장할 수 있는 자이며, 혼동초래행위에서와 같이 행위자와 경쟁관계만 존재하면 '타인'의 개념에 해당될 수 있다. 문제는 상품형태의 모방행위자를 상대로 금지나 손해배상을 청구할 수 있는 자가 누구인가 하는 논의가 있다. 먼저 자신의 영업상의 이익이 침해되지 않는 한 상품형태를 디자인한 자에게는 디자인보호법이나 저작권법에 의한 보호는 별론으로 하고 부정경쟁방지법에 의한 보호가 인정되는 것은 아니다. 즉 상품형태의 모방행위에 대해 손해배상을 청구하거나 이를 금지할 수 있는 자는 상품을 개발 · 상품화하는 것에 노력과 비용을 투자한 자이다.

이때 영업상의 이익을 갖는 자를 상품을 스스로 개발 · 상품화하여 시장에 내놓은 자로 볼 것인지, 아니면 상품을 실제로 시장에 내놓지 않았더라도 그 전단계, 즉 구체적 · 물리적인 형태를 시제품이나 설계도가 완성된 단계라면 상품화를 위한 자본투자가 거의 완료되어 영업상 이익의 침해가 인정되는 단계이므로 상품을 개발한 자로 볼 것인지에 대한 논의가 있다. 일본 부정경쟁방지법의 경우 본목의 규정에 해당하는 제2조 제1항 제3호 규정의 적용제외를 규정하고 있는 제19조 제5호 (가)목이 일본국내에서 최초로 판매된 날로부터 3년을 경과한 상품이라는 규정을 두고 있는 것에 반하여, 우리 부정경쟁방지법은 '상품의 시제품 제작 등 상품의 형태가 갖추어진 날부터 3년이 경과된 상품의 형태를 모방한 상품'이라고 규정하고 있다는 점에서, 우리 부정경쟁방지법에서의 해석은 시장에 내놓은 자가 아니라, 상품의 형태로 갖추도록 한 자로 보아야 한다. 다만 이와 같이 해석한다면 우리 부정경쟁방지법은 일본에 비하여는 보다 신속한 보호를 인정할 수 있으나, 상대적으로 시장에서의 보호 기간은 짧아질 수 있다. 특히 일본의 경우에는 최초로 판매된 날을 보호기간의 기산점으로 보면서도, 상품 개발이 완료된 판매 시점 이전 단계에서도 보호를 인정하고 있다.

'상품'은 상품표지의 혼동초래행위에서와 같이 일반 소비자에게 제공되는 것에 국한되지 않고 업무용 상품과 중간재, 자본재, 부품 등 독립적 · 반복적 거래의 대상이 되는 것을 말하고, 서비스업 등의 영업은 여기에 포함되지 않는다. 유체물인 이상 업자가 처음부터 판매할 목적으로 건축하는 주택 등과 같은 부동산[138)]도 포함된다.

'상품의 형태'란 형상 · 모양 · 색채 · 광택 또는 이들을 결합한 것을 말하고 시제품 또는 상품소개서상의 형태를 포함한다. 이때 상품의 형태는 상품의 구체적인 형태를 말하는 것이므로 상품의 아이디어나 상품의 형태에 관한 추상적인 특징은 여기에서 말하는 상품의 형태에 해당하지 않는다. 따라서 아이디어를 구체화한 상품의 형태가 아직 개발되지 않은 경우에는 본목에 해당하지 않는다.

본목의 보호를 받기 위하여는 상품의 형태이면 충분하고, 그 이상의 상품에 창작적 가치가 요구되는 것은 아니다. 따라서 상품의 형태는 특허법과 같은 고도성은 물론 특허법의 신규성 · 진보성과도 관계가 없으며 디자인의 창작성도 요구되지 않는다.

일본의 구부정경쟁방지법에서는 상품의 형태란 표현을 사용하고 있어서, 평면적 형태가 포함되는가에 대한 논의가 있었으나, 현행법에서는 형상에 결합된 모양을 상품의 형태로 규정하고 있어서 이러한 논란은 종식되었다고 보인다. 우리 부정경쟁방지법은 처음부터 형상 이외에 모양 · 색채 · 광택 등을 상품 형태의 하나로 명시하고 있다는 점에서 이러한 논의는 불필요하다고 하겠다. 즉 평면적 형태도 당연히 본목의 상품 형태에 포함되며, 모방의 용이성이라는 관점에서 평면적 형태와 입체적 형태를 구분할 이유도 없다. 우리 대법원 역시 상품주체 혼동행위와 관련하여 도자기의 과일문양이 '그 모양, 색채, 위치 및 배열에서 다른 업체의 문양과 차별성이 인정'된다고 하여 '이 사건 과일문양은 도자기그릇 세트의 출처를 표시하는 표지에 해당한다'고 판시한 바 있다.[139)]

138) 大阪高判 平成 16.10.30. 주문주택이 상품의 형태에 해당한다는 것을 전제로 원고의 주택과 피고의 주택 사이에는 그 형태에 실질적 동일성이 인정되지 않는다고 판시하였다.

139) 대법원 2002.2.8. 선고 2000다67839 판결.

상품의 용기나 포장은 상품을 보호하는 기능을 가지나, 상품 그 자체의 형태로 보기 어렵다는 점에서는 상품의 용기나 포장이 본목에 해당하는가에 대한 논의가 있다. 특히 일본의 경우에는 상품등표시에 상품의 용기나 포장이 포함되는 것으로 명시하고 있는 것에 반하여, 상품의 형태에는 그러한 규정이 없는 관계로 용기나 포장이 상품의 형태로 보호되는가에 대한 논의가 있다. 일본의 다수설은 용기 · 포장은 일반적으로 상품의 형태로 보호되지 않으며, 다만 상품이 액체 · 기체 · 분말이어서 그 형상에 유동성이 있는 경우에는 그 상품을 수납하는 용기 · 포장도 포함하여 상품의 형태가 된다는 입장을 취하고 있다. 재판례에서도 용기 · 포장등이 상품 자체와 일체화되어 용이하게 분리할 수 없는 상태로 결합되어 있지 않는 한 상품의 형태에 포함되지 않는다는 입장[140]을 보인 것도 있다. 그러나 분리가 간단하더라도 상품 배치의 수단이나 포장이 소비자의 눈을 끄는 디자인으로서 기능할 수 있다는 점에서 그 보호가 일률적으로 부정될 이유는 없다고 하겠다.

본목의 상품 형태가 외관상 인식할 수 있는 것에 한하는가에 대한 논의가 있다. 특허청의 업무해설서에서는 상품의 형태가 외관상 인식할 수 있어야 한다고 설명하고 있다. 일본의 부정경쟁방지법은 종전의 규정을 개정하여 수요자가 통상의 용법에 따라 사용할 때 지각에 의하여 인식할 수 있는 상품의 외부 및 내부 형상을 상품 형태로 규정하고 있다. 따라서 지각으로 인식할 수 있다면 설령 내부의 형태라도 보호받을 수 있다는 것이 일본 부정경쟁방지법의 태도이다. 개발과 상품화를 위한 노력, 비용이 들었다는 점에서 내부 형태의 보호를 외부 형태의 보호와 차별할 이유는 없다고 하겠다. 다만 상품형태의 일부분만을 모방하는 행위가 본목의 부정경쟁행위에 해당하는가에 따라 그 내부 형태만을 모방하는 행위가 본목의 부정경쟁행위에 해당하는가가 좌우될 수 있겠다.

---

140) 大阪地判 平成 10.9.10 判時 1659号 105면 [Bear's Club 事件]

## 2. 상품형태의 모방

본목에서 보호하는 상품의 형태에는 어떠한 창작적 가치가 요구되지 않는다. 이와 같이 넓게 상품 형태를 보호하는 가운데 모방 행위의 개념[141] 역시 넓게 해석하게 된다면 본목은 상품 형태를 넘어 상품의 아이디어까지도 보호하게 된다. 그러나 창작적 가치도 묻지 않고 상품의 아이디어를 보호하는 것을 불합리하며, 일반 지적재산권제도와의 정합성에 있어서도 옳지 않다. 따라서 본목의 모방 행위는 완전한 모방, 즉 소위 데드카피(dead copy) 행위로 한정된다. 즉 본목의 모방행위는 이미 존재하는 타인의 선행 상품의 형태를 흉내내어 당해 선행 상품의 형태와 동일하거나 실질적으로 동일한 형태의 상품을 만드는 것을 의미한다. 따라서 이러한 모방은 상품의 형태가 동일하거나 실질적으로 동일하다는 객관적 요건뿐만 아니라 타인의 상품 형태를 알고 이것에 의거하여 자기 상품의 형태를 결정하였다는 주관적인 요건도 요구하게 된다.

### 가. 모방의 객관적 요건

모방에 해당하기 위하여는 객관적 요건으로서 타인의 상품형태와 동일하거나 실질적으로 동일하다고 말할 수 있을 정도로 흡사하여야 한다. 다소간의 개량 · 변경이 이루어졌다고 하더라도 거의 비용이 들지 않은 것이 분명한 경우에는 본목의 모방행위에 포함된다. 이때 실질적 동일성의 범주에 포함되는 개변이 어떠한 것인지에 대하여 판단하여야 할 것이다. 이와 관련하여 일본의 재판례는 선행자와 후행자의 각 상품형태 사이에 서로 다른 점이 있더라도 서로 다른 것이 사소한 개변에 기한 것이어서 매우 흡사한 것으로 평가할 수 있는 경우에는 실질적으로 동일한 형태라고 하여야 할 것이

141) 일본 부정경쟁방지법은 모방의 의미를 타인의 형태에 의거하여 이와 실질적으로 동일한 형태의 상품을 작출하는 것이라고 정의하고 있다(법 제2조 제5항).

지만, 당해 개변을 위한 착상의 난이, 개변의 내용 · 정도, 개변에 의한 형태적 효과 등을 종합적으로 판단하여 당해 개변에 의해 상응한 형태상의 특징이 초래되고, 이미 존재하는 타인의 상품 형태와 매우 흡사한 것이라고 평가할 수 없는 경우에는 실질적으로 동일한 형태라고 할 수 없는 것이라고 판시[142]하고 있다. 따라서 가령 서로 다른 점에 아무런 효과상의 차이도 없고, 또한 수요자 아닌 당업자가 후발상품의 모방 시점에서 용이하게 제작할 수 있는 정도의 서로 다른 점이 있는 경우에는 실질적 동일성이 있다고 해야 한다.[143] 그러나 모방품이 데드카피가 아닌 경우에는 모방자도 일정한 투하비용을 들인 것이므로 피모방자의 시장선행의 이익이 상실된 것은 아니므로 원칙적으로 부정경쟁행위는 성립되지 않는다.

### 나. 모방의 주관적 요건

모방행위자는 모방의 의사를 갖고 있어야 한다. 이때 모방의 의사란 당해 타인의 상품형태를 알고 이것과 형태가 동일하든지 실질적으로 동일하다고 할 수 있을 정도로 매우 흡사한 형태의 상품이라고 객관적으로 평가되는 형태의 상품을 만드는 것을 인식하고 있는 것을 말한다. 다만 이러한 주관적 요건은 적극적인 모방의 의도를 의미하는 것이 아니라 동일하거나 실질적으로 동일하게 된다는 것을 알면서 이를 용인한다는 정도의 심리상태를 의미한다.[144] 이러한 모방 의사가 없이 우연히 동일한 형태의 상품을 제조한 경우에는 본목의 규제 대상에 해당하지 않는다. 다만 후행자의 상품형태가 선행자의 상품 형태와 흡사하다면 후행자가 선행자에 의거하였다고 유력하게 추인하는 증거가 되므로, 이 경우에는 후행자가 독립하여 개발하였다는 것을 주장 입증하지 않는 한 모방이라고 인정되는 것을 피할 수 없겠다.

142) 東京地判 平成 10.2.26. 知裁集 30巻 1号 65면 [ドラゴンソード二審]
143) 小野昌延 編著, 新 · 註解 不正競爭防止法, 青林書院, 2000, 327면.
144) 松村信夫, 不正競業訴訟の法理と實務(第4版), 民事法研究會, 2004, 316면.

한편 설령 선행자에 의거하였더라도 형태가 흡사하지 않다면 데드카피가 아니므로 본목의 모방행위에 해당하지 않는다. 특히 타인의 상품을 분석하여 이용되고 있는 기술을 추출한 가운데 그 기술에 근거하여 상품화한 상품을 판매하는 행위는 데드카피가 아니므로 본목에 해당하지 않는다.

### 3. 모방 상품의 양도 · 대여 등

본목의 행위는 타인의 상품 형태를 모방한 상품을 양도 · 대여 또는 이를 위한 전시를 하거나 수입 · 수출하는 행위이다. 양도나 대여를 수반하지 않는 단순한 인도 행위는 본목의 행위에 해당하지 않는다. 수요자와 거래를 하는 것으로 이익을 실현한다는 기회를 아직 행사하지 않은 이상, 규제할 것은 아니라는 판단에 따른 것이다. 이 점은 점유가 이전한 것만으로도 새롭게 혼동의 가능성을 불러일으킬 가능성이 높아진 이상, 이를 규제하고자 하는 부정경쟁방지법 제2조 제1호 (가)(나)목과 다른 점이다. 또한 특허법과 달리 타인의 상품 형태를 모방하는 행위 그 자체는 본목의 행위에 해당하지 않는다. 따라서 기업 내에서 시험 또는 연구를 위하여 선행자의 상품 형태를 모방하는 것은 본목의 행위에 해당하지 않는다.

### 4. 상품 형태가 갖추어진 날로부터 3년 이내의 것

부정경쟁방지법 제2조 제1호 (자)목 단서는 '상품의 시제품 제작 등 상품의 형태가 갖추어진 날부터 3년이 경과된 상품의 형태를 모방한 상품을 양도 · 대여 또는 이를 위한 전시를 하거나 수입 · 수출하는 행위'를 보호대상에서 제외하고 있다. 즉 3년이라는 보호기간을 두어 선행자의 성과를 후발자가 모방함으로써 발생하는 경쟁상의 불공정을 방지하고, 선행자의 투하자본 회수의 기회를 보장하고 있다.

이때 3년이라는 보호기간의 기산점은 '상품의 시제품 제작 등 상품의 형태가 갖추어진 날'이다. 이는 일본의 부정경쟁방지법이 '일본국내에서 최초로 판매된 날'로부터 3년이라고 규정한 것과 비교된다. 실제로 시장에서 판매되고 있지 않더라도 상품이 구체적 · 물리적 형태를 띤 시제품이 완성된 단계라면 상품화를 위한 자본투자가 거의 완료되어 영업상 이익의 침해가 인정되는 단계이므로 당해 형태를 모방행위로부터 보호하여야 한다는 판단에 따른 것이라 보인다. 다만 일본의 경우 '최초로 판매된 날'로 보호기간을 기산하면서도 상품 개발이 완료된 판매 시점 이전 단계에서도 본목에 따른 보호를 주장할 수 있다고 판단한 점에서 우리의 경우보다는 더 오랫동안 상품 개발자를 보호하는 효과를 갖는다 하겠다.

한편 '상품의 형태가 갖추어진 날'의 해석과 관련하여 일본의 예와 같이 우리의 경우에 있어서도 국내의 경우에 한정할 것인지, 외국에서 상품의 형태가 갖추어진 경우까지도 포함할 것인지에 대한 논의가 있다. 일본의 부정경쟁방지법이 시장에 새로이 출현한 상품 형태와 관련하여 개발 노력에 대한 선행이익의 보호와 시장에서의 거래질서 확립에 목적을 두고 있는 것으로 보인다. 그러나 우리 법의 태도는 '상품의 형태가 갖추어진 날'이라고 규정한 점에서 개발 노력에 대한 선행이익의 보호에 보다 더 관심을 두고 있는 듯하다. 이와 같이 개발 노력에 대한 선행이익의 보호에서 본목의 취지를 살펴본다면 이미 외국에서 선행이익을 향수한 상품형태가 국경을 넘었다고 하여 새롭게 선행이익을 누릴 이유는 없다고 생각된다. 특허법의 신규성 판단에 있어서도 국제주의를 채택하고 있는 현 상황에서 상품형태와 관련하여서는 국내 도입시점을 개발시점으로 보는 것도 조화롭지는 못하다 생각된다.

### 5. 통상적인 형태의 것이 아닐 것

타인이 제작한 상품과 동종의 상품이 통상적으로 갖는 형태를 모방한 경우에는 본목에 해당하지 않는다. 이는 모방의 대상과 경쟁관계에 있는 동종의 상품이라면 통상적으로 갖는 상품형태는 그 개발 · 상품화에 투하된 노력과 자금이 특별한 것이라 인정하기 어려우며, 그 상품의 기능 및 효율을 달성하기 위해 불가피하게 채택하지 않으면 안 되는 상품형태에 대하여 특정한 자에게 독점적인 지위를 인정하게 되면 결과적으로 상품 자체의 독점을 초래하게 된다는 판단에 따른 것이다.

'동종의 상품'이란 모방한 대상과 경쟁관계에 있는 상품을 말한다. 그 상품과 외관이 동일하고 그 외의 기능 및 효용 등을 종합적으로 관찰하여 동일한 종류에 속하는 것이라고 판단되는 상품을 말하며, 동일한 수요자에게 대체적으로 공급되는 상품을 의미하는 것으로도 이해되고 있다. 신상품과 같이 '동종의 상품이 없는 경우'에는 당해 상품과 그 기능 및 효용이 동일하거나 유사한 상품이 동종의 상품에 해당하게 된다.

'통상적으로 갖는 형태'란 당해 상품의 진부한 형태, 즉 몰개성적 형태와 상품의 형태와 상품의 기능이 일체 불가분이 되어 있는 경우, 즉 기능적 형태 또는 경쟁상 불가피적 형태가 이에 해당한다.

# 제 3 장 제2조 제2호·제3호 소정의 영업비밀

## 제 1 절 영업비밀 보호제도 일반

### Ⅰ. 영업비밀의 보호와 입법 배경

상당한 자금과 시간을 투자하여 신제품을 개발하였음에도 불구하고 경쟁자가 이러한 신기술을 부당한 방법으로 입수하여 유사품을 생산하는 행위등의 무임승차행위가 방치된다면, 이는 기술혁신에의 투자의욕을 저하시켜 국가 산업발전을 저해하게 되며 건전한 자유경쟁질서를 파괴하는 사회적 손실을 초래한다. 이에 법은 특허권등의 권리를 인정함으로써 개발자의 일정 권리를 인정하고 있으며 전체적으로도 산업발전을 의도하고 있다.

한편 오늘날과 같이 기술이 한층 복잡화되고 있는 상황에서 특허성은 없으나 생산활동에 불가결한 기술상의 노하우(know-how)가 점차 그 중요한 역할을 수행하게 되었다. 또한 기업 사이의 경쟁이 활발해지는 한편 소비자의 양태가 다양화됨에 따라 고객명부등의 경영정보가 그 중요성을 띠게 되었다. 반면 노동력의 이전이 원활해지면서 종업원의 스카우트, 퇴직 종업원의 경업행위 문제 등이 심각해지면서 재산적 정보와 관련한 분쟁이 부각되고 있다. 이에 법은 영업비밀의 보호라는 법 제도의 구비를 통해 재산적 정보의 보호 및 정보유통의 원활화를 확보하고자 하고 있다. 한편 영업비밀의 보호 입법 추진과정에서 특허청은 영업비밀 보호의 필요성을 다음과 같이

설명하고 있다.[1)]

## 1. 대내적 측면

### 가. 건전한 거래질서의 확립

영업비밀의 개발 · 축적에는 상당한 시간과 비용이 소요되고, 대부분의 경우 많은 지적 창작 노력이 수반된다. 따라서 다른 지적 재산과 마찬가지로 영업비밀이 적절하게 보호되지 않을 경우, 기업들은 스스로의 연구 · 개발노력에 의하여 영업비밀을 개발 · 축적하기보다는 정당한 대가를 지불하지 않고 다른 기업의 영업비밀을 도용하거나 무단 사용하는 손쉬운 방법을 선택하게 될 것이다. 이 경우, 다른 기업의 지적 창작 노력에 무임승차하는 기업은 연구 · 개발비용의 부담이 없기 때문에 스스로 영업비밀을 개발 · 축적한 기업에 비하여 오히려 생산제품의 원가가 더 싸지게 되고, 따라서 기업간 경쟁에 있어서 보다 더 유리한 입장에 서게 된다. 이는 결국 다른 기업의 영업비밀을 도용하거나 무단으로 사용하는 기업이 스스로의 연구 · 개발노력에 의하여 영업비밀을 개발 · 축적한 회사를 축출함으로써 악화가 양화를 구축하는 결과를 가져오게 될 것이다. 이와 같이 산업계의 흐름이 바람직하지 못한 방향으로 흐르게 되는 현상을 예방하고, 기업간의 건전한 경쟁질서를 확립하기 위해서 영업비밀을 법적으로 적절하게 보호할 필요가 있는 것이다.

### 나. 기업의 지적창작의욕 제고

영업비밀의 개발 · 축적에는 많은 시간과 노력과 비용이 소요된다. 특히 이 점은 생산원가 중 연구 · 개발비의 부담이 적었던 종래의 산업분야에서보다는 앞으로 우리의 경제 발전의 성패가 걸려 있는 첨단 기술산업분야에

1) 특허청, "영업비밀보호, 왜 보호하여야 하는가?", 1991, 6-10면.

있어서 더욱 그럴 것이다. 따라서 다른 지적 재산과 마찬가지로 영업비밀이 적절하게 보호되지 않을 경우, 이를 도용당한 기업이 그 개발 · 축적에 투입한 시간과 노력과 비용은 수포로 돌아가게 되어, 기업의 지적 창작 노력은 감퇴되고 연구 · 개발투자를 기피하게 될 것이다.

이는 결국 국가 전체적으로 산업의 발전을 저해하는 결과를 초래하게 되므로, 연구 · 개발 활동을 장려하고 투자를 유인하기 위해서도 지적 창작 노력과 연구개발의 산물인 영업비밀을 보호하는 법적 장치가 마련되어야 한다.

## 2. 대외적 측면

### 가. 기술 노하우 도입의 촉진

우리 산업경제의 발전 단계에 비추어 볼 때, 이제는 선진 외국기술을 정당한 대가 지불없이 적당히 베껴 쓸 수 있다는 안일한 사고 방식을 버리지 않으면 안 된다고 본다. 즉 앞으로 우리가 치열한 경쟁을 뚫고 이겨 나가야 할 첨단기술 산업분야에 있어서는 자기들이 애써서 개발 · 축적한 기술이나 노하우를 그렇게 쉽게 도용당하도록 허술하게 관리할 외국기업들도 없을 것이고, 또한 도용당할 경우에는 손해배상청구 · 수출입 제한조치 · 통상압력 등 어떠한 수단을 동원해서라도 반드시 보복조치를 취할 것으로 보여지기 때문이다. 따라서 앞으로 우리가 필요로 하는 신기술이나 노하우는 결국 정상적인 기술 도입거래에 의하여 정당한 대가(로열티)를 지급하고 도입할 수밖에 없을 것이다.

이 점에 있어서 종래 우리나라는 노하우의 무임승차국으로 지적받아 왔으므로, 이를 개선함으로써 우리가 필요로 하는 첨단분야의 신기술 및 노하우의 이전을 보다 촉진시킬 수 있을 것이다.

### 나. 대외통상마찰의 분쟁요인 해소

최근 미국, EC 등 선진국의 물질특허, 데이터베이스, 컴퓨터 프로그램, 반도체칩, 영업비밀 등 신지적재산에 대한 보호 열망이 높아가고 있는 바, 특히 GATT/UR TRIPs(무역관련 지적재산권 협정)에서는 영업비밀보호제도의 채택이 거의 확실시되고 있다. 또한 1986년 7월의 한 · 미간 통상관련 지적재산권 합의 사항(Memorandum of Understanding)에도 이미 우리 정부가 영업비밀(재산적 정보자료, proprietary data)에 대하여 적절한 보호를 하도록 합의한 바 있고, 최근에는 말레이시아, 홍콩 등 개발도상국에서까지도 영업비밀을 보호하는 추세이다. 따라서 이와 같은 지적 재산권의 국제적인 보호추세에 부응하고, 쌍무적 합의사항을 이행하여 통상마찰을 적극적으로 해소하기 위해서는 영업비밀을 보호하기 위한 입법조치가 더 이상 외면할 수 없는 현실로 등장하고 있다.

### 다. 국내 노하우의 보호

우리나라의 산업 및 기술발달로 인하여 점차 우리의 기술등에 대한 주요 교역 상대국의 인식도가 높아가고 있으므로, 우리의 영업비밀이 외국에서 적절하게 보호받기 위해서도 내국인의 영업비밀은 물론 외국인의 영업비밀도 적극적으로 보호하여야 할 단계에 와 있다고 본다.

## Ⅱ. 영업비밀 보호를 위한 외국의 입법례

대체로 영업비밀에 대한 보호는 민법이나 상법 또는 형법에 기초를 두고 있는 가운데 부정경쟁법이나 계약법, 고용법 등의 제정법을 통하여 이루어지고 있다. 특히 1896년 제정된 독일의 부정경쟁방지법은 유럽 국가들에게 일정 정도의 영향을 미친 것으로 보인다. 반면 캐나다, 호주, 영국 등은 보통법과 형평법에 의하여 영업비밀을 보호하고 있으며, 이와 관련한 법률 규정은 없다. 특히 영국의 경우에는 비밀정보의 한 형태로 영업비밀을 보호하고 있다.

## 1. 미 국

### 가. 영업비밀보호법의 전개

먼저 미국에서 영업비밀 보호법의 전개를 이해하기 위해서는 다음의 사항에 유의하여야 한다. 첫째, 영업비밀 보호에 관한 영미법의 전통은 소위 형평법(equity)에 기원을 갖는다.[2)] 영업비밀 보호의 요건이 일의적으로 명확하지 않고, 사안별(ad hoc)의 문제해결이 이루어진다는 지적은 영업비밀 보호가 형평법에 원류를 두고 있다는 점에서 그 이유를 찾을 수 있겠다. 둘째, 미국에서 영업비밀의 보호는 원칙적으로 주법이 담당하고, 연방법에서의 보호는 몇 개의 예외를 제외하고는 이루어지지 않는다.[3)] 즉 미국에서는 일상생활에 밀착한 계약, 물권, 불법행위란 민사법 영역과 형법 분야는 원칙적으로 주의 권한에 속하고, 연방의회가 할 수 있는 연방헌법에서 한정열거된 권한에 머문다. 이에 영업비밀의 보호 역시 州의 불법행위법 영역에서 발전하였으며, 이 경우에도 주의 제정법에 근거하는 것이 아니라, 전통적으로 법원이 내린 판례의 집적이라는 판례법에 의하여 이루어진다는 점에 주의하여야 한다. 또한 미국에서 영업비밀의 보호는 19세기부터 각 주에서 관습법 또는 보통법(Common Law)을 중심으로 주로 민사적 구제에 따른 판

2) 영업비밀법상의 보호를 받을 수 있는가는 재산적 이익이나 계약상의 권리에 따른 효과가 아니라, 신뢰한 관계(confidential relationships)에 적용되는 선의에 대한 형평법적 원칙에 따른 것이다. 즉 영업비밀의 보호는 형평법에 기인하는 것으로 영업비밀에 관한 계약이나 재산적 이익이 있는가와는 무관하다(Niemi v. NHK Spring Co., Ltd., No. 07-3536, 2008 WL 4273123(6th Cir. Sept. 19, 2008)).

3) 미국에서는 일상 생활에 밀접한 계약, 물권, 불법행위란 민사법의 영역, 그리고 형법의 분야는 원칙적으로 주의 권한에 속하고, 연방의회가 할 수 있는 것은 연방헌법에서 한정열거하고 있는 권한(enumerated powers)에 한정된다.

례[4]를 통하여 발전 · 형성되어 왔다. 이와 같은 판례법을 벗어나 어느 정도 실체적인 규정을 두게 된 것은 미국법에서도 20세기 후반부터이다. 따라서 무엇이 영업비밀로써 보호되는가를 알기 위해서는 각주의 보통법을 검토하여 보아야 한다.

이러한 사항을 유념하면서 미국의 실체법 규정을 단계별로 살펴보면 아래와 같다. 먼저 제1단계는 1939년 미국 법률협회(American Law Institute: ALI)가 작성한 불법행위 리스테이트먼트(Restatement of Torts)[5]이다. 영업비밀 보호에 관한 여러 주의 판례 법원칙은 그 구제 방법등에 있어서는 다소 차이를 보이나 영업비밀 침해행위를 불공정행위(unfair conduct)의 하나로서 광범위한 불법행위법의 일부로 보았다. 이에 ALI는 1939년 불법행위 리스테이먼트를 제정하면서 영업비밀과 관련한 조문(제757조~제759조)을 두었다. 특히 제757조는 일반원칙으로서 영업비밀보호에 대한 조건과 법적 효과를 설명하고 있는데, 그 Comment (b)에 기재되어 있는 '영업비밀의 정의'는 영업비밀에 관한 가장 포괄적인 정의로서 연방법원의 판례나 주법원의 판례에서도 채택하고 있다. 즉 영업비밀의 보호대상(subject matter)을 밝히면서, '한 기업에서 사용되고, 이를 알지 못하거나 사용하지 않는 경쟁자에 대하여 자사가 유리한 지위를 부여할 수 있는 모든 제법(formula), 양식(pattern), 장치(device) 또는 정보의 편집물(compilation of information)'이라고 정의[6]하고 있다.

제2단계는 1979년 통일주법위원회(National Conference of Commissioners on Uniform State Laws: NCC)가 작성한 통일영업비밀법(Uniform Trade Secret

---

4) 대체로 영업비밀관련 최초의 판결은 1837년 Vickey v. Welch 36Mass.523 판결이라고 한다.

5) 권위 있는 연구자등이 재판례의 집적에서 판례의 준칙을 추출하고, 조문의 형태로 기술(restate)한 것이다. 이는 제정법이 아니어서 각 주의 법원을 구속하지 못하나, 보통법의 공통원칙을 표현한 것으로 높이 평가되고 있다.

6) 이에는 화학적 합성물, 물의 제조 · 처리 · 보호법, 기계 기타의 장치 사양, 고객 리스트가 포함된다.

Acts: UTSA)이다. 1979년에 간행된 불법행위 리스테이먼트에서는 영업비밀 관련 조항인 제757조 · 제758조 및 영업관계 침해에 관한 몇 조항들이 의도적으로 삭제되었다. 이는 영업비밀법이 불법행위법에 전적으로 의지하는 단계를 지나, 하나의 독자적인 법 분야로 발전됨을 의미하기도 한다. 이에 NCC에서는 미국 여러 주의 영업비밀 관련법을 통일한 '통일영업비밀법(Uniform Trade Secrets Act, 이하 UTSA라고 한다)'을 제정 · 공표[7)]하였으며, 각 주는 이를 채택 또는 모델로 입법하도록 권고받았다. 이 통일법을 채택하는 형태로 여러 주에서는 영업비밀 보호에 관한 주 제정법을 정비하게 된다.[8)]

제3단계는 ALI이 1993년 공표한 제3차 부정경쟁 리스테이트먼트[9)]에 영업비밀보호에 관한 규정(제39~45조)을 포함한 것이다. 여기에서는 영업비밀의 개념을 사업 또는 기타 기업의 운영에 있어 이용가능하고, 타인에 대한 현실적 또는 잠재적 우위를 가져오기 충분한 가치를 갖고 비밀스러운 일체의 정보[10)]로 정의하고 있다. 종전의 판례법의 흐름을 따르고 있어, 어떤 법 개정을 의도한 것은 아니라 보이지만, '비밀관리성' 요건과 관련하여 UTSA와는 다른 판단기준이 제시되고 있다고 지적하는 견해도 있다. 즉 영업비밀을 정의하고 있는 제39조의 주석에서는 정보의 비밀성을 유지하기 위하여 취하여진 예방책은 영업비밀로서 보호할 가치가 있는 정보인가를 결정할 때 관련성이 있다고 기술하면서도 정보의 가치와 비밀성이 명백한 경우에

7) 1985년에는 다시 그 일부 조항(제2조 a항, 제3조 a항, 제7조, 제11조) 수정을 가한다.

8) 2011년 현재 45개주와 District of Columbia와 US Virgin Islands 및 푸에르토리코 등이 이를 채택하고 있으며, New Jersey와 Massachusetts가 도입할 예정이다. North Carolina의 경우 출처에 따라서는 UTSA를 근거로 한 점에서 채택한 주로 보는 것도 있고, 그렇지 않은 경우도 있다. 다만 여기에서는 Uniform Law Commission의 태도에 따라 North Carolina는 UTSA를 채택하지 않은 주로 본다.

9) Restatement of the Law(Third), Unfair Competition

10) A trade secret is any information that can be used in the operation of a business or other enterprise and that is sufficiently valuable and secret to afford an actual or potential economic advantage over others.

는 영업비밀 보유자가 강구하고 있는 특정한 예방책의 증거는 필요하지 않을 수도 있다고 기술하고 있다.[11)]

제4단계는 1996년에 제정된 경제스파이법(Economic Espionage Act of 1996: EEA)이다. 이는 연방 차원에서 형사 규정을 정비한 것으로 주법에 의한 영업비밀 보호가 원칙인 것에 대하여 예외인 것으로 평가된다.

### 나. 영업비밀의 개념

영업비밀의 보호와 관련하여 통일영업비밀법(UTSA)과 경제스파이법(EEA)을 두고 있다. 즉 영업비밀의 보호는 기본적으로 주법에 의하여 보호되도록 하는 가운데 그 모범법으로 UTSA를 두고 있으며, 연방법으로서는 영업비밀 침해행위를 일종의 절취행위(Theft of Commercial Trade Secrets)로 이해한 가운데 형법의 일종인 경제스파이법을 두어 영업비밀을 보호하고 있다. 이에 각법에서는 영업비밀의 개념에 대한 규정을 두고 있다. 먼저 불법행위 리스테이트먼트에서의 영업비밀 요건을 거의 받아들인 UTSA는 제1조 제4항에서 영업비밀을 다음과 같이 정의하고 있다.

> "Trade secret" means information, including a formula, pattern, compilation, program, device, method, technique, or process, that:
>
> (i) derives independent economic value, actual or potential, from not being generally known to, and not being readily ascertainable by proper means by, other persons who can obtain economic value from its disclosure or use, and
>
> (ii) is the subject of efforts that are reasonable under the circumstances to maintain its secrecy.

EEA은 두 개의 별개 규정을 통하여 영업비밀을 침해하는 행위를 처벌하

11) 유용성등과 같은 다른 요건과의 관계에서 비밀관리성 요건을 살펴보아야 한다는 점에서 비밀관리성 요건이 전혀 요구되지 않는다는 결론에 이른다고 보기는 힘들다.

고 있다. 즉 제1831조에서는 외국 정부나 산업계, 의뢰인을 위하여 이루어진 영업비밀 침해행위를 대상으로 영업비밀의 침해행위를 처벌하는 규정을 마련하고, 제1832조에서는 순전히 경제적 상업적 이점을 얻기 위해 이루어지는 영업비밀의 상업적 절취에 관한 처벌규정을 두고 있다. 그리고 이에 보호되는 영업비밀의 개념을 제1839조 제3항에서 다음과 같이 규정하고 있다.

> the term "trade secret" means all forms and types of financial, business, scientific, technical, economic, or engineering information, including patterns, plans, compilations, program devices, formulas, designs, prototypes, methods, techniques, processes, procedures, programs, or codes, whether tangible or intangible, and whether or how stored, compiled, or memorialized physically, electronically, graphically, photographically, or in writing if–
>
> (A) the owner thereof has taken reasonable measures to keep such information secret; and
>
> (B) the information derives independent economic value, actual or potential, from not being generally known to, and not being readily ascertainable through proper means by, the public; and

이러한 EEA에서의 영업비밀 개념은 종래 UTSA의 영업비밀 개념에 기초하고 있으면서도, 문언 자체로 열거적인 아니라 예시적이라고 하고 있다. 여하튼 이러한 미국법에서의 영업비밀은 대략 독립적인 경제가치, 비밀유지조치, 신규성, 재정적 · 기술적 정보 등이라고 하는 요소를 그 개념 요소 내지 요건으로 하고 있다.

(1) 신규성(novelty)

우선 영업비밀은 신규성을 갖고 있어야 한다. 신규성과 함께 선행기술에 대한 진보성을 요구하는 특허법과는 달리 영업비밀의 다만 최소한의 요건으로서 신규한 것(minimally novel)이어야 한다.[12] 즉 영업비밀은 일반적으로 알려져 있지 않고 일반적으로 알려져 있는 것과 구분되는 요소를 갖고 있어야 한다. 특히 EEA 입법 과정에서의 논의를 살펴보면, '영업비밀을 판단함에 있어 신규성이나 진보성을 엄격히 요구하지는 않으나, 정보나 지식에 대한 신규성이나 특이성의 판단은 법원이 일반 지식이나 기술 또는 경험인가를 판단케 하여야 한다'고 설명하고 있다.[13]

(2) 비밀성

영업비밀은 공중에 알려져 있지 않은 것이어야 한다. 즉 영업비밀의 침해행위가 있기 이전에 당해 정보가 공중에 공개되지 않았다는 점이 인정되어야 한다. 예컨대 잡지나 기타 출판물에 공개되지 않았어야 하며, 당해 사업부문의 경쟁자들이 보유하고 있는 것이 아니어야 한다. 반면 숙련된 과학자가 출판물로부터 수집한 정보로 특정한 공식을 유출할 수 있는 경우라 할지라도, 오랜 연구와 분석을 통해야 하는 경우라면 과학자의 연구가 공중에 의한 합리적인 획득이라도 평가할 수 없다는 점에서, 이러한 출판이 곧 영업비밀로서의 보호를 부정하게 되지는 않는다.

한편 정보의 모든 부분이 완전히 비밀로 유지될 필요는 없다. 영업비밀의 요소는 공공영역에 속해 있다고 할지라도, 이들 '공공영역의 요소들을 효과적, 성공적으로 가치있게 결합한 경우'에는 영업비밀에 해당할 수 있다.[14]

(3) 비밀보호조치

영업비밀로 보호되기 위하여는 또한 정보의 소유자가 이를 비밀로 유지하기 위한 합리적 조치를 취할 것을 요건으로 한다. 이러한 점에서 다른 재

12) Kewanee Oil Co. v. Bicron Corp., 416 U.S. 470, 476(1974).

13) http://www.usdoj.gov/criminal/cybercrime/ipmanual/08ipma.htm

14) Buffets, Inc. v. Klinke, 73 F.3d 965, 968 (9th Cir. 1996).

산권과 구별되며, 이는 공중에 속하는 아이디어에 대하여는 독점권을 부여하지 않겠다는 사고가 반영된 요건이라 하겠다.

당해정보의 비밀성을 유지하기 위하여 이루어진 예방조치의 유무 및 정도는 당해 정보가 영업비밀로서 보호받을 자격이 있는가를 판단하는 과정에 관계하게 된다. 이때 보호조치의 정도는 절대적일 필요는 없으나, 구체적 정황을 고려할 때 합리적(reasonable)이어야 한다.[15] '합리적인 노력'은 피용자에게 영업비밀의 존재를 고지하는 것, 접근을 통제하는 것, 비밀유지각서에 서명하도록 하는 것, 영업비밀서류를 잠가두는 것 등이다. 비밀의 소유자가 당해 정보를 라이선스 계약자, 제3자 등에게 제한된 목적을 위하여 공개한 경우에 영업비밀의 지위를 당연히 상실하는 것은 아니다. 영업비밀은 공개됨으로써 비밀의 지위를 상실한다. 예컨대 특허출원등과 같이 법적 절차를 개시한 경우, 공개회의에서 종업원이 의도적, 우연적으로 공개하는 경우 등에도 비밀의 지위를 상실한다.

영업비밀에 대한 합리적인 보호조치를 강구함에 있어서는 영업비밀로서 보호되는 것의 가치와 이를 절취하는 행위의 위험성을 비교하여야 한다. 즉 피해자가 사용한 보안조치가 영업비밀의 가치에 상응하는가를 판단하여야 한다. 이에 물리적 보안 및 컴퓨터 보안, 제3자와의 영업비밀 정보 보유에 대한 회사 지침 등의 여러 보호조치 수준을 판단하여 비밀보호조치가 이루어지고 있는지 판단하게 된다.

(4) 경제성

영업비밀은 '공중에 일반적으로 알려지지 않았다는 점에서 … 독립적인 경제가치'를 갖고 있어야 한다(18 U.S.C. §1839(3)(B)). 비록 그 결론을 얻기 위하여 광범위하고 과대한 비용이 든 연구의 결과라면 실패한 정보일지라도 경쟁자에게 있어서는 큰 가치가 있음을 부정할 수 없을 것이다. 한편

---

15) Pioneer Hi-Bred Int'l v. Holden Found. Seeds, 35 F.3d 1226, 1236 (8th Cir. 1994).

EEA은 이러한 경제적 가치에 대하여 특정한 하한을 정하고 있지 않아, 이 요건에 있어서는 큰 어려움이 없다고 설명하고 있다. 즉 정확하게 영업비밀의 가치가 증명될 필요도 없으며, 여러 다양한 방식을 통하여 판단될 수 있다고 설명하고 있다. 예컨대 유사한 영업비밀의 합법적인 공개시장에서 판매되고 있다면 그 양, 기술 이전에 대한 대가로서 구매자가 지불하고자 하는 것에 근거한 적정한 로열티 산정, 영업비밀 보유자가 지출한 연구 개발비, 기술교환에 따라 침해자가 실제 받은 시장 가격 등을 통하여 그 경제성을 판단할 수 있겠다.

### 다. 영업비밀의 침해

침해행위로 보는 행위유형으로는

① 당해 영업비밀이 절도, 매수, 부실표시, 전자장치이용, 기타 스파이 행위 등에 의하여 타인의 영업비밀을 취득하거나 사용 또는 개시하는 행위(부정한 방법으로 취득, 사용, 개시하는 행위)

② 당해 영업비밀이 부정한 수단에 의하여 취득된 것임을 알고 있는 자 또는 알 이유가 있는 자가 부정취득한 타인의 영업비밀을 취득하거나 사용 또는 개시하는 행위(부정취득자로부터 악의취득)

③ 영업비밀 유지의무나 사용제한의무가 부과된 상황하에서 비밀유지의무등을 위반하여 취득한 영업비밀을 사용 또는 공개하는 행위

④ 영업비밀 유지의무 위반 등에 의하여 공개된 영업비밀임을 알면서도 이를 취득하거나 사용 또는 공개하는 행위

⑤ 자신의 지위의 실질적인 변동 전에 당해 영업비밀을 선의로 취득한 후 타인의 영업비밀인 것을 알고도 이를 계속 사용 또는 공개하는 행위 등을 들 수 있다.

## 라. 영업비밀의 보호

영업비밀 침해사건에 대하여 피해자는 민사적 수단 및 형사적 수단을 이용하여 부정사용자에 대항할 수 있다. 또한 영업비밀을 부정사용한 제품이 미국에 수입될 경우 당해영업비밀의 소유자는 미국 관세법 제337조에 의거하여 국제무역위원회(the International Trade Commission: ITC)에 해당제품의 수입금지처분을 청구할 수 있다.

### (1) 민사적 수단에 의한 보호

영업비밀에 대한 민사적 구제수단을 규정하고 있는 연방법은 없다. 따라서 대부분의 주에서는 UTSA의 예를 따른 규정을 두거나, 보통법에 의하여 영업비밀을 보호하고 있다. UTSA든, 주법이든 보통법이든 영업비밀을 재산권으로 인정하고 있다. 이에 영업비밀의 침해사건에 대한 민사적 수단으로 피해자가 소송상 청구할 수 있는 구제책으로서는 사용금지명령(injunction)과 손해배상(damages) 등이 인정된다. 예컨대 UTSA는 제2조에서 '금지명령에 의한 구제(injunctive relief)'를 제3조에서는 '손해배상(damages)'을 규정하고 있다. 여기서 사용금지명령이란 법원이 특정인에 대하여 특정한 행위, 즉 영업비밀을 침해하거나 침해할 우려가 있는 행위를 금지하는 부작위 의무명령으로서 영미법상 형평법(equity)에서 발달된 구제수단이다.

이러한 사용금지명령은 그 효과에 따라 다시 위법한 행위의 사용중지를 명하는 금지적 사용금지명령(prohibitory injunction)과 부작위의무위반이 있을 경우 그것에 의해 만들어진 위법상태의 제거를 위해 적극적인 행위를 행할 것을 명하는 작위적 사용금지명령(mandatory injunction)으로 구분할 수 있다. 또한 사용중지명령은 절차상 영구적 사용중지명령(permanent injunction), 예비적 사용중지명령(preliminary injunction) 및 일시적 억제명령(temporary restraining order) 등으로 나누어진다.[16] 이러한 사용금지명령에 반하여 금지된 행위를 하면 법정모독죄(contempt of court)로서 처벌함으로써 그 명령의 실효성을 담보하고 있다.

손해배상은 영업비밀의 부정사용이 행해졌을 경우에 영업비밀 소유자는 손해배상의 청구가 가능하다. 손해배상은 사용중지로 인한 구제와 동시에 손해보상을 청구할 수 있으며, 단독으로 손해배상만을 청구할 수도 있다. 이외에도 고의 또는 악의에 의한 침해행위에 대해서는 손해배상의 2배를 넘지 않는 범위 내에서 할 수 있는 징벌적 손해배상이나 대리인 비용의 배상[17]도 인정하고 있고, 손해배상 대신 적절한 로열티의 지급명령도 내릴 수 있다.

(2) 형사적 수단에 의한 보호

앞에서 본 것 같이 UTSA에는 명문규정은 없지만 영업비밀을 부정하게 사용하였을 경우는 연방법 또는 주법에 의해 형사적 제재를 가할 수 있다. 영업비밀을 부정사용한 경우는 각 주의 형법규정에 근거하여 처벌의 대상이 되지만, 일정의 요건을 갖추면 연방법에 의한 처벌도 가능하다. 영업비밀 소유자가 주검찰관 또는 연방검찰국에 고소장을 제출하는 것으로 형사소추절차의 개시가 청구된다. 영업비밀 침해에 대한 각 주의 형법의 태도는 별도의 영업비밀 절도죄를 규정하는 경우와 일반 절도죄만을 규정하는 경우 등으로 나눌 수 있으며, 유체물에 화체된 영업비밀만을 처벌하는 경우와 유체물 · 무체물의 구분 없이 모두 영업비밀 절도죄로 처벌하는 경우, 과학기술정보에 한정하는 경우와 비기술정보를 포함하는 경우 등 그 입법 방식은 주마다 다양하다.

16) 鈴大後祐, 美國のトート・シー クレット法に關する調査研究, 財團法人 比較法研究センター, 1988, 34면.

17) Uniform Trade Secrets Act 제4조(Attorney's Fees)

#### (3) ITC에 의한 보호

관세법 제337조는 ITC에 의한 준사법권을 주어 미국에 물품수입 또는 판매하는데 있어 불공정한 경쟁방법 및 불공정한 행위가 행해지고 있지 않은가를 조사할 권한을 주고 있다. 또한 ITC의 배제명령(exclusion order)과 정지명령(cease and desist order) 그리고 가처분(temporary relief)에 의해 구제될 수도 있다. 배제명령은 대물적 효력(in rem)이 있어 제품의 제조자나 수입자가 누구인가는 묻지 않고 대상이 된 수입품의 통관을 배제하는 것이다.[18] 정지의 명령은 대인적 효력이 있어 특정인에 대해 수입정지를 하는 것이다.[19]

## 2. 독 일

### 가. 보호체계

독일에서의 영업비밀 보호는 영업의 자유가 인정되면서 과도한 경쟁에 따른 시장 혼란을 먼저 경험한 프랑스[20]에 영향을 받았다. 이에 영업비밀이 침해된 경우에는 민법의 불법행위 책임에 근거한 민사상 구제방법을 활용할 수 있으며, 형사적 처벌 규정으로는 형법과 부정경쟁방지법이 있다. 또한 영업비밀의 형태에 따라 저작권법이나 디자인보호법에 의한 보호가 가능하다.

---

18) 19 U. S. C. 1337(d)
19) 19 U. S. C. 1337(f)(1)
20) 프랑스 혁명 결과, 1791년 3월 17일 법률로 프랑스 전역에서는 영업의 자유가 인정되었다. 그러나 무모한 경쟁 행위가 빈번해지면서 피해자가 속출하게 되었고, 경제분야 전반에 걸쳐 예측하지 못했던 문제들이 발생하였다. 이에 프랑스는 형법 제418조의 비밀누설죄를 통하여 영업비밀을 보호하고자 한다. 이러한 프랑스 형법 제418조 규정은 다른 유럽 국가의 입법에 영향을 미치게 된다.

### 나. 영업비밀의 개념

독일 UWG에서는 영업비밀(Geschäftsgeheimnissen und Betriebsgeheimnissen)의 개념 정의를 입법적으로 규정하고 있지는 않다. 따라서 영업비밀의 개념은 판례법으로 발전되었다.[21] 일반적으로 영업비밀이라 함은 기업의 영업활동에 관련하는 사실로, 명백히 공지인 것이 아니고, 한정된 수의 사람에게만 알려져 있고, 정당한 경제적 이익에 근거하는 당해 기업의 의사에 따라 비밀로서 지켜지는 사실을 의미한다고 정의된다.[22] 따라서 독일에서의 영업비밀은 다음의 4개 요소로 구성된다고 볼 수 있다. 즉 ① 기업경영과 관련이 있고, ② 제한된 사람들만이 알고 있으며, 즉 공공에 알려져(offenkundig) 있지 않으며, ③ 소유자에 의하여 비밀로 유지하려는 의사가 표시되고, ④ 비밀로 유지함에 소유자에게 정당한 이익이 있을 것이라는 요건을 충족하여야 한다.[23]

#### (1) 기업체 관련성(Beziehung zum Geachäftsbetrieb)

이 요건은 영업비밀의 개념에 있어서 핵심적인 것이다. 이 요건이 충족되기 위하여 반드시 행위자가 영업비밀을 당해 기업체로부터 직접 취득해야 하는 것은 아니다. 또한 자체로는 알려져 있는 공정이나 생산도구를 특정한 기업이 제품의 생산에 사용하고 있다는 점을 비밀로 유지하고 있으면, 이러한 사실도 기업체 관련성을 띨 수 있다.

---

21) 영미에서 사용되고 있는 영업비밀이란 용어는 독일에는 없지만, 1896년 5월 27일 제정된 부정경업방지법(Gesetz zur BeKämpfung des unlauteren Wettbewerbs)의 제9조, 제10조에 영업비밀 보호규정이 있었다. 그 후 1909년 다시 부정경쟁방지법(UWG)을 제정하였는데, 동법 제17조 내지 제20조에 '상업상 비밀(Geschäftsgeheimnissen)'과 '공업상 비밀(Betriebsgeheimnissen)'을 규정하였다. 2004년 새로운 부정경쟁방지법을 입법하면서 현재는 제17조에서 영업비밀과 관련한 규정을 두고 있다.

22) BGH GRUR 1955, 424, 425, RGJW 1936, 2081; 1938, 3050, OLG Stuttgart wistra 1990, 277.

23) 한상훈, "영업비밀의 형사법적 보호와 문제점 –미국, 독일의 비교법적 고찰–", 형사정책(제12권 제2호), 한국형사정책학회, 2000.12, 42면.

(2) 비공지성(Fehlende Offenkundigkeit)

영업비밀로 인정되기 위하여는 또한 공연히 알려져 있지 않아야 한다. 즉 제한된 범위의 특정한 사람들만이 알고 있어야 하는 것이다. 비밀유지의무를 부담하는 제3자도 제한된 범위에 포함된다. 다만 당해 영업비밀을 알고 있는 사람의 숫자가 많거나 증가하고 있다고 하여 비밀성이 상실되는 것은 아니다. 공지의 사실이란 어떠한 사실이나 정보가 일반적으로 알려져 있거나 임의의 접근에 노출되어 있어서, 이에 관심을 갖고 있는 누구나가 정당한 방법으로 큰 어려움 없이 획득할 수 있는 가능성이 있는 상태에 있는 경우에 인정된다.

(3) 비밀유지의사(Geheimhaltungswille)

영업비밀로 인정되기 위하여는 또한 당해 영업비밀의 소유자가 이를 비밀로 유지하려는 의사가 있어야 한다. 다만 영업비밀유지의사는 모든 개별적 영업비밀에 대하여 존재할 것이 요구되지는 않고, 영업비밀 전체에 대한 의사만 있으면 족하다.

(4) 비밀유지에 대한 이익(Geheumhaltungsinteresse)

영업비밀은 이를 비밀로 유지하는데 소유자의 정당한 이익이 존재하여야 한다. 이는 통상 영업비밀이 기업체의 경쟁능력을 유지하는데 의미가 있다면 인정된다. 뇌물제공자명단등과 같이 위법한 정보에 대하여는 원칙적으로 보호가치 있는 이익이 아니어서, 독일 UWG상의 영업비밀에 해당하지 않는다고 한다.

### 다. 영업비밀의 침해

부정경쟁방지법에서의 영업비밀 침해행위의 유형은 다음과 같다.

① 종업원 등이 고용관계 중에 들었거나 알게 된 영업비밀을 자기 또는 제3자의 이익을 위해 혹은 사업주에게 손해를 줄 의도 등을 갖고 공개하는

행위(제17조 제1항)

② 기술적인 수단의 사용, 비밀이 화체된 복제물의 작성, 비밀이 화체된 물건의 탈취 등에 의해 권한없이 영업비밀을 입수하는 행위(제17조 제2항 제1호)

③ 제1항 또는 제2항 제1호의 행위에 의해 입수된 영업비밀을 권한없이 사용, 공개하는 행위(제17조 제2항 제2호)[24)]

이러한 행위에 대해서는 금지청구권 외에 손해배상청구권이 인정되고 침해행위 자체가 형벌규정에 해당하는 경우에는 형사처벌도 가능하다.

### 라. 영업비밀의 보호

영업비밀의 보호와 관련하여 독일은 부정경쟁방지법이 영업비밀의 누설, 도면 등의 부정이용, 정보누설의 교사 · 방조 등에 관하여 형사벌을 정하고 있다. 또한 영업비밀의 침해에 대하여는 민법에 근거하여 민사상의 손해배상책임도 물을 수 있다. 손해를 입은 기업으로서는 불법행위나 부당이득 등을 이유로 손해배상을 청구할 수 있으며, 정보의 공개를 저지하기 위하여 가처분을 요구할 수도 있다. 또한 저작물이나 디자인에 해당하는 경우에는 저작권법이나 디자인보호법 등의 위반을 이유로 민사적 · 형사적 책임을 물을 수 있다. 영업비밀의 누설등에 관하여는 형법상의 규정에 근거하여 책임을 물을 수 있다(형법 제201조 내지 제204조).

#### (1) 민사적 수단에 의한 보호

영업비밀의 침해에 대한 민사적 구제수단은 UWG의 형사적 처벌 규정

24) 2004년 부정경쟁방지법 이전에는 일반조항으로서 부정경쟁행위를 '경쟁의 목적으로 풍속에 반하는 행위'로 정의하고 있던 제1조의 규정을 통하여서도 영업비밀 침해행위를 규율할 수 있었다. 2004년 부정경쟁방지법의 경우에는 풍속이라는 표현은 삭제하면서 경미한 경우를 제외한다는 문구를 삽입함으로써 부정경쟁행위에 대한 새로운 개념 정의를 한다. 2010년 개정법에서는 이러한 규정도 변경하여, 부정경쟁행위는 소송의 대상임을 규정한 가운데, 경쟁행위의 개념만을 정의하고 있다.

을 근거로 동법 제3조, 제4조 제9항 · 제11항 및 제8조와 제9조의 규정이 적용될 수 있다. 또한 민법 제823조(손해배상의 의무), 제826조(공공의 정책에 반하는 고의적 손해)에 따라 사용금지청구권과 손해배상청구권이 인정된다. 즉 경쟁관계에 있는 비밀의 누설이나 부정한 이용행위에 대하여는 UWG의 형사처벌 규정을 기본으로, UWG 제4조 제9항(복제를 위하여 요구되는 지식 또는 서류의 부정한 취득) 또는 제11항(위법)이 적용되는 경우에는 UWG가 규정하는 민사적 구제수단이 적용된다. 또한 일정 상황에서는 제3자의 영업비밀 사용행위는 UWG 제3조, 민법 제826조 또는 제823조, 제1004조(방해배제청구권 및 부작위청구권) 등에 의한 민사적 구제수단이 활용이 될 수 있다. 또한 저작물이나 디자인에 해당하는 경우에는 저작권법이나 디자인보호법 등의 위반을 이유로 민사적 · 형사적 책임을 물을 수 있다.

(2) 형사적 수단에 의한 보호

영업비밀의 침해에 대한 독일의 형사적 처벌 규정은 UWG 제17조 내지 제19조이다. 이 규정은 영업비밀의 침해 행위에 대한 가장 기본적이며 직접적인 규정이며, 민사적 구제수단 등의 기초가 된다. UWG 제17조 제1항에서는 종업원이 고용관계 중에 얻은 영업비밀을 경쟁의 목적에서, 자기 또는 제3자의 이익을 위해 또는 영업비밀 보유자에게 손해를 끼칠 의도로 권한 없이 타인에게 전달하는 행위, 제17조 제2항에서는 고용관계가 없는 제3자가 영업비밀을 권한없이 사용등을 하는 행위를 규정하고 있다. 또한 동법 제18조는 거래상 위탁된 모델이나 기술적 성질의 지침서 특히 도안 · 모형 · 처방 등을 경쟁 목적으로 또는 자기의 이익을 위해 사용 · 공개하는 행위를 규정하고 있다. 또한 제19조에서는 제17조 및 제18조의 부정경쟁행위를 시도 단계의 예비적 행위에까지 확대하고 있다.

이러한 UWG의 형벌 규정은 비밀 보유자와 위반자와의 관계를 ① 고용관계인 경우, ② 업무상의 거래관계인 경우 및 ③ 제3자인 경우 등으로 나누어 규율하는 특징을 갖는다. 즉 고용관계인 경우에는 고용관계의 존재를 전제로 영업비밀의 입수 수단 및 대상을 넓게 인정하는데 반하여, 업무상의 거래관계나 제3자인 경우에는 입수 수단, 보호대상 등을 제한적으로 열거하고, 그 형태를 명확히 한다는 차이점을 갖는다. 이러한 UWG의 규정은 피해자의 고소가 있어야 처벌할 수 있는 것이 원칙이나, 특별한 공공의 이익이 문제되는 경우에는 직권으로 기소할 수 있다는 특징을 갖는다.

이러한 UWG의 규정 이외에도 형법 제203조, 제204조에서는 직무상 알게 된 타인의 비밀을 권한없이 누설 또는 이용한 경우에도 처벌대상이 된다고 규정하고 있다. 또한 제355조는 공무담당자로서 조세법상의 절차에서 얻은 타인의 비밀을 권한없이 누설 또는 이용한 자도 처벌한다. 결산검사역(Abschlu prufe)에 관해서도 같은 규정이 상법 제333조에 있다. 이런 규정은 고용관계 없이 업무상의 신뢰를 받는 자가 악용으로 전달 또는 이용하는 것을 보호하기 위하여 있다고 볼 수 있다.

## 3. 영 국

### 가. 보호체계

영국에서는 영업비밀에 대한 제정법이 존재하지 않으므로 영업비밀성이 인정되기 위한 요건이 법령으로 정하여져 있지는 않다. 다만 보통법(common law)상의 비밀유지 의무위반(breach of confidence)의 법리에 의하여, 일정의 경우에는 비밀정보를 취득한 자가 형평법상의 비밀유지의무(equitable duty of confidence)를 부담하게 되어, 영업비밀을 포함한 비밀정보의 누설에 대하여 민사책임이 발생하게 된다. 즉 비밀 정보의 한 형태로 영업비밀은 보통법에 의하여 보호되고 있으며, 비밀유지의무 및 경업금지의무의 내용이 판결에 의하여 구체화되고 있다.

### 나. 영업비밀의 개념

영국에서는 미국과 같이 독자적으로 명확한 개념으로서의 영업비밀이 형성된 것은 아니다. 상업상, 기술상의 정보만이 아니라 개인 생활상의 정보나 사회 · 정치에 관한 정보 등도 포함하며, 보다 넓고 다양한 개념인 비밀정보(confidential information)의 일부로서 보호되고 있다.

영국에서 비밀법을 영국법의 한 형태로 인식하게 된 것은 Prince Albert v. Strange 사건[25)]에서 그 원류를 찾을 수 있으나, 대체로 Coco v. A.N.Clark (Engineering) Ltd. 사건[26)]이 비밀정보의 보호와 관련한 법원칙을 세운 사건이라고 받아들여지고 있다. 이 사건에서는 비밀정보가 보통법상의 비밀유지의무 위반의 법리에 의하여 보호받기 위하여는 ① 당해 정보는 성질상 비밀일 것(necessary quality of confidence), ② 비밀유지의무를 부과하도록 전달될 것, ③ 당해 정보의 전달자에게 손해를 가져올 권한없는 이용이 있을 것 등의 3개의 요건을 충족하여야 한다고 판단하고 있다.

한편 영업비밀의 정의에 관하여는 사용자의 재산으로 볼 수 있는 정보와 종업원의 일반적인 지식의 일부가 된 정보를 구별하여야 한다. 또한 이미 공개된 정보나 공개하더라도 사용자에게 피해를 입히지 않는 정보에 대하여 사용자가 종업원으로 하여금 비밀을 유지하도록 하는 것은 부당할 수 있다. 이러한 견지에서 영업비밀의 정의에 관하여 Thomas Marshall (Exports) Ltd. v. Guinle 사건[27)]에서 아래의 기준을 제시하고 있다.

① 공개가 정보의 보유자를 침해하는지 혹은 경합자 기타에게 유익하다고 보유자가 판단하고 있는 것

② 정보가 여전히 비밀이라고(즉 공지되지 않았다고) 보유자가 판단하고 있는 것

25) Prince Albert v. Strange, [1849] 41 E.R. 1171.

26) Coco v. A.N.Clark (Engineering) Ltd. [1969] R.P.C. 41, Judge Megarry, J. para 11.

27) Thomas Marshall (Exports) Ltd. v. Guinle[1978] IRLR 174, [1978] ICR 905.

③ 상기 2점에 관한 보유자의 판단이 합리적인 것

④ 당해 특정 거래 또는 산업의 관행에 비추어 비밀정보로서 보호하여야 하는 것

또한 이 사건에서는 거래처 이름, 거래처와의 계약 내용, 교섭 수입가, 고객의 요구사항에 관한 정보, 교섭 판매가격, 사용자의 샘플, 사용자의 현재 인기상품 등이 영업비밀에 해당한다고 판단하였다.

### 다. 영업비밀의 보호

영업비밀의 누설에 대한 민사적 구제조치로서는 ① 영업비밀의 공개 금지 가처분, ② 영업비밀의 사용금지 가처분, ③ 영업비밀을 포함한 자료 등의 폐기를 위한 인도 명령, ④ 영업비밀의 누설로 입은 손해의 배상청구 및 ⑤ 영업비밀의 누설로 인하여 누설자 또는 제3자가 얻은 이익의 청구 등이 가능하다.

한편 형사적 구제조치와 관련하여서는 논란이 있다. 영업비밀의 취득과 관련하여 절도죄의 성부가 문제된 적이 있는데, Oxford v. Moss 사건[28]에서 절도죄의 성립이 부정된 바 있다. 따라서 영업비밀의 누설을 일반적으로 처벌하는 규정은 현행법상 존재하지 않는다. 다만 1997년 11월 법률위원회(Law Commission)에서 기업비밀의 누설에 대하여 형사벌을 강구할 필요가 있다는 의견이 제출된 바 있으나, 입법상 기업비밀의 정의가 곤란하다는 것이 지적된 바 있다. 다만 1990년 컴퓨터 부정사용법에 근거하여 부정접근죄, 보통법상의 사취 공동모의죄등에 의하여 일정 정도의 처벌이 가능한 상태이다.

28) Oxford v. Moss[1979] 68 Cr App R 183.

## 4. 프랑스

### 가. 보호체계

프랑스법에서 영업비밀의 보호에 관련한 문제에 관한 일반적인 제정법은 존재하지 않는다. 다만 경쟁질서, 공동질서 등을 유지하기 위해 필요로 하는 경우에는 형법에 의하거나 민법의 불법행위법 또는 계약법에 근거한 판례 및 학설에 의하여 부분적으로 발전하였다.

경쟁 상대의 영업비밀을 부정하게 공개하는 행위는 부정경쟁행위로 간주된다. 따라서 영업비밀을 부정하게 취득 · 사용 · 공개 또는 이것이 부정하게 취득 또는 공개된 것을 알면서 이를 사용한 자는 프랑스 법원에 의하여 법적 책임을 묻게 된다. 부정경쟁행위에 관한 구제는 당해 불법행위의 결과로서 경제활동에 참가하고 있는 자가 입은 손실에 근거하여, 주로 판례법에 의하여 확립되고 있다. 다만 영업비밀과 관련한 판례가 상대적으로 적은 편이며, 이 경우에도 대체로 제한된 범위에서의 손해배상을 인정할 뿐이고 사용 금지를 인정하는 경우는 극히 드물다. 이러한 점에서 프랑스에서 영업비밀의 보호는 비교적 효과적이지 못하다는 평가를 내릴 수 있다.

한편 형사적 구제조치와 관련하여서는 특정한 경우에 한하여 사업을 보호하기 위한 형사적 제재수단을 정하고 있다. 예컨대 노동법 제1227-1조는 제조상의 비밀 공개에 대하여 형사적 제재수단을 정하고 있다.

### 나. 영업비밀의 개념

프랑스법에서 영업비밀의 개념을 규정한 법률은 없으며, 영업비밀의 개념을 다룬 판례 역시 구체적인 상황에 따라 각기 다른 입장을 취하고 있다. 즉 프랑스법에서는 기업의 비밀, 경영상의 비밀, 노하우 등을 보호하는 규정을 두고 있지 않으며, 다만 지적재산권법 제621-1조에서 제조비법에 대한 규정을 두고 있을 뿐이다. 노동법 제1227-1조에서 연원한 이 규정은 고용 관계에 한하여, 임원이나 종업업의 제조비밀 공개에 대한 형사처벌 규정을 두고 있다.[29] 또한 영업비밀에 대한 일반 규정이 없는 가운데, 지적재산법전 제621-1조의 적용과 관련하거나, 제조비밀의 침해가 문제가 된 계약분쟁의 해석 과정에서 영업비밀의 개념에 대한 판례가 축적되었다.

영업비밀 개념에 대한 최초의 언급은 형사사건에서 이루어졌다. 1931년 파기원의 형사부는 영업비밀을 '생산자가 경쟁자에게 비밀로 유지하면서 적용하는 제조비밀로 실제적이고 상업적인 이익을 가진 것'으로 정의하고 있다.[30] 이 정의는 최근까지 특별한 변화없이 유지되고 있다. 영업비밀에 대한 법원의 언급은 제조비밀에 대한 한정되고 있는데, 이는 제한적인 해석이 요구되는 형사사건의 특성에 따른 것이라 할 수 있다.

반면 민사사건에서는 보다 넓은 범위에서 영업비밀 개념을 두고 있다. 즉 제조과정에서 작용하는 영업비밀뿐만 아니라 기술적 · 상업적 노하우이나 소비자 · 공급자와의 관계에 영향을 미치는 것까지도 영업비밀에 포함시키고 있다. 이에 민사사건에서의 영업비밀은 직접적으로 접근할 수 없고 그 보유자에게 경쟁적 우위를 부여하여 하는 지식의 실질적이고 형식화된 실체라면 보호받을 수 있게 된다.[31]

이러한 판례들에서 영업비밀은 ① 실질적이어야 하며, ② 비밀이거나, 공유되거나 부분적으로 공개되는 비밀인 것이 정당화하는 즉각적으로 공중이 접근할 수 있는 것이 아니어야 하며, ③ 경쟁적 우위를 구성하는 것이어야 한다. 따라서 영업비밀이라 함은 기업이 그 활동을 수행하기 위하여 사용하는 제조공정, 제법, 노하우, 영업에 관한 정보 등 중, 당해 기업의 경쟁에 기여하는 것이며, 비밀로 유지되는 정보를 의미하는 것으로 이해된다.[32]

---

29) 2008년 5월부터 기존의 'secret de fabrique(영업비밀)'이라는 표현을 'secret de fabrication(제조비밀)'이라는 표현으로 변경함으로써 그 적용범위를 축소시키는 듯한 변화를 가져왔다.

30) Arrêt du 30 décembre 1931.

31) Arrêt du 1er juillet 2003.

32) 日本 經濟産業省, 東アジア大における不正競争及び営業秘密に関する法制度の調査研究報告 第

### 다. 영업비밀의 보호

판례에 의하여 다음과 같은 행위는 금지된다. 즉 ① 기업의 임원 또는 종업원에 의한 영업비밀의 공개, ② 영업비밀이 포함된 문서의 절취, ③ 기대되지 않는 방식으로 사용하기 위하여 영업비밀이 포함된 문서의 오용, ④ 보유자가 위임한 자에 의한 영업비밀의 권한없는 사용 또는 공개, ⑤ 영업비밀을 취득하기 위한 경쟁기업 종업원의 불공정한 채용 등의 행위는 영업비밀을 침해하는 행위로 금지된다. 이와 같이 금지되는 행위에 대하여는 민형사상의 제재가 가능하다.

#### (1) 민사적 수단에 의한 보호

영업비밀을 침해한 경우를 특정한 법률 규정이 없기 때문에 일반법에 따른 민사상의 보호를 받을 수 있다. 즉 위법하거나 사기적 행위에 대하여는 민법 제1382조와 제1383조의 불법행위 책임을 물어 손해배상이나 침해금지를 청구할 수 있다. 계약 위반의 경우에는 계약책임을 물어 계약으로 정한 제재를 가하거나 불법행위책임에서와 같은 제재를 요구할 수 있다. 또한 고용관계에서는 종업원에게 요구되는 수비의무의 위반을 이유로 손해배상의 청구나 계약관계의 해소 등을 요구할 수 있다.

#### (2) 형사적 수단에 의한 보호

영업비밀에 대한 형사적 처벌은 노동법 제1227-1조 또는 지적재산권법 제621-1조의 규정이 적용된다. 다만 이 규정은 제조비밀의 공개행위에 한정된다. 즉 본 규정의 적용은 고용관계에 있는 자의 위반 행위에 한정되며, 비밀 역시 경영상의 비밀을 제외한 산업적 비밀에 한정된다. 또한 침해행위는 공개 행위에 한정되고 사용 행위는 포함하지 않는다. 이 외에도 절도죄(형법 제311-1조), 데이터 프로세싱 절취죄(형법 제323-1조) 또는 배임죄(형법

---

2編 營業秘密に關する法制度の運用實態, 2006, 101면 참조.

제314-1조) 등의 규정이 적용될 수 있다.

## 5. 일 본

### 가. 보호체계

일본은 부정경쟁방지법을 통하여 영업비밀을 보호하고 있다. 일본은 1934년에 부정경쟁방지법을 제정하였으나, 영업비밀에 대한 보호 규정은 우리나라와 마찬가지로 UR/TRIPS 협정의 진전에 따라 도입하게 된다. 즉 민법이나 상법, 형법과 같은 일반법에 의하여 영업비밀을 보호하다가, 1990년 부정경쟁방지법의 개정을 통하여서야 영업비밀 보호에 관한 규정을 마련하게 되었다. 1990년 개정법에 의한 영업비밀 보호 규정은 미국의 UTSA를 그대로 답습하였다는 평가와 독일의 부정경쟁방지법을 모델로 하였다는 평가 등이 있으나, 여하튼 미국이나 독일과 거의 같은 수준의 영업비밀 보호를 두게 된다.

1990년 부정경쟁방지법을 통하여 영업비밀보호규정이 도입되기 이전에도 영업비밀은 그 침해 태양에 따라 불법행위나 계약의무 위반에 대한 민사적 · 형사적 책임을 묻는 방식으로 보호받았다. 그러나 영업비밀은 독점배타적인 권리가 아니었기 때문에 민사적 구제는 손해배상이라는 간접적 보호에 머물렀다. 게다가 입증상의 어려움으로 민사적 구제는 실제 거의 기대하기 힘든 상황이었다.

형사적 구제역시 제한적일 수밖에 없었다. 즉 종래 일본의 경우 기업이 보유하는 영업비밀을 침해하는 행위에 대하여는 형법의 재산범 규정을 넓게 해석하는 것으로, 일정 범위에서 대응하였다. 영업비밀이 화체된 '물' 자체에 대한 침해가 존재하는 경우에는 절도죄,[33] 업무상 횡령죄[34] 및 이들의

33) 東京地判 昭和 40.6.26. 判時 419号 14면 [大日本印刷 事件]; 東京地判 昭和 44.2.14. 判時 957号 118면 [建設調査會 事件] 등.

34) 大阪地判 昭和 42.5.31. 判時 494号 74면 [鐘淵化學事件]; 東京地判 昭和 60.2.13. 刑日 17卷

공범, 나아가 도품등에 관한 죄의 성립이 인정되었다. 예컨대 建設調査會事件은 건설조사회 사원이 동사의 기업비밀인 구매회원명부를 반출하여 복사하고, 명부자체는 원래대로 돌려놓은 사안이지만, 법원은 그러한 복사 목적에 의한 일시적 반출의 경우에도 복사를 작성하여 이를 제3자에게 양도하는 것으로 명부를 이용하는 의사로 불법영득 의사를 긍정하였다. 新潟鐵工事件에서도 자료를 복사하고, 이에 하체된 정보를 취득할 의사만으로 불법영득 의사를 긍정할 수 있다고 한다. 그러나 이러한 내용의 의사로 '권리자를 배제하고, 자기의 소유물과 같이 그 경제적 용법에 따라 이용할 의사'로 하는 것에는 문제가 있다는 비판이 있었다. 또한 유체물인 재물을 객체로 하는 형법상의 재산범 규정으로는 무체물인 영업비밀이라는 정보를 부정하게 취득 · 사용 · 공개하는 행위를 처벌하는 것에는 한계가 있었다. 한편 영업비밀이 화체된 매체 자체에 대한 침해가 없는 경우에는 종업원에 의한 누설 · 부정사용에 대하여 배임죄의 성부를 물을 수 있는 경우도 있지만, 배임죄가 성립하기 위하여는 행위자가 '타인을 위하여 그 사무를 처리하는 자'이어야 하기 때문에 성립범위가 한정되었다.

이러한 이유에서 1974년 개정 형법 초안 제318조에서는 '기업비밀누설죄'의 신설이 제안된 바 있다. 그러나 본죄의 보호객체는 기술상의 비밀에 한정되기 때문에, 영업상의 비밀이 보호되지 않는다는 문제가 있었고, 노동자의 퇴직 · 전직의 자유를 구속하며, 비밀의 개념이 불명확하다는 여러 비판을 받는다.

한편 사회의 정보화와 기타 아시아 국가의 경쟁력 신장과 함께 일본국의 산업 경쟁력 저하를 우려하는 목소리가 제기되었다. 우수한 발명등의 지적재산을 전략적으로 창조, 보호, 활용하고, 부가가치가 높은 경제 · 사회 시스템을 구축해 갈 필요성이 제기되었다. 이에 2002년에는 총리가 주최하는

---

1=2号 22면 [新潟鐵工事件] 등.

지적재산전략회의에서 지적재산전략대강이 제정되는데, 부정경쟁방지법에 관한 과제로서 영업비밀의 형사적 보호가 제기되었다. 또한 2001년 실시된 경제산업성의 설문 조사에서 회답 기업의 20%가 자사의 영업비밀에 관하여 분쟁을 경험하였으며, 약 80%의 기업이 영업비밀의 형사적 보호에 찬성하는 것으로 나왔다. 이러한 상황을 배경으로 2003년 일본은 영업비밀에 대한 형사적 보호를 부정경쟁방지법에 포함하게 된다.

또한 2005년 개정에서는 퇴직자에 의한 영업비밀 부정사용 · 공개행위에 대한 벌칙을 신설하고 법인처벌 규정을 강화하였으며, 해외에서 영업비밀을 사용 · 공개하는 행위를 새로이 벌칙 대상으로 하고 있다.

#### 나. 영업비밀의 개념

일본 부정경쟁방지법 제2조 제6항에서는 영업비밀을 '비밀로서 관리되는 생산방법, 판매방법 기타 사업활동에 유용한 기술상 또는 영업상의 정보로, 공연히 알려지지 않은 것'으로 정의하고 있다. 따라서 일본의 영업비밀 역시 우리의 영업비밀과 같이 ① 비공지성, ② 비밀관리성 및 ③ 경제적 유용성을 그 구성요건으로 한다.

### 6. 중 국

#### 가. 보호체계

중국에서 영업비밀은 기본적으로 반부정당경쟁법을 통하여 보호되며, 이와 관련하여 하위 규정인 영업비밀침해행위를 금지하는 것에 관한 약간 규정이 함께 보조적인 역할을 하고 있다. 또한 국가비밀의 범위, 비밀보호 절차 및 법적 책임 등을 정하고 있는 국가비밀보호법에서 '과학기술에 관한 비밀사항'도 역시 국가비밀이 될 수 있다는 입장이므로, 경우에 따라서는 국가비밀보호법에 의하여 영업비밀이 보호되기도 한다.

영업비밀이 침해된 경우에 대한 구제조치로서는, 민사적 구제 조치로서는 민법통칙 제118조에 근거한 금지 조치, 반부정당경쟁법위반에 따른 손해배상책임 등을 물을 수 있다. 또한 행정상의 구제 조치로서 영업비밀을 침해한 경우 감독검사부문은 위법행위의 정지를 명하여야 하고, 정보에 따라 1만원 이상 20만원 이하의 과태료를 부과할 수 있다(동법 제25조). 또한 부정하게 취득한 영업비밀 관련 자료나 데이터의 반환, 이들 영업비밀을 사용하여 생산 · 판매한 제품의 폐기 의무가 부과되고 있다.

한편 형사적 조치로서 형법 제219조에서는 영업비밀침해죄를 규정하고 있으며, 국가비밀에 해당하는 영업비밀을 침해한 경우에는 동법 제31조에 의하여 형법 제111조의 처벌을 받게 된다.

### 나. 영업비밀의 개념

반부정당경쟁법 제10조에서 영업비밀을 '공중에게 알려지지 않고, 권리자에게 경제적인 이익을 줄 수 있고, 실용성을 갖춘 권리자가 비밀유지조치를 강구하고 있는 기술정보 및 경영정보'로 정의하고 있다. 따라서 중국법상의 영업비밀은 ① 비공지성, ② 가치성, ③ 실용성 및 ④ 기술관리성을 요건으로 한다. 이러한 반부정당경쟁법상의 영업비밀 개념은 영업비밀침해행위를 금지하는 것에 관한 若干規定 제2조나 형법 제219조(영업비밀침해죄)에서도 채용되고 있다.

## 7. 대 만

### 가. 보호체계

대만에서 영업비밀은 1996년부터 시행되고 있는 영업비밀법에 의하여 주로 보호되고 있다. 영업비밀의 보장, 산업윤리와 경쟁질서의 유지, 사회의 공공이익의 조화를 입법목적으로 하는 영업비밀법에서는 영업비밀의 정의(제2조)이외에 귀속(제3조), 양도 · 공유 · 허락(제6, 7조), 침해(제10조) 및 침해에 대한 구제조치(제11~13조) 등을 규정하고 있다.

영업비밀법 이외에도, 공평공익법 제19조 제5항에서 협박, 이익에 의한 유인 또는 기타 부정당한 방법으로 다른 사업자의 제조판매의 비밀, 거래상대방의 정보 또는 기타 기술상의 비밀을 취득하는 행위는 부정경쟁행위로서 금지된다. 또한 형법에 의한 형사벌이 부과되는 경우가 있으며, 중국대륙으로의 기술유출을 방지하기 위한 臺灣地區와 大陸地區人民關係條例를 두고 있다. 특히 최근에는 산업기술의 유출방지에 관하여 敏感科學技術保護法의 입법화를 검토하고 있다.

### 나. 영업비밀의 개념

영업비밀법 제2조에서 규정하고 있는 영업비밀의 개념은 다음과 같다. 즉 방법, 기술, 제조공정, 배합, 프로그램, 설계 또는 기타 생산, 판매 또는 경영의 정보에 사용되는 것으로, ① 이들 종류의 정보에 관한 일반인에게 알려져 있는 것이 아닌 것, ② 그 기밀성에 의하여, 실재적 또는 잠재적 가치를 갖는 것인 것, ③ 보유자에 의한 비밀보호를 위한 합리적인 조치가 이루어지고 있는 것으로 정의하고 있다.

판례상, 영업비밀은 관리, 판매, 생산, 시장, 재무에 관한 자료를 포함한다. 또한 영업비밀에 해당하는지의 판단기준은 상업적 가치 또는 경제적 가치의 유무, 경쟁에 사용할 가능성의 유무 및 회사의 인적 자원에 속하는 것인지 여부라는 관점에서 판단되고 있다.[35]

### 다. 영업비밀의 보호

구제수단과 관련하여서는 민사적 구제수단과 행정적 구제수단 및 형사

35) 日本 經濟産業省, 東アジア大における不正競争及び営業秘密に関する法制度の調査研究報告 第2編 營業秘密に關する法制度の運用實態, 2006, 23면 참조.

적 구제수단 등이 인정된다. 다만 민사소송의 경우에는 영업비밀의 누설에 의한 피해의 회복을 의도하는 경우, 당사자주의 원칙에 따라 피해자가 영업비밀의 누설 및 피해 등에 대하여 입증책임을 진다. 영업비밀의 누설 입증이 곤란하다는 점에서 일반적으로는 고소 및 수사기관에 의한 강제 수사라는 형사절차를 진행하면서 형사재판 과정에서 부대하여 민사소송을 제기하여 손해배상을 청구하고 있다.

민사적 구제수단으로는 영업비밀법에 의한 구제조치와 공평교역법에 의한 구제조치가 가능하다. 영업비밀법에서는 침해의 배제 · 예방청구 및 침해행위로 작성되거나 침해행위에 제공된 것의 폐기 처분 등의 청구권을 인정하고 있으며, 손해배상청구권과 관련하여서는 형사범죄에 의한 피해자에 대한 청구권 등을 함께 규정하고 있다. 우리의 영업비밀보호법에 해당하는 공평교역법에서는 부정경쟁행위의 배제 및 예방 청구 및 손해배상청구 등을 규정하고 있다.

형사적 구제수단과 관련하여서 영업비밀법에서는 형사벌 규정을 두고 있지 않으며, 형법(제317조 및 제342조)에 의하여 규율하고 있다. 공평교역법의 경우에는 동일 또는 유사한 위반행위가 반복된 경우에 한하여 형벌을 정하고 있다. 행정적 구제수단은 공평교역법 제19조 제5항을 위반한 경우 제41조에 근거하여 공평교역위원회가 위반사업자에 대하여 기한을 정하여 행위의 정지, 개선 또는 그 시정에 필요한 조치를 명하고, 함께 일정 금원의 과료를 부과할 수 있다.

## Ⅲ. 영업비밀 보호제도의 특성(특허제도와의 비교)

일반적으로 지적재산권의 보호는 공개를 전제로 한다. 특허권이나 실용신안권, 디자인권과 같은 산업재산권은 물론 저작권과 같이 창작행위를 보호하는 법률은 그 권리자에게 공개라는 절차를 요구하고 그에 상응하여 일정 기간 동안 당해 창작 행위에 따른 결과물에 독점적 · 배타적인 권리를 부여한다. 반면 영업비밀의 보호는 공개되지 않고 비밀로 유지되는 것을 그 핵심으로 한다. 즉 영업비밀의 보호는 영업비밀에 대하여 그 자체를 하나의 권리로 이해하기보다는 사실상의 재산(de facto assets)로 파악하고, 비밀로 유지되고 있는 사실상태를 보호하고자 하는 것이다. 따라서 영업비밀의 보호 판단에 있어서는 특허권 등과 같이 절대적 · 배타적인 권리의 침해 여부라는 관점보다는 당해 영업비밀을 침해하는 행위의 형태가 갖는 비난가능성에 착안하여 불공정한 경쟁행위를 여하히 억제할 것인가 하는 관점에서 그 판단이 이루어져야 한다. 이러한 점에서 영업비밀의 보호입법이 영업비밀을 지적재산권의 일종으로서 보호하는 방법이 아닌 부정경쟁방지법안에 포함한 것이라 하겠다.[36] 이에 아래에서는 영업비밀과 지적재산권으로서의 특허를 비교 · 설명하고자 한다.

## 1. 목 적

특허법 제1조는 '이 법은 발명을 보호 · 장려하고 그 이용을 도모함으로써 기술의 발전을 촉진하여 산업발전에 이바지함을 목적으로 한다'라고 규정하고 있다. 즉 특허법은 산업정책입법화로 새로운 기술을 공개한 자에게 그 대가(對價)로 일정기간 독점적 권리를 부여하고 제3자에게는 불가침의무를 과하고 그 대신 공개된 발명을 이용할 수 있는 기회를 줌으로써 기술의 발전을 촉진하고 더 나아가 궁극적으로는 산업발전에 기여하는 것을 그 목적으로 한다.

반면 부정경쟁방지법 제1조는 '이 법은 국내에 널리 알려진 타인의 상표 · 상호 등을 부정하게 사용하는 등의 부정경쟁행위와 타인의 영업비밀을

36) 특허청, "영업비밀, 왜 보호하여야 하는가?", 1991, 21-23면.

침해하는 행위를 방지하여 건전한 거래질서를 유지함을 목적으로 한다'라고 규정하여 영업상의 비밀을 타인의 침해로부터 보호하여 건전한 거래질서를 유지하는 것을 그 목적으로 한다.[37]

### 2. 보호대상

특허법은 제2조 제1항 제1호에서 '발명이라 함은 자연법칙을 이용한 기술적 사상의 창작으로써 고도한 것을 말한다'라고 규정하고 있으므로 자연법칙이나 원리 · 기술에 관한 것만이 그 보호대상이 된다. 반면 부정경쟁방지법상의 영업비밀에는 그와 같은 제한은 없다. 다만 부정경쟁방지법 제2조 제2호의 정의 규정에 비추어 공공연하게 알려진 것, 영업활동에 유용하지 않은 것, 비밀로서 관리되지 않은 것은 보호대상에서 제외된다.[38]

### 3. 등 록

특허는 법정요건을 구비하였는가의 여부를 심사한 후에 배타적인 권리를 인정할 것인가를 결정하며 등록에 의해 처음으로 배타적인 권리가 발생한다. 반면 영업비밀은 이러한 절차가 요구되지 않으므로 일정한 요건을 갖춘 때에는 권리가 발생한다.

### 4. 비밀성

특허는 발명 공개의 대상으로서 독점적 · 배타적인 권리를 인정하게 되는 것이므로 공표하지 않으면 안 된다. 반면 영업비밀은 비밀이 생명이므로 누구에 의해서건 간에 그 비밀이 공개되었다면 그의 영업비밀성은 소멸한다.

37) 윤선희, 지적재산권법, 세창출판사, 1995, 289-290면.
38) 윤선희, 영업비밀개설, 법경출판사, 1991, 40면.

## 5. 신규성

특허법에서는 특허출원전에 국내에서 공지되었거나 공연히 실시된 발명, 특허출원전에 국내 또는 국외에서 반포된 간행물에 기재된 발명은 특허를 받을 수 없다고 규정하고 있어(특허법 제29조 제1항) 특허의 요건으로서 신규성을 요구하고 있다. 이때 신규성 판단의 기준이 되는 공지상태의 의미에 관하여는 학설의 대립이 있으나 불특정인에게 객관적으로 인식가능한 상태에 있으면 충분하고(객관적 기준) 불특정 다수인이 그것을 현실적으로 인식하였는지의 여부는 문제되지 아니한다고 하는 것이 다수설[39]이며 판례[40]도 같은 취지이다. 따라서 특허법의 해석으로는 비밀유지의무를 부담하지 않는 자가 당해 정보를 알고 있으면 공지상태가 인정된다.

그러나 영업비밀은 특허권과 같이 배타적인 권리로서 인정되는 것이 아니라 비밀이라는 사실 상태에 대한 보호이므로 영업비밀에서의 비공지 개념을 특허법에서와 같이 엄격하게 해석할 필요는 없다. 따라서 특정한 자가 영업비밀 보유자에 대하여 비밀유지의무를 부담하고 있지 않더라도 사실상 비밀상태를 유지하고 있거나, 보유자 이외의 제3자가 동종의 영업비밀을 독립적으로 개발한 경우 당해 발명자가 비밀로 관리하고 있다면 영업비밀은 비공지 상태에 있다고 할 수 있다.

## 6. 진보성

특허를 받기 위해서는 어떤 발명이 단지 종래에 없었던 것이라는 신규성만으로는 충분하지 않으며, 당해 발명이 출원시의 기술수준에서 동업자가 용이하게 생각할 수 없는 정도의 것(특허법 제29조 제2항)이라는 진보성을 갖춘 것이어야 한다. 반면 영업비밀의 경우에는 어느 정도의 진보성이 필요하

39) 송영식 외, 전게서, 125면.
40) 대법원 1971.6.8. 선고 70후57 판결.

다고는 보지만 그 정도는 불명확하다.

### 7. 보호기간

발명이 특허로 인정된 기술은 일정기간 특허권자가 독점적으로 이용할 수 있다. 예컨대 제3자가 특허된 기술과 동일한 기술을 독자적으로 개발하였더라도 특허권자로부터 허락을 받지 않고 그 기술을 사용하게 되면 특허권의 침해가 되어 사용금지 및 손해배상청구의 대상이 된다.

이에 반해 영업비밀은 독점적 배타권이 인정되지 않으므로 제3자가 동일기술을 독자적으로 개발하여 사용한다고 하더라도 선발명자인 영업비밀 보유자는 그 발명에 대해 사용금지 및 손해배상청구를 할 권한이 없다. 다만 특허권 등록을 한 경우는 특허권자에게 사용허락을 얻은 후에 실시할 수 있다.

한편 독점적 배타권으로서의 특허권의 인정은 일정 기간의 제한이 있어 그 기간이 경과하면 그 기술은 누구나 사용할 수 있게 된다. 반면 영업비밀은 그 자체가 비밀로서 유지되고 있는 한 독점적으로 이용할 수 있다.

### 8. 한 계

특허법은 '자연법칙을 이용한 기술적 사상의 창작'이라 하여 기술적 노하우에 한하여 특허를 받을 수 있으며 영업적 노하우, 즉 판매방법, 고객리스트, 거래정보, 가격설정정보, 원가표 등의 영업정보는 특허대상에서 제외된다. 또한 전자의 기술적 노하우 중에서도 특허요건을 갖추지 못한 발명은 보호를 받지 못한다. 따라서 어떤 경제적 가치가 있는 발명을 특허출원하여 그 발명이 특허로서 등록이 되면 배타적인 권리를 인정받게 되지만 그 발명이 심사결과 특허등록이 되지 않는다면 그 발명은 특허로서는 물론 그 발명이 공개되었으므로 영업비밀로서의 보호도 받지 못한다.

특허법은 공개된 발명을 누구나 이용할 수 있도록 함으로써 기술의 진보를 촉진하고 나아가 궁극적으로는 산업발전에 이바지하는 것을 목적으로 한다. 반면 영업비밀은 비공개를 원칙으로 하는 바 기술이 비닉화(秘匿化)됨으로써 기술의 진보를 촉진시키지 못함은 물론 산업발전에도 크게 이바지하지 못하는 한계가 있다. 그리고 비밀성에 대해서도 완전비밀이란 있을 수 없으므로 어느 정도의 비밀까지를 보호하는지 그 한계가 불분명하다.[41]

## 제 2 절 영업비밀의 개념

### Ⅰ. 영업비밀 개념의 의의

'비밀'이라는 용어는 형법이나 민법의 분야에서도 사용되고 있지만 통일적으로 통용되는 정의는 존재하지 않는다. 법률용어로서가 아니라 일반적으로 비밀이라는 용어가 사용되는 때에는 극히 광범한 의미로서 사용되는 경우도 있다. 예를 들면 우주의 비밀이라고 하는 경우에는 정말 잘 알지 못하는 것도 비밀이라고 한다. 그러나 이러한 비밀을 법적 질서와는 아무런 관계가 없다. 즉 이러한 비밀은 '절대적 비밀'이라고 하는 것인 반면, 법률상의 비밀은 '상대적 비밀'로서 충분하다.[42] 부정경쟁방지법으로서의 비밀도 보유자의 관리하 이외에서는 일반적으로 입수할 수 없는 상태인 것으로 충분하다.[43]

부정경쟁방지법 제2조 제2호는 영업비밀에 관한 입법적 정의를 내리고

---

41) 윤선희(1991), 43-45면 참조.

42) 小野昌延, 營業秘密の保護, 有信堂, 1968, 529면.

43) 日本 通商産業省 知的財産政策室 監修, 營業秘密-逐條解說 改正 不正競爭防止法, 有斐閣, 1990, 60면.

있고 있으며, 이에 의하면 영업비밀이란 공연히 알려져 있지 아니하고 독립된 경제적 가치를 가지는 것으로서, 상당한 노력에 의하여 비밀로 유지된 생산방법, 판매방법 기타 영업활동에 유용한 기술상 또는 영업상의 정보를 말한다. 이러한 우리 법의 규정은 미국 UTSA 제1조 제4항 제1 · 2호에서 정하는 영업비밀의 개념요소, 즉 비공지성 · 경제성 · 비밀유지성 등의 요건과 대체로 부합하며, 일본 부정경쟁방지법 제2조 제6항이 정하는 의미 내용과 대체로 일치한다. 다만 일본법은 우리 법과는 달리 경제성의 요건을 별도로 언급하지 아니하고 있다.

## 1. 영업비밀 관련 용어의 정리

영업비밀이라 함은 어떤 영업주체가 비밀로 보유하고 있는 기술상 · 경영상 정보로서 재산적 가치를 갖는 것을 총칭한다. 이러한 점에서 영업비밀은 기업비밀(산업기밀), 트레이드 시크리트(trade secret), 노하우(know how), 재산적 정보 등의 여러 용어로 다양하게 불리기도 하며, 위의 용어들과는 다른 개념의 것으로 구분지어 사용되기도 한다. 이에 여기서는 영업비밀과 관련한 각 용어를 살펴보고자 한다.

### 가. 기업비밀(산업기밀)

영업비밀과 기업비밀을 구분짓는 견해[44]는 기업비밀이라 하면 넓은 의미로는 산업비밀을 말하며, 좁은 의미로는 영업비밀을 뜻한다고 본다. 즉 영업비밀은 일종의 기업비밀이며, 기업비밀의 일부를 구성하고 있는 정보라고 본다. 이에 영업비밀이 부정경쟁방지법 제2조 제2호 소정의 요건을 구비하는 정보인데 반하여, 기업비밀은 이러한 요건을 반드시 만족시키지 않더라도 기업경영상 기밀을 요하는 정보를 포함한다고 본다.

44) 황선열, "산업기밀보호와 기업의 국제경쟁력", 산업기밀보호를 위한 민 · 관의 대응, 대한상공회의소, 1995, 99면.

그러나 그 용어에서 본다면 반드시 기업비밀이 영업비밀보다 광의의 개념이라 파악되지는 않는다. 예컨대 비밀의 보유자가 법인이 아닌 소상인과 같은 자연인이라면 영업비밀이라고는 할 수 있을지언정 기업비밀이라고는 할 수 없을 것이다. 따라서 기업비밀은 영업비밀을 포함하는 개념이라는 위 견해는 긍정하기 힘들다.

한편 법이 대상으로 하는 어떤 개념이 있을 때 그 개념은 관련 사회현상을 모두 내포하는 것은 아니다. 예컨대 어떤 표지가 상품의 출처를 표시하는 것으로 사용되었을 때 그것이 상표법상의 상표개념을 충족하지 못하는 것이라 하여 상표 이외의 다른 용어로 칭하지는 않는다. 이처럼 사회현상으로서 어떤 영업자가 영업과 관련한 비밀을 갖고 있을 때 그것을 법이 보호받을 때에는 영업비밀이라고 하고, 법의 보호를 받지는 못하나 영업자가 그를 비밀로서 갖고자 할 때에는 기업비밀이라고 구분지을 필요는 없다 하겠다.

### 나. 트레이드 시크리트(trade secret)

영업비밀과 트레이드 시크리트를 구분짓는 견해[45]는 트레이드 시크리트는 미 보통법(Common Law)상의 법리로 확립된 개념으로 단순히 보호의 객체를 의미하는데 그치지 않고, 비밀의 침해 · 조약의 위반 또는 의무의 불이행(breach of confidence) 등의 법리를 함께 인정하는 개념이라고 본다. 영업비밀에 대한 보호체제를 중립적으로 검토해야 하는 상황에서 미국에서의 트레이드 시크리트는 그 보호법리의 개념이 너무 엄격하기 때문에 적절하지 못하다고 설명하고 있다. 그러나 실제 트레이드 시크리트와 영업비밀의 차이를 파악하기 힘들며, 당해 트레이드 시크리트란 용어를 우리의 말로 번역한다면 어떤 식으로 풀이하게 될지 의심스럽다. 따라서 양자는 다른 개념의 것이라 볼 수 없을 것이다.

---

45) 황의창 · 황광연, 전게서, 154-155면.

### 다. 노하우(know how)

노하우와 영업비밀의 관계를 설명하는 견해[46] 역시 노하우 개념의 모호성을 지적하며 영업비밀의 개념과 다르다고 단정하기는 어렵다고 지적하고 있다. 다만 노하우는 경험축적의 총체로서 트레이드 시크리트 중 기술적 정보만을 지칭하며, 반드시 비밀성을 요소로 하지 않는 것이라고 설명한다.

### 라. 재산적 정보(proprietary information)

재산적 정보란 'proprietary information'의 번역어로, 1986년부터 시작된 GATT/UR TRIPs 협상과정에서 사용된 용어이다. 즉 TRIPs협상이 진행되고 있던 중인 1988년 6월 미국의 지적재산권협회(Intellectual Property Committee: IPC), 일본 經團聯, 유럽산업연맹(the Union of Industrial and Employer's Confederation of Europe: UNICE)은 지적재산권문제에 관하여 민간경제단체의 입장을 정리한 '지적재산권에 관한 GATT협상의 기본적 윤곽(Basic Framework of GATT Provisions on Intellectual Property)'이라는 공동문서를 발표한 바 있는데, 그 내용은 다음과 같이 정의하고 있는 재산적 정보(proprietary information)라는 용어를 사용하고 있다.

> ① 기업 혹은 개인에 의해 창출된 정보로서 정부에 의해 타사에의 공개를 요구받은 정보
> ② 제품등록의 요건으로서 정부에 공개된 정보
> ③ 비밀인 유 · 무형의 기술적 노하우와 유형물에 기록된 비밀의 경영 정보를 포함한 기밀정보

또한 이러한 공동문서상의 재산적 정보는 TRIPs 최종협정문에서도 상당부분 수용되어 제39조 제3항의 미공개정보 보호규정에서 '신규의약품 또는 신규화학물질을 이용한 농약품의 제조허가요건으로 상당한 노력이 소요된

---

46) 황의창 · 황광연, 전게서, 155면.

미공개테스트 또는 기타 데이터의 제출을 요구할 때 그와 같은 데이터를 부정한 영업적 사용으로부터 보호하여야 한다'고 규정하고 있다. 이에 일정한 조건하에 '비공지성'이라는 종래의 요건 중의 일부를 완화한 것이라는 의미에서 영업비밀이라는 용어 대신 재산적 정보라는 포괄적 용어를 사용한 것이라고 설명하는 견해[47]도 있다.

그러나, TRIPs협정의 영업비밀 역시 그 보호의 요건으로서 '비밀성'을 요구하고 있으며(동협정 제39조 제2항), 따라서 곧 영업비밀의 요건 중 '비공지성'의 요건이 완화된 것은 곧 재산적 정보라는 견해는 긍정하기 어렵다 하겠다.

## 2. 영업비밀의 유형

영업비밀에 해당되는 정보로서 거론되는 것은 매우 다양하며 그 내용 또한 풍부하다. 예컨대 부정경쟁방지법은 영업비밀을 기술상의 정보와 영업상의 정보로 나누고 생산방법과 판매방법을 각각 그 예로써 제시하고 있다. 흔히 기술상의 정보는 특허등록 가능성이 있는 반면 영업상의 정보는 그러한 특허등록 가능성이 없다고 하나, 기술상의 정보 역시 특허등록 가능성이 있는 발명에 속하지 않는 것을 포함할 수 있다. 나아가 현실적으로 양자의 구별이 항상 가능한 것도 아니며 엄격히 구별할 실익도 없다고 하겠다. 기술상의 정보로는 성분, 처방(formula), 제조방법, 복합방법, 제조공정, 훈련방법, 청사진, 도면, 검사방법, 시험 및 실험방법, 편집기술, 미공표된 신제품의 정보, 기계의 사양, 조리법 등을 들 수 있으며(미 UTSA 제1조 제4항), 영업상의 정보로는 고객명부, 대리점 명부, 재료의 구입처, 가격표, 입찰계획, 판매계획, 판매통계, 미발표의 대차대조표 및 재산목록, 합병계획,

47) 김문환 · 정병두, "산업기밀 관련법제의 국제화", 산업기밀 보호를 위한 민 · 관의 대응, 대한상공회의소, 1995, 34면.

광고계획 등을 들 수 있다.

영업비밀은 시각적으로 관찰할 수 있거나 물품등으로 구체화한 유형적 정보와 기능이나 작용과 같은 무형적 정보로 나눌 수 있다. 특히 무형적 정보에 대하여는 부정경쟁방지법 제10조에 의거한 금지청구권의 행사와 관련하여 그 비밀정보가 항상 특정한 매체를 통해 고정됨으로써 법적 보호의 객체가 된다는 견해가 있다.[48] 그러나 부정경쟁방지법의 취지는 정보를 고정하는 수단이나 매체 그 자체를 보호하기 위한 것이 아니라 비밀로 유지되는 정보에 대한 부정한 취득이나 사용을 금지하는 데 있다. 따라서 일정한 매체를 통해 유형화되지 아니한 정보 그 자체도 법적 보호의 대상이 될 수 있다.

영업비밀은 인적 기업비밀, 물적 기업비밀 및 재무적 기업비밀로 구분하기도 한다. 인적 기업비밀은 최고 매니지먼트로서의 경영관리층, 중간 매니지먼트로서의 일반관리층, 그 외 모든 종업원의 인사자료에서 인사분배 계획까지의 인사관리상의 노무관리를 포함하는 것으로 연구개발, M&A, 분리 등 기업의 조직 변동을 담당하는 부서의 업무내용도 포함한다. 물적 기업비밀은 기업시설이나 중요한 서류, 문서, 견본품 등에 관한 비밀, 생산기술이나 연구개발 등에 관한 비밀, 판매계획, 고객리스트 등이 있다. 재무적 기업비밀로는 기업의 자금 · 자산 · 설비투자나 예산분배 등의 계획 등이 포함된다.[49]

종전에는 형사처벌이 기술상 정보에 한정된 경우에는 기술상 또는 경영상 정보의 구분을 두고 있었다. 그러나 실제 기술상 정보와 경영상 정보의 구분이 모호하다는 점에서 기소 단계에서 고민하는 경우가 많았다. 또한 기술정보와 경영정보의 보호 가치에 차이가 없다는 점에서 기술정보에 한하여 형사처벌은 인정하는 입법방식에는 문제가 있었다. 그러나 현재에는 기

48) 황의창, 영업비밀, 육법사, 1992, 38면.

49) 윤선희(1991), 14-15면.

[ 표 1 ] 기술상의 영업비밀

| 대 상 | 설 명 |
|---|---|
| 시설 및 제품 설계도 | 중요 공장의 설계도면, 기계장치의 배치도, 제품 생산라인의 설계도, 공정 설계도 |
| 물건의 생산 · 제조방법 | 제품의 생산, 가공, 조립 또는 제조방법으로 비법이거나 미공개된 것 |
| 물질의 배합방법 | 물질을 생성하는 반응순서, 원료의 배합순서, 배합비율, 시차 등으로서 공개되지 않고, 역설계로 알아낼 수 없는 것 |
| 연구개발 보고서 및 데이터 | 연구개발과정, 결과 보고서 및 연구에 사용된 데이터 |
| 실험 데이터 | 개발 중인 시제품 또는 시제품의 성능 실험, 의약품의 효능 시험, 기계장치의 시운전 데이터 등 |
| 시설, 기계설비, 장비 | 기업이나 개인이 독자적으로 개발하여 보유하고 있는 시설, 특수 장비와 설비 등 |

[ 표 2 ] 경영상의 영업비밀

| 대 상 | 설 명 |
|---|---|
| 각종 주요계획 | 경영전략, 신규 투자계획, 신제품 개발 · 생산계획, 마케팅 · 판매계획, 인력수급계획 등 |
| 고객명부 | 지역별 고객리스트, 연령별 또는 직업별 분류표 및 대리점 · 영업점의 제반 영업자료 등 |
| 관리정보 | 원가분석, 마진율, 거래처 정보, 인사 · 재무관리 및 경영분석 정보 등 |
| 매뉴얼 등 중요자료 | - 그 기업의 기술과 경험을 바탕으로 한 방법 기술 서류<br>- 그 회사만의 독특유한 방법이나 기법을 담고 있는 매뉴얼 등 |

술정보 내지 경영정보에 상관없이 형사 처벌의 대상이 된다는 점에서 그 구별의 실익은 사라졌다. 기술상 정보에는 생산 및 제조공정, 제조방법 등을 포함하게 되며, 경영상 정보에는 마케팅 전략, 고객 리스트, 기업의 기본계

획 등을 포함하게 된다.[50)]

## Ⅱ. 영업비밀의 요건

### 1. 영업비밀의 요건요소에 대한 입법례

#### 가. 미 국

미국 UTSA(제1조 제4항)에서는 영업비밀을 '公式, 패턴, 편집, 프로그램, 고안, 방법, 기술 또는 공정을 포함하는 정보로서, ① 그 공개 또는 사용에 의해 경제적 가치를 가질 수 있는 타인에게 일반적으로 알려져 있지 않고, 정당한 수단에 의해서는 용이하게 알아질 수 없기 때문에 현실적 또는 잠재적인 독자의 경제적 가치를 가지며 ② 당해 상황하에서 비밀성을 유지하기 위한 합리적인 노력의 대상인 것'으로 규정하고 있다. 따라서 미국의 영업비밀에 대하여는 ① 신규성, ② 재산성, ③ 비밀성 등의 세 가지 요소가 요구된다고 한다.[51)]

① 영업비밀은 그 정보의 공개 또는 사용에 의해 경제적 가치를 얻을 수 있는 타인에게 일반적으로 알려져 있지 않아야 한다는 '신규성'이 요구된다. 이는 특허법상의 신규성과 같이 사회의 기술수준과의 비교 관점에서 고찰한다는 성질보다는 당해 정보가 정당한 수단에 의해 쉽게 입수할 수 있는가란 측면에 중점이 있다.

② 영업비밀은 정당한 수단을 사용해서는 쉽게 확인되지는 않지만 현실적 또는 잠재적으로 독자의 경제적 가치를 가진다는 '재산성'이 요구된다. 이는 그 정보의 사용에 의하여 비밀을 얻는 자가 정당한 수단으로는 입수할

50) 한국산업기술진흥협회, 중소기업 기술유출 대응 매뉴얼, 2007.12, 55면 참조.
51) 송상현 · 송영식 · 이기수 · 이연훈 · 김문환 · 손경한, "지적소유권법상의 기업비밀에 관한 연구", 1990, 19-20면 참조.

수가 없기 때문에 가지는 경쟁상의 가치를 말한다.

③ 영업비밀은 그 정보의 비밀성을 유지하기 위하여 당해 상황하에서 합리적 노력이 필요한 것이어야 한다는 의미의 '비밀성'이 요구된다.

### 나. 독 일

독일 부정경쟁방지법에서는 영업비밀에 대응하는 개념으로서 영업상 비밀(사업 비밀; Geschäftsgeheimnis)과 기술상 비밀(제작 비밀; Betriebsgeheimnis)을 규정하고 있으나, 이에 관한 개념 규정을 두고 있지는 않다. 이에 연방최고재판소(BGH) 판례에서 제시하고 있는 영업비밀의 구성요소를 살펴보면 다음과 같다.

① 사업활동에 관한 것일 것

② 엄격히 한정된 범위의 자에게만 알려지고 그 이외의 자에게는 알려지지 않을 것(Nichtoffenkundigkeit: 비공지성)

③ 영업자의 명확한 의사에 의해 비밀로 되어 있을 것(Geheimhaltungswille: 秘匿의 意思)

④ 영업자가 비밀유지에 의해 이익을 가질 것(Geheimhaltungsinteresse: 秘匿의 利益)

### 다. 일 본

일본 부정경쟁방지법에서는 영업비밀을 '비밀로서 관리되고 있는 생산방법, 판매방법 기타 사업활동에 유용한 기술상 또는 경영상의 정보로서 공연히 알려져 있지 않은 것'이라고 정의하고 있다. 따라서 일본의 영업비밀 역시 뒤에서 설명하게 될 우리의 영업비밀과 같이 ① 비밀관리, ② 경제적 유용성, ③ 비공지성 등을 그 개념요소로 하고 있다 하겠다.

### 라. TRIPs

TRIPs협정 제39조 제2항에서는 그 보호를 받는 미공개 정보는 ① 비밀성, ② 경제성, ③ 비밀관리성의 요건을 충족하는 것이어야 한다고 한다. 즉 TRIPs의 보호를 받는 영업비밀은 다음의 요건을 충족하는 것이어야 한다.

① 정보가 전체로서 또는 그 구성요소의 엄밀한 배역 및 조합의 형태로서 문제가 된 정보의 종류를 일반적으로 다루고 있는 업계의 사람들에게 알려져 있지 않고 또는 쉽게 접근하기 어렵다는 의미에서 비밀인 것.

② 그것이 비밀이기 때문에 상업적 가치를 갖는 것.

③ 적법하게 비밀을 통제하고 있는 자에 의해서 정보를 비밀로서 유지하기 위한 적절한 조치하에 있는 것.

## 2. 부정경쟁방지법상의 영업비밀

부정경쟁방지법 제2조 제2호에서는 영업비밀을 '공공연히 알려져 있지 아니하고 독립된 경제적 가치를 가지는 것으로서, 상당한 노력에 의하여 비밀로 유지된 생산방법, 판매방법, 그 밖에 영업활동에 유용한 기술상 또는 경영상의 정보'로 정의하고 있다. 따라서 영업비밀은 ① 공공연히 알려져 있지 아니한 것(비밀성), ② 독립된 경제적 가치를 가지는 것(독립적 경제가치성) 및 ③ 상당한 노력에 의하여 비밀로 유지된 것(비밀관리성) 등을 갖는 ④ 생산방법, 판매방법, 그 밖에 영업활동에 유용한 기술상 또는 경영상의 정보를 의미한다. 특히 분쟁 과정에서는 ① 비밀성, ② 독립적 경제가치성 및 ③ 비밀관리성 등의 쟁점을 중심으로 논의가 전개된다.

### 가. 비밀성

#### (1) 의 의

용어에서도 알 수 있듯이 영업비밀은 비밀이어야 한다. 즉 부정경쟁방지법상의 영업비밀은 '공연히 알려지지 않은', 비공지 상태의 것이어야 한다. 영업비밀의 경제적 가치는 그것의 공개 또는 사용을 통해 경제적 이득을 얻을 수 있는 자에게 일반적으로 알려져 있지 않기 때문에 정보를 보유하는 자가 보다 유리한 입장에서 경제적인 경쟁에 임할 수 있다는 점에서 기인한다. 따라서 사업자가 특정한 정보를 비밀로 유지 · 관리하더라도 그것이 이미 당해 산업내에서 공연히 알려져 있거나(공지의 사실이나 상식의 경우) 특히 경쟁사업자가 이를 알고 있거나 제한없이 입수할 수 있다면, 그 정보는 영업비밀로서의 적격을 이미 상실한 것이다.

공연히 알려져 있는 정보에 대하여는 보호를 인정하지 않고, 비공지 상태의 것에 한하여 보호를 인정하는 것은 경쟁질서의 보호라는 측면에서도 당연한 것이다. 즉 비록 경제적 가치가 있고 그 보유자에 의하여 비밀로서 관리되고 있다 할지라도, 공연히 알려진 정보는 특허법등의 지적재산권법으로 보호되지 않는 한, 법적 보호의 대상이 되어야 하는 것은 아니다. 가령 어떤 정보가 특정인에게 유래한 것이었다고 하더라도, 일단 공지되었다면 이러한 정보에 대하여 일정의 권리행사를 인정하고 보호하는 것은 불필요하다. 재산적 정보로서 보호하여야 하는 이익이 인정되기 위하여는 일반적으로 알려져 있지 않은 정보인 것이 필요하다. 누구나 용이하게 접근하여 지득할 수 있는 정보라면 그 이용은 원칙적으로 자유로우며 그러한 이용이 타인의 권리 · 이익을 침해하는 것도 아니기 때문이다.

나아가 원래의 보유자에게 배타적인 권리를 부여하는 등 당해 정보를 보호하는 것은 정당한 수단에 의해 이를 지득 · 사용하는 자에게 불측의 손해를 주어 역으로 사회적인 혼란을 일으킬 수도 있다. 이에 법은 영업비밀이 '공연히 알려지지 않은' 즉 비공지 상태의 것일 것을 요구하고 있다.

부정경쟁방지법 제2조 제2호의 영업비밀이라 함은 공연히 알려져 있지 아니하고 독립된 경제적 가치를 가지는 것으로서, 상당한 노력에 의하여 비밀로 유지된 생산방법 · 판매방법 기타 영업활동에 유용한 기술상 또는 경영상의 정보를 말한다 할 것이고, 여기서 공연히 알려져 있지 아니하다고 함은 그 정보가 간행물 등의 매체에 실리는 등 불특정 다수인에게 알려져 있지 않기 때문에 보유자를 통하지 아니하고는 그 정보를 통상 입수할 수 없는 것을 말하고, 보유자가 비밀로서 관리하고 있다고 하더라도 당해 정보의 내용이 이미 일반적으로 알려져 있을 때에는 영업비밀이라고 할 수 없다(대법원 2004.9.23. 선고 2002다60610 판결).

'영업비밀'이란, 공연히 알려져 있지 아니하고 독립된 경제적 가치를 가지는 것으로서, 상당한 노력에 의하여 비밀로 유지된 생산방법 · 판매방법 기타 영업활동에 유용한 기술상 또는 경영상의 정보를 말하고, 여기서 공연히 알려져 있지 아니하다고 함은 그 정보가 간행물 등의 매체에 실리는 등 불특정 다수인에게 알려져 있지 않기 때문에 보유자를 통하지 아니하고는 그 정보를 통상 입수할 수 없는 것을 말한다(대법원 2008.4.10. 선고 2008도679 판결).

(2) 상대적 개념의 비밀성

'비밀'이라는 용어는 형법이나 민법 분야에서도 사용되지만, 통일적으로 통용되는 정의가 존재하는 것은 아니다. 법률용어로서가 아니라, 일반적으로 비밀이란 용어가 사용되는 경우에도 이는 매우 넓은 의미로 사용된다. 예컨대 우주의 비밀이라고 한다면 누구도 알지 못하는 것이라는 의미를 갖는다. 그러나 이러한 비밀은 법적 질서와는 관련하지 않는 것이다. 이러한 비밀을 '절대적 비밀(absolute Geheimnis)'이라 한다면, 법률상 비밀은 '상대적 비밀(relative Geheimnis)'로 충분하다. 부정경쟁방지법상의 비밀 역시 보유자의 관리 이외에서는 일반적으로 입수할 수 없는 상태인 것으로 충분하다.[52)]

부정경쟁방지법상의 비밀은 상대적 개념이므로, 동일한 대상에 대하여 복수의 자가 독자적으로 동시에 복수의 비밀 상태를 형성할 수 있다. 따라

52) 橋本勇, "トレードシークレットの保護と不正競爭防止法の改正", 中山信弘 編, 知的財産權硏究 II, 東京布井出版, 1991, 160면.

서 비밀보유자에 의하여 일정하게 한정된 인적 범위가 형성되고, 비밀대상이 공개되지 않은 한, 이러한 인적 범위가 확대되더라도 비밀은 지속된다. 그러나 업계에 종사하는 자는 많이 알고 있지만, 신규 참여자만이 모르는 사항 등은 비밀이 아니다.

> 절대적인 비밀성을 의미하는 것이 아니라 상대적인 것으로서 비밀을 지킬 의무가 있는 사람들로서 제한 상태가 유지되고 있는 한 비밀성이 있다고 보아야 하고, 다른 사람들이 그 정보의 대체적인 윤곽을 알고 있더라도 구체적인 상세 정보를 갖지 못했다면 역시 비밀성이 있다(인천지방법원 2005.12.22. 선고 2005노257 판결).

> 원고 회사는 공장 내에 별도로 연구소를 설치하여 관계자 이외에 출입할 수 없도록 하는 한편 직원들에게는 그 비밀을 유지할 의무를 부과하고 연구소장으로 하여금 이 사건 기술정보를 엄격하게 관리하게 하는 등으로 비밀관리를 하고 있으므로, 이 사건 기술정보는 상당한 노력에 의하여 비밀로 유지되고 있는 원고 회사의 영업활동에 유용한 기술상의 정보, 즉 '영업비밀'이라 하겠다. 뿐만 아니라 영업비밀은 절대적인 비밀을 뜻하는 것이 아니고 일부 또는 일정범위의 사람들이 알고 있다고 하더라도 비밀로서 유지되고 있으면 영업비밀에 해당될 수 있고…(서울고등법원 1996.2.29. 선고 95나14420 판결).

### (3) 비밀성과 신규성

영업비밀의 비공지성과 관련하여서는 '당해 정보가 보유자의 관리이외에서는 일반적으로 입수할 수 없는 상태에 있는 것'이라고 발명의 특허요건을 참조할 수 있다.[53] 이에 상당수의 미국 판결례는 영업비밀을 공지의 지식으로부터 준별하는 이 요건을 신규성(novelty)으로 설명하고 있다. 특히 '신규성이 전혀 없다면 일반적으로 알려질 것이므로 최소한의 신규성을 내포한다'고 판시하고 있다.[54]

---

53) 특허법은 ① 특허출원 전에 국내 또는 국외에서 공지되었거나 공연히 실시된 발명 또는 ② 특허출원 전에 국내 또는 국외에서 반포된 간행물에 게재되거나 대통령령이 정하는 전기통신회선을 통하여 공중이 이용가능하게 된 발명된 발명은 보호되지 않는다.

보호가치 있는 정보는 일반적으로 알려진 정보와 구별되는 것이고, 이러한 구별은 상업적인 가치와 직결된다. 즉 알려져 있지 않다고 하는 것이 상업적 가치를 낳는 것이다. 이때의 알려져 있지 않다고 하는 것은 전혀 새로운 것을 의미하기도 하고, 새롭지는 않으나 다른 이가 그 기술 여부를 파악하지 못함을 의미하기도 한다.[55] 따라서 영업비밀은 경우에 따라서는 신규성을 요구하게 되기도 한다.

다만 영업비밀에 있어서의 신규성은 사회의 일반적인 기술수준과 비교하여 어느 기술의 신규성 여부를 판단하는 특허법적 의미의 그것과는 다르다. 즉 특허권은 엄격한 심사를 거친 후 등록에 의하여 성립하는 것이며, 그 효력은 실시를 독점한다고 하는 일반적인 배타적 효력을 갖는 것이다. 반면 영업비밀은 보유자의 비밀관리라고 하는 사실에 의해 보호되고, 보유자로부터 유출한 정보의 사용, 공개 등만을 제한하는 것에 불과하기 때문에 특허법에 있어서의 공지성 개념과 전적으로 같게 이해하여서는 아니 된다. 따라서 다수의 개별 정보를 수집하여 정리한 영업비밀을 부정하게 취득 · 사용하는 행위는 비록 그 정보가 일부의 당업자에게 다소간 알려져 있는 경우일지라도 모든 개별 정보를 수집하는 노력이나 기간, 비용 등을 절약한다는 이익을 부당하게 인정할 수는 없을 것이다. 예컨대 공지기술이나 이를 조합한 것은 특허를 받을 수 없다. 반면 개별 고객에 대한 정보는 영업비밀에 해당하지 않을 수 있으나 이를 목록화한 정보는 영업비밀로서 보호받을 수 있다.

(4) 비공지의 정도[56]

다른 경쟁사에 대하여 우위성을 유지하고 있는 경우에는 비공지성의 요

54) Kewanee Oil Co. v. Bicron Corp., 416U.S.470,476, 181USPQ673, 676(1974).

55) 물론 어느 산업내의 일반적인 공정에 대한 단순한 변경은 만일 그것이 종래의 기술을 진보시킨 바가 전혀 없다면 영업비밀로서 보호될 수가 없다.

56) 윤선희, "영업비밀에 있어서의 경영상 정보", 창작과 권리(제39호), 세창출판사, 2005.6, 88-89면.

건이 충족된다. 이에 공지 정보의 조합일지라도 그 조합이 알려지지 않았기 때문에 재산적 가치를 상실하지 않는 것은 비공지성 요건을 충족한다. 따라서 고액소득자, 로터리클럽, 라이온스 클럽, 의사회 등의 명부에서 수집한 인명, 주소, 전화번호일지라도, 이들 200만명에 대한 통신판매 결과를 토대로 추출·정리된 3만명 정도의 고객 정보는 영업비밀에 해당하며,[57] 판매비용을 절약하여 영업의 효율화를 달성하는 가치가 있다는 점에서 200여명의 고객을 정리한 고객 명부 역시 비공지라고 할 수 있다.[58]

비밀관리체제를 파괴하는 행위를 이용하지 않으면 정보를 알 수 없는 경우에는 또한 비공지성 요건을 충족한다. 특정의 자에게 알려져 있는 정보라도 그 자에게 비밀을 유지할 의무가 부과되어 있는 경우에는 비밀관리성과 함께 비공지성 요건도 충족된다. 또한 당해 정보를 이용하여 제조된 시판제품을 분석하는 수단에 의해 당해 정보를 탐지하는 것이 가능한 경우에도 비공지성 요건이 부정되는 것은 아니다. 즉 특수한 기능을 가진 자가 아니어도 용이하게 단기간 내 영업비밀 정보를 유추할 수 있는 경우에는 시장에 출시된 때 내지는 분석에 필요한 상당한 기간이 경과한 후에 비공지성이 상실되나, 그 완전한 분석이 고도의 전문적 지식과 기술을 갖추어도 상당히 곤란하고 장기의 연구를 요하는 경우에는 비공지성 요건이 충족된다.[59]

반면 일반적으로 접근할 수 있는 정보는 비공지라고 할 수 없다. 예컨대 당해 경쟁업자라면 용이하게 입수할 수 있는 잡지 기사에 게재된 경우[60]나 묘석의 모델을 표시하는 도면이나 묘석의 원가표[61]에 대하여 기재된 사항의 내용, 성질에 따라 비공지라고는 할 수 없다고 한 판결도 있다. 그러나 공장 견학자나 납품처 사원이 작업을 견학하였지만 구체적인 가공방법을

57) 大阪高判 昭和 58.3.3. 判時 1084號 122면 [通信販賣カタログ二審]
58) 大阪地判 平成 9.8.28. 判不競 1250의 204 29면 [中小公務店顧客目錄 事件]
59) 奈良地判 昭和 45.10.23. 下級民集 21券 10号 1369면 [フォセコ・ジャパン 事件]
60) 東京地判 平成 10.11.30. 判不競 1250의 200 24면 [ダブルライニング工法 事件]
61) 東京地判 平成 12.11.13. 判時 1736号 118면 [來山者名簿 事件]

아는 것이 곤란한 경우에는 영업비밀이 부정되는 것은 아니다.[62]

> 음료나 맥주의 용기에 내용물의 온도를 확인할 수 있는 열감지테이프나 열감지잉크 등의 온도감응수단을 부착하는 아이디어는 원고가 실용신안등록을 출원하고 피고 회사에 이를 제안하기 이전에 국내에서 사용된바 없다 할지라도 국외에서 이미 공개나 사용됨으로써 위 아이디어의 경제적 가치를 얻을 수 있는 자에게 알려져 있는 상태에 있었다 할 것이므로, 원고의 온도테이프를 부착한 맥주 용기에 관한 아이디어는 위 부정경쟁방지법에서의 영업비밀이라고 볼 수 없다(서울지방법원 1997.2.14. 선고 96가합7170 판결).

(5) 비밀성의 입증책임

원칙적으로 비밀성의 입증을 침해를 주장하는 자, 영업비밀 보유자가 증명하여야 한다. 그러나 비공지성의 입증책임을 엄격하게 원고에게 부과하면 불합리한 결과를 낳을 가능성이 높다. 왜냐하면 원고로서는 당해 정보가 미공개 · 미공표된 것, 원고 이외의 제3자 전원이 당해 정보를 알지 못한 것 등의 모든 사실을 입증할 필요가 있어, 이른바 '없는 것의 증명'을 강요당하게 된다. 이에 원고로서는 통상 일반인은 당해 정보에 대하여 접근할 수 없는 것을 합리적인 범위 내에서 입증하면, 일응 비공지 사실이 추정되고, 이를 복멸하기 위하여는 역으로 피고측에서 당해 정보가 공지된 것이란 반증하여야 한다.[63]

나아가 비공지성의 입증책임은 피고에게 있다고 해석해야 한다고 하는 견해[64]도 있다. 즉 비밀관리성이나 영업비밀의 부정한 침해행위 존재의 입증책임이 원고에게 있는 이상, 이 사실이 입증된 경우에는 피고측에서 이용한 정보가 공지인 것을 입증하지 않으면 청구를 기각할 수 없다고 한다.

---

62) 大阪地判 平成 10.12.22. 知裁集 30巻 4号 1000면 [フッ素樹脂シート溶接技術 事件]
63) 大阪辯護士会, 不正競争関係判例と実務, 民事法研究会, 2003, 58-59면.
64) 田村善之(2003), 334-335면.

## 나. 독립적 경제성

### (1) 의 의

영업비밀은 '독립된 경제적 가치'를 갖고 있어야 한다. 이때 '독립된 경제적 가치'란 '그 정보의 보유자가 그 정보의 사용을 통해 경쟁자에 대하여 경쟁상의 이익을 얻을 수 있거나, 또는 그 정보의 취득이나 개발을 위해 상당한 비용이나 노력이 필요하다는 것'을 의미한다. 즉 영업비밀의 보유자가 그 정보를 사용함으로써 생산비를 절감하거나 판매를 보다 효과적으로 수행하는 등의 경제적인 이익을 얻거나 혹은 상대방 경쟁자에 대하여 자신의 경쟁상의 지위를 제고함에 도움이 될 때, 또는 그 정보의 취득 · 사용에 있어 대가나 사용료를 지급하거나 혹은 그 정보의 독자적인 개발을 위해서 상당한 노력과 비용이 필요할 때, 문제의 정보는 경제성이 있다고 일단 말할 수 있다. 물론 어느 정보의 개발을 위하여 비용이나 시간이 소요되었다는 사실이 영업비밀 보호를 위한 전제조건은 아니지만, 비용과 노력이 지출되었다는 사실은 그 정보가 상업적인 가치를 지닌다는 증거 또는 손해배상을 위한 기초가 될 수 있는 것이다.

채권자가 수년에 걸쳐 인원과 자금을 투입하여 시행착오 끝에 만들어 냈을 뿐만 아니라 이를 이용하여 제작한 권선기의 권선을 감는 속도가 국내는 물론이고 외국회사의 권선기에 비하여도 월등히 빠른 등 독립된 경제적 가치를 가지고 있다(대구고등법원 2001.9.28. 선고 2000나2291 판결).

기술정보는 원고 회사의 영업에 있어 핵심적 요소로서 원고 회사는 그 개발을 위하여 오랜 시간동안 막대한 비용과 노력을 들여 기술이전과 개발을 하였을 뿐만 아니라, 이와 같은 정보의 보유로 인하여 경쟁업체와 경쟁관계에 있어 유용하게 활용할 수 있으므로 독립된 경제적 가치로서 경제적 유용성이 있다(서울고등법원 2001.10.16. 선고 2001나1142 판결).

2년여의 기간 동안에 시행착오를 겪으면서 많은 실험과 평가과정의 반복을 통하여 이 사건 기술정보인 도금조건을 선정하는 등 그 선정에 상당한 노력, 비용과 시간을 들인 것으로서 독립된 경제적 가치도 가지고 있다(서울중앙지방법원 2004.5.14. 선고 2002가합10672 판결).

경제적 유용성을 의미한다는 점에서 설령 비밀일지라도 경제적 관점에서의 가치가 없는 것은 영업비밀에 해당하지 않는다. 예컨대 종교적인 교의를 담은 비밀문서는 순전히 영적인 가치와 결부되므로 영업비밀로서의 경제적 가치는 없다. 또한 전혀 실현가능성이 없는 정보도 마찬가지이다. 또한 이러한 경제적 유용성은 보유자의 주관에 따라 인정되는 것이 아니며, 객관적으로 그 유용함을 판단하게 된다. 또한 여기서의 '유용하다'고 함은 경쟁우위의 원인이 되는 경우를 포함해서 그 정보가 사업 활동에 사용되거나 또는 그 정보를 사용함으로 인하여 비용 절약, 경영 효율의 개선 등에 도움이 되는 것을 의미한다. 또한 소극적인 정보라도 사업활동의 효율을 높일 수 있다면 영업비밀에 해당한다.

소극적인 정보, 즉 장기간에 많은 비용이 소요된 연구 및 실험결과를 통하여 어떤 공정이 유용하지 않다는 정보 역시 실패를 반복하지 않고, 그 실험을 생략하여 연구개발비를 절약하는 등으로 사업활동의 효율을 높일 수 있으므로 영업비밀에 해당한다(서울중앙지방법원 2002.10.1. 선고 2000가합54005 판결).

부정경쟁방지법에 정해진 영업비밀은 '영업활동에 유용한 정보'에 해당할 것을 그 요건으로 하는데 이와 같은 '유용성'은 보유자의 주관에 따라 인정되는 것은 아니고 그 정보가 객관적으로 유용할 때 인정되는 것이다. 또한 여기서의 '유용하다'고 함은 경쟁우위의 원인이 되는 경우를 포함해서 그 정보가 사업 활동에 사용되거나 또는 그 정보를 사용함으로 인하여 비용 절약, 경영 효율의 개선 등에 도움이 되는 것을 의미한다(서울중앙지방법원 2007.12.13. 선고 2007가합14136 판결).

한편 영업비밀이 일반인들이 쉽게 접근할 수 있는 인터넷의 유 · 무료 사이트를 통하여 수집된 것이고, 그러한 자료수집방법이 경쟁관계에 있는 다른 인력 관리 업체들도 널리 사용하는 것으로 특별히 이 사건 회사의 정보력이나 노하우가 사용되지는 않았으며, 수집된 각 자료에 원고 및 이 사건 회사 직원의 가공행위가 특별히 부가되어 원자료와 독립된 경제적 가치가 발생하거나 증가한 것은 아닌 사실은 영업비밀의 경제적 독립성을 부정하게 한다.[65]

(2) 영업비밀의 독립성

영업비밀이 독립된 경제적 가치를 가진다는 것은 영업자체가 독립적인 경제적 가치를 가진다는 것을 의미하지는 않는다. 즉 독립된 경제적 가치를 갖는다는 것은 영업비밀 보유자만이 독자적으로 향유할 수 있는 경제적 가치를 가진다는 의미이다. 따라서 바로 영업활동에 이용될 수 있을 정도의 완성된 단계에 이르지 못한 것이라도 영업비밀이 되는 것에는 문제가 없다. 예컨대 바로 영업활동에 이용될 수 있을 정도의 완성된 단계에 이르지 못하였거나, 실제 제3자에게 아무런 도움을 준 바 없는 것이라도 영업비밀로서의 독립된 경제성을 인정할 수 있다.

> 이때 정보가 '독립된 경제적 가치를 가진다'는 의미는, 그 정보의 보유자가 그 정보의 사용을 통해 경쟁자에 대하여 경쟁상의 이익을 얻을 수 있거나, 또는 그 정보의 취득이나 개발을 위해 상당한 비용이나 노력이 필요하다는 것인바, … 어떠한 정보가 위와 같은 요건을 모두 갖추었다면, 위 정보가 바로 영업활동에 이용될 수 있을 정도의 완성된 단계에 이르지 못하였거나, 실제 제3자에게 아무런 도움을 준 바 없거나, 누구나 시제품만 있으면 실험을 통하여 알아 낼 수 있는 정보라고 하더라도, 위 정보를 영업비밀로 보는 데 장애가 되는 것은 아니다(대법원 2008.2.15. 선고 2005도6223 판결).
>
> '독립된 경제적 가치를 가지는 것'이라 함은 그 영업비밀이 공연히 알려져 있지 아니한 것이기 때문에 영업비밀 보유자만이 독자적으로 향유할 수 있는

65) 부산지방법원 2006.6.22. 선고 2005가합2591 판결.

경제적 가치를 가진다는 의미이지 영업비밀 자체가 독립적인 경제적 가치를 가져야만 한다는 것은 아닌 것으로 해석될 뿐만 아니라, … 사건에서 각 회로도에 부품배치 등에 관한 노하우가 들어간 이상 유출된 회로도 2장만으로 휴대폰을 바로 제조할 수는 없다고 하여도 그것의 경제적 가치나 영업비밀성이 부정되는 것은 아니다(서울중앙지방법원 2006.5.12. 선고 2006고합246 판결).

### (3) 진보성과 영업비밀의 경제성

영업비밀은 그 내용이 경쟁재산적 가치가 있으면 충분하고, 특허와는 달리 신규성이나 진보성이라는 요건을 충족할 필요는 없다.[66] 즉 특허에서와 같은 진보성이 인정되는 경우에는 영업비밀로서의 경제적 유용성이 인정될 가능성이 높지만, 그러나 반드시 특허법상의 신규성 내지 진보성을 요건으로 하지는 않는다.

영업비밀로 인정되기 위하여 특별한 고유성이나 진보성을 요하는 것은 아니다. 비록 이전의 프로그램과 유사하거나 그에 기초하여 개발한 것이라 하더라도, 피해회사가 그 개발과정에 있던 그 일련의 프로그램들을 비밀로서 관리하고 있었고, 관련 업계에서조차 취득할 수 없을 정도로 공연히 알려져 있지 아니하였을 뿐만 아니라, 그 정보를 취득함에 따라 관련 프로그램의 개발 가능 여부가 결정될 정도로 중요한 경제적 가치가 있다(서울남부지방법원 2007.10.5. 선고 2004노1493 판결).

### (4) 역설계와 경제성

그 영업비밀을 보유하는 자가 그 정보의 사용을 통하여 상대방 경쟁자에 대하여 경쟁상의 이익을 얻을 수 있거나 그 정보의 취득이나 개발을 위하여 상당한 비용이나 노력이 들어야 한다. 즉 영업비밀의 보유를 통하여 경쟁에서의 우위를 점할 수 있어야 하며, 별다른 시간이나 노력 없이도 그 정보를 육안으로나 간단한 분해분석으로도 손쉽게 확인할 수 있다면 독립적 경제

66) 정진근, "공개소프트웨어의 영업비밀성과 보호범위", 정보법학(제10권 제1호), 한국정보법학회, 2006.7, 65면.

성을 갖고 있다고 인정할 수 있는 영업비밀에 해당하지 않는다.

반면 영업비밀은 특허 발명과는 달리, 독자적인 개발이나 역설계와 같은 합법적인 방법에 의하여 그 영업비밀을 취득할 수 있다. 즉 영업비밀은 역설계에 의한 취득이 가능하며, 이러한 역설계가 가능하다고 하여 영업비밀성이 부정되는 것은 아니다.

> 영업비밀이라 함은 일반적으로 알려져 있지 아니하고 독립된 경제적 가치를 가지며, 상당한 노력에 의하여 비밀로 유지 · 관리되는 생산방법, 판매방법 기타 영업활동에 유용한 기술상 또는 경영상의 정보를 말하고, 영업비밀 보유자가 직원들에게 비밀유지 의무를 부과하는 등 기술정보를 엄격하게 관리하는 이상, 역설계가 가능하고 그에 의하여 기술정보의 획득이 가능하더라도, 그러한 사정만으로 그 기술정보를 영업비밀로 보는 데에 지장이 있다고 볼 수 없다(대법원 1999.3.12. 선고 98도4704 판결).

> 경제성이라 함은 영업비밀의 보유자가 그 정보의 사용을 통하여 상대방 경쟁자에 대하여 경쟁상의 이익을 얻을 수 있거나 그 정보의 취득이나 개발을 위하여 상당한 비용이나 노력이 든 경우를 말한다. 따라서 별다른 시간이나 노력 없이도 그 정보를 육안으로나 간단한 분해분석으로도 손쉽게 확인할 수 있다면 다른 경쟁업체와의 관계에서 비밀로 유지할 정도로 경제적 가치가 있는 기술상 또는 경영상의 정보라고 보기 어렵다(대구지방법원 2006.9.14. 선고 2005노4282 판결).

### 다. 비밀관리성

#### (1) 의 의

영업비밀은 상당한 노력에 의하여 비밀로 관리되는 것이어야 한다. 이때 ‘상당한 노력에 의하여 비밀로 유지된다’는 것은 ‘그 정보가 비밀이라고 인식될 수 있는 표시를 하거나 고지를 하고, 그 정보에 접근할 수 있는 대상자나 접근 방법을 제한하거나 그 정보에 접근한 자에게 비밀준수의무를 부과하는 등 객관적으로 그 정보가 비밀로 유지 · 관리되고 있다는 사실이 인식

가능한 상태인 것'을 말한다.[67)]

영업비밀을 부정이용행위로부터 보호하는 취지는 연구 성과에 대한 인센티브를 보장하기 위하여, 영업활동상의 정보를 비밀로 하는 것으로 다른 경쟁업자에 대하여 우위에 선다고 하는 기업의 행동을 법적으로 지원하는 것에 있다. 비밀로서 관리되지 않는 정보는 빠르든 느리든 타인에게 알려지게 되고, 기업의 우위성은 상실되게 된다. 또한 정보라고 하는 것은 관리하지 않는 경우에는 자유롭게 유통하는 성질을 갖고 있고, 또한 형태조차도 처음의 형태를 유지하는 것이 없고, 모든 정보가 혼재되어 돌아다니게 되고, 그 출처지가 불명하게 되는 경우가 적지 않다. 이러한 성질을 갖는 정보에 관하여 어떤 법적 보호를 부여하고자 한다면 보호를 받을 수 있는 정보와 받을 수 없는 정보로 구별하는 것이 필요하다. 그렇지 않다면 무엇이 이용해도 좋은 정보인지, 무엇이 이용하여서는 안 되는 정보인지가 불명하게 되어, 정보라고 하는 것을 자유롭게 이용할 수 없게 되기 때문이다.

여기에서 법은 법적 보호를 원하는 자에게 비밀로서 관리하는 상응의 자구 노력을 촉구하면서, 보호되어야 하는 정보를 다른 그러하지 않은 정보와 구별하여 법적 보호를 원하는 것을 명시케 하기 위하여 보호요건으로서 비밀관리성을 요구하였다. 비밀관리가 이루어진다면 정보가 다른 정보와 혼재되는 것이 없고, 또한 다른 자로부터 법적 보호를 받는 것을 원하고 있는 것이 명백하다. 거꾸로 비밀로서 관리할 수 없는 정보는 보유자가 아무리 법적 보호를 받고 싶다고 해도 비밀정보로서의 보호를 받을 수 없다.[68)]

> '상당한 노력에 의하여 비밀로 유지된다'는 것은 그 정보가 비밀이라고 인식될 수 있는 표시를 하거나 고지를 하고, 그 정보에 접근할 수 있는 대상자나 접근 방법을 제한하거나 그 정보에 접근한 자에게 비밀준수의무를 부과하는 등 객관적으로 그 정보가 비밀로 유지 · 관리되고 있다는 사실이 인식 가능한

67) 대법원 2008.7.10. 선고 2008도3435 판결.
68) 윤선희(2005). 90-91면.

상태인 것을 말한다. 직원들이 취득 · 사용한 회사의 업무 관련 파일이 보관책임자가 지정되거나 보안장치 · 보안관리규정이 없었고 중요도에 따른 분류 또는 대외비 · 기밀자료 등의 표시도 없이 파일서버에 저장되어 회사 내에서 일반적으로 자유롭게 접근 · 열람 · 복사할 수 있었던 사안에서, 이는 상당한 노력에 의하여 비밀로 유지된 정보라고 볼 수 없다(대법원 2008.7.10. 선고 2008도3435 판결).

(2) 비밀관리의 정도

비밀관리 요건의 취지가 정보의 이용자에 대하여 보호되고 있는 정보의 식별을 용이하게 하는 것에 있는 이상, 이 요건의 충족 유무를 판단함에 있어서는, 부정 수단을 이용하여 비밀을 취득하고자 하는 자나 미리 공개를 받은 자 내지는 비밀을 유지할 의무를 부담하는 자가 비밀이라는 것을 인식할 정도로 관리되고 있는지 여부를 기준으로 하여야 하겠다. 따라서 비밀관리라고 하는 요건은 상대적인 개념이다. 창으로 들어가 침입자에 대하여는 정보를 기재한 서류를 책상 서랍에 넣어두는 정도로서도 비밀이 관리되고 있다고 할 수 있지만, 통상은 서류를 자유로이 열람하는 사내의 종업원에 대하여는 그 정도로는 부족하고, 서류에 비밀 표시를 붙여 두든지, 라커 내에 잠금장치를 하고 보관하는 것이 필요하다.

또한 법원은 영업비밀 침해 기업의 규모를 비밀관리성을 판단하는 데 고려하고 있다. 즉 기업규모에 비추어 과도한 정도의 비밀관리 노력을 요구하는 것은 아니며, 그 반대로 감당할 수 없는 비용이 요구되는 것이라고 보기 어려운 비밀 관리 노력조차도 취하지 않았다면 비밀 관리 노력이 부정될 수 있다. 따라서 대기업의 경우에 비하여 중소기업의 경우에는 비밀관리성에 대한 판단이 보다 완화된 기준 아래에서 이루어질 가능성이 있다.

한편 종전에 비하여 법원은 최근 비밀관리성에 대하여 엄격한 판단 기준을 운영하고 있다. 따라서 영업비밀 보유자로서는 그 정보를 비밀로 유지하고 관리하는것에 필요한 상당한 노력을 기울일 것이 요구된다. 예컨대 단순히 취업규칙에서 직원들이 업무상 취득한 비밀을 누설하는 것을 금지하고 원고가 직원들로부터 업무상 취급하는 정보와 그 밖에 알게 된 일체의 정보를 누설하거나 이용하지 않겠다는 서약을 받은 것만으로는 영업비밀을 관리하고 있다고 주장할 수 없다. 즉 이러한 행위는 단지 종업원에 대하여 일반적인 영업비밀 누설금지의무를 정한 것에 불과하며, 실제로 영업비밀 여부가 다투어지는 정보에 대한 관리 여부를 판단하게 된다.[69] 또한 '무단복사, 전제금지', '이 문서에 대한 모든 책임은 출력자에게 있습니다', '社外秘(Confidential)' 등을 기재하여 놓은 사실만으로는 기술 정보를 상당한 노력을 들여 비밀로 유지하려는 노력을 기울였다고 인정하기에는 부족하고, 오히려 위 기술 정보에 관한 문서나 설계도면 등을 개발자들의 책꽂이에 바인더로 꽂아 놓고 회사 밖으로도 가지고 나갈 수 있도록 한 사실을 인정하면서 비밀로서 관리하지 않은 것으로 보인다고 법원은 판단하고 있다.[70]

> 프로그램 소스코드와 같은 정보가 상당한 노력에 의하여 비밀로 유지 · 관리되었다고 하기 위해서는 그 프로그램 소스코드에 접근하는 직원들에게 단순히 영업비밀 준수 서약을 받는 것만으로는 부족하고, 회사의 규모 등에 비추어 감당할 수 없는 비용이 소요되는 경우가 아닌 한 예를 들어 직원들에게 각자 그 접근 권한에 따라 고유의 식별번호(ID)와 비밀번호 등을 부여하고 그 식별번호와 비밀번호를 입력하는 경우에만 접근 및 복제가 가능하도록 하는 한편 접근이나 복제가 이루어진 경우에는 그 로그(log) 기록을 남겨 누가 언제 접근해서 어떤 작업을 하였는지를 사후에라도 추적할 수 있도록 하거나, 보안관리 전담 직원을 두어 그 담당자의 사전 허락에 의한 접근만 허용하는 등의 추가적인 보안 조치가 필요하다. 비밀준수 서약서를 징수하는 이외에는 별다른 추가적인 보안조치를 취한 바가 없어, 직원들은 언제든지 회사 컴퓨터에 접속하여 이 사건 소스코드와 같은 개발관련 자료에 접근할 수 있고 필요한 경우에는 개인용 저장장치에의 복제도 자유롭게 허용되었던 사실을 인정할 수 있는 바, 단순하게 비밀준수 서약서를 징수하는 이외에 위에서 예시한

69) 서울중앙지방법원 2007.12.31. 선고 2007가합14136 판결.
70) 수원지방법원 2007.11.9. 선고 2006가합17631 판결.

바와 같은 추가적인 보안 조치를 취하는 것이 피해 기업규모에 비추어 감당할 수 없는 비용이 요구되는 것이라고 보기도 어려운 점 등을 아울러 고려하면 상당한 노력에 의하여 비밀로서 유지 · 관리된 것이라고 보기는 어렵다(서울중앙지방법원 2008.1.24. 선고 2006고단4808 판결).

(3) 비밀관리의 의사

비밀로서 관리된다고 말할 수 있기 위하여는 당해 정보의 보유자에 대하여 비밀로 관리하는 의사가 있고 당해 정보에 대하여 대외적으로 누설시키지 않기 위한 객관적으로 인식할 수 있는 정도의 관리가 이루어질 필요가 있다.[71] 즉 비밀관리성이 인정되기 위해서는 사업자가 주관적으로 정보를 비밀로서 관리하고 있는 것만으로 충분하지 않고, 그 정보가 비밀로서 관리되고 있다고 객관적으로 인식할 수 있는 상태에 있음이 필요하다. 보다 구체적으로, 정보에 접근할 수 있는 사람을 제한하여 특정하고 동시에 정보에 접근한 사람이 그 정보가 비밀이라고 인식할 수 있어야 한다.[72]

부정경쟁방지법이 보호하는 영업비밀이 되기 위해서는 사업자가 어떤 정보를 비밀로 생각하는 것으로는 충분치 않고, 객관적으로 그 정보가 비밀로 유지 · 관리되고 있으며 또 제3자가 그 비밀성을 객관적으로 인식할 수 있어야 하는데, 원고가 비교적 규모가 적은 중소기업인 점을 감안한다 하더라도 서약서를 받는 외에 핵심기술을 문서화하여 그 접근을 제한하거나, 연구소에 관계자 외에는 출입하지 못하도록 하는 등 기술정보를 엄격하게 관리하였다는 사정이 보이지 않고, 오히려 연구실 관계자들에게 연구결과 등이 모두 공개되고 별다른 접근제한조치가 없었던 것으로 보아 기술정보가 객관적으로 영업비밀로 유지 · 관리되어 왔다고 보기 어렵다(대구지방법원 2007.2.13. 선고 2004가합10118 판결).

---

71) 大阪地判 平成 11.9.14. 判不競 1250의 186 22면 [顧問先名簿 事件]; 이 사건은 종업원이 일반적으로 공인회계사법, 세무사법등의 규정에 의하여 수비의무를 부담하면, 그 결과 동기업이 관리하는 정보가 "법률상 수비의무가 부과되는 정보인 것임에도 불구하고, 보유자가 현실로 비밀로서 관리하지 않는다면 당해 정보는 비밀성이 없다"고 한 경우이다.

72) 서울중앙지방법원 2007.12.13. 선고 2007가합14136 판결.

### (4) 비밀관리성 인정을 위한 조치

영업비밀로서 보호되기 위하여서는 당해 정보는 '상당한 노력에 의하여 비밀로 유지된' 것이어야 한다. 이러한 비밀관리 여부는 영업비밀 보유자의 단순한 주관적 의지만으로 부족하고, 객관적으로 그 비밀관리여부가 표출되어야 한다. 즉 영업비밀은 객관적으로 당해 정보에 대하여 접근한 자에게 당해 정보가 영업비밀인 것을 인식시킬 수 있도록 관리되어야 하며, 또한 당해 정보에 접근할 수 있는 자가 한정되어야 한다는 객관적인 요건과 함께 이러한 객관적인 사실은 영업비밀 보유자가 이를 '비밀로 관리하고자 한다는 의사'가 표시된 것이어야 한다. 그리고 이와 같이 비밀로 관리하고자 한다는 의사를 표시하기 위한 조치를 취하여야 하며, 그러한 조치가 없다면 영업비밀로서 보호받을 수 없게 된다. 이때 영업비밀에 대한 관리조치는 대인적 조치와 대물적 조치로 나누어 볼 수 있다.

#### (가) 대인적 조치

영업비밀에 대한 대인적 조치를 취하여야 한다. 영업비밀에 대한 대인적 조치란 영업비밀에 대한 접근과 취급 등에 인적 범위를 설정하고, 인적 관리를 취하는 것이다. 예컨대 종업원으로 하여금 회사의 영업비밀에 대하여 비밀을 유지하도록 요구하거나, 그 취급 등에 대하여 보안 교육 등을 실시하는 것을 들 수 있다. 먼저 취업규칙이나 고용계약 등에서 영업비밀 유지 의무 조항을 두어 종업원에게 일반적인 영업비밀 유지 의무를 부과할 수 있다. 그리고 영업비밀로서 보호하고자 하는 정보와 관련하여서 구체적으로 그 비밀 관리를 위한 조치를 강구할 수 있다. 일정한 자에 한하여 영업비밀에 접근하거나 이를 취급할 수 있도록 하며, 그 접근 · 취급이 인정되는 경우에도 그 권한 범위를 차별할 수 있다. 또한 권한 부여 및 정보에 대한 접근 과정에서 별도의 비밀유지 서약서를 받을 수 있다.

한편 비밀정보 관리 대장을 만들어 영업비밀에 대한 인적 접근 상황을 체크하도록 한다. 또한 사원을 대상으로 영업비밀보호에 관한 교육을 정기적으로 실시하며, 퇴사자로부터 비밀유지 서약서를 받도록 한다.

> 직원들을 대상으로 공장의 기계 배치, 생산량, 부품의 규격 등을 포함하여 그 생산공정에 대한 비밀을 유지하도록 하는 계약 · 각서 · 취업규칙을 작성하거나 이에 대한 보안교육을 시키는 등으로 생산공정을 비밀로 유지하기 위한 관리 노력을 행한 적이 없다면 영업비밀로서 관리한 것이 아니다(대법원 2003.1.24. 선고 2001도4331 판결).

> 직원들을 대상으로 제품의 회로도를 비밀로 유지, 관리하도록 하는 계약서, 각서, 취업규칙 등을 작성하거나 이에 대한 보안교육을 실시하는 등으로 비밀로 유지하기 위한 별도의 노력을 행한 적이 없는 점 등에 비추어 보면 피해회사의 회로도는 부정경쟁방지법상의 영업비밀에 해당한다고 인정하기에 부족하다(서울남부지방법원 2005.11.25. 선고 2005노244 판결).

> 피고인이 A 회사를 퇴사하면서 스스로 작성한 영업비밀등보호서약서에서 위 각 모델 관련자료들을 영업비밀로 기재한 후 재직중 관리하고 있던 영업비밀 관련 자료를 퇴직원 제출 즉시 회사에 반납하고 어떠한 형태의 사본도 개인적으로 보유하지 않겠다고 서약한 점, B에서는 위 각 자료들을 영업비밀로서 관리하여 왔고, A역시 B와의 기밀누설방지협정에 따라 직원들에게 영업비밀로 관리하도록 교육하여 온 점 등을 비추어 볼 때 각 자료들은 휴대폰 업계에 공연히 알려져 있지 아니하고 비밀로서 관리되는 것이다(서울중앙지방법원 2007.1.11. 선고 2006고단1831 판결).

(나) 대물적 조치

영업비밀에 대한 대물적 조치를 취하여야 한다. 영업비밀에 대한 대물적 조치란 영업비밀의 물적 범위를 확정하고, 이에 대한 관리 상태를 객관화하는 조치이다. 예컨대 특정한 구역을 설정하거나, 물리적 접근 통제 수단을 설정함으로써 영업비밀로서 보호되는 정보를 그 외의 정보와 구분하도록 한다. 또한 영업비밀로서 보호하고자 하는 대상 정보를 특정하며, 이에 대하여 '대외비' 표시 및 비밀등급을 표시한다.

> 신청인 회사는 별도로 연구소를 설치하여 관계자 이외에 출입할 수 없도록 하는 한편, 직원들에게는 그 비밀을 유지할 의무를 부과하고 이 사건 기술정보를 엄격하게 관리하는 등으로 비밀관리를 하고 있으므로, 이 사건 기술정보는 상당한 노력에 의하여 비밀로 유지(秘密維持)되고 있는 신청인 회사의 영업활동에 유용한 기술상의 정보, 즉 '영업비밀'이라 하겠다(대전고등법원 2002.5.9. 선고 2002라2 판결).

> 금형을 개발, 보관하는 금형개발실을 통제구역으로서 관리하여 책임자만이 출입할 수 있도록 하고, 금형수불과 관련하여도 장부를 엄격하게 관리함으로써 금형의 외부유출을 엄격히 통제하는데 필요한 제반 조치를 취함으로써 금형에 대하여 부정한 수단에 의하지 않으면 접근할 수 없을 정도로 충분히 관리하여 왔으며, 이 사건 제조기계도 피고 회사 내부에서만 사용한 사실이 인정되는바, 이러한 사실을 종합하여 보면, 이 사건 금형과 제작기계는 상당한 노력에 의하여 비밀로 유지된 생산방법으로서 영업비밀에 해당한다(인천지방법원 2003.10.17. 선고 2000가합1798 판결).

### 라. 위법한 영업비밀의 보호

부정경쟁방지법은 정당한 정보를 보호하기 위한 것이다. 따라서 원칙적으로 위법한 정보는 보호하지 않으며, 기업이 보호하고자 한다고 하여 모든 정보를 영업비밀로 보호하는 것은 아니다. 예컨대 뇌물정보와 같이 기업의 불법 사실이나 사주의 스캔들과 같은 개인적인 사항은 비록 기업 차원에서 비밀로 보호한다고 하여, 법률이 그 보호를 인정하는 것은 아니다.

다만 그러한 위법성이 직접적으로 판단되지 않는 경우가 있다. 예컨대 타인의 영업비밀을 침해하여 기술정보를 영업비밀로서 보호할 수 있는가가 문제되는 경우이다. 이에 대하여 법원은 그 책임은 별도로 하고, 영업비밀로서의 보호를 주장할 수 있고 판단한다. 즉 영업비밀의 위법이 분명하지 않은 한, 영업비밀로서의 보호가 부정되지는 않는다.

> 피해회사의 초창기 프로그램이 이전의 그것과 유사한 것으로서 의전 회사의 영업비밀을 침해하여 취득한 것이라고 하더라도, 영업비밀로 인정되기 위

한 요건으로 고유성이나 진보성을 요하는 것이 아닌 이상 피해회사가 제3자에 대하여 영업비밀 침해에 관한 별도의 책임을 짐은 별론으로 하고, 그와 같은 사정만으로 위 정보 자체가 영업비밀에 해당하지 않게 되는 것은 아니다(서울남부지방법원 2007.10.5. 선고 2004노1493 판결).

## 제 3 절 영업비밀 침해행위

영업비밀을 이용하는 행위가 모두 부정경쟁행위에 해당하는 것은 아니다. 비밀관리라는 성과개발 인센티브를 보장한다는 영업비밀보호법제의 취지에서, 비밀의 관리체계를 파괴하는 행위 내지는 그러한 파괴행위를 이용하는 행위만을 규제하면 되고, 당해 정보를 독자적으로 취득한 자에 대하여는 규율이 미치지 않는다. 또한 정보의 자유로운 유통을 방해하지 않기 때문에 비밀의 관리체제를 파괴하는 행위를 이용하는 행위이라도 어떤 주관적 요건이 있을 때만 비로소 부정경쟁행위가 된다. 즉 법은 부정경쟁방지법 제2조 제2항에서 정한 영업비밀에 대하여, 동조 제3항에서 규율하고자 하는 부정경쟁행위로서의 영업비밀 침해행위를 정하고 있다. 이에 아래에서는 일반적으로 접근할 수 있는 영업비밀 침해행위와 함께 법에서 정하고 있는 부정경쟁행위로서의 영업비밀 침해행위에 대하여 살펴보도록 한다.

### Ⅰ. 영업비밀의 침해

영업비밀의 침해는 그 침해자를 기준으로 내부인에 의한 침해, 외부인에 의한 침해, 내부인과의 공모에 의한 침해, 라이선스의 계약 상대방에 의한 침해, 하청에 의한 침해 등으로 나눌 수 있다. 그 침해행위의 양태에 따라 다시 절도 · 횡령 · 사기 · 협박 등의 부정한 수단에 의해 영업비밀을 취득하는 행위와 부정한 목적으로 사용 · 공개하는 행위로 나눌 수 있을 것이다.

## 1. 내부인에 의한 침해

내부인에 의한 침해행위는 재직 중의 침해행위와 퇴직 후의 침해행위로 나눌 수 있다. 재직 중인 자에 의한 침해는 다시 부정한 수단에 의해 취득하는 행위와 부정한 방법으로 공개하는 행위로 나눌 수 있겠다. 다만 재직 중인 자에 의한 침해로서 부정한 수단에 의해 취득하는 행위보다는 부정한 방법으로 공개하는 행위가 문제가 되는 경우가 대부분이다. 또한 재직 중인 자에 의한 침해행위는 내부인 단독으로 하는 경우와 외부인이 함께 하는 경우가 있겠다.

국내에서 재직 중인 자에 의한 영업비밀 침해가 문제된 사건은 대체로 형사 사건에 집중된다. 이 경우 부정경쟁방지법이 적용되는 예가 있을 뿐만 아니라, 형법상의 절도죄, 배임죄, 정보통신망 이용촉진 및 정보보호 등에 관한 법률(이하 '정보보호법'이라 함) 등이 적용되는 경우도 있다. 특히 부정경쟁방지법이 1991년 개정을 통하여 영업비밀 보호 규정을 두기 이전부터 법원은 영업비밀이 기재된 서류나 저장매체 등을 절취한 행위에 대하여 절도죄를 적용한 바 있으며, 종업원의 비밀누설 행위나 경업행위에 대하여 배임죄를 인정하고 있었다. 나아가 종업원이 유출한 자료가 영업비밀에 해당하지 않는 경우에도 배임행위가 본인과의 사이에서 존재하는 신임관계를 저버린 경우에는 배임죄가 성립한다고 판단하였다.[73)]

피고인은 피해자의 피용자로서 위 피해자의 지시를 받아 원심 판시 자료들에 대한 사실상의 지배를 해 온 사실을 알 수 있으므로, 위 피고인의 소지는 피해자의 점유에 종속하는 점유기관으로서의 소지에 지나지 않으며, 위 피고

73) 대법원 2005.7.14. 선고 2004도7962 판결.

인이 권리자인 피해자를 완전히 배제하여 그 경제적 이익을 보유하려는 의사로 원심 판시 자료들을 위 피고인의 승용차에 싣고 나와 이를 절취하였음이 명백한 이 사건에서 위 피고인에게 불법영득의사가 없었다고 볼 수는 없다(서울지방법원 2001.1.17. 선고 2000노8561 판결).

피고인이 피해자 A 경영의 사업체인 B의 전무로 재직하면서 직원의 통솔, 거래처의 관리, 물품의 발주와 수금 등 영업 전반에 관한 업무를 관장하고 있었다면 피고인은 위 A를 위하여 성실히 근무하고 사업비밀을 유지하며, 경업을 하여서는 아니 될 업무상의 임무가 있다 할 것이고, 따라서 피고인이 그의 독자적인 계산아래 별도의 업체를 만들어 위 A의 업체와 비슷한 상호를 사용하여 같은 거래업체에다 동일한 물건을 납품한 판시 소위는 위 A와의 신임관계를 저버리는 행위로서 업무상 배임죄가 성립된다(대법원 1988.4.25. 선고 87도2339 판결).

종업원이 자료를 유출한 경우 업무상배임죄가 성립하기 위하여는 그 자료가 영업비밀에 해당하여야 할 필요는 없고, 영업비밀에는 해당하지 않는다고 하더라도 그 자료가 불특정 다수의 사람에게 공개되지 않았고, 사용자가 상당한 시간, 노력 및 비용을 들여 제작한 설계도면 등을 담은 컴퓨터 파일과 같은 영업상 주요한 자산인 경우에는 이를 유출한 행위도 업무상 배임죄를 구성한다(대법원 2008.4.24. 선고 2006도9089 판결).

그러나 이러한 모든 영업비밀 침해행위가 형법의 적용을 받는 것은 아니다. 예컨대 절도죄는 그 객체를 '타인의 재물'로서 한정하고 있는 바 영업비밀 자료를 자신의 카메라로 찍어서 회사 밖에서 현상하는 경우나 그 영업비밀을 기억하는 행위를 부정경쟁행위로 처벌할 수는 없겠다. 따라서 재직 중의 종업원에 대하여는 비밀유지의무를 부과하여 영업비밀의 보호를 도모하는 것이 타당하다.

절도죄의 객체는 관리가능한 동력을 포함한 '재물'에 한한다 할 것이고, 또 절도죄가 성립하기 위해서는 그 재물의 소유자 기타 점유자의 점유 내지 이용가능성을 배제하고 이를 자신의 점유하에 배타적으로 이전하는 행위가 있어야만 할 것인바, 컴퓨터에 저장되어 있는 '정보' 그 자체는 유체물이라고 볼 수도 없고, 물질성을 가진 동력도 아니므로 재물이 될 수 없다 할 것이며, 또 이를 복사하거나 출력하였다 할지라도 그 정보 자체가 감소하거나 피해자의 점유 및 이용가능성을 감소시키는 것이 아니므로 그 복사나 출력 행위를 가지고 절도죄를 구성한다고 볼 수도 없다(대법원 2002.7.12. 선고 2002도745 판결).

퇴직한 자에 의한 침해행위는 대부분 영업비밀에 해당하는 정보를 취득한 시점에는 그 행위가 정당하였으나, 퇴직과 동시에 정당하게 얻은 영업비밀을 부정하게 사용하거나 제3자에게 공개 · 전달 등을 하는 행위가 이에 해당한다.

(1) 산업스파이에 의한 침해

처음부터 경쟁업체의 정보를 얻기 위하여 위장 취업하는 경우로 산업스파이 사건으로 그 사례로는 대일본인쇄산업 스파이 사건,[74] 鐘淵 화학산업 스파이 사건,[75] 동양레이온산업 스파이 사건,[76] 신약비밀자료 유출사건,[77] 新瀉 철공사건[78] 등이 일본에서 유명한 판결이고, 독일의 판결에서는 Betribsspionage[79]사건 등이 선진국의 산업스파이 사건의 유형으로 볼 수 있다.

(2) 헤드 헌터(Head-hunter)에 의한 침해

퇴직자에 의한 영업비밀 침해행위의 전형적인 유형으로는 헤드 헌터

74) 東京地判 昭和 40.6.26. 判時 419号 14면 [大日本印刷 事件]
75) 大阪地判 昭和 42.5.31. 判時 494号 74면 [天化糖 事件]
76) 神戸地判 昭和 56.3.27. 判時 1012号 35면 [東洋レーヨン 事件]
77) 東京地判 昭和 59.6.15. 判時 1126号 3면 [新藥データ刑事 事件]
78) 東京地判 1985.2.13. 判時 1146号 23면 [新瀉鐵工 事件]
79) GRUR 1973, 484(1973.3.16 BGH Urt. v.); 이 판결에서 법원은 "목적을 불문하고 경쟁자에 의한 스파이의 잠입은 질서에 반하는 것으로 용인할 수 없으며, 이는 스파이가 구체적인 위임을 받지 않고 무엇이 경쟁사에게 도움이 되는가를 알고 비밀을 탐지하여 제공하는 것에 대해 보수를 지불하는 경우에도 해당된다"는 요지의 판단을 하고 있다.

(Head-hunter)를 들 수 있다. 원칙적으로 헤드 헌팅은 기업경쟁상 허용된다고 볼 수 있으나, 영업비밀을 부정하게 빼낼 의도로 한 헤드 헌팅 행위는 부정경쟁행위에 해당할 수 있다. 이러한 헤드 헌팅 행위는 선진국이나 기술축적이 많은 기업도 경쟁력을 높이기 위해서 할 수 있는 유형이나 대체로 영업비밀이 축적되어 있지 않은 후진국이나 기업에서 많이 이루어지는 침해형태라 할 수 있다.

(3) 전직에 의한 침해

영업비밀 침해의 대부분이 전직에 의한 것이다. 이러한 침해유형도 각양각색이나, 여기서는 전직하기 전 회사의 지위에 따라 임원이었던 경우와 일반 직원이었던 경우로 나누도록 한다. 일반 직원이었던 자가 침해한 경우에는 상법 제198조의 경업금지에 저촉될 수 있는 반면, 임원이었단 자가 침해한 경우에는 상법 제198조의 경업금지 및 제382조의 4의 비밀유지의무에 저촉될 수 있다. 특히 임원의 경우에는 선관의무[80]와 충실의무[81]를 부담하며, 직위에 상관없이 고용관계의 종료 이후에도 일정 기간 경쟁피지의무를 내용으로 하는 계약을 맺는 것이 일반적인 모습이라는 점에서 계약상의 의무역시 문제가 된다. 내부인에 의한 경우에 있어서와 같이, 부정경쟁방지법, 형법, 정보보호법 등에 의한 형사처벌도 문제된다.

> 피고인이 피해회사를 퇴직하면서 가지고 나온 판시 각 문서들은 피해회사의 직원들이 피해회사의 목적 달성을 위하여 작성한 피해회사의 소유로서 피해회사가 그 목적달성을 위하여 이용하는 한도에서 피고인에게 그 소지 및 사용을 허락하였을 뿐, 피해회사가 피고인에게 그 소유권까지 이전하지는 아니하였으며, … 피고인의 위 행위는 절도죄에 해당한다(대법원 2008.2.15. 선고 2005도6223 판결).

회사직원이 영업비밀을 경쟁업체에 유출하거나 스스로의 이익을 위하여

80) 민법 제681조와 상법 제382조가 적용된다.
81) 상법 제17조.

이용할 목적으로 무단으로 반출하였다면 그 반출시에 업무상배임죄의 기수가 되고, 영업비밀이 아니더라도 그 자료가 불특정 다수의 사람에게 공개되지 않았고 사용자가 상당한 시간, 노력 및 비용을 들여 제작한 영업상 주요한 자산인 경우에도 그 자료의 반출행위는 업무상배임죄를 구성하며, 회사직원이 영업비밀이나 영업상 주요한 자산인 자료를 적법하게 반출하여 그 반출행위가 업무상배임죄에 해당하지 않는 경우라도 퇴사시에 그 영업비밀 등을 회사에 반환하거나 폐기할 의무가 있음에도 경쟁업체에 유출하거나 스스로의 이익을 위하여 이용할 목적으로 이를 반환하거나 폐기하지 아니하였다면, 이러한 행위가 업무상배임죄에 해당한다고 보아야 한다(대법원 2008.4.24. 선고 2006도9089 판결).

## 2. 외부인에 의한 침해

외부인에 의한 침해 형태는 내부인과의 공모에 의한 침해와 외부인에 의한 침해로 나눌 수 있다. 외부인만에 의한 영업비밀 침해행위는 영업비밀을 보유하고 있는 자가 유지하고 있는 영업비밀 보호상태를 파괴하거나 파괴하고자 하는 행위의 비난가능성에서 부정경쟁행위성을 찾을 수 있겠다. 즉 비밀관리라는 성과개발 인센티브를 법적으로 담보하기 위하여 영업비밀의 비밀관리성을 요구한다는 점에서, 이러한 비밀관리체제를 파괴하고자 하는 외부인의 행위 양태가 문제가 된다.

특히 영업비밀성 유지의 필요성이나 영업비밀 특정의 어려움에서 외부인만에 의한 영업비밀 침해행위가 문제가 되는 경우에는 대체로 영업비밀성 판단보다는 침해행위의 위법성이 다루어지게 된다. 즉 영업비밀에 접근하는 과정에서 이루어지는 주거침입이나 영업비밀이 포함된 서류 등에 대한 절도 행위가 외부인만에 의한 영업비밀 침해행위가 다루어지게 된다.

한편 외부인만에 의한 영업비밀 침해행위의 경우에 비하여 내부인과의 공모에 의하여 영업비밀 침해행위가 이루어지는 경우에는 정보의 영업비밀성과 함께 내부인의 영업비밀 침해행위성이 문제가 된다. 즉 외부인이 직접 영업비밀에 위법하게 접근하지 않고, 영업비밀에 대한 정당한 접근 권한을 갖고 있는 내부인에게 부정한 사용 · 공개를 하도록 하거나 권한없는 내부인이 부정한 취득 · 사용 · 공개 등을 하도록 한 경우에는 일차적으로 당해 정보의 영업비밀성과 이에 접근한 내부인의 행위가 문제가 된다. 이에 내부인의 행위가 영업비밀 침해행위에 해당하는지 여부에 따라 외부 공모인의 행위가 영업비밀 침해행위성이 판단되게 된다.

### 3. 라이선스 및 기타 계약 관계자에 의한 침해

기술이전 계약을 맺거나 영업비밀 라이선스 계약을 맺은 경우, 또는 하청업체의 경우에는 영업비밀 보유자로부터 정당한 권원에서 영업비밀을 취득 · 사용하게 된다. 이 경우에 영업비밀 보유자는 라이선시 또는 하청업체에게 영업비밀을 보호하도록 요구하고, 이에 따른 계약상의 의무를 라이선시 또는 하청업체는 부담하게 된다. 이러한 계약상의 의무를 위반하여 제3자에게 영업비밀을 공개하거나 사용하도록 하는 경우 또는 영업비밀을 적절히 비밀로 관리하지 못하여 제3자에게 노출된 경우, 당해 영업비밀의 보호가 문제가 될 수 있다. 즉 전자의 경우에는 부정경쟁행위에 해당할 수 있겠으나, 후자의 경우에는 영업비밀 보유자가 아닌 라이선시의 비밀관리 노력이 영업비밀 해당성을 좌우할 수 있게 된다. 또한 라이선시나 하청업체 등에 대한 영업비밀 보유자의 관리 감독 여부에 따라 영업비밀 보유자 자체의 비밀관리 노력 역시 문제가 될 수 있다. 한편 계약이 종료한 이후에도 당사자들 사이에서는 일정 기간 비밀을 유지하도록 하도록 약정을 맺게 되는데, 이 경우에도 여전히 같은 문제가 발생할 수 있다.

이와 같이 성공적으로 체결된 기술이전 관계 또는 종료한 계약 관계에서뿐만 아니라 이러한 계약 관계를 준비하는 단계에서도 영업비밀의 보호가 문제가 될 수 있다. 기술의 이전은 당해 기술정보를 갖고 있는 자와 갖고 있지 않는 자와의 사이에서 이루어진다. 이러한 점에서 라이선서는 계약을 체결하기 전에 제공되는 기술이 어떠한 것인지를 알려고 하고, 반면 라이선시는 계약이 체결되기 전까지는 그 이전 대상이 되는 기술 내역의 공개에 소극적인 입장을 취하게 된다. 특히 대체의 경우 기술이전은 특허로 공개된 기술뿐만 아니라 이와 관련한 영업비밀을 포함하게 되는데, 특허의 경우에는 청구항등을 통하여 그 기술범위를 특정할 수 있는 반면 영업비밀의 경우에는 그 범위를 확정할 수 없다는 어려움이 따르게 된다. 특히 기술이전을 위한 계약이 체결되지 못하고 실패한 경우에는 분쟁의 가능성이 높아지게 된다. 예컨대 독점적 판매위탁계약을 맺을 의사도 없으면서 계약을 제안한 후, 관련 제품을 받아 분해하여 기술을 습득한 후 계약을 맺지 않겠다고 통지하는 경우를 상정할 수 있다. 이 경우에는 영업비밀 보유자로서는 관련 기술정보 내지 영업비밀을 노출하게 되었을 뿐만 아니라, 본인이 직접 생산 판매하거나 다른 위탁판매인을 선정할 수 있는 기회를 빼앗김으로써 영업상의 이익을 상실하게 된다. 이러한 점에서 계약을 준비하는 단계에서도 영업비밀 침해행위가 인정될 수 있으며, 따라서 계약 체결을 준비하는 단계에서 당사자는 영업비밀 내지 기술정보에 대한 비밀유지의무와 이의 위반에 따른 손해배상등에 대한 관계를 예정하도록 하여야 한다.

## Ⅱ. 부정경쟁방지법상의 침해

영업비밀에 관한 침해행위의 규정 방식으로는 예컨대 독일의 경우[82]와

82) 종전의 독일 부정경쟁방지법 제1조에서는 '업무상 거래에 있어서 경업의 목적으로 선량한 풍속에 반하는 행위를 하는 자에 대하여 중지 및 손해배상 등의 구제청구가 가능하다'고 일반규정을 두고 있었다. 2004년 개정법 제3조에서는 '경업자, 소비자 기타 시장참가자의 불이익이 되는 형태로 경쟁을 경미하지 않은 정도로 침해할 우려가 있는 부정경쟁은 금지된다'고 규정하였으며, 현행법에서는 '부정한 거래상의 행위는 경업자, 소비자 또는 기타 시장참가자의 이익을 지각 가능한 정도로 저해하는 것인 경우에는 위법이다'고 규정하고 있다. 특히 현행법에서는 부정한 거래상의 행위를 규정한 가운데, 제4조에서 부정경쟁행위의 예를 들고 있다.

같이 일반조항에 의하는 경우와 미국의 UTSA나 일본의 부정경쟁방지법과 같이 개별적으로 열거하는 경우가 있다. 일반조항에 의한 규정 방식은 다양한 침해행위에 유연한 대응을 할 수 있다는 장점이 있다. 그러나 우리나라는 일정한 행위를 영업비밀 침해행위로 규정하는 방식을 채택하였다. 이는 영업비밀 침해행위에 대하여 확립된 학설이나 판례가 없는 상태에서 그 금지 대상이 되는 행위를 일반조항으로 처리한다면 자칫 영업비밀에 대한 경제활동의 위축을 초래할 수 있다는 우려에 따른 입법이다.

동법의 6개 침해행위유형은 (가)목의 절도등 부정한 수단으로 영업비밀을 취득 · 사용 · 공개하는 행위(부정취득행위: 탐지형)와 (라)목의 계약관계 등에 의하여 영업비밀을 비밀로서 유지하여야 할 의무가 있는 자가 부정한 이익을 얻거나 보유자에게 손해를 가할 목적으로 영업비밀을 사용 · 공개하는 행위(비밀유지의무위반행위: 누설형)를 기본유형으로 하고, 이 기본유형에 따른 사후적 관여행위 두 가지를 각각 추가하여 규정하고 있다. 즉 제3자가 부정취득행위나 비밀유지의무위반 행위가 있었다는 사실을 취득 당시에 알거나 중대한 과실로 알지 못하고 당해 영업비밀을 취득 · 사용 · 공개하는 행위를 각각 (나)목과 (마)목에 규정하고, 부정취득행위나 비밀유지의무위반행위를 취득당시에는 알지 못하였으나 취득 후 알게 되거나 중대한 과실로 알지 못하고 당해 영업비밀을 사용 또는 공개하는 행위를 각각 (다)목과 (바)목에서 규정하고 있다.

### 1. 부정취득행위

절취 · 기망 · 협박 기타 부정한 수단으로 영업비밀을 취득하는 행위 또는 그 취득한 영업비밀을 사용하거나 공개하는 행위는 영업비밀 침해행위에 해당한다(부정경쟁방지법 제2조 제3호 (가)목). 비밀로 관리되고 있는 영업비밀을 취득하는 과정에 절취 · 기망 등의 불법한 행위가 개입한 경우에는 그 행위의 비난가능성에 착안하여 영업비밀 침해행위로 보는 것이다. 따라서 법에서 규정한 '절취, 기망, 협박'은 부정수단의 예시에 불과한 것이며, '그 밖의 부정한 수단'으로는 강도, 폭행, 주거침입, 횡령, 배임, 장물에 관한 죄 등 형벌법규에 해당하는 행위뿐만 아니라 사회통념상 이와 동등한 위법성을 가진다고 판단되는 행위, 즉 사회질서에 반하는 행위(미인계, 도청, 매수, 위장취업)도 포함한다고 해석된다. 이에 ① 영업비밀 그 자체인 유체물(비밀의 촉매나 신제품 등)이나 영업비밀이 기재되어 있는 유체물(설계도나 고객명부 등) 등(이하 '영업비밀의 매체물'이라 한다)을 절취하거나 사기, 협박 기타의 부정한 수단에 의해 취득하는 행위뿐만 아니라 ② 영업비밀의 매체물이 보관되어 있는 장소에 무단으로 침입하거나 영업비밀의 매체물을 보관하고 있는 책상, 금고, 봉투, 플로피 디스크 등을 무단으로 개봉하거나 사용하여 안에 들어 있는 영업비밀을 기억하거나 복제하는 행위, 그리고 ③ 영업비밀을 기억하고 있는 사람으로부터 사기, 협박, 도청 등의 수단에 의해 영업비밀을 취득하는 행위 등은 부정취득행위에 해당한다.[83]

판례역시 부정한 수단이라 함은 절취 · 기망 · 협박 등 형법상의 범죄를 구성하는 행위뿐만 아니라 비밀유지의무의 위반 또는 그 위반의 유인 등 건전한 거래질서의 유지 내지 공정한 경쟁의 이념에 비추어 위에 열거된 행위에 준하는 선량한 풍속 기타 사회질서에 반하는 일체의 행위나 수단을 말한다고 판시하고 있다(96다 16605).

> 부정경쟁방지법 제2조 제3호 (가)목 전단에서 말하는 '부정한 수단'이라 함은 절취 · 기망 · 협박 등 형법상의 범죄를 구성하는 행위뿐만 아니라 비밀유지의무의 위반 또는 그 위반의 유인 등 건전한 거래질서의 유지 내지 공정한 경쟁의 이념에 비추어 위에 열거된 행위에 준하는 선량한 풍속 기타 사회질서에 반하는 일체의 행위나 수단을 말한다(대법원 1996.12.23. 선고 96다 16605 판결).

83) 日本 通商産業省 知的財産政策室, 전게서, 77-79면; 田村善之(1994), 241면.

이러한 법원의 태도는 부정경쟁행위의 한 유형으로 영업비밀 침해행위를 이해하고 있으며, 이에 영업비밀 침해행위 여부를 건전한 거래질서의 유지 내지 공정한 경쟁의 이념이라는 관점에서 접근하여야 한다는 것으로 이해할 수 있다.

본 규정은 정당한 수단에 의하여 영업비밀을 입수할 지위에 있지 않은 자가 절취 · 기망 · 협박 기타 형벌법규에 위반되는 것과 같은 위법한 수단을 사용하여 취득하는 행위를 기본으로 다시 이와 같이 취득한 정보를 스스로 사용하여 경쟁상의 이득을 얻거나 특정한 타인 또는 불특정 다수인에게 그 비밀을 전득 · 공개하는 행위를 금지하는 것이다.

### 가. 부정한 취득행위

영업비밀의 취득이란 영업비밀에 해당하는 문제의 정보를 입수 또는 확보하는 것으로 비밀이 화체된 문서 기타의 매체 그 자체에 대한 권한없는 점유취득뿐만 아니라 영업비밀을 기억하는 등의 방법으로 권한 없이 문제의 정보를 확보하는 일체의 행위를 포함한다. 따라서 회사 밖에 가지고 나가는 것이 금지되어 있는 사무책상 서랍 속의 잡지구독회원명부를 종업원이 회사 밖에 가지고 나가 복사하고 2시간 후에 원본을 원래의 장소에 갖다 놓았다고 해도 이는 영업비밀 침해행위가 되며,[84] 고객명부가 입력되어 있는 자기테이프를 아무런 권한이 없는 직원이 복사하여 복제물을 가지고 나가는 행위[85]도 마찬가지다.

영업비밀의 '취득'은 문서, 도면, 사진, 녹음테이프, 필름, 전산정보처리조직에 의하여 처리할 수 있는 형태로 작성된 파일 등 유체물의 점유를 취득하는 형태로 이루어질 수도 있고, 유체물의 점유를 취득함이 없이 영업비밀 자체를 직접 인식하고 기억하는 형태로 이루어질 수도 있고, 또한 영업비밀을

84) 東京地判 昭和 55.2.14. 判時 957号 118면 [建設調査會 事件] 참조.
85) 東京地判 昭和 62.9.30. 判時 1250号 144면 [京王百貨店顧客名簿刑事 事件] 참조.

알고 있는 사람을 고용하는 형태로 이루어질 수도 있는바, 어느 경우에나 사회통념상 영업비밀을 자신의 것으로 만들어 이를 사용할 수 있는 상태가 되었다면 영업비밀을 취득하였다고 보아야 하므로, 회사가 다른 업체의 영업비밀에 해당하는 기술정보를 습득한 자를 스카우트하였다면 특별한 사정이 없는 한 그 회사는 그 영업비밀을 취득하였다고 보아야 한다(대법원 1998.6.9. 선고 98다1928 판결).

부정취득의 구제에 있어 영업비밀의 부정취득행위가 계속해서 되풀이되는 때에는 취득행위 그 자체에 대한 금지청구가 가능하겠으나, 일회적으로 취득이 종결되는 경우에는 취득의 예방청구가 주로 문제된다.

### 나. 부정한 사용행위

사용행위란 영업비밀을 그 고유의 용도 내지 사용목적에 따라 활용하는 행위를 말한다. 다만 취득자로부터 비밀을 전득한 자의 사용은 (나)목 또는 (다)목 소정의 구성요건에 해당하는 바, 본목의 사용은 부정한 수단으로 영업비밀을 취득한 자 자신이 그 비밀을 이용하는 때에 한한다.

영업비밀의 '사용'은 영업비밀 본래의 사용 목적에 따라 이를 상품의 생산 · 판매 등의 영업활동에 이용하거나 연구 · 개발사업 등에 활용하는 등으로 기업활동에 직접 또는 간접적으로 사용하는 행위로서 구체적으로 특정이 가능한 행위를 가리킨다고 할 수 있다(대법원 1998.6.9. 선고 98다1928 판결).

이는 다시 타인의 기술상의 노하우를 이용하여 제품을 생산하거나 고객명부 또는 자금조달처에 관한 정보를 이용하여 상품을 판매하고 금융을 얻는 것과 같이 생산 또는 판매 등의 영업활동에 직접적으로 이용하는 직접적 사용과 다른 기업이 실패한 연구실험자료(negative information)를 토대로 불필요한 연구실험과정을 생략함으로써 비용을 절감하거나 다른 기업의 판매데이터와 재고관리정보를 참조하여 자신의 판매계획을 수립하는 경우 등과

같은 간접적 사용으로 구분된다.[86)]

개량된 생산기술, 추가 편집된 고객명부 등과 같이 취득한 영업비밀이 그대로 사용(이용)되지 않고 변형된 경우에도 그 동일성이 인정되는 경우에는 사용행위가 인정된다. 한편 제품을 생산하는 행위가 사용행위로 특정될 수 있는 경우에도 그 영업비밀을 사용하여 만든 제품의 판매행위는 영업비밀의 사용행위에 해당되지 않는 바, 이에 대한 폐기 청구는 별론으로 하고 금지청구는 인정되지 않는다.

### 다. 부정한 공개행위

부정한 수단으로 취득한 자의 행위로 영업비밀을 불특정인에게 공개하는 행위 및 비밀로 유지하면서 특정인에게 알리는 행위를 포함한다. 예를 들면 절취한 대량주문서 등을 산업스파이에게 인도하는 행위 또는 절취한 공사견적서 등의 기밀서류를 경쟁회사의 종업원에게 판매하는 행위[87)] 등이 있다. 또한 영업비밀을 부정공개행위로부터 보호하는 바는 통상 입수할 수 없는 비밀, 지식 등을 제3자가 입수하는 것을 금지하는 데 있으므로 영업비밀의 전부뿐만 아니라 그 일부만을 알 수 있게 한 경우도 부정공개행위에 해당한다.

다만 영업비밀을 부정한 상대방이 이미 그 영업비밀을 알고 있는 경우에도 부정공개행위가 성립하는가에는 견해가 나누어진다. 즉 영업비밀을 부정공개한 상대방이 이미 그 영업비밀을 알고 있는 경우에도 부정공개행위가 성립한다고 하는 견해[88)]와 이 경우는 부정공개행위에 대한 금지청구의 실익이 없을 뿐 아니라 공개되어 버린 경우에도 손해의 인정이 곤란하여 손해배상청구가 인용될 가능성도 거의 없으므로 법적인 의미는 별로 없다는

86) 정호열, 전게서, 266면.

87) 東京地判 昭和 40.6.26. 判時 419号 14면 [大日本印刷 事件] 참조.

88) 小野昌延, 營業秘密の保護, 有信堂, 1968, 583면.

견해[89]이다. 영업비밀의 보호는 비밀 상태의 보호라는 의미와 함께 영업비밀 침해행위에 대한 제재의 의미를 갖는다. 따라서 부정공개의 상대방이 영업비밀을 이미 알고 있는가는 크게 문제되지 않으며, 판단되어야 할 사항은 공개행위의 부정성이라 하겠다. 따라서 공개의 상대방이 이미 영업비밀을 알고 있다고 하여 부정공개의 성립이 부정되지는 않을 것이다. 재판례 역시 이미 영업비밀에 대하여 알고 있더라도 공개 행위의 대상이 되는 제3자에 해당한다고 판시[90]하고 있다.

> 피고인들은 피해회사로부터 퇴직하여 별도의 A법인을 설립하고 피해회사로부터 취득한 영업비밀을 A법인의 직원들에게 공개하여 위 영업비밀을 사용하여 방향제를 생산하였는바, 직원들이 이미 위 영업비밀에 대하여 알고 있었다고 하더라도 위 영업비밀의 보유자인 피해회사와는 다른 법인격이며 동종의 업체인 A 및 A의 직원들은 영업비밀에 대하여 비밀로 유지하여야 할 제3자에 해당한다(인천지방법원 2005.12.22. 선고 2005노257 판결).

부정경쟁방지법 공개행위는 구두 · 서면뿐만 아니라 도면 · 모형의 전시에 의해서도 가능하며 제3자가 영업비밀을 알려고 하는 것을 막지 않는 형태의 부작위에 의한 공개행위도 인정된다. 이때 공개행위의 유상성을 요건으로 하지 않으며, 선의 여부 역시 문제되지 않는다.

### 라. 기타의 부정한 수단

(가)목에서 열거한 '절취 · 기만 · 협박'은 영업비밀의 부정취득행위의 전형적 수단의 예시이고, 부정취득은 '기타의 부정한 수단'에 의한 것으로서 (가)목 위반으로 성립한다. 협박 이외 폭행에 의하여 보유하고 있는 영업비밀을 입수하는 것도 (가)목에 해당할 것이고, 신의성실에 반하는 수단에 의

---

89) 강영수, "영업비밀의 민사적 보호에 관한 연구", 서울대학교 대학원 석사학위 논문, 1993, 41면.

90) 인천지방법원 2005.12.22. 선고 2005노257 판결.

하여 영업비밀을 입수하는 것도 포함된다고 본다. 따라서 고객을 가장한다거나 종업원을 상대방의 기업(공장)에 들어가게 하는 경우가 이에 해당한다. 다만 영업비밀을 이용하여 제조된 시판 제품을 분석하는 수단으로 상대의 영업비밀에 관한 정보를 탐지하는 행위는 절취 · 기만 · 협박 등의 부정한 수단을 이용한 행위가 아니기 때문에 본목에서 말하는 부정경쟁행위에 해당하지 않는 것으로 본다.[91]

## 2. 부정취득자로부터의 악의취득행위

영업비밀에 관하여 부정취득행위가 개입된 사실을 알거나 중대한 과실로 알지 못하고 그 영업비밀을 취득하는 행위 또는 그 취득한 영업비밀을 사용하거나 공개하는 행위는 영업비밀 침해행위가 된다(부정경쟁방지법 제2조 제3호 (나)목). 본목의 규정은 (가)목에서 규정된 부정취득행위를 전제로 당해 영업비밀의 유통과정에서 부정취득이 개입된 사실에 관하여 알고 있거나 중과실로 알지 못한 상태에서 이를 전득하는 경우를 금하고 있는 것으로, (가)목의 부정취득행위를 본범이라면 본목은 장물범적 위치에 있다고 설명하기도 한다.[92]

동산 등의 물건에 있어서는 일물일권(一物一權)의 요청상 하나의 물건 위에 그 내용이 서로 용납되지 않는 소유권과 같은 물권이 병존할 수 없다. 반면 정보는 동시에 복수의 자에 의한 보유가 가능하므로 타인이 영업비밀을 부정하게 취득하였거나 타인에게 부정하게 공개된 후에도 여전히 영업비밀 보유자는 그 영업비밀의 사용등에 관한 이익을 상실하지 않는다. 이에 법은 영업비밀 보유자가 갖는 이익 상태를 보호하기 위하여 전득자에 의한 영업비밀취득등의 행위를 영업비밀 침해행위로 규제하고 있는 것이다.

91) 鎌田薫, "財産的情報の保護と差止請求權(5)", Law & Technology(11号) 民事法研究會, 1990, 41면; 田村善之(2003), 242면 참조; 小野昌延, 不正競爭防止法槪說, 有斐閣, 1994, 210면.

92) 황의창 · 황광연, 전게서, 208면.

본목의 영업비밀 침해행위는 취득자가 자기의 직접 전자로부터 영업비밀을 취득하는 수단 그 자체는 정당한 것에 한한다. 따라서 영업비밀의 부정취득자로부터 다시 이를 부정한 수단으로 취득할 경우에는 원래의 보유자에 대한 부정취득행위, 즉 법 제2조 제3호 (가)목에 해당한다.

'부정취득행위가 개입된 사실'이란 영업비밀의 정당한 보유자로부터 자신의 앞선 자에게 이르는 영업비밀의 유통과정 중에 부정한 수단에 의한 취득이 개입된 것을 의미한다. 비록 그것이 라이선스 계약등의 어떤 권원에 근거하여 특정인에게 권리를 인정할지라도 그것은 본원적 영업비밀 보유자의 권원 아래에서 인정되는 것이다. 즉 그 비밀성이 유지되는 한 영업비밀과 관련한 일체의 행위는 당해 정보의 개발 · 형성에 기여한 자, 즉 본원적 보유자의 권원 아래에서 인정되는 것이다. 따라서 여기의 부정취득의 의미이란 취득자의 직접 전자가 다시 그 전자로부터 부정한 수단으로부터 취득한 사실은 물론 그 앞서의 영업비밀의 거래단계에서 부정취득이 있는 경우를 모두 포함한다.

본목은 단순히 영업비밀 부정취득행위가 개입된 사실을 인식하면서 또는 인식하지 못한 것에 중대한 과실이 있으면서 영업비밀을 취득하거나 그것을 사용, 공개하는 행위로 족하다. 공시성이 없어 보호대상이 명확하지 않은 영업비밀을 다루면서 매번 정보의 출처를 조사하도록 요구하는 것은 무리이다. 따라서 본 행위유형에서는 일반 경과실에 대하여는 규정하지 않고, 고의 또는 중과실을 요건으로 하고 있다. 주관적인 요건으로서 악의 이외에 '중대한 과실'을 포함한 이유는 소송 중에 있어서 주관적 요건인 악의의 증명이 곤란하므로 행위자로서 조금만 주의를 기울였더라면 당연히 알 수 있었을 객관적 상황을 증명하면 중과실로 보아 악의와 동일시하려는 것이다.

이 때 주관적 요건의 입증책임은 구제를 청구하는 영업비밀 보유자가 부담한다. 이 점에서 동산의 선의취득에 있어서 무과실은 추정되지 않고 선의

취득을 주장하는 자가 무과실을 입증하여야 하는 것과 구별된다.[93]

본목의 주관적 요건 판단의 기준이 되는 시점은 영업비밀 취득당시이다. 이 점에서 (다)목의 사후적 악의자에 의한 영업비밀 침해행위가 취득당시에는 선의 · 무중과실이었다가 취득한 이후 사용 · 공개할 당시에는 악의 또는 중과실로 전환된 것을 의미하는 것과 구별된다.

## 3. 사후적 관여행위

### 가. 의 의

영업비밀을 취득한 후에 그 영업비밀에 대하여 부정취득행위가 개입된 사실을 알거나 중대한 과실로 알지 못하고 그 영업비밀을 사용하거나 공개하는 행위는 영업비밀을 침해하는 행위가 된다(부정경쟁방지법 제2조 제3호 (다)목). 본목도 (나)목과 같이 (가)목의 부정한 행위에 의해 직접적으로 영업비밀을 취득한 자로부터의 영업비밀의 재전득(再轉得)을 한 자에 대한 규정이나, 사후에 악의가 된 자에 대한 규정이라는 점에서 (나)목과 구별된다. 즉 본목의 규정은 당해 영업비밀을 취득할 때에는 선의 · 무중과실이었으나 이후 악의 또는 중과실이 인정되는 사후적 악의자에 대하여 당해 영업비밀의 사용등을 영업비밀의 침해행위로 보아 제한하는 것이다.

본목의 행위는 (가)목 · (나)목과 달리 영업비밀을 취득한 후의 행위이므로 당연히 영업비밀의 사용과 공개 행위만이 영업비밀 침해행위가 되며 취득행위는 규정하고 있지 않다. 예컨대 기업체의 종업원, 영업상 거래관계자, 영업비밀 실시권자 등과 같이 계약관계 내지 신뢰관계 등에 의해 영업비밀을 비밀로 유지하여야 할 의무가 있는 자가 재직 중이나 퇴직 후 또는 계약 기간 중 또는 계약 만료 후 부정한 돈을 받거나 승진의 목적 등으로 또는 그 영업비밀의 보유자에게 손해를 입힐 목적으로 그 영업비밀을 스스로 사

93) 대법원 1962.3.22. 선고 4294민상1174 판결.

용하거나 공개하는 행위가 본목의 행위이다.

취득당시에는 부정취득의 개입 여부에 관하여 선의, 무중과실이었던 자가 영업비밀의 보유자로부터 경고 또는 통보를 받거나 금지청구의 소장 송달을 받게 되면 사후적 악의자가 된다. 그리고 보유자등으로부터 경고나 소장의 송달을 받지 못했더라도 약간의 주의로 부정취득이 개입되었음을 알 수 있었던 경우에는 사후적 중과실이 인정된다.[94]

### 나. 선의자의 보호

거래에 의하여 영업비밀을 정당하게 취득한 자가 그 거래에 의하여 허용된 범위 내에서 그 영업비밀을 사용하거나 공개하는 행위는 금지청구, 손해배상청구, 신용회복조치청구의 대상이 되지 않는다(부정경쟁방지법 제13조 제1항). 즉 법은 선의자에 대한 특례를 두어 영업비밀 취득시에 그 영업비밀의 부정공개사실 또는 부정취득행위나 부정공개행위가 개입된 사실을 중대한 과실 없이 알지 못하고 거래에 의하여 당해 영업비밀을 취득한 자가 그 거래에 의하여 허용된 범위 안에서 그 영업비밀을 사용하거나 공개하는 행위에 대하여는 영업비밀 침해행위로 보지 않는 것으로 하여 법 제2조 제3호 (다)목의 범위를 한정하고 있다.

본조의 선의자 특례는 '거래에 의한' 영업비밀 취득의 경우에만 적용된다. 여기서의 '거래'에는 매매 기타의 양도계약, 라이선스계약, 증여계약, 대물변제 등에 의한 경우를 모두 포괄하며,[95] 법률상의 전형적인 거래뿐만 아니라 비전형적인 사실상의 거래를 포함한다.[96] 반면 상속이나 합병에 의

94) 정호열, 전게서, 271-272면.

95) 日本 通商産業省 知的財産政策室 監修, 營業秘密-逐條解說 改正 不正競爭防止法, 有斐閣, 1990, 115면.

96) 同條의 '거래' 속에 고용계약도 비전형적인 사실상의 거래에 포함되는지의 문제가 제기되는데, 만약에 포함이 된다면 인간도 古代의 노예제도와 같이 상거래의 대상물이라는 뜻을 포함하기 때문에 헌법의 기본적 인권의 문제가 발생할 것이다. 따라서 본 규정의 '거래에 의하여'라는 표현은 부적절하다.

한 취득과 같이 법률의 규정에 의한 그 취득의 효과가 발생하는 경우에는 적용이 없다. 거래의 유상을 요하지도 않는다. 따라서 무상의 증여계약에 의한 취득의 경우에도 본조의 적용이 있다.

‘영업비밀을 정당하게 취득한 자’라 함은 영업비밀을 취득할 당시에 그 영업비밀이 부정하게 공개된 사실 또는 영업비밀의 부정취득행위나 부정공개행위가 개입된 사실을 중대한 과실 없이 알지 못한 자를 말한다. 여기의 선의, 무중과실에 관하여는 영업비밀의 보유자가 아니라 선의자의 특례적용을 주장하는 자인 제3취득자가 입증책임을 진다.

## 4. 부정공개행위(비밀유지의무위반행위)

계약관계등에 의하여 영업비밀을 비밀로서 유지하여야 할 의무가 있는 자가 부정한 이익을 얻거나 그 영업비밀의 보유자에게 손해를 가할 목적으로 그 영업비밀을 사용하거나 공개하는 행위는 영업비밀 침해행위이다(부정경쟁방지법 제2조 제3호 (라)목). 본 규정은 영업비밀의 정당한 보유자로부터 정당하게 영업비밀을 취득한 자가 비밀유지의무를 부담하고 있음에도 불구하고 부정한 목적을 가지고 위 의무에 위반하여 당해 정보를 사용 또는 공개라는 행위를 규제하고자 하는 것이다.

본목의 영업비밀 침해행위는 ① 계약관계등에 의하여 영업비밀을 비밀로서 유지하여야 할 의무가 있는 자가 ② 부정한 이익을 얻거나 그 영업비밀의 보유자에게 손해를 가할 목적으로 ③ 그 영업비밀을 사용하거나 공개하는 행위를 한 경우에 인정된다.

### 가. 계약등에 의하여 영업비밀을 비밀로서 유지하여야 할 의무가 있는 자

본호의 의무에 반하여 비밀을 공개 · 사용하는 자는 당해 비밀을 정당하게 보유자로부터 취득한 자이어야 한다. 따라서 영업비밀 원래의 귀속주체가 사용 또는 공개하는 행위는 본목의 부정공개등에 해당되지 아니하며, 부정하게 이를 알게 된 자는 (가)목의 부정취득행위자가 된다.

이와 관련하여 어느 기업의 종업원이 업무상으로 기술적인 노하우를 개발했을 때 이 비밀의 소위 본원적 보유자가 그 기업인가 혹은 종업원인가의 문제가 야기될 수 있을 것이다. '직무발명(발명진흥법 제10조)'이나 '업무상저작물의 저작자(저작권법 제9조)'라 하여 특허법 · 저작권법은 그 규정을 두고 있으나 부정경쟁방지법은 영업비밀의 귀속주체에 대하여는 명문의 규정을 두고 있지 않다. 따라서 이는 거래통념 내지 건전한 상식을 기준으로 당해 영업비밀의 성격, 종업원의 비밀개발에 대한 기여도, 비밀의 개발경과, 비밀개발에 지출한 비용의 부담자, 비밀의 귀속과 관련되는 제반사정을 고려하여 개별적으로 판단하게 된다.[97] 즉 종업원에 의하여 영업비밀이 개발된 경우일지라도 사용자가 종업원을 특정개발업무에 종사하도록 상당 정도의 자원을 주고 감독하는 경우에는 종업원에게 그 연구성과의 사용 및 공개를 금지하는 신뢰관계가 발생한다 하겠다. 그러나 종업원이 창조, 혁신, 개발에 주도권을 갖는 가운데 영업비밀이 발생한 경우에는 신뢰관계는 발생하나, 적어도 사용자에 필적할 만한 이익을 종업원도 갖게 된다. 특히 그 개발이 종업원이 지니고 있는 기술적용의 성과에 불과하고, 사용자의 정보, 많은 비용, 감독과 같은 어떠한 원조도 없을 경우에는 그 종업원은 개발된 영업비밀을 사용 · 공개할 수 있는 무제한의 권리를 지닌다 하겠다. 이에 종업원은 고용관계 중에 취득한 비밀정보를 사용자의 이익에 반하여 사용 · 공개할 수 없다는 명시적인 계약상의 의무가 없으면 그 후 고용활동에서 자유롭게 사용 · 공개할 수 있다.[98]

일본의 판결[99] 역시 '본건 장치의 기본적 시스템은 이미 이튼 시스템에

97) 정호열, 전게서, 277면.

98) Structural Dynamics Research Corp. v. Engineering Mechanics Research Co. et al.(Michigan 1975) 401 F.Supp.1102.

99) 순환식 반송장치사건(大阪地判 1986.10.30. 판결); 황의창 · 황광연, 전게서, 403-404면 재인용.

의해 공연히 알려져 있었고, 개량부분 중 신규의 고안이라 보여지는 점은 피고가 생각한 것으로 특별한 사정도 없이 피고에 대하여 본건 장치 납입 후까지 비밀유지를 요구하는 것은 근거가 없다'고 하고 '비밀유지계약이 명시적 · 묵시적으로도 체결된 사실이 없을 뿐만 아니라 본건 제작물 공급계약에 대하여도 비밀유지의 약정도 없이 비밀유지의무를 내포한다고는 볼 수 없다' 하여 원고의 청구를 기각하고 있다.

법은 부정공개자가 비밀유지의무를 부담하는 근거에 관하여 '계약관계 등'으로 표현하고 있는데, 이는 법률상의 관계뿐만 아니라 보호가치가 인정되는 사실상의 신뢰관계를 포함한다.[100] 이와 관련하여 비밀유지의무가 반드시 계약등과 같은 일정한 요식에 의해서만 발생하는가 아니면 사용자와 종업원간의 신뢰관계에 의해서도 발생하는가에 따라 계약관계설, 신의관계설 및 절충설 등으로 견해가 나누어지고 있다는 설명[101]도 있다. 그러나 우리나라에서 그러한 논의의 대립이 있는지 의심스러우며, 법문 역시 비밀유지의무의 발생 원인을 한정하는 것으로 보기 힘들다. 이러한 신뢰관계 내지 비밀을 지켜야 할 관계는 기업체와 그 종업원, 회사와 그 임원, 조합계약의 당사자들 및 기업체와 기업체 사이에서 광범위하게 존재할 수 있다.

#### (1) 고용관계에 있어서의 비밀유지의무

재직 중의 종업원에 대해서는 고용당시의 고용계약, 회사의 취업규칙 등에 명시적으로 비밀유지의무에 관한 규정을 두는 경우가 많다. 또한 종업원의 지위에 근거하여 영업비밀을 알게 된 경우에는 계약상의 명시적인 비밀유지특약이 없어도 고용계약의 부수적 의무로서 종업원은 업무상 지득한 영업비밀을 사용자의 동의없이 사용 · 공개하면 안 되는 의무를 진다고 할 것이다(묵시의 비밀유지의무). 특히 재직 중의 임원은 상법상 선관의무, 충실

100) 동지: 정호열, 앞의 부분.
101) 황의창 · 황광연, 전게서, 218-226면.

의무, 경업금지의무를 부담하므로 일반 종업원에 비해서 비밀유지의무가 용이하게 인정될 수 있다.

재직 중 종업원이 알게 된 사용자의 영업비밀에 관해서 사용자와 퇴직하는 종업원간에 명시적이고 유효한 비밀유지계약이 체결되어 있는 경우에는 퇴직한 종업원이 당해 영업비밀을 사용 · 공개하는 행위가 금지되는 것은 당연하다. 다만 이는 퇴직 종업원의 경제활동의 자유를 제한하여 종업원의 생존권을 위협할 우려가 있으므로 재직 중에 영업비밀 유지의무를 설정할 때 보다 비밀유지의무의 대상인 영업비밀의 범위를 명확히 해야 할 필요가 있다. 따라서 비밀유지의무의 대상이 되는 영업비밀이 지나치게 추상적으로 규정되어 있거나 광범위하게 규정되어 있을 경우에는 계약 자체가 무효가 될 경우도 있을 것이다.

> 영업비밀을 가지고 있는 자로 하여금 동종 업체에 전직하는 것 자체를 금지시키는 것은 영업비밀 침해행위에 대한 금지 또는 예방 청구권의 범위를 넘는 것으로서 영업비밀을 보호하기 위한 적절한 조치라고 볼 수 없을 뿐만 아니라 영업비밀을 가지고 있는 자의 인격을 과도하게 침해하는 결과로 되어 헌법상 직업선택의 자유에 대한 본질적인 침해가 될 것이나, 부정경쟁방지법상의 영업비밀에 관한 규정의 취지 및 내용, 영업비밀을 보호할 필요성이 있는 상태에 있고 영업비밀을 보호하기 위하여 많은 노력을 기울인 점, 영업비밀을 가지고 있는 자가 동종 업체에서 동종 제품 제조 등 업무에 종사하는 것을 금지하지 않고서는 영업비밀을 보호할 수 없는 점 등에 비추어 보면, 영업비밀을 보호하기 위하여 영업비밀을 가지고 있는 자를 경쟁 동종 업체의 동종 제품 제조 · 판매 및 그 보조업무에 종사하지 못하게 하는 것이 헌법상 직업선택의 자유를 본질적으로 침해하는 것이라고 볼 수 없다(서울중앙지방법원 1995.3.27. 자 94카합12987 결정).

이와 관련하여 경업의 제한에 대한 합리적 범위를 확정함에 있어서는 제한의 기간, 장소적 범위, 제한의 대상이 되는 직종의 범위, 대상의 유무 등에 대하여 채권자의 이익(영업비밀의 보호), 채무자의 불이익(전직 · 재취업의 부자유) 및 사회적 이해(독점 · 집중의 우려 및 그에 따른 일반소비자의 이해)의 3가지 관점에서 신중히 검토하여야 한다는 판례[102)]가 있다. 나아가 계속된 계약관계에서는 그 계약의 종료이후에도 신의칙상 상대방에게 부당한 손해를 주지 않도록 배려할 의무가 인정된다고 할 것이므로 위와 같은 명시적 계약이 인정되지 않는 경우라도 비밀유지의무를 인정할 수 있을 것이다(신의칙상의 묵시적 비밀유지의무). 다만 재직 중의 종업원의 경우와는 달리 퇴직 종업원의 영업비밀 사용 · 공개행위의 판단에 있어서는 종업원 개인의 일반적 지식 · 경험 · 기능 등의 활용보장, 종업원의 생존권 보장 등 종업원의 이익을 신중히 고려되어야 하며, 함께 영업비밀의 부당한 독점 제한에 의한 자유경쟁의 촉진이라는 공공의 이익에 대한 배려도 고려되어야 할 것이다.

이에 반하여 퇴직자의 경업금지의무는 반드시 명시적인 계약에 의해서만 발생한다고 보는 것이 최근 판례의 경향이고 통설이라고 설명하는 견해[103)]가 있다. 그러나 판례는 인적 신뢰관계의 특성에 비추어 신의칙상 또는 묵시적으로 그러한 의무를 부담하기로 약정하였다고 보아야 할 경우를 포함한다고 본다.[104)] '계약관계등에 의하여 영업비밀을 유지할 의무'라 함은 계약관계 존속 중은 물론 종료 후라도 또한 반드시 명시적으로 계약에 의하여 비밀유지의무를 부담하기로 약정한 경우뿐만 아니라 인적 신뢰관계의 특성에 비추어 신의칙상 또는 묵시적으로 그러한 의무를 부담하기로 약정하였다고 보아야 할 경우를 포함한다고 판시하고 있다.

> '계약관계등에 의하여 영업비밀을 비밀로서 유지할 의무'라 함은 계약관계 존속 중은 물론 종료 후라도 또한 반드시 명시적으로 계약에 의하여 비밀

---

102) 奈良地判 昭和 45.10.23. 下級民集 21券 10号 1369면 [フォセコ · ジャパン 事件]

103) 황의창 · 황광연, 전게서, 216면.

104) 대법원 1996.12.23. 선고 96다16605 판결; 인천지방법원 2004.11.19. 선고 2001가합2507 판결 등.

유지의무를 부담하기로 약정한 경우뿐만 아니라 인적 신뢰관계의 특성 등에 비추어 신의칙상 또는 묵시적으로 그러한 의무를 부담하기로 약정하였다고 보아야 할 경우를 포함한다(대법원 1996.12.23. 선고 96다16605 판결).

부정경쟁행위로서의 영업비밀 침해행위 판단은 당해 행위를 허용하였을 때 야기되는 거래질서에의 영향을 고려하여야 할 것이다. 이러한 점에서 퇴직자가 종전의 회사에서 지득한 정보를 사용하거나 공개하는 행위를 부정경쟁행위로 인정하기 위하여는 당해 행위가 거래질서에 미치는 영향을 판단하여야 한다. 한편 영업비밀의 보호는 비밀관리라는 성과개발의 인센티브를 법적으로 담보한다는 의의를 갖는다. 따라서 명시적 경업금지계약의 유무 여부와 상관없이 당해 정보가 영업비밀로 관리되고 있었는가라는 측면에서 퇴직한 직원이 고용관계 중에 당해 정보가 영업비밀로 관리되고 있던 것을 알고 있으며, 이 정보를 영업비밀로 비밀로 유지할 의무를 부담하고 있었는가란 관점에서 판단하여야 한다. 그리고 이러한 점에서 고용관계 중 지득한 정보를 퇴직 후 당해 정보를 사용 · 공개하는 행위가 영업비밀 침해행위에 해당하는가의 여부가 명시적 비밀유지의무 내지 경업금지의무의 유무에 구속받아야 하는 것은 아니다.

영업비밀 보유자에게 퇴직자가 부담하는 비밀유지의무 내지 경업피지의무는 영업비밀 보유자가 당해 정보를 비밀로 관리하고 있었는가라는 관점에서 판단하여야 한다. 따라서 퇴직자의 경업금지의무가 반드시 명시적인 계약에 의해서만 발생한다고는 볼 수 없다 하겠다. 다만 영업비밀이라는 이유로 퇴직자에게 보장되는 직업선택의 자유가 제한되어서는 안 된다. 즉 명시적인 계약이 없는 경우에는 퇴직자가 사용 · 공개한 정보를 영업비밀로 관리하고 있었는가에 대한 판단이 엄격하게 이루어져야 할 것이다.

한편 사용자가 영업비밀의 보호를 도모하려는 경우 비밀유지계약을 체결하는 것이 일반적이지만 비밀의 특정이 곤란한 경우에는 보다 포괄적인 경업금지계약을 이용하여 비밀유지의무를 부과하는 경우가 있다. 이 경우에는 사용자가 명시적으로 비밀유지의무를 인정할 때보다 더욱 신중하게 영업비밀의 범위를 특정화하여 관리하는 노력이 필요하다.

(2) 라이선스 및 기타 계약관계에서의 비밀유지의무

비밀유지의 신뢰관계는 라이선스 계약 또는 사업의 매매 등의 계약체결을 위한 준비단계에서도 인정될 수 있다. 물론 분쟁예방을 위해 사전에 당사자간에 비밀유지의무를 부과한 후에 교섭하는 것이 바람직하겠지만, 그러한 조치가 취하여 지지 않은 경우에도 당해 영업비밀이 계약체결이라는 일정한 제한된 목적을 위하여 제공되었으며, 통상의 경우에는 공개되지 않는다는 사실이 객관적으로 인정될 때에는 교섭 당사자는 당해 영업비밀에 관해 사용·공개하지 않아야 한다는 신의칙상의 묵시적 비밀유지의무를 진다고 할 것이다.

비밀유지의무나 경업금지의무가 라이선스 계약등 계약상 명시적으로 규정되어 그 계약관계가 계속되고 있는 경우에 이는 계약해석 및 그 유효성의 문제에 귀착하게 된다. 물론 명문의 규정이 없는 경우에도 신의칙상의 비밀유지의무를 인정할 수 있을 것이다. 이러한 주된 계약관계가 종료한 경우에도 법률상 유효한 명시의 계약으로 비밀유지의무의 존속을 약정할 수 있다. 한편 전형적인 라이선스 계약에 있어서는 영업비밀의 사용·공개금지의무를 포함한 상세한 내용의 계약을 하는 것이 일반화되어 있다. 따라서 전형적인 라이선스 계약에서는 계약상 명기되지 않은 의무는 인정되지 않는다는 것이 일반적인 해석이므로 묵시적인 비밀유지의무의 존재를 문제삼을 여지는 없을 것이다. 다만 전형적인 라이선스 계약이외의 형태로 영업비밀에 관한 계약이 체결되는 경우에 있어서는 명시적 계약이 없는 경우에도 계약 중에 형성된 신뢰관계를 근거로 묵시적인 비밀유지의무를 인정할 수 있을 것이다.

### 나. 부정한 이익을 얻거나 그 영업비밀의 보유자에게 손해를 가할 목적

본목의 영업비밀 침해행위가 성립하기 위하여는 비밀의 본원적 보유자로부터 넘겨받은 영업비밀에 관하여 비밀을 유지해야 할 의무에 반하여 이를 공개하거나 사용한다는 객관적 요건 이외에도 '부정한 이익을 얻거나 그 영업비밀의 보유자에게 손해를 가할 목적'이라는 주관적 요건의 존재를 요한다. 따라서 명정(酩酊) 상태에서 무심결에 영업비밀을 누설한 종업원의 행위는 부정목적의 존재를 인정할 수 없으므로 본목의 영업비밀 침해행위에 해당되지 않는다.

여기에서 '부정한 이익을 얻거나'란 비밀유지의무를 위반하여 이익을 얻는 행위를 말하며, 비밀유지의무 위반자가 이익을 얻는 경우뿐만 아니라 제3자가 이익을 얻도록 하는 경우도 포함한다. '손해를 입힐 목적으로'란 영업비밀보유자의 실제 손해발생여부와 관계없이 손해를 입힐 의도로 영업비밀을 사용하거나 공개하는 행위이어야 한다.

이러한 초주관적 위법의사에 대한 영업비밀 침해자의 인식은 적극적인 의욕이나 확정적인 인식임을 요하지 않고 미필적 인식이 있으면 족하다. 이때 목적이 있었는지 여부는 영업비밀 보유자, 영업비밀 침해자 및 영업비밀을 취득한 제3자 등 여러 사정을 종합하여 판단하게 된다.

> 고의 외에 초과주관적 위법요소로서 '부정한 이익을 얻거나 그 기업에 손해를 가할 목적'을 범죄성립요건으로 하는 목적범임은 법문상 명백하고, <u>그 목적에 대하여는 적극적 의욕이나 확정적 인식임을 요하지 아니하고 미필적 인식이 있으면 족하다</u>고 할 것이며, 그 목적이 있었는지 여부는 피고인의 직업, 경력, 행위의 동기 및 경위와 수단, 방법, 그리고 영업비밀 보유기업과 영업비밀을 취득한 제3자와의 관계 등 여러 사정을 종합하여 사회통념에 비추어 합리적으로 판단하여야 할 것이다(대법원 2003.11.14. 선고 2002도1739 판결).
>
> 종전 직장보다 약 2배 정도 많은 보수를 받기로 하면서 회사를 만들고, 퇴

사할 당시 반출하여 온 영업비밀을 기술이전계약을 체결한 대만업체에 소정의 기술협력대가를 받기로 하고 누설한 이 사건에서, 종전보다 많은 보수 또는 자신의 것이 아닌 타인의 기술을 제공한 대가를 받으려는 목적이 있었다고 보아야 할 것이고 또한 그러한 영업비밀 누설행위로 인하여 경쟁사의 제품개발 및 양산시기 단축으로 인한 경쟁력 강화와 그로 인하여 생길 공급과잉으로 인한 이익감소분 상당의 손해를 입게 될 것이라는 사정을 충분히 예상할 수 있었다고 할 것이므로 위 피고인들에게는 부정한 이익을 얻거나 그 기업에 손해를 가할 목적이 있었다(서울고등법원 1998.11.24. 선고 98노2124 판결).

피고가 원고 회사에 입사하면서 원고 회사의 업무상 기밀 등을 누설하지 않기로 서약한 점 등 원고 회사와 피고와의 사이의 인적 신뢰관계의 특성, 그 동안 이 사건 제조방법이 영업비밀로서 원고 회사에 의하여 엄격하게 관리되어 온 경위 및 원고 회사와 피고와의 사이의 이익교량 등의 제반 사정을 고려하면 피고는 계약관계 및 신의성실의 원칙상 원고 회사에서 퇴사한 후에도 상당 기간 이러한 비밀유지의무를 부담함에도 불구하고, 피고 회사로부터 고액의 급여와 상위의 직위를 받는 등의 이익을 취하는 한편 피고 회사로 하여금 유성잉크를 제조함에 있어 이 사건 제조방법에 의하여 시간적·경제적인 면에서 이익을 얻게 하기 위하여 피고 회사에게 제조방법을 공개하고 스스로도 피고 회사에서 유성잉크를 개발함에 있어 원고 회사가 보유하는 이 사건 제조방법을 사용하였으므로, 이러한 행위는 선량한 풍속 기타 사회질서에 반하여 부정한 이익을 얻거나 그 영업비밀의 보유자에게 손해를 가할 목적으로 행하여진 것이라 할 것이어서 부정경쟁방지법 제2조 제3호 (라)목 소정의 영업비밀침해행위에 해당한다(서울남부지방법원 1995.2.22. 선고 94가합3033 판결).

영업비밀을 적어도 간접적으로 이용하여 종전보다 많은 보수를 받으려는 목적이 있었다고 보아야 할 것이고, 또한 그러한 영업비밀 사용행위로 인하여 경쟁사의 경쟁력 강화와 그로 인하여 생길 경쟁업체들의 가격경쟁력 향상으로 그 이익감소분 상당의 손해를 입게 될 것이라는 사정을 충분히 예상할 수 있었다면, 부정한 이익을 얻거나 그 기업에 손해를 가할 목적이 있었다고 할 것이다(서울중앙지방법원 2007.2.8. 선고 2004고단7664 판결).

다만 법이 이미 그 침해행위자를 '계약관계등에 의하여 영업비밀을 비밀로서 유지하여야 할 의무가 있는 자'로 한정하고 있는 상태에서 이와 같은 주관적 요건이 필요한지 의심스럽다. 즉 비밀유지의무를 부담하는 자의 침해행위에 대하여 채권적 의무의 비밀유지의무의 위반을 이유로 채권적인 구제조치로서 금지청구 및 손해배상청구를 할 수 있는 상황에서 부정경쟁방지법이 다시 위와 같은 주관적 요건을 요구함으로써 그 실효성을 의심케 하고 있다. 예컨대 우리와 같이 일본의 부정경쟁방지법 역시 '부정경쟁 기타 부정이익을 꾀하는 행위를 하거나 보유자에게 손해를 가할 목적'이라는 주관적 요건을 규정하고 있다. 그러나 일본의 경우는 '보유자로부터 공개받은 영업비밀'로 영업비밀을 규정하여 영업비밀 보유자와 영업비밀과의 관계를 한정하고 있다. 즉 영업보유자와 영업비밀, 영업비밀 보유자와 영업비밀 침해자와의 관계를 규정하고 있다. 반면 우리 법은 '계약관계등에 의하여 영업비밀을 비밀로서 유지하여야 할 의무가 있는 자' 및 '부정한 이익을 얻거나 그 영업비밀의 보유자에게 손해를 입힐 목적으로 사용 · 공개하는 행위'만을 규정함으로써 영업비밀과 영업비밀 침해자와의 관계만을 규정하고 있다. 이로서 영업비밀 침해행위의 판단이 영업비밀 침해자에 집중되는 문제를 낳고 있다.

### 다. 영업비밀을 사용하거나 공개하는 행위

부정취득자의 영업비밀 사용 · 공개 행위가 영업비밀 침해행위에 해당하는 것처럼, 영업비밀을 취득하는 과정에서 부정취득행위가 개입된 사실을 알고 있거나 중과실로 알지 못 한 자가 그 영업비밀을 사용 · 공개하는 행위도 영업비밀 침해행위에 해당한다. 뿐더러 취득하는 과정에서 몰랐지만, 나중에라도 부정취득 행위가 개입된 사실을 알거나 중과실로 알지 못하였다면 그 영업비밀을 사용 · 공개하는 행위도 영업비밀 침해행위에 해당한다. 불법이 발생한 이후에 그 사실을 알고 있거나 중대한 과실로 알지 못한 자의 사용 · 공개 행위가 제한된다는 점에서, 부정취득 행위가 아니라 비밀유지위반 행위가 있었던 것에 대하여 알고 있거나 중대한 과실로 알지 못하였던 자의 사용 · 공개 행위도 침해행위에 해당한다.

## 5. 부정공개자로부터의 악의취득행위

계약관계등에 의하여 영업비밀을 비밀로서 유지하여야 할 의무가 있는 자가 부정한 이익을 얻거나 그 영업비밀의 보유자에게 손해를 가할 목적으로 그 영업비밀을 사용하거나 공개된 사실 또는 그러한 행위가 개입된 사실을 알거나 중대한 과실로 알지 못하고 그 영업비밀을 취득하는 행위 또는 그 취득한 영업비밀을 사용하거나 공개하는 행위는 영업비밀 침해행위이다 (부정경쟁방지법 제2조 제3호 (마)목). 본목의 규정은 부정취득자로부터의 악의취득행위와 그 취지를 같이 한다.

본목은 (라)목의 행위에 의해 직접적으로 영업비밀을 취득한 자로부터 그 부정공개행위인 것 또는 그것이 개입된 것을 알면서 영업비밀을 취득, 사용 또는 공개하는 경우의 규정이다. 본목의 영업비밀 침해행위 역시 (나)목의 영업비밀 침해행위에서와 같이 자기의 직접 전자로부터의 영업비밀을 취득하는 수단 그 자체는 정당한 것에 한한다. 따라서 비밀유지의무에 위반하여 부정한 공개행위를 한 자로부터의 취득행위가 기망등의 부정한 수단을 사용하여 행해진 경우에는 (가)목의 부정취득행위에 해당한다.

본목은 주관적 요건을 가중한 (라)목의 부정공개행위가 개입되어 있는 사실을 인식하거나 또는 인식하지 못한데 중대한 과실이 있으면서 영업비밀을 취득한다고 하는 이중의 주관적 요건을 가진다. 따라서 본목에 의거하여 금지청구등을 하기 위하여는 취득자가 '부정한 이익을 얻거나 그 영업비밀 보유자에게 손해를 가할 목적'으로 영업비밀을 부정공개한다는 사실을 알면서 영업비밀을 취득한다고 하는 이중의 주관적 요건을 입증하여야 한다.

## 6. 부정공개행위에 관한 사후적 관여행위

영업비밀을 취득한 후에 그 계약관계등에 의하여 영업비밀을 비밀로서 유지하여야 할 의무가 있는 자가 부정한 이익을 얻거나 그 영업비밀 보유자에게 손해를 가할 목적으로 영업비밀이 공개된 사실 또는 그러한 공개행위가 개입된 사실을 알거나 중대한 과실로 알지 못하고 그 영업비밀을 사용하거나 공개하는 행위는 영업비밀 침해행위이다(부정경쟁방지법 제2조 제3호 (바)목). 이는 비밀유지의무자가 부정한 이익을 얻거나 그 영업비밀 보유자에게 손해를 가할 목적으로 공개된 영업비밀에 사후적으로 관여하는 것을 금지하려는 것으로서 취득 당시에는 비밀유지의무자가 부정한 이익을 얻거나 그 영업비밀의 보유자에게 손해를 가할 목적으로 공개된 영업비밀인 줄 전혀 몰랐으나 취득한 후에 그 사실을 알았거나 중대한 과실로 알지 못하고 그 영업비밀을 사용하거나 공개하는 행위를 금지하려는 것이다.

예컨대, A의 영업비밀에 관하여 라이선스를 받은 B가 계약상의 비밀유지의무를 위반하여 부정한 이익등을 얻을 목적으로 C에게 이를 매각하였다. C는 당해 영업비밀을 취득할 당시에는 이러한 부정한 목적이 개입된 줄 전혀 모르고 선의로 매수하였으나, 그 후 A의 경고로 B가 부정한 이익을 얻기 위해 자기에게 매각한 것임을 알았음에도 불구하고 계속 사용하거나 공개하는 경우, C의 사용 또는 공개행위는 모두 영업비밀 침해행위에 해당된다. 다만 취득시의 권원의 범위 내에서 사용 또는 공개하는 행위는 침해행위를 구성하지 아니한다. 즉 본 규정은 (마)목과 같은 취지의 규정으로 부정공개된 영업비밀에 사후적으로 관여하는 것을 예방하기 위한 규정이며, 그 성립 및 선의자보호의 특례 등에 있어서는 법 제2조 제3호 (다)목 소정의 사후관여행위에서의 설명이 유효하다.

# 제 4 장 부정경쟁행위의 금지

우리 부정경쟁방지법은 제2조 제1호 소정의 부정경쟁행위와 제3호 소정의 영업비밀 침해행위에 대하여 장을 달리하여 각각 그 금지 내지 보호규정을 두고 있다.[1] 민사적 구제방법으로는 금지청구권(제4조, 제10조), 손해배상청구권(제5조, 제11조) 및 신용회복조치청구권(제6조, 제12조) 등의 민사적 구제 방법을 규정하고 있으며, 보칙으로 손해액의 추정(제14조의 2) 및 자료의 제출(제14조의 3)에 관한 규정을 두고 있다. 또한 제18조(벌칙)에서는 형사처벌 규정을 두고 있다.

우리 부정경쟁방지법은 위에서 기술한 바와 같이 제2조 제1호 소정의 부정경쟁행위와 제3호 소정의 영업비밀 침해행위에 대한 민사적 구제방법을 별도로 규정하고 있다. 그러나 그 내용이 다른 것이 없다는 점에서 형사처벌의 예와 같이 그 구제 규정을 함께 규정하는 것이 바람직하다고 생각된다. 선의자의 특례(제13조) 규정이라든지 시효(제14조) 규정은 별도의 조 또는 항을 두어 규정하여야 할 것일 뿐만 아니라 영업비밀 침해행위가 부정경쟁행위의 한 유형이라는 점에서 법리상으로도 관련 규정의 통합이 요구된다. 여하튼 본서에서는 법문의 구조에 따라 부정경쟁행위의 금지와 영업비밀의 보호로 나누어 설명하도록 한다.

법 제2장(부정경쟁행위의 금지 등)에서는 국기 · 국장 등의 사용 금지(제3조) 및 자유무역협정에 따라 보호하는 지리적 표시의 사용금지 등(제3조의 2)

1) 제2장 부정경쟁행위의 금지 등과 제3장 영업비밀의 보호 참조.

에 대하여 규정하고 있다. 국기 · 국장 등의 사용 행위와 관련하여서는 그 사용 행위의 금지에 대한 규정만을 두고 있는 가운데, 이에 대한 금지청구권, 손해배상청구권 및 신용회복청구권과 같은 민사적 구제방안에 대하여는 규정하고 있지 않다. 반면 자유무역협정에 따라 보호하는 지리적 표시의 사용 행위 등에 대하여 제2조 제1호 소정의 부정경쟁행위와 같은 평가를 하고, 이에 금지청구권, 손해배상청구권 및 신용회복청구권과 같은 민사적 구제방안을 함께 규정하고 있다.

## 제 1 절 국기 · 국장 등의 사용 금지

### Ⅰ. 의 의

부정경쟁방지법은 파리협약 당사국, 세계무역기구 회원국 또는 상표법조약 체약국의 국기 · 국장(國章), 그 밖의 휘장이나 국제기구의 표지와 동일하거나 유사한 것은 해당 국가 또는 국제기구의 허락없이는 상표로 사용할 수 없도록 한다. 또한 파리협약 당사국, 세계무역기구 회원국 또는 상표법조약 체약국 정부의 감독용 또는 증명용 표지와 동일하거나 유사한 것 역시 해당 정부의 허락을 받지 않는 한 상표로 사용할 수 없도록 한다. 이는 파리협약 제6조의 3에 의하여 동맹국에 부과된 의무를 이행하기 위한 것이다.[2)]

이 규정은 국기 · 국장 등이 상징하는 국가, 훈공자 등의 존엄성을 유지하고 국제적인 신의를 보호하는 한편 이들 국가 또는 기구와 상표 사용자가

2) 우리나라에 파리협약이 발효된 것은 1980년이다. 그러나 1961년 제정법에서도 이미 국기, 국장 등의 사용금지 규정을 두고 있었다. 즉 1961년 제정법 제6조에서는 국기, 국장, 군기 등의 표지를 상표로 사용하거나 이를 상표로 한 상품의 판매, 무상반포 또는 수출 등을 금지하고 있었다.

어떤 특수한 관계에 있는 것처럼 소비자가 오인 · 혼동할 우려가 있기 때문에 이를 방지하기 위한 것이다. 또한 감독용 인장 등은 감독 또는 증명의 권위를 유지하는 한편 이들 표장들은 품질보증적 기능이 강하다는 점에서 상표법 제7조(상표등록을 받을 수 없는 상표)와 함께 본 규정을 두고 있다.

## Ⅱ. 요 건

### 1. 동맹국등의 국기 · 국장 등의 상표 사용

파리협약 당사국, 세계무역기구 회원국 또는 상표법조약 체약국의 국기 · 국장(國章), 그 밖의 휘장이나 국제기구의 표지와 동일하거나 유사한 것은 상표로 사용할 수 없다. 다만, 해당 국가 또는 국제기구의 허락을 받은 경우에는 그러하지 아니하다(부정경쟁방지법 제3조 제1항). 본 규정은 파리협약 제6조의 3 (1)(a)에 따른 규정으로 원산지의 오인이라든지 공적으로 인정된 것으로의 오인을 방지하기 위한 것이라는 설명도 가능하나, 기본적으로는 외국의 국기등을 존중하는 의무를 정한 것으로 이해할 수 있다.

본항에서 사용을 금지하는 국기 · 국장 등은 파리협약 당사국, 세계무역기구 회원국 또는 상표법조약 체약국의 것이어야 한다. 1961년 제정법에서는 특별히 그 국가 또는 국제기구를 한정하지 않고 국기, 국장, 군기, 훈장, 기장 또는 국제기구 등의 표지는 보호된다고 규정한 것에 반하여, 1986년 개정법에서는 파리협약 당사국의 국기 · 국장 기타의 휘장으로 변경하였다. 또한 1998년 개정법에서는 이를 확대하여 세계무역기구 가입국을 추가하였으며, 2001년 개정법에서는 상표법조약 체약국을 함께 추가하였다.

우리 법 제3조 제1항에 해당하는 일본 부정경쟁방지법 제19조 제1항이 '외국의 국기 또는 국가의 문장 기타 기장으로 경제산업성령으로 정한 것'으로 규정하고 있으며, 상표법 제7조가 국기와 관련하여서는 파리협약 당사국, 세계무역기구 회원국 또는 상표법조약 체약국에 한하고(상표법 제7조 제1항 1의 2호), 문장, 기, 훈장 등과 관련하여서는 세계지적소유권기구로부터 통지를 받아 특허청장이 지정한 것으로 제한하고 있는 것과 비교된다. 즉 본법에 의하여 상표 사용이 금지되는 범위는 일본 부정경쟁방지법이나 상표법에서 정하는 등록받을 수 없는 상표 범위보다 넓다.

동맹국등의 국기 · 국장 등뿐만 아니라 국제기구의 표지역시 상표 사용이 금지된다. 국제활동에 있어 국제기구는 독립 주권국가와 동일하게 그 기능을 수행하고 있으므로 그 표지의 사용에 있어서도 국가의 그것과 같은 보호를 부여하고 있다. 다만 본 규정에 의하여 보호되는 국제기구에 어떠한 것이 포함되는지, 또한 보호되는 것이 표지에 한정되는지에 대하여는 논의의 필요성이 있다.

우리 법에 해당하는 일본 부정경쟁방지법 제17조는 보호되는 국제기구와 그 표장에 대하여 각각 경제산업성령이 정한 것으로 한정하고 있다. 또한 상표법 제7조 제1항 제1의 3호는 '국제적십자, 국제올림픽위원회 또는 저명한 국제기관의 명칭, 약칭, 표장'으로 규정함으로써 보호되는 국제기구는 ① 국제적십자, 국제올림픽위원회 또는 저명한 국제기관으로 한정하고, 그 보호대상 역시 ② 명칭, 약칭, 표장 등으로 규정하고 있다. 이러한 상표법상의 저명한 국제기관의 해석과 관련하여서 판례는 국가(정부)간의 국제기관뿐만 아니라 정부 간의 합의에 의하지 않고 창설된 이른바 비정부단체나 국제적인 민간단체도 이에 포함될 수 있다고 판시[3]하고 있으며, 현존하는 것[4]에 한정하고 있다.

---

3) 대법원 1987.4.28. 선고 85후11 판결.

4) 올림픽 또는 저명한 국제기관의 칭호나 표장과 동일 또는 유사한 상표를 등록받을 수 없는 상표의 하나로 규정한 취지는 그 칭호나 표장과 동일 유사한 상표의 등록을 인정하게 되면 마치 그 지정상품이 이들 기관과 특수한 관계에 있는 것처럼 오인, 혼동을 일으킬 염려가 있어 그 권위를 해치게 되므로 공익적인 견지에서 국제기관의 존엄을 유지하고 국제적인 신의를 지키고자 하려는데 있다고 할 것인바, 이러한 입법취지에 비추어 볼 때 여기서 말하는 저명한 국제기관이라 함은 원칙적으로 상표등록 사정 당시 존재하는 기관으로서 그 조직이나 활동상황 등에 의해

반면 부정경쟁방지법은 국제기구에 대하여 어떠한 제한을 두고 있지 않다. 당해 국제기구가 국가간의 국제기관에 한정되는 것인지 상표법의 예와 같이 비정부단체나 국제적인 민간단체까지도 포함하는지도 의문이다. 국가의 경우 파리협약 동맹국이 다른 가맹국에 대하여 자신의 국가 · 기장 등을 보호하고자 할 때에는 국제사무국을 통하여 그 해당 가맹국에 의무적으로 통지하도록 하고 있는 것에 반하여, 국제기관의 표지 보호와는 이러한 규정도 없을 뿐만 아니라 상표법의 경우에는 저명한 것이어야 한다는 제한을 두고 있는 것에 반하여 부정경쟁방지법은 그러한 제한도 없다.

이와 같이 본문의 규정을 통하여 보호되는 국제기구의 범위는 지극히 넓다. 그러나 본 규정을 통하여 보호되는 국제기구가 다른 국가의 입법례나 다른 법률 규정에 비하여 지나치게 넓게 됨으로써 오히려 표지 선택권을 제한하며, 또한 그러한 보호가치가 인정되지도 않는 외국 단체의 표지를 인정하게 되는 결과를 낳을 수 있을 것이다. 따라서 이러한 문제점을 극복하기 위해서는 그 보호 대상이 되는 국제기구를 제한하는 방식으로 개정이 있어야 할 것이다.

한편 상표법이 명칭, 약칭, 표장 등을 모두 상표 등록을 받을 수 없는 것으로 규정하고 있는 것에 반하여, 부정경쟁방지법은 표지로 규정하고 있다. 이에 명칭, 약칭과 같은 것을 포함하는 것으로 보아야 할 것인지 논의해볼 여지가 있다. 저명한 것이어야 한다는 상표법과 같은 제한이 없는 상태에서 법이 정한 표지이외의 명칭, 약칭 등에까지 그 보호범위를 확대하는 것이 옳은지는 의문이다.

---

국제적으로 널리 알려질 것을 요하고, 이미 오래 전에 폐지되어 위 사정당시에 활동을 하지 않는 경우에는 이에 해당하지 않는다고 할 것이다(대법원 1991.8.9. 선고 90후2263 판결).

## 2. 정부의 감독용 표지등의 상표 사용

파리협약 당사국, 세계무역기구 회원국 또는 상표법 조약 체약국 정부의 감독용 또는 증명용 표지와 동일하거나 유사한 것은 상표로 사용할 수 없다. 다만, 해당 정부의 허락을 받은 경우에는 그러하지 아니하다(제3조 제2항). 동맹국등의 감독용 표지란 정부가 산업 · 재정 · 무역 또는 경찰상의 견지에서 감독상의 필요에 따라 특정 상품에 붙이는 특정한 표지를 말하며, 증명용 표지는 관할관청이 특정 물품의 수량 · 산지 · 품질 · 재료 · 용도 · 효능 등을 증명하기 위하여 그 물품에 붙이는 표지를 의미한다. 감독용 표지는 증명용의 그것을 겸하는 경우도 있다.

법은 동맹국등의 국가의 감독용 또는 증명용 표지로 규정하고 있는데, 이에는 그 국가의 중앙행정기관, 지방행정기관, 그 밖의 지방자치단체, 공공조합, 공법상의 영조물법인과 그 대표기관 및 산하기관이 사용하는 것을 포함한 것으로 보아야 한다는 견해[5)]가 있다. 본 규정에 해당하는 파리협약 제6조의 3 제2항은 당해 감독용 · 증명용 표지가 사용되는 상품과 동일 또는 유사한 종류의 상품에 사용되는 것을 금지하고 있는 반면, 우리 부정경쟁방지법은 그러한 제한이 없다. 즉 보호되는 국가의 감독용 또는 증명용 표지의 범위가 지나치게 확대될 우려가 있다. 따라서 법이 정하지 않은 국가 이외의 기관이 사용하는 감독용 · 증명용 표지에까지 그 상표 사용을 금지하는 것은 바람직하지 않겠다.

## 3. 동일하거나 유사한 상표

동맹국등의 국기 · 국장 등, 국제기구의 표지 등과의 동일 · 유사 판단은 유연하게 이루어져야 한다. 즉 동맹국등의 국기 · 국장 등을 연상시킬 수 있

5) 특허청, 부정경쟁방 및 영업비밀 보호 업무 해설서, 2008, 89면.

을 정도이면 족하며, 표지의 명칭을 문자로 동일 또는 유사하게 표시하는 경우도 포함한다. 또한 상표의 일부에 동맹국등의 국기 · 국장이 포함된 경우에도 동일하거나 유사한 상표에 해당할 수 있다.

## Ⅲ. 금지위반의 효과

### 1. 시정권고

특허청장은 부정경쟁방지법 제3조의 규정에 위반하여 외국국기나 국제기구의 표지 또는 정부의 감독 · 증명용 표지와 동일 또는 유사한 것을 상표로 사용하는 행위가 있다고 인정되는 경우에는 그 위반행위를 한 자에 대하여 30일 이내의 기간을 정하여 그 행위를 중지하거나 표지를 제거 또는 폐지할 것 등 그 시정에 필요한 권고를 할 수 있다(부정경쟁방지법 제8조).

### 2. 벌 칙

본조의 규정에 위반하여 ① 파리협약 당사국, 세계무역기구 회원국 또는 '상표법 조약' 체약국의 국기 · 국장, 그 밖의 휘장, ② 국제기구의 표지, ③ 파리협약 당사국, 세계무역기구 회원국 또는 '상표법 조약' 체약국 정부의 감독용 · 증명용 표지의 어느 하나에 해당하는 휘장 또는 표지와 동일하거나 유사한 것을 상표로 사용한 자는 3년 이하의 징역 또는 3천만원 이하의 벌금에 처한다(부정경쟁방지법 제18조 제3항). 영업비밀 침해행위의 경우와는 달리 징역과 벌금의 병과는 인정되지 않는다.

## 제 2 절 지리적 표시의 사용금지

정당한 권원이 없는 자는 대한민국이 외국과 양자간(兩者間) 또는 다자간(多者間)으로 체결하여 발효된 자유무역협정에 따라 보호하는 지리적 표시(이하 이 조에서 '지리적 표시'라 한다)에 대하여는 제2조 제1호 (라)목 및 (마)목의 부정경쟁행위 이외에도 지리적 표시에 나타난 장소를 원산지로 하지 아니하는 상품(지리적 표시를 사용하는 상품과 동일하거나 동일하다고 인식되는 상품으로 한정한다)에 관하여 ① 진정한 원산지 표시 이외에 별도로 지리적 표시를 사용하는 행위, ② 지리적 표시를 번역 또는 음역하여 사용하는 행위 또는 ③ '종류', '유형', '양식' 또는 '모조품' 등의 표현을 수반하여 지리적 표시를 사용하는 행위 등을 할 수 없다(부정경쟁방지법 제3조의 2 제1항). 또한 정당한 권한이 없는 자는 ① 위에 해당하는 방식으로 지리적 표시를 사용한 상품을 양도 · 인도 또는 이를 위하여 전시하거나 수입 · 수출하는 행위나, ② 제2조 제1호 (라)목 또는 (마)목에 해당하는 방식으로 지리적 표시를 사용한 상품을 인도하거나 이를 위하여 전시하는 행위를 할 수 없다(부정경쟁방지법 제3조의 2 제2항).

### Ⅰ. 의 의

2011년 개정법에서는 대한민국과 유럽연합 및 그 회원국 간의 자유무역협정의 합의 사항을 반영하기 위하여 협정에 따라 보호되는 지리적 표시를 정당한 권원이 없는 자가 사용하지 못하도록 하고, 그 사용행위로 인하여 정당한 권리자의 영업상 이익이 침해되는 경우 침해행위의 금지청구, 손해배상의 청구를 할 수 있도록 하는 지리적 표시 권리자 보호규정을 도입하였다.

## 1. 규정의 필요성

WTO의 다자규범체계는 비차별 원칙을 근간으로 한다. 즉 WTO 회원국들 간에 차별원칙인 대우를 철폐하기 위하여 최혜국대우의 원칙과 내국민대우의 원칙을 내용으로 한다. 반면 자유무역협정(FTA)은 WTO 회원국의 비차별원칙의 의무를 이탈하여 FTA 협정국간에만 발생하는 특혜(FTA 비협정국을 차별)를 근간으로 한다.

이러한 WTO 비차별원칙의 예외로 일정한 조건하에서 GATT 제24조에서 자유무역지대나 관세동맹 창설을, GATS 제5조에서 서비스 관련 경제통합협정 창설을 허용하고 있다. GATT 제24조는 자유무역지대나 관세동맹이 형성되었을 경우 역내의 관세나 다른 무역장벽이 실질적으로 모든 무역부분에 있어 완화 또는 제거되어야 한다고 명시하고 있으며, 역외 국가에게는 그룹형성 이전에 비해 역내국가와의 교역이 더 제한적이지 않도록 요구하고 있다. 마찬가지로 GATS 제5조는 서비스 부문의 경제통합협정에 관해 규정하고 있다. 그리고 WTO협정문의 다른 조항들은 개도국들 간의 교역에 있어서 관세 및 비관세장벽 완화 또는 철폐를 목적으로 하는 지역무역협정 체결을 허용하고 있다.

그러므로 WTO 체제하에서 창설되는 FTA는 GATT 제24조와 GATS 제5조에 근거하며, FTA 당사국간의 특혜사항은 FTA 당사국이 아닌 다른 WTO 회원국과는 함께 향유되지 않는다. 이에 거의 대부분의 FTA 협정에서는 최혜국대우에 관한 규정을 두고 있지 않으며, 내국민대우에 관한 규정만을 두고 있다. 그런데 KOR-EU FTA에서는 서비스 · 설립(투자) 부문에서는 최혜국대우, 즉 KOR-EU FTA 이후 더 높은 서비스 및 설립(투자) 혜택을 부여하는 FTA 협정은 한국과 EU에도 자동 적용된다는 규정을 두고 있다. 이러한 FTA 규범의 특성상 KOR-EU FTA 협정의 국내법 수용을 위한 법안 개정의 형식은 EU 회원국에만 적용이 되는 특례형식으로 개정될 필요가 있다.

그런데 지적재산권과 관련하여서는 GATT나 GATS 규범과는 달리 WTO 출범(1995년) 이후의 FTA에 대하여 최혜국대우의 예외를 인정하고 있지 않다(TRIPs 제4조).[6] 즉 양자간 또는 다자간 FTA에서의 지적재산권 규정 내용은 이론상 FTA 체결국 이외의 국가에도 효력이 미치며, 다만 FTA 규정 내용이 TRIPs에서 규정하고 있는 지적재산권의 범주를 벗어나는 새로운 내용이면 이는 TRIPs의 효력이 미치지 않음으로 예외가 인정하고 있을 뿐이다.[7] 따라서 지리적 표시와 관련한 KOR-EU FTA의 규정은 최혜국대우의 원칙 아래 미국이나 일본 등 다른 국가의 지리적 표시에도 그 효력이 미치게 된다.

## 2. KOR-EU FTA에서의 지리적 표시 보호

KOR-EU FTA에서는 농산물과 식품, 포도주,[8] 방향포도주[9] 및 증류주[10]

---

6) TRIPs 제4조(최혜국대우) 지식재산권의 보호와 관련, 일방 회원국에 의해 다른 국가의 국민에게 부여되는 이익, 혜택, 특권 또는 면제는 즉시 그리고 무조건적으로 다른 모든 회원국의 국민에게 부여된다. 일방 회원국에 의해 부여되는 다음 경우의 이익, 혜택, 특권 또는 면제는 동 의무에서 제외된다.
(a) 일반적 성격을 가지면서 특별히 지식재산권의 보호에 한정되지 아니하는 사법공조 또는 법집행에 관한 국제협정에서 비롯되는 경우
(b) 내국민대우에 따라서가 아니라 다른 나라에서 부여되는 대우에 따라서 대우를 부여하는 것을 허용하는 로마협약 또는 베른협약(1971년)의 규정에 따라 부여되는 경우
(c) 이 협정에서 규정되지 아니하는 실연가, 음반제작자 및 방송기관의 권리에 관한 경우
(d) 세계무역기구협정의 발효 이전에 발효된 지식재산권 보호관련 국제협정으로부터 비롯되는 경우. 단, 이러한 협정은 무역관련지식재산권이사회에 통보되어야 하며 다른 회원국 국민에 대하여 자의적이거나 부당한 차별을 구성하지 아니하여야 한다.

7) Carlos M. Correa, *Trade Gelated Aspects of Intellectual Property Rights*, Oxford, 2007, pp. 65-72 참조.

8) 이 관에서 의미하는 포도주는 HS 제22.04호에 해당하는 제품으로서 다음의 제품이다.
가. 2007년 10월 22일자 이사회 규정(EC) 제1234/2007호, 2009년 7월 10일자 집행위원회 규정(EC) 제606/2009호, 2009년 7월 14일자 집행위원회 규정(EC) 제607/2009호 또는 그것을 대체하는 법령을 준수하는 제품, 또는
나. 대한민국의 농산물품질관리법(법률 제9759호, 2009.6.9.) 및 주세법(법률 제8852호, 2008.2.29.)을 준수하는 제품

9) 이 관에서 의미하는 방향포도주는 HS 제22.05호에 해당하는 제품으로서 다음의 제품이다.

를 지리적 표시의 보호대상에 포함하고 있다. 즉 TRIPs의 추가적 보호(additional protection) 대상인 포도주, 증류주에서 더 나아가 농산물과 식품까지를 그 보호대상을 확대하고 있다(제10.18조 및 제10.19조).

지리적 표시의 보호수준과 관련하여서는 TRIPs에서와 같은 수준인 지리적 표시의 보호를 위하여 금지되는 행위의 유형으로 ① 지리적 근원을 허위로 표시함으로써 대중의 오인을 유발시키는 행위, ② 대중의 오인 가능성이 없는 경우에서도 지리적 표시의 보호, ③ 파리협약 제10조의 2의 부정경쟁행위로 규정하고 있다(제10.21조).

KOR-EU FTA 협정에서는 TRIPs 제23조와 같이 지리적 근원에 대한 대중의 오인가능성이 없는 지리적 표시에 대하여도 그 보호를 인정하고 있다. 그러나 그 보호대상을 포도주 및 증류주뿐만 아니라 농산물 및 식품에까지 확대하였다. 또한 허위로 원산지를 표시하지 않았어도 ~종류(kind), ~유형(type), ~양식(style), ~모조품(imitation) 등으로 표기하여 소비자의 혼동을 일으키는 행위에 대해서도 TRIPs 협정과 마찬가지로 금지하고 있다.

한편 KOR-EU FTA의 협상 과정에서는 지리적 표시와 상표와의 관계가 첨예하게 논의된 바 있다. 특히 선등록된 상표와 지리적 표시와의 관계를 어떻게 정할 것인가에 대한 논의가 있었다. TRIPs에서는 선의로 사용하고 있는 사용자를 보호하고 있는 태도를 취한 반면(제24조 제4항), KOR-EU FTA에서는 협정발효일 이후에 출원되는 상표가 제10.21조의 보호에 해당하는 경우에도 등록될 수 없다고 규정하고 있다(제10.23조). 따라서 적어도

---

가. 1991년 6월 10일 이사회 규정(EEC) 제1601/1991호 및 그것을 대체하는 법령을 준수하는 제품, 또는

나. 대한민국의 농산물품질관리법(법률 제9759호, 2009.6.9.) 및 주세법(법률 제8852호, 2008.2.29.)을 준수하는 제품

10) 이 관에서 의미하는 증류주는 HS 제22.08호에 해당하는 제품으로서 다음의 제품이다.

가. 2008년 1월 15일 유럽의회 및 이사회 규정(EC) 제110/2008호와 1990년 4월 24일 집행위원회 규정(EEC) 제1014/90호 또는 그것을 대체하는 법령을 준수하는 제품, 또는

나. 대한민국의 농산물품질관리법(법률 제9759호, 2009.6.9.) 및 주세법(법률 제8852호, 2008.2.29.)을 준수하는 제품

[ 표 3 ] TRIPs 및 FTA에서의 지리적 표시 비교

| 항 목 | TRIPs | KOR-US FTA | KOR-EU FTA |
| --- | --- | --- | --- |
| 지리적 표시의 정의 | 지리적 표시 정의<br>(제22조 제1항) | TRIPs의 정의와 동일<br>(제18.2조 제2항 각주 5) | 협정문에 직접적으로 규정하지 않고 상호 인정하는 지리적 표시 보호 법률만을 언급(제3관 각주) |
| 포도주, 증류주 지리적 표시 인정 | 포도주와 증류주의 추가 보호(제23조) | 없음 | - 농산물 및 식품과 포도주에 대한 지리적 표시의 인정(제10.18조)<br>- 포도주, 방향포도주 및 증류주에 대한 특정 지리적 표시 인정(제10.19조) |
| 보호범위 | - 허위의 원산지 표시 금지 및 불공정경쟁행위 금지(제22조)<br>- 포도주, 증류주 지리적 표시의 특별보호(제23조) | 없음 | TRIPs 협정의 보호에 더하여 TRIPs 제23조의 특별보호 수준에 농산물과 식품의 지리적 표시 보호 포함(제10.21조) |
| 상표와의 관계(10.23조) | 제22조제3항[11] 및 제23조[12]에 불구하고 포도주 및 증류주를 포함 선의의 사용은 보호(제24조 제4항) | 선의의 선출원 · 선등록 · 선사용 상표와 혼동을 야기할 가능성이 있는 지리적 표시에 대한 보호거절 및 취소(제18.2조 제15항) | 제10.21조에 불구하고 지리적 표시 보호일 이후에 출원되는 상표를 거절 · 무효 |
| 보호되는 지리적 표시의 품목 추가 | 없음 | 없음 | 추가할 품목에 대한 한쪽 당사자의 요청 시 부적절한 지체 없이 처리(제10.24조) |

11) 소비자 오인우려가 있는 경우, 정당한 원산지로 하지 않는 상품에 그러한 지리적 표시를 포함하거나 동 표시로 구성된 상표를 거절 · 무효로 한다(제22조 제3항).

12) 포도주 · 증류주 지리적 표시를 포함하거나 동 표시로 구성되는 상표는 소비자 오인 여부에 관계없이 거절 · 무효가 된다(제23조).

KOR-EU FTA에서는 선등록된 상표와 지리적 표시와의 보호 관계에 대해서는 기존의 상황과 다른 결론을 내린 것으로 보이지는 않는다.

한편 향후 지리적 표시에 추가할 품목에 대해 한쪽 당사자의 요청이 있는 경우에는 부적절한 지체 없이 처리하도록 규정하고 있는데(제10.24조), 이는 지리적 표시 보호품목을 비교적 자유롭게 확대해 나가고자 하는 의지가 반영된 것으로 보인다. 다만 이는 FTA의 체결을 위한 EU의 전략적 판단에 따른 것으로 보인다. 즉 이번 KOR-EU FTA 부속서상 지리적 표시 보호대상은 한국은 64개, EU는 162개에 불과하다. 그러나 실제 EU에서 보호되는 지리적 표시는 와인 · 증류주를 제외한 농산물에 있어서도 1,000여개가 넘는다. 이러한 상황에서 그 모든 것을 FTA에서 직접 보호하도록 요구하게 되면, 국내에서 거센 반항을 받을 것이라는 예상에서 FTA 체결 이후 추가적으로 보호하는 방식을 취한 것으로 보인다.

## Ⅱ. 지리적 표시 보호규정

### 1. 지리적 표시 보호대상의 확대

2011년 개정법에서는 자유무역협정에 따라 보호되는 지리적 표시의 보호를 규정하면서, 보호 요건으로써 대중의 오인 여부와는 관련 없이 원산지가 아닌 상품에 대하여 지리적 표시를 사용하는 행위를 금지하고 있다. 즉 다른 부정경쟁행위가 오인 · 혼동행위를 전제로 하는 것에 반하여, 지리적 표시의 보호와 관련하여 이러한 오인 · 혼동행위가 없더라도 진정한 지리적 표시가 아닌 경우에는 부정경쟁행위에 해당하도록 규정하고 있다. 이는 한 · EU FTA 협정에 따라 지리적 표시 보호대상의 확대와 강화된 보호요건을 반영한 것이다. 한편 위에서 언급한 바와 같이 부정경쟁방지법에서의 지리적 표시의 보호대상은 농산물과 식품, 포도주, 방향포도주 및 증류주를 포함한다.

### 가. 금지되는 행위

협정 제10.21조에서는 ① 지리적 근원을 허위로 표시함으로써 대중의 오인을 유발시키는 행위, ② 당해 지리적 표시에 나타난 장소를 원산지로 하지 않는 유사상품에 상품의 산지를 나타내는 지리적 표시의 사용 행위 및 ③ 파리협약 제10조의 2의 부정경쟁행위로부터 지리적 표시가 보호된다고 규정하고 있다. 기존의 법률에서는 ① 또는 ③의 행위를 규제함으로써 지리적 표시를 보호하고 있었으나, ②의 경우에 있어서는 지리적 표시를 보호하는데 한계가 있었다. 예컨대 진정한 원산지가 표시되어 있거나 지리적 표시가 번역 또는 음역되어 사용 일정 경우 등에는 지리적 표시의 충분한 보호가 차단될 가능성이 있었다. 이에 2011년 개정법에서는 이러한 한계를 극복하기 위하여 ① 진정한 원산지 표시 이외에 별도로 지리적 표시를 사용하는 행위, ② 지리적 표시를 번역 또는 음역하여 사용하는 행위, ③ '종류', '유형', '양식' 또는 '모조품' 등의 표현을 수반하여 지리적 표시를 사용하는 행위 등을 금지행위로 규정하였다.

제2조 제1호 (라)목 소정의 거짓의 원산지 표지를 하거나 원산지를 오인하게 하는 행위와는 달리 본항의 금지행위는 원산지 표시의 진정 여부와는 상관이 없다. 설령 원산지 표시가 진정한 것일지라도, 이와는 별도의 지리적 표시를 사용하는 행위는 결국 진정한 지리적 표시가 갖는 신뢰와 명성을 훼손할 수 있다는 점에서 금지된다. 또한 포도주나 증류주가 아닌 경우에도 '종류', '유형', '양식' 또는 '모조품' 등의 표현을 수반하는 행위 역시 지리적 표시 보호를 위하여 금지된다.

다만 본조에서 금지하는 지리적 표시 사용행위는 진정한 지리적 표시가 목적으로 하는 상품과 동일 또는 동일하다고 인식되는 상품에 사용된 경우에 한정된다. 즉 상표법에서의 지리적 표시 보호가 해당 표시를 사용하는 상품과 동일하거나 동일하다고 인식되어 있는 상품에 사용하는 것을 금지하는 것과 같이, 부정경쟁방지법에서 금지하는 지리적 표시 사용행위 역시 진정한 지리적 표시가 목적으로 하는 상품의 유사범위에는 미치지 않는다.

또한 정당한 권원이 없는 자라면, 진정하지 않은 지리적 표시나 원산지 표시를 사용한 상품을 양도 · 이전 등을 하는 행위 역시 부정경쟁행위의 한 유형으로 규제한다. 이때 정당한 권원이 없는 자가 의미하는 바가 무엇인지는 의문이지만, 여하튼 지리적 표시 또는 원산지 표시를 상품에 사용하는 행위뿐만 아니라, 이러한 상표를 사용한 상품을 양도 · 인도 등을 하는 행위 역시 금지하고 있다.

### 나. 예 외

부정경쟁방지법은 지리적 표시 보호의 예외로서 선사용 상표의 보호를 규정하고 있다. 즉 협정문 제10.21조 제5항은 TRIPs 협정 제24조 제5항[13]과 같이, 지리적 표시 보호일 이전에 출원 · 등록된 상표나 사용에 의해 확립된 선행상표는 계속 사용이 가능하도록 보호하고 있는데, 이 규정에 따라 국내에서 지리적 표시의 보호개시일 이전부터 사용된 상표는 계속 사용할 수 있도록 하여 국내 선사용권자를 보호한다.

개정안이 논의되는 과정에서는 상표법 제57조의 3 제1항[14]과의 형평에

---

13) TRIPs 협정 제24조(국제협상 의무)
5. 아래의 시기에 상표가 선의로 출원 또는 등록되었거나 또는 선의의 사용에 의해 상표권이 취득된 경우,
가. 제6부에서 정의된 회원국내에서의 이 규정의 적용일 이전, 또는
나. 원산지국에서 지리적 표시가 보호되기 이전,
이 절을 시행하기 위하여 채택되는 조치는 이러한 상표가 지리적 표시와 동일 또는 유사하다는 근거로 상표의 등록의 적격성이나 유효성 또는 상표의 사용권을 저해하지 아니한다.

14) 상표법 제57조의 3(선사용에 따른 상표를 계속 사용할 권리) ① 타인의 등록상표와 동일하거나 유사한 상표를 그 지정상품과 동일하거나 유사한 상품에 사용하는 자로서 다음 각 호의 요건을 모두 갖춘 자(그 지위를 승계한 자를 포함한다. 이하 이 조에서 "선사용자"라 한다)는 해당 상표를 그 사용하는 상품에 대하여 계속하여 사용할 권리를 가진다.
1. 부정경쟁의 목적이 없이 타인의 상표등록출원 전부터 국내에서 계속하여 사용하고 있을 것

서 '부정경쟁의 목적이 없이'란 보호요건을 규정하려고 했다. 그러나 KOR-EU FTA 협정문에는 '부정경쟁의 목적'의 존부 여부에 상관없이 선사용권자를 보호하고 있고, 예외 규정 역시 KOR-EU FTA 협정체결로 인해 발생할 수 있는 국내 선사용권자의 권리를 보호하고 그들의 피해를 최소화하기 위한 것으로 이해할 수 있다. 그렇다면 굳이 국내 선사용권자의 보호 범위를 축소하는 입법을 할 필요가 없으며, 이를 위하여 제시된 '부정경쟁의 목적'이란 기준 역시 그 판단을 위해서는 선상표사용자의 고의 등 주관적인 사정과 상표의 유사여부, 사용상태 등 객관적인 사정을 고려해야 하는 등 그 입증이 복잡하고 곤란한 문제가 있다. 따라서 이러한 문제 의식 아래 개정법에서는 국내 선사용권자가 제3조의 2 제1항에 해당하는 방식으로 상표를 사용하여도 선사용권자의 상표로 인식되어 소비자로 하여금 원산지의 오인 · 혼동을 일으키지 않는다면, 부정경쟁의 목적여부와 관계없이 선사용권자의 권리를 보장하도록 하였다.

## 2. 지리적 표시 보호를 위한 행정적 집행절차

KOR-EU FTA 협정문에서는 지리적 표시 침해행위에 대한 조사와 시정권고를 의무화하는 명시적은 규정은 없으나, 제10.22조 보호의 집행 조항에서 당국의 적절한 개입에 의하여 직권으로 지리적 표시 보호를 집행한다는 규정을 두고 있다. 이에 지리적 표시 보호와 관련하여서도 다른 부정경쟁행위의 조사 등과 같이 위반 행위를 확인하기 위하여 필요하다고 인정하면 특허청장, 특별시장 · 광역시장 · 도지사 · 특별자치도지사 또는 시장 · 군수 · 구청장(자치구의 구청장을 말한다. 이하 같다)은 관계 공무원에게 영업시설 또는 제조시설에 출입하여 관계 서류나 장부 · 제품 등을 조사하게 하

2. 제1호의 규정에 따라 상표를 사용한 결과 타인의 상표등록출원시에 국내 수요자 간에 그 상표가 특정인의 상품을 표시하는 것이라고 인식되어 있을 것

거나 조사에 필요한 최소분량의 제품을 수거하여 검사하게 할 수 있다(제7조). 또한 특허청장, 시 · 도지사 또는 시장 · 군수 · 구청장은 위반한 행위가 있다고 인정되면 그 위반행위를 한 자에게 30일 이내의 기간을 정하여 그 행위를 중지하거나 표지를 제거 또는 폐기할 것 등 그 시정에 필요한 권고를 할 수 있다(제8조).

## 제 3 절 민사적 구제방법

부정경쟁방지법 제2조 제1호 소정의 행위 또는 자유무역협정에 따라 보호하는 지리적 표시의 사용금지 행위에 의하여 자신의 영업상의 이익이 침해되거나 침해될 우려가 있다고 인정되는 자는 그 부정경쟁행위의 금지를 청구할 수 있으며(제4조), 나아가 이러한 행위로 자신의 영업상의 이익을 침해받은 영업자는 손해배상을 청구할 수 있다(제5조). 또한 손해배상에 갈음하여 혹은 손해배상과 더불어 영업상의 신용을 회복하는데 필요한 조치를 청구할 수 있다(제6조). 즉 법은 영업상의 이익이 침해될 우려가 있는 자에 의한 직접적인 금지청구권을 기본으로 손해배상 및 신용회복조치를 사후적으로 인정함으로써 부정경쟁행위를 규제하고 있다. 다만 소송절차상 금지청구 등에 대한 법원의 판단에는 오랜 기간이 소요되므로, 이 기간에 계속되는 침해의 방지를 위한 조치가 인정된다. 즉 본법이 정하고 있는 민사적 구제 수단을 행사하기에 앞서 또는 그와 함께 부정경쟁행위의 금지가처분 신청이 인정된다.[15)]

15) 동지 황의창 · 황광연, 전게서, 86면.

# Ⅰ. 금지청구권

## 1. 의 의

공정한 경쟁질서를 유지하기 위하여는 부정경쟁행위 자체를 금지시키는 것이 가장 직접적이며 유효한 수단이다. 이에 부정경쟁방지법은 제4조 제1항에서 '부정경쟁행위나 제3조의 2 제1항 또는 제2항을 위반하는 행위로 자신의 영업상의 이익이 침해되거나 침해될 우려가 있는 자는 부정경쟁행위를 하거나 하려는 자에 대하여 법원에 그 행위의 금지 또는 예방을 청구할 수 있다'고 규정하고 있으며, 나아가 동조 제2항에서는 제1항에 따른 청구를 할 때에는 ① 부정경쟁행위나 제3조의 2 제1항 또는 제2항을 위반하는 행위를 조성한 물건의 폐기, ② 부정경쟁행위나 제3조의 2 제1항 또는 제2항을 위반하는 행위에 제공된 설비의 제거, ③ 부정경쟁행위나 제3조의 2 제1항 또는 제2항을 위반하는 행위의 대상이 된 도메인이름의 등록말소, ④ 그 밖에 부정경쟁행위나 제3조의 2 제1항 또는 제2항을 위반하는 행위의 금지 또는 예방을 위하여 필요한 조치 등을 함께 청구할 수 있도록 하고 있다. 즉 법은 부정경쟁행위의 피해자에게 금지를 구하는 협의의 금지청구권 및 그의 예방청구권뿐만 아니라 금지 및 예방을 실효있게 할 수 있는 것으로서 위법상태의 제거 내지 위법행위조성물의 폐기청구권등을 인정하고 있다.

이러한 금지 청구권은 이미 발생한 이익침해에 대하여 그 보전을 목적으로 한 사후적 구제수단인 손해배상청구권과는 달리 현재 계속되고 있는 침해행위의 정지나 장래에 발생할 수 있는 침해에 대한 예방을 사전적 구제수단의 성격이 강한 보호수단이다. 다만 이와 같은 금지청구권은 부정경쟁행위의 피해자에게 법이 특별히 부여하는 방어권이라 할 수 있으므로 금지의 범위는 당해 부정경쟁행위의 금지 · 예방 등을 함에 있어 필요하고도 충분한 한도 내에 그쳐야 한다. 특히 쌍방 당사자의 이익이 신중하게 비교 형량되어 그 조치의 종류와 범위를 결정하게 된다. 이에 금지를 위한 최소한의 요건으로 ① 금지명령이 없을 경우 회복불능의 피해가 실제로 발생할 가능성이 있을 것, ② 금지 청구인의 피해가 피청구인이 입는 손실보다 클 것, ③ 금지명령이 공익에 손해를 주지 않을 것 등의 설명을 하고, 금지의 기간 역시 ① 새로 선택한 표지가 주지표지로 인식될 수 있는 기간, ② 그 표지의 제작 중단에 따른 회사정리에 필요한 기간, ③ 유통되고 있는 표지의 수거 및 폐기와 상품에 부착된 표지의 제거 등에 소용되는 기간 등을 금지 기간의 기준으로 고려하여야 한다고 설명하는 견해[16]도 있다.

## 2. 요 건

### 가. 청구권자

부정경쟁행위의 금지청구권은 부정경쟁행위로 인하여 자신의 영업상의 이익이 침해되거나 침해될 우려가 있는 자가 행사할 수 있다.

'영업'이란 주관적으로는 계속적 · 집단적으로 동종의 영리행위를 행하는 것이라고 해석되며, 일반적으로는 이윤추구를 목적으로 한 영리사업이 그 중심이 된다. 그러나 '영업'이란 영업주체혼동야기행위에서의 영업개념과 마찬가지로 상법상의 상행위뿐만 아니라 널리 경제적 대가를 얻는 것을 목적으로 하는 사업을 포함한다. 따라서 영리를 목적으로 하는 개인 기업이나 주식회사의 사업 활동뿐만 아니라 농업협동조합과 같은 비영리 특수법인이 경영하는 사업이나 각종 비영리단체의 경영 활동을 포함하게 된다.

'영업상의 이익'은 침해의 대상이 되는 이익으로 수지계산상의 이익 또는 회계상의 이익을 가리키는 것은 아니다. 이는 사업상의 것이면 충분하고

16) 황의창 · 황광연, 전게서, 87면.

반드시 법률상의 권리일 필요는 없다. 판례[17] 역시 영업상의 이익을 부정경쟁행위에 의한 침해로부터 보호받을 가치가 인정되어 그 행위의 금지를 구하는 것이 건전한 거래질서 유지의 이념에서 시인될 수 있는 정당한 이익이라고 보고 있다. 이에 '피고가 경영하는 '수원 보령약국'이 약사법상 약국을 개설, 경영할 수 없는 제약회사인 원고가 경영하는 '보령약국'과 혼동되어 원고의 이익을 침해했다 하더라도 그 침해행위의 중지를 청구하는 것은 약사법에서 금지된 영업행위에 관련한 이익의 보호를 구하는 것이 되어 허용될 수 없다'라고 판시하고 있다. 그러나 영업자가 영업을 개시함에 있어서 단지 관계 법령이 요구하는 형식이나 절차를 지체하고 있다는 사실만으로는 그 영업이익을 침해하는 부정경쟁행위로부터 보호받을 가치가 부인되지는 않는다.

영업상의 이익이 현실적으로 침해된 경우뿐만 아니라 그 우려가 있다면 금지청구권은 인정된다. 영업상의 이익의 침해로서는 출처혼동에 의한 거래처의 상실 · 매상의 감소 · 신용의 훼손 · 표지의 표지력의 희박화 내지 고객흡인력의 감소 등이 그 전형적인 예이다. 판례[18]도 신용의 실추, 상표 및 용기의 고객흡인력의 희석화를 영업상의 이익 침해에 해당한다고 판시한 바 있다. 나아가 오인에 의한 수요자의 불평, 우편물의 착오배달, 입사지원자의 곤혹, 영업방침에 대한 오해의 발생 등과 같은 영업활동상의 지장을 포함한다는 견해[19]도 있다.

우려란 주관적 견해나 예상만으로는 부족하고 사회관념상 영업상의 이익이 침해할 가능성이 있다고 객관적 인식될 사정이 존재하여야 할 것이다. 다만 이 '이익침해의 우려'의 요건을 엄격하게 요구하여 부정경쟁행위가 존재함에도 그 요건이 흠결하고 있다는 이유로 금지청구를 인정하지 않는다

17) 대법원 1976.2.24. 선고 73다1238 판결.
18) 대법원 1980.12.9. 선고 80다829 판결.
19) 今村成和 외3인編, 註解 經濟法(下卷), 青林書院, 1985, 829면 참조.

면 본법의 입법취지에 벗어난다 할 것이다. 따라서 혼동의 위험이 인정되는 경우라면 특단의 사정이 없는 한 그것만으로 영업상 이익이 침해될 우려가 있다고 하여도 좋을 것이다.

민사적 구제로서 금지를 청구할 수 있는 자는 영업상의 이익이 침해될 우려가 있는 영업자이다. 따라서 스위스나 독일의 법제가 소비자 단체 내지 사업자 단체에 대하여 금지청구권을 인정하고 있는 것에 반하여, 우리의 법제에서는 직접적으로 영업상의 이익이 침해되지 않는 영업자단체, 소비자단체, 일반소비자 등에게는 금지청구권은 인정되지 않는다.

상품주체혼동야기행위 및 영업주체혼동야기행위에 있어서 영업상의 이익이 침해될 우려가 있다고 인정하는 자란 표지에 대하여 고유하고 정당한 영업상의 이익을 가지는 자를 의미한다. 따라서 금지청구를 구하는 자는 표지의 소유자일 필요가 없으며, 매매계약 · 라이센스 계약 등의 합법적인 방법으로 당해 표지를 보유하게 된 자이다. 또한 부정경쟁방지법의 보호대상은 주지 표지 자체이므로 표지가 사용권자나 영업양수인의 상품 등을 표시하는 것으로서 주지되어 있을 필요도 없다.

> 부정경쟁방지법 제2조 제1호 (가)목 및 (나)목 소정의 국내에 널리 인식된 상품표지 또는 영업표지에 관한 부정경쟁행위로 인하여 자신의 영업상의 이익이 침해되거나 침해될 우려가 있어 같은 법 제4조 제1항에 의하여 그 행위의 금지 또는 예방을 청구할 수 있는 자에는 그러한 표지의 소유자뿐만 아니라 그 사용권자 등 그 표지의 사용에 관하여 고유하고 정당한 이익을 가지고 있는 자도 포함된다고 할 것이다. … 이 사건 상표 등에 대한 주지노력의 효과인 주지성이 이 사건 상표 등의 소유자에게 귀속된다고 하더라도, 신청인 회사도 이 사건 상표 등의 사용에 관하여 고유하고 정당한 이익을 가지고 있다고 보아야 할 것이어서, 이 사건 상표 등과 동일 또는 유사한 표지의 사용으로 부정경쟁행위를 하거나 하고자 하는 자에 대하여 그 행위의 금지나 예방을 청구할 수 있다고 보아야 할 것이고, 그 소유자가 그 영업을 양도하였다고 하여도 특별한 사정이 없는 한 신청인 회사의 위와 같은 금지 등의 청구권 행사에

는 영향이 없다고 보아야 할 것이다(대법원 1997.2.5. 선고 96마364 판결).

피고들은 원고가 상표권자나 전용사용권자도 아니므로 이 사건 청구는 이유 없다고 주장하나, 부정경쟁방지법상 금지청구를 할 수 있는 자는 '타인의 부정경쟁행위로 인하여 자신의 영업상의 이익이 침해되거나 침해될 우려가 있다고 인정되는 자'이므로, 원고가 국내에서 독점적으로 상품을 수입, 판매할 수 있는 대리점계약을 체결하여 그 표장을 사용할 수 있는 지위에 있는 이상 위 피고들의 위와 같은 부정경쟁행위로 인하여 영업상 이익을 침해당할 우려가 있어 피고들에게 그 행위의 금지를 청구할 수 있다고 할 것이다(서울지방법원 1998.5.29. 선고 97가합32678 판결).

원산지오인유발행위 및 생산지 등 오인유발행위에 있어서도 원산지표시나 생산지등 표시의 사용에 대하여 고유하고 정당한 이익을 가지는 자가 금지청구를 할 수 있으며, 원산지등에서 영업활동을 하는 영업자 또는 그 수입판매업자등 허위표시사용자와 경쟁관계에 있는 자를 전형으로 한다. 질량오인유발행위에 있어서는 널리 경쟁사업자라면 금지청구를 할 수 있다.

부정경쟁행위의 금지청구권은 영업상의 이익침해의 예방 또는 배제를 위한 권한이며 따라서 영업을 전제로 하는 것인 바 영업양도에 의하여 영업의 이전과 더불어 주지된 표지가 이전되었다면 영업양수인은 양도인이 갖는 금지청구권을 승계한다. 그러나 영업의 양도없이 금지청구권만의 이전은 인정되지 않는다.

### 나. 의무자

금지청구의 상대방은 부정경쟁행위나 제3조의 2 제1항 또는 제2항을 위반하는 행위를 하거나 하려는 자이다. '부정경쟁행위등을 하거나'는 부정경쟁행위등이 계속되고 있는 경우로 금지 청구가 중심적 지위에 놓이게 되는 반면, '부정경쟁행위등을 하려는'이란 부정경쟁행위등에 의하여 영업상의 이익이 장래 침해받을 우려가 있는 경우로 예방청구가 중심적 지위에 놓이게 된다. 다만 여기에서의 '행위'는 실행의 착수에 국한하지 않고 금지청구의 실효성 확보를 위하여 실행의 착수를 기다릴 필요 없이 착수의 우려가 인정되는 단계에 이르면 행위요건은 충족되었다고 본다는 견해[20]가 있는데, 이에 의하면 굳이 부정경쟁행위등을 '하거나'와 '하려는'을 구분할 필요는 없을 것이다. 그러나 이 견해는 부정경쟁행위이기에 금지 청구의 대상이 되는데, 금지 청구가 인정되므로 부정경쟁행위의 행위요건이 인정된다는 순환논리적 모순이 있다.

이러한 부정경쟁행위에는 부정경쟁행위자의 고의, 과실이라는 주관적 요건을 필요로 하지 않는다. 즉 객관적 사실로서의 부정경쟁방지법 제2조 제1호 소정의 부정경쟁행위나 제3조의 2 제1항 또는 제2항을 위반하는 행위가 성립하면 부정경쟁행위으로서 본조의 금지 대상이 된다.

> 같은 법 제4조에 의하면 '부정경쟁행위로 인하여 자신의 영업상의 이익이 침해되거나 침해될 우려가 있다고 인정하는 자는 부정경쟁행위를 하거나 하고자 하는 자에 대하여 법원에 그 행위의 금지 또는 예방을 청구할 수 있다'고 규정하고 있으므로 부정경쟁방지법상의 금지청구권의 대상이 되는 부정경쟁행위의 성립에는 상법상의 상호권의 침해에서와 같은 '부정한 목적'이나 부정경쟁행위자의 '고의, 과실'은 요건이 아님은 소론이 지적한 바와 같다(대법원 1995.9.29. 선고 94다31365 판결).
>
> 상표의 등록이 자기의 상품을 타업자의 상품과 식별시킬 목적으로 한 것이 아니고, 국내에 널리 인식되어 사용되고 있는 타인의 상표가 아직 상표등록이 되어 있지 아니함을 알고 그와 동일, 유사한 상표나 상호, 표지 등을 사용하여 일반 수요자로 하여금 타인의 상표와 혼동을 일으키거나 타인의 영업상의 시설이나 활동과 혼동을 일으키게 하여 이익을 얻을 목적으로 형식상 상표권을 취득한 것에 불과할 경우에는, 상표의 등록출원 자체가 부정경쟁행위를 목적으로 하는 것으로서, 이는 상표법을 악용 내지 남용한 것이 되어 상표법에 의한 적법한 권리의 행사라고 볼 수 없으므로, 부정경쟁방지법 제2조 및

20) 황의창 · 황광연, 앞의 부분.

제4조의 적용을 배제할 수 없다(서울고등법원 1996.8.14. 선고 95나42555 판결).

이때의 '부정경쟁행위나 제3조의 2 제1항 또는 제2항을 위반하는 행위를 하거나 하고자 하는 자'는 부정경쟁행위를 직접 하고 있거나 하려는 자뿐만 아니라 부정경쟁행위를 하도록 한 자, 즉 교사자를 포함한다. 따라서 법인의 대표자가 법인의 대표자 자격으로 부정경쟁행위를 하였거나 사용자인 법인이나 개인의 피용자가 사용자의 지시, 묵인 또는 관여 아래 부정경쟁행위를 한 경우에는 당해 사용자에 대하여 금지청구를 행사할 수 있다. 이에 반하여 대표자 개인이나 사용인은 상대방이 될 수 없다는 견해도 있으나,[21] 법 제18조 및 제19조 규정에 비추어 부정경쟁행위를 한 법인의 대표자나 종업원도 금지청구의 상대방이 된다 할 것이다.

다. 요건의 판단

금지청구를 인정할 것인지의 판단은 사실심 변론종결 당시를 기준으로 한다. 즉 타인의 상호 · 상표 등 타인의 상품임을 표시한 표지가 국내에 널리 인식되었는지의 여부는 사실심 변론종결 당시를 기준으로 판단하여야 할 것임을 전제로 원고의 영업규모, 제품의 종류 및 내역, 판매 액수, 광고 및 홍보활동의 방법 및 빈도, 원고가 그 상호를 사용한 기간 및 사용 태양 등에 비추어, 변론종결 당시를 기준으로 원고의 그 상호는 상품의 출처를 표시하는 상품의 표지로서 국내의 거래자 또는 수요자들 사이에 널리 알려져 있는가를 판단하게 된다.[22] 이에 본안에 대한 종국판결이 있은 후 소를 취하한 자라 할지라도, 소 취하로 인하여 그동안 판결에 들인 법원의 노력이 무용화되고 종국판결이 당사자에 의하여 농락당하는 것을 방지하기 위

21) 손주찬, 전게서, 470면.

22) 대법원 2004.3.25. 선고 2002다9011 판결.

한 민사소송법 제267조 제2항의 취지에 반하지 아니하고 소제기를 필요로 하는 정당한 사정이 있다면 다시 소를 제기할 수 있다고 판단한 가운데, 원고가 부정경쟁행위로 인한 침해금지청구 및 손해배상청구를 추가한 것은 피고들이 제1심 변론종결 이후에도 계속하여 부정경쟁행위를 하고 있음을 전제로 하여 그 침해행위의 금지를 청구함과 아울러 제1심에서 청구하지 아니하였던 기간에 해당하는 손해배상청구를 한 것이므로 이는 원고가 제1심에서 청구하였던 침해금지청구 및 손해배상청구와는 소송물이 동일하다고 보기 어렵고 다시 청구할 필요도 있다고 법원은 판단하고 있다.[23)]

## 3. 금지청구의 내용

### 가. 금지청구

부정경쟁행위, 제3조의 2 제1항이나 제2항을 위반한 행위를 하거나 하려는 자에 대하여 그 행위의 금지 또는 예방을 청구할 수 있다. 즉 현실적으로 이루어지고 있는 부정경쟁행위에 의하여 영업상의 이익이 침해되고 있는 경우에는 금지를 청구하고, 장래의 부정경쟁행위에 의하여 영업상의 이익이 침해될 우려가 있는 때에는 예방을 청구할 수 있다.

금지청구의 구체적인 내용으로는 상표 제작 행위에 대한 제작활동의 금지, 송전의 단전, 급수의 단수, 원재료 공급의 차단 등을 들 수 있고, 상품표지가 부착된 상품등 매매행위에 대한 당해 상품의 유통정지, 상점의 폐쇄등의 처분을 들 수 있겠다.

금지청구권등은 장래의 새로운 부정경쟁행위의 방지를 목적으로 한다. 따라서 협의의 금지청구권이나 예방청구권은 문제가 된 부정경쟁행위가 계속되거나 장래에 행하여질 가능성을 전제로 하며, 전체 상황에 비추어 명백하게 반복의 위험이 없다면 금지청구권은 인정되지 않는다. 협의의 금지청

23) 대법원 2009.6.25. 선고 2009다22037 판결.

구권은 부정경쟁행위가 가까운 과거에 있었거나 현존하는 경우에 이를 저지하기 위하여 인정되는 것인 바 부정경쟁행위가 있다는 사실로부터 반복의 위험은 추정된다고 할 것이다. 따라서 청구권자는 부정경쟁행위가 있음을 입증하면 되고 피고는 그 추정을 깨뜨리는 반증을 제시하여야 할 것이다.

예방청구권은 금지청구권의 특별한 형태로서 아직까지 부정경쟁행위가 있었던 것은 아니나 앞으로 그러한 행위가 행하여질 직접적인 가능성이 있다고 현재 확인할 수 있는 경우에 인정된다. 다만 협의의 금지청구권의 행사에 있어서는 부정경쟁행위가 있다는 사실의 입증만으로 반복의 위험이 추정되는데 비하여, 예방청구권자는 부정경쟁행위가 장래에 행하여질 가능성의 존재에 대하여 적극적으로 이를 인정할 만한 구체적인 사실관계 또는 상황을 주장 입증하여야 한다.

### 나. 폐기등 조치의 청구

금지 및 예방청구에 부수하여 부정경쟁행위, 제3조의 2 제1항이나 제2항을 위반한 행위를 조성한 물건의 폐기, 부정경쟁행위에 제공된 설비의 제거, 부정경쟁행위의 대상이 된 도메인이름의 등록말소, 기타 부정경쟁행위를 금지 또는 예방을 위하여 필요한 조치를 함께 청구할 수 있다(제4조 제2항). 이는 1991년 제2차 개정법을 통하여 도입된 것으로 부정경쟁행위로 야기된 물적 상태의 제거를 통하여 장래의 침해 재발을 막아 금지의 실효를 거두기 위한 부대성격의 청구권이다. 따라서 본 청구권은 단독으로 독립해서 행사할 수 없다. 반드시 금지 또는 예방청구에 수반해서 청구하여야 하며, 부정경쟁방지법 제4조 제1항의 금지청구와는 달리 작위청구권이다.

이러한 폐기나 제거 등의 조치는 그 부대청구권적인 성격에 비추어 장래의 침해를 예방하는데 필요한 최소한도의 범위 내에서 인정된다. 상품주체 또는 영업주체 혼동야기행위의 경우에는 위법한 표지를 부착한 간판 · 포장 · 상품 · 광고선전물 · 거래서류 등의 폐기를 명하거나 위법표지 자체의 말소로서 간판 · 표찰 · 포장지 · 작업복 · 장부 등의 문자의 말소등이 인정될 수 있다. 등기는 그대로 둔 채 사용만을 금지시킨다는 것은 금지청구권을 무의미하게 만들어 필요없는 혼란만을 가져오므로 부정경쟁행위의 금지를 실효성 있게 하기 위하여는 등기상호의 말소청구권등도 본항의 청구권에 포함한다. 이는 부정경쟁행위의 대상이 된 도메인이름의 등록말소가 인정되는 것에서도 확인할 수 있다. 질량오인유발행위에 있어서는 오인을 일으킨 광고표시의 정정, 기만적인 광고물의 폐기 등이 고려될 수 있을 것이다. 다만 광고물의 폐기는 광고물의 거래권에서의 수거등 보다 경미한 수단이 권리보호에 충분하지 않는 경우에만 인정된다. 기타 필요한 조치로서 판결주문의 광고나 거래처에 대한 통지 등의 청구를 할 수 있을 것이다.

> 원고는 부정경쟁방지법 제4조 제2항에 따라 '부정경쟁행위를 조성한 물건의 폐기, 부정경쟁행위에 제공된 설비의 제거 기타 부정경쟁행위의 금지 또는 예방을 위하여 필요한 조치'로서 도메인 이름의 등록말소를 구하는 것이고, 피고들이 도메인 이름을 사용한 것이 식별력 손상의 부정경쟁행위에 해당하는 이상, 그 부정경쟁행위의 금지 또는 예방을 위한 유효 · 적절한 수단은 그 도메인 이름의 등록말소이므로, 이 사건 도메인 이름의 일부로 사용된 'viagra' 상표의 보유자인 원고는 자신 명의로 '.kr' 도메인 이름을 등록할 적격이 있는지 여부에 관계없이 이 사건 도메인 이름의 등록말소청구를 할 수 있다(대법원 2004.5.14. 선고 2002다13782 판결).

## Ⅱ. 손해배상청구권

### 1. 의 의

고의 또는 과실에 의한 부정경쟁행위나 제3조의 2 제1항 또는 제2항을 위반한 행위(제2조 제1호 (다)목의 경우에는 고의에 의한 부정경쟁행만을 말한다)

로 타인의 영업상 이익을 침해하여 손해를 입힌 자는 그 손해를 배상할 책임을 진다(제5조). 부정경쟁행위등에 대한 손해배상이 인정되기 위하여는 부정경쟁행위가 고의 또는 과실로 이루어질 것이라는 주관적 요건이 필요하다. 이러한 점에서 일반 불법행위를 정한 민법과 다를 바 없다. 손해배상을 청구하기 위하여는 부정경쟁행위에 의하여 발생한 손해액의 입증이 요구되는데, 현행법에서는 손해액의 산정을 용이하게 하기 위하여 손해액에 관한 특칙을 두고 있다(제14조의 2).

## 2. 요 건

손해배상청구권이 인정되기 위하여는 ① 침해자의 고의 또는 과실, ② 부정경쟁행위의 존재, ③ 부정경쟁행위에 의한 영업상 이익의 침해에 따른 손해의 발생 및 ④ 부정경쟁행위와 손해 발생과의 인과관계의 존재 등이 요구된다.

손해배상청구권이 성립하기 위해서는 금지청구권과 달리 부정경쟁행위자의 고의 또는 과실이 요구된다. 다만 법은 제2조 제1호 (다)목 소정의 저명상표 희석행위에 대하여는 고의에 의한 것에 한한다. '고의'란 부정경쟁행위라는 것을 알면서 감히 이를 행하는 심리상태를 말하며, '과실'이란 일정한 결과가 발생한다는 것을 알고 있어야 함에도 불구하고 부주의로 그것을 알지 못하고 어떤 행위를 하는 심리상태를 말한다. 이 주관적 요건은 1986년 제1차 개정법에서 삭제된 적이 있다. 이에 부정경쟁방지법이 불법행위법에서 경쟁법으로 이행한 것으로 이해하면서 다시 주관적 구성요건을 명시한 1991년 제2차 개정법을 비판했던 견해[24)]도 있다. 그러나 주관적 요건을 명시하지 않았던 독일 구부정경쟁방지법 제1조의 해석에 있어서도 일반원칙에 따라 고의·과실이라는 주관적 요건이 요구되었다는 점에서 입법

24) 정호열, 전게서, 236-237면 참조.

과정에서 확인할 수 없는 한 고의 · 과실이라는 주관적 요건이 요구되지 않는다는 판단은 쉽게 이루어져서는 안 된다.

우리나라 특허법 제130조는 특허권의 침해행위에 대하여 과실이 있는 것으로 추정하지만, 부정경쟁행위에 대해서는 과실 추정 규정이 없기 때문에 고의 · 과실에 대한 입증책임은 불법행위 일반론에 따라 손해배상 청구권자가 부담한다. 그러나 실제 부정경쟁행위의 존재가 입증된 이상 무과실에 대한 입증의 필요성이 생기는 경우가 많을 것이다.

> 부정경쟁방지법 제5조에 의한 손해배상책임을 인정하기 위하여는 고의 또는 과실에 의한 부정경쟁행위를 할 것이 요구되지만, 여기에서의 고의는 부정경쟁행위의 의도나 타인의 영업에 대한 침해 의사까지를 포함하는 것이 아니고 위법행위에 대한 인식을 의미하는 것이다. 위 인정 사실에 의하면, 피고들은 주지된 원고의 영업표지인 '오장동 함흥냉면'과 동일한 표지를 사용하여 프랜차이즈 영업을 한다는 사실을 인식하였거나, 적어도 인식하지 못한 것에 과실이 있다고 봄이 상당하다(서울동부지방법원 2007.5.18. 선고 2006가합15289 판결).

> 대법원은 부정경쟁방지법 제4조에 의한 금지청구와 관련하여 주지성을 획득한 상호의 존재를 모르는 선의의 선사용자의 행위도 부정경쟁행위를 구성할 수 있다는 취지로 판시하고 있다(대법원 2004.3.25. 선고 2002다9011 판결 참조). 그러나 부정경쟁행위의 주관적 요건과 관련하여 고의 · 과실을 요하는지 여부에 대하여는 민사적 측면과 형사적 측면을 구별하여 검토하여야 한다. 민사적 측면에 있어서는 저작권 침해금지의 경우와 마찬가지로, 침해로 인한 위법 상태의 금지와 그 제거를 위해서는 부정경쟁행위자의 고의 또는 과실은 필요하지 않다고 해석되며, 다만 부정경쟁행위로 인한 민사상 손해배상을 청구하기 위해서는 고의나 과실이 필요한 것으로 규정되어 있다(부정경쟁방지법 제5조). 반면, 형사적 측면에 있어서는 형벌법규의 엄격해석 원칙 및 형법의 범죄론에 관한 일반원칙에 따라 구성요건요소인 부정경쟁행위에 대한 인식, 즉 고의가 필요하다고 해석하여야 한다. 따라서 주지성 있는 타인의 영업 표지를 선의로 먼저 사용한 자는 부정경쟁행위에 대한 고의가 없기 때문에 부정경쟁방지법 위반행위로 처벌할 수 없다고 판단된다(서울동부지방법원

2004.7.15. 선고 2003고단3650 판결).

일본 재판례의 경우 청구권자의 표시가 널리 알려진 이상, 이에도 불구하고 동일 · 유사한 표시를 사용한 피고의 행위에는 적어도 과실이 있었다고 보는 것이 원칙이라고 판단하였다.[25)]

손해배상청구가 인정되기 위하여는 청구권자에게 손해가 발생하여야 한다. 다만 청구권자가 자신의 매출이 감소한 것을 주장, 입증할 필요는 없다. 위반행위가 있는 한 규범적으로는 청구권자에게 귀속되어야 할 시장기회가 상실되었다고 인정할 수 있기 때문이다. 판례 역시 청구권자가 침해행위에 의하여 실제로 영업상의 손해를 입은 것을 주장 · 입증할 필요가 있으나, 이와 같은 손해의 발생에 관한 주장 · 입증의 정도에 있어서는 손해 발생의 염려 내지 개연성의 존재를 주장 · 입증하는 것으로 족하다고 보아야 하고, 따라서 권리자가 침해자와 동종의 업을 하고 있는 것을 증명한 경우라면 특별한 사정이 없는 한 그러한 침해에 의하여 영업상의 손해를 입었음이 사실상 추정된다고 판시[26)]하고 있다. 다만 청구권자에게 발생한 시장기회의 상실이 갖는 재산적 가치가 어느 정도인가라는 것이 배상액을 산정하면서 논의가 된다.

### 3. 손해배상의 범위

부정경쟁행위등이 이루어지는 반면 청구권자는 유체물에 대한 권리인 소유권과 달리 위반행위에 대하여 물리적인 방어 방법을 강구하는 것은 쉽지 않다. 그 결과 위반행위가 이루진 후의 구제인 손해배상의 역할은 매우

---

25) 東京地判 平成 4.4.27. 判タ 819号 178면 [The Ritz Ship 事件]; 大阪地判 4.12.24. 判不競 1038, 36면 [モリトジャパン 事件]; 東京地判 平成 5.6.23. 判時 1465号 136면 [司 つぼ八 事件] 등.

26) 대법원 1997.9.12. 선고 96다43119 판결.

중요하다. 그러나 유체물의 훼손과 같이 눈으로 볼 수 있는 형태로 피해가 발생하는 것만은 아니므로, 손해액의 산정에는 어려움이 발생한다. 그러나 손해액이 과소하게 산정된 경우에는 청구권자에게 허락을 구하는 것보다도 침해를 하는 쪽이 유리하게 되고, 그렇지 않아도 용이한 위반행위가 더욱 유발될 수 있다. 이러한 점에서 부정경쟁방지법은 일반법인 민법의 특칙으로 손해액의 추정(제14조의 2)에 관한 규정을 두고 있다.

배상책임을 묻게 되는 손해는 부정경쟁행위등과 상당한 인과관계에 있는 모든 손해로 적극적 손해(매상감소, 침해조사비용 등), 소극적 손해 및 정신적 손해(위자료) 그리고 신용훼손 등이 모두 포함된다. 적극적 손해란 부정경쟁행위로 인하여 이미 가지고 있었던 이익이 손실되는 경우로 이른바 발생손해를 말한다. 소극적 손해란 부정경쟁행위가 없었더라면 얻을 수 있었던 권리의 손실, 즉 일실이익을 의미한다.

상표법에서는 등록상표임을 표시한 타인의 상표권 또는 전용실시권을 침해한 자는 그 침해행위에 대하여 그 상표가 이미 등록된 사실을 알았던 것으로 추정한다고 규정하여(상표법 제68조) 침해자에게 선의의 입증책임을 지우고 있으며(입증책임의 전환), 권리를 침해한 자가 그 침해행위에 의하여 이익을 받을 때에는 그 이익의 액을 특허권자 또는 전용실시권자가 받은 손해의 액으로 추정한다(상표법 제67조 제1항). 즉 상표권은 공보에 의한 공고 및 등록제도등으로 인해 일반인에게 널리 공지되므로 특별한 사정이 없는 한 침해자에게 과실이 있는 것으로 추정하며, 손해배상청구에 있어서도 손해액의 증명을 용이하게 하고 있다.[27] 반면 부정경쟁방지법은 위와 같이 일률적인 고의 내지 과실의 추정규정을 두고 있지 않다. 다만 1998년 제4차 개정법을 통하여 손해액 추정 규정을 신설하여 부정경쟁행위로 인한 손해배상을 청구하는 경우 당해 행위를 한 자가 그로 인하여 이익을 받은 때에

27) 상표법 이외에도 특허법(제130조, 제128조), 실용신안법(제31조), 디자인보호법(제65조, 제64조) 등에서도 과실의 추정 및 손해액의 추정에 관한 규정 등을 두고 있다.

는 그 이익의 액을 청구인의 배상의 액으로 추정하도록 하는 등 부정경쟁행위로 인하여 영업상의 이익을 침해당한 자가 손해배상청구소송을 용이하게 수행할 수 있도록 하였다.[28] 이에 청구권자는 손해의 발생을 입증하면 제14조의 2(손해액의 추정 등)의 적용을 받아 손해액을 주장할 수 있다.[29]

부정경쟁행위등으로 영업상의 이익을 침해당한 자는 영업상의 이익을 침해한 자가 부정경쟁행위를 하게 한 물건을 양도하였을 때에는 그 양도한 물건의 수량에 청구권자의 순이익률을 곱한 금액을 손해액으로 청구할 수 있다. 이 경우 손해액은 영업상의 이익을 침해당한 자가 생산할 수 있었던 물건의 수량에서 실제 판매한 물건의 수량을 뺀 수량에 단위수량당 이익액을 곱한 금액을 한도로 한다(제14조의 2 제1항). 즉 부정경쟁방지법은 부정경쟁행위에 대한 손해액의 산정에 있어서 침해자가 판매한 수량에 권리자의 원가계산에 의한 물건당 이익액을 곱한 것을 권리자의 손해액으로 추정함으로써 판매수량만을 확인하면 손해액을 쉽게 산정할 수 있도록 하였다. 즉 침해를 당한 자가 손해배상청구소송에서 손해액을 산정하기 위해서는 침해자가 가지고 있는 자료가 필요하나 침해자가 관련 자료를 제출하지 아니하면 참해당한 자가 손해액을 산정하기 어려우므로 침해자의 판매수량만을 확인하면 쉽게 손해액을 산정할 수 있도록 하여 침해당한 자의 권익보호를 강화하려는 것으로 평가할 수 있다.

한편 부정경쟁행위, 제3조의 2 제1항이나 제2항을 위반한 행위 또는 영

---

28) 2001년 제6차 개정법에서는 종전 침해자가 침해행위로 이익을 받은 것이 있는 때에는 그 이익액을 침해당한 자의 손해액으로 추정하여 입증책임을 경감해 주었으나, 그러한 경우에도 권리자가 침해자의 이익을 입증하여야 하고 그 입증이 매우 어려운 점을 감안하여 권리자의 원가계산 기준에 의하여 손해액을 정할 수 있도록 하였으며, 한편 손해의 발생은 인정되나 입증이 극히 곤란할 경우 법원에서 관련 자료를 근거로 상당액을 인정할 수 있도록 하여 상표권자의 권리구제를 효과적으로 할 수 있도록, 같은 법 제14조의 제1항 및 제5항을 신설하였다. 2007년 제9차 개정법에서는 전체적으로 어려운 용어를 쉬운 용어로 바꾼다는 법 취지에서 현행법과 같이 변경하였다.

29) 개정된 부정경쟁방지법 시행 전에 발생한 부정경쟁행위에 관한 소송의 경우에도 법원은 제14조의 2 제5항을 적용할 수 있다(대법원 2007.4.12. 선고 2006다10439 판결).

업비밀 침해행위로 영업상의 이익을 침해당한 자가 제5조 또는 제11조에 따른 손해배상을 청구하는 경우 영업상의 이익을 침해한 자가 그 침해행위에 의하여 이익을 받은 것이 있으면 그 이익액을 영업상의 이익을 침해당한 자의 손해액으로 추정한다(제14조의 2 제2항).

> 부정경쟁방지법 제14조의2 제2항에 의하면, 부정경쟁행위로 인한 손해배상을 청구하는 경우에는 영업상의 이익을 침해한 자가 그 침해행위에 의하여 이익을 받은 것이 있는 때에는 그 이익액을 손해액으로 추정한다고 규정하고 있고, 이 경우 침해자가 받은 이익액은 침해제품의 총판매액에 그 순이익률을 곱하는 등의 방법으로 산출함이 원칙이지만 침해자의 판매액에 청구권자의 순이익률을 곱하는 방식에 의한 손해산정도 적법하다(수원지방법원 2003.4.18. 선고 2002가합9304 판결).

또한 부정경쟁행위, 제3조의 2 제1항이나 제2항을 위반한 행위 또는 영업비밀 침해행위로 영업상의 이익을 침해당한 자는 제5조 또는 제11조에 따른 손해배상을 청구하는 경우 부정경쟁행위 또는 제3조의 2 제1항이나 제2항을 위반한 행위의 대상이 된 상품 등에 사용된 상표 등 표지의 사용 또는 영업비밀 침해행위의 대상이 된 영업비밀의 사용에 대하여 통상 받을 수 있는 금액에 상당하는 금액을 자기의 손해액으로 하여 손해배상을 청구할 수 있다(제14조의 2 제3항). 그러나 침해행위로 인하여 받은 손해액이 사용에 의해 통상 받을 수 있는 사용료 상당액을 초과하는 경우에는 그 초과액에 대하여도 손해배상을 청구할 수 있다. 이 경우 침해한 자에게 고의 또는 중대한 과실이 없는 때에는 법원은 손해액을 산정함에 있어서 이를 참작할 수 있다(제14조의 2 제4항). 실제 실시료산정은 계약상 다른 실시료를 참고하거나 관계거래업계의 일반적인 사용료에 의하거나 또는 감정에 의하거나 거래실제에 비추어 상당하다고 평가되는 액을 산정하는 등 여러 방법이 사용된다. 또한 실제로 받은 손해의 액이 실시료 상당액을 초과하는 경우에는 그 초과액에 대하여도 손해배상을 청구할 수 있다.

법원은 부정경쟁행위, 제3조의 2 제1항이나 제2항을 위반한 행위 또는 영업비밀 침해행위에 관한 소송에서 손해가 발생된 것은 인정되나 그 손해액을 입증하기 위하여 필요한 사실을 입증하는 것이 해당 사실의 성질상 극히 곤란한 경우에는 법 제14조의 2 제1항부터 제4항까지의 규정에도 불구하고 변론 전체의 취지와 증거조사의 결과에 기초하여 상당한 손해액을 인정할 수 있다(제14조의 2 제5항).

다만 이러한 규정은 부정경쟁행위에 기한 손해배상청구에 있어서 손해에 관한 피해자의 주장 · 입증책임을 경감하는 취지의 것이고, 손해의 발생이 없는 것이 분명한 경우까지 침해자에게 손해배상의무를 인정하는 취지는 아니다. 따라서 부정경쟁행위에도 불구하고 당해 상품표지의 주체 등에게 손해의 발생이 없다는 점이 밝혀지면 침해자는 그 손해배상책임을 면한다. 즉 부정경쟁행위가 인정된다고 하더라도 그 기간 동안 상품표지의 주체 등이 그 상표를 부착한 제품의 생산 · 판매 등 영업활동을 하지 않았다면, 그에 따른 영업상 손해를 인정할 수 없다.[30)]

손해배상의 효과 및 그 행사에 관하여는 그 성질에 반하지 않는 한 일반 민법상의 불법행위에 의한 손해배상청구권의 규정이 적용된다. 따라서 손해배상청구권은 양도성을 가지며, 금지청구권에서와 같은 특별규정도 없으므로 시효기간은 민법 제766조가 적용된다. 즉 피해자나 그 법정대리인이 그 손해 및 가해자를 안 날로부터 3년간 손해배상청구권을 행사하지 않으면 시효로 소멸한다.

---

30) 대법원 2008.11.13. 선고 2006다22722 판결.

## Ⅲ. 신용회복조치청구권

### 1. 의 의

법원은 고의 또는 과실에 의한 부정경쟁행위로 타인의 영업상의 신용을 실추하게 한 자에 대하여는 부정경쟁행위로 인하여 자신의 영업상의 이익이 침해된 자의 청구에 의하여 제5조의 규정에 의한 손해배상에 갈음하거나 손해배상과 함께 영업상의 신용을 회복하는 데 필요한 조치를 명할 수 있다(부정경쟁방지법 제6조). 타인의 불법행위로 인한 손해의 배상은 금전배상이 원칙이다(민법 제763조, 제394조). 그러나 부정경쟁행위는 타인의 신용(good will)에 무임승차하여 이익을 취하는 행위로서 그 타인의 신용 및 명예와 밀접한 관련이 있으므로 금전배상만으로는 만족할 수 없거나, 신용훼손의 구제방법으로 적절치 않은 경우가 많기 때문에 부정경쟁방지법은 손해배상에 갈음하거나 손해배상과 병행하여 신용회복에 필요한 조치를 할 수 있도록 규정하고 있다. 즉 명예 또는 신용이 훼손된 경우에는 손해를 금전으로 평가하기 곤란하며 비록 금전배상을 하여도 훼손된 명예나 신용이 회복되기는 어렵다. 이에 법은 명예 또는 신용이 훼손된 경우에는 특히 원상회복적인 구제를 인정하고 있는 것이다.

이러한 신용회복조치는 광의의 손해배상에 포함되는데 부정경쟁방지법상에는 '손해배상에 갈음하거나 손해배상과 함께'라고 규정하고 있으므로, 여기서의 '손해배상'은 금전배상을 의미한다고 보아야 할 것이다.

### 2. 요 건

신용회복청구권이 인정되기 위하여는 ① 행위자의 고의 또는 과실(단, 제2조 제1호 (다)목 규정의 저명상표 희석행위는 고의에 의한 부정경쟁행위에 한

한다), ② 부정경쟁행위등의 존재, ③ 부정경쟁행위등에 의한 영업상 이익의 침해가 있을 것, ④ 금전배상 외 별도의 신용회복조치의 필요성이 있을 것 ⑤ 부정경쟁행위등과 신용실추와의 인과관계 존재 등의 요건을 충족하여야 한다. 즉 부정경쟁행위가 인정된다고 하여 반드시 업무상 신용이 실추되었다고 단정할 수는 없으므로 청구권자는 모방 제품이 조악하여 자사 제품의 신용도에 타격이 가해진 점 등의 구체적 사실을 별도로 입증하여야 한다.

> 부정경쟁방지법 제6조에 정한 신용회복조치를 구하기 위하 여는 상대방이 부정경쟁행위를 하였다는 사실만으로는 부족하고 이로 인하여 자신의 영업상의 신용이 실추되었다고 볼 만한 사정이 있어야 하는데, 피고들이 소비자들에게 현저히 낮은 수준의 냉면을 제공함으로써 피고들이 제공한 냉면을 원고가 판매하는 냉면으로 오인 · 혼동한 소비자들에 대한 관계에서 원고의 신용이 훼손되었다는 점에 관하여는 이를 인정할 증거가 없다(서울동부지방법원 2007.5.18. 선고 2006가합15289 판결).

제4조의 금지청구를 인정할 것인지의 판단이 사실심 변론종결시를 기준으로 하는 반면, 신용회복청구를 인정할 것인지의 판단은 손해배상청구의 경우와 같이 침해행위시를 기준으로 한다.

> 부정경쟁방지 및 영업비밀보호에 관한 법률(이하 '부정경쟁방지법'이라 한다) 제2조 제1호 (나)목에서 타인의 영업임을 표시한 표지가 국내에 널리 인식되었는지 여부는 그 사용기간, 방법, 태양, 사용량, 영업범위 등과 그 영업의 실정 및 사회통념상 객관적으로 널리 알려졌느냐의 여부 등이 기준이 되고, 부정경쟁방지법 제4조에 의한 금지청구를 인정할 것인지의 판단은 사실심 변론종결 당시를 기준으로 하며, 부정경쟁방지법 제5조에 의한 손해배상청구를 인정할 것인지 및 같은 법 제6조에 의한 신용회복청구를 인정할 것인지의 판단은 침해행위 당시를 기준으로 하여야 한다(대법원 2008.2.29. 선고 2006다22043 판결).

## 3. 청구권의 내용

일반적으로 신용회복에 필요한 조치의 예로는 사과문을 신문등에 게재하는 사죄광고를 들고 있다. 이는 대체적 작위채무에 해당하여 사죄광고의 게재를 명하는 판결을 대체집행등의 방법으로 강제집행할 수 있다고 보아 왔으나 헌법재판소는 민법 제764조와 관련하여 동조에 규정된 '명예회복에 적당한 처분'에 사죄광고를 포함시키는 것은 헌법에 위반된다고 판시한 바 있다.[31] 따라서 부정경쟁방지법상의 신용회복조치로서 사죄광고를 명하는 판결은 허용되지 않을 것이며, 민사사건의 손해배상판결문이나 형사사건의 유죄판결문을 침해자의 비용으로 신문등에 게재하는 정도의 조치가 가능할 것이다.

원고는 피고에 대하여 위와 같은 부정경쟁행위를 한 데에 대하여 원고의 실추된 신용의 회복을 위하여 별지 3. 기재의 사죄광고문을 같은 기재의 신문에 같은 기재 요령으로 게재할 것을 청구하고 있으나, 사죄광고를 명하는 것은 헌법상 보장된 양심의 자유와 인격권을 침해할 소지가 있을 뿐 아니라 사죄광고 이외의 방법으로도 영업상의 신용 회복을 위한 조치를 구할 수 있다고 할 것이므로 위 청구는 받아들일 수 없다(서울고등법원 1993.4.27. 선고 92나33970 판결).

원고는 피고에 대하여 상표법 제35조 및 부정경쟁방지법 제2조에 따라 그 침해의 금지(중지)를 청구할 수 있다 할 것인바, 원고는 위 침해행위의 금지 이외에도 별지 제2목록기재 사과문과 같은 내용의 사과광고를 신문지상에 기재할 것을 아울러 구하므로 살피건대, 부정경쟁방지법 제3조에 의하면, 법원은 동법 제2조 제1호, 제2호 또는 제5호 소정의 부정경쟁행위로 인하여 타인의 영업상의 신용을 침해한 자에 대하여 피해자의 청구에 의하여 영업상의 신용을 회복하는데 필요한 조치를 명할 수 있도록 규정되어 있는 바, 위 법에는 말하는 이른바 필요한 조치란 명예, 신용의 회복을 위한 조치라고 해석되고 여기에는 사죄광고의 방법이 포함된다고 할 것이나 그 사죄광고는 윤리적인

31) 헌법재판소 1991.4.1. 선고 89헌마160 판결.

> 측면에서 볼 때 상표권 등의 침해자에게 미치는 영향이 심대하므로 동 조치를 명함에 있어서는 고도의 신중성이 요구될 뿐더러 더욱이 이 사건에 있어서는 피고가 원고의 이 사건 등록상표에 유사한 표장을 동종의 상품에 사용하여 시중에 판매함으로써 원고에게 재산상의 손해를 입혔다고 할 것이나, 그가 판매한 위 상품의 품질이 원고의 상품에 비하여 조악하다는 점에 관하여 아무런 입증이 없는 이상 위와 같은 사실만으로 바로 원고가 상표권자로서 명예나 신용을 훼손당하였다고 단정할 수는 없고, 달리 이를 인정할 만한 아무런 자료도 없으므로 이점에 관한 원고의 주장은 이유가 없다 할 것이다(서울남부지방법원 1984.1.20. 선고 83가합251 판결).

한편 이 조치는 신용회복에 필요한 경우에 그 필요한 범위에서 하여야 하므로 피해자의 상품이나 영업의 과대한 선전광고를 포함시키는 것은 그 필요 범위를 넘는 것이 되는 경우가 있을 것이다.[32] 즉 신용회복조치의 청구가 인정되기 위하여는 청구권자가 입은 신용의 훼손이 회복조치에 의하여 회복될 수 있는 것이지 않으면 안 된다. 이에 신용의 훼손이 인정되어야 하고, 그 훼손이 인정된 지역적 범위, 인적 범위에 대한 한도에서 신용회복조치가 이루어져야 한다. 이러한 한도를 넘은 과도한 신용회복조치의 청구는 인용되지 않는다.

> 원고는 피고의 위와 같은 부정경쟁행위로 실추된 영업상의 신용을 회복하기 위하여 부정경쟁방지법 제6조에 따라 피고에 대하여 조선일보, 동아일보, 중앙일보, 한겨레신문에 별지 제3목록 기재의 해명광고를 가로 10 단, 세로 3 단의 규격으로 각 1회씩 기재할 것을 구하나, 피고가 위 부정경쟁행위를 한 동기, 부루마블 게임의 유통경로 및 소비자 계층, 피고 게임의 가격 및 판매량, 이 사건 원고 상표가 이미 소멸등록 되었고, 이 법원이 피고의 위 부정경쟁행위로 인한 원고의 영업상 손해와 신용실추에 대하여 손해배상금의 지급을 명하고 있는 점 등 기록에 나타난 모든 사정들을 종합하여 볼 때, 위와 같은 해명광고의 게재는 과도한 배상에 해당한다고 할 것이므로, 이 부분 청구

32) 손주찬, 전게서, 474면.

는 받아들이지 아니한다(서울동부지방법원 2004.2.12. 선고 2000가합1820 판결).

## 제 4 절 형사적 구제방법

부정경쟁행위 또는 제3조를 위반한 자는 3년 이하의 징역 또는 3천만원 이하의 벌금에 처한다(제18조 제3항). 다만 정당한 권한 없는 자의 도메인 이름 선점행위(제2조 제1호 (아)목)와 타인이 제작한 상품의 형태를 모방한 상품의 사용행위(제2조 제1호(자)목)는 형사처벌 대상이 아니다. 이때 부정경쟁행위가 형사처벌 대상이 되는가는 침해행위시를 기준으로 주지성의 취득 여부를 판단하게 된다.

상표권 등 침해금지청구 소송에서 그 상품 표지가 국내에 널리 인식되었는지 여부는 사실심변론 종결시를 기준으로 판단하여야 한다(대법원 2004.5.14. 선고 2002다13782 판결). 그렇지만 이러한 해석은 부정경쟁방지법 제4조에 규정한 민사상의 침해금지청구에 관한 것일 뿐이며, 같은 법 제18조 제3항 제1호에 정한 형사처벌 대상이 되는지 여부에 관련하여서는 침해행위시를 기준으로 하여 주지성 취득 여부를 판단하여야 한다. 왜냐하면, 헌법 제12조 제1항 후문에서 선언한 죄형법정주의의 원칙에 의하여 형벌법규는 법률이 처벌하고자 하는 행위가 무엇이며 그에 대한 형벌이 어떠한 것인지를 일반인 누구나 예견할 수 있고 그에 따라 자신의 행위를 결정할 수 있도록 구성요건이 명확하게 규정될 것이 요구되고, 헌법 제13조 제1항에서 선언한 형벌불소급 원칙에 의하여 범죄의 성립과 처벌은 행위시의 법률에 의하여야 하기(형법 제1조 제1항) 때문이다. 만일 위 부정경쟁방지법의 처벌규정 해석과 관련하여 주지성의 취득 시기를 사실심변론 종결시로 보게 되면, 사실상 행위시 이후에 발생한 사정에 의하여 소급 처벌하는 셈이 되는 바, 이는 죄형법정주의 및 형벌불소급의 대원칙에 명백히 반한다(서울동부지방법원 2004.7.15.

선고 2003고단3650 판결).

## 제 5 절 행정적 구제방법

부정경쟁행위법은 위와 같은 민사적 구제 방법뿐만 아니라 행정적 조치를 두어 부정경쟁행위를 방지하려 하고 있다. 즉 특허청장은 부정경쟁행위를 조사할 수 있으며, 위반행위에 대하여는 시정권고를 할 수 있다. 나아가 특허청장은 부정경쟁행위의 방지 및 영업비밀보호를 위하여 연구 · 교육 및 홍보, 부정경쟁방지를 위한 정보관리시스템 구축 및 운영, 그 밖에 대통령령으로 정하는 사업을 할 수 있다(제2조의 2).

### Ⅰ. 부정경쟁행위의 조사

#### 1. 의 의

부정경쟁방지법은 위조상품의 제조 · 판매 등 부정경쟁행위를 조사할 수 있는 근거와 이의 실효성 확보를 위하여 시정권고 및 고발할 수 있고, 조사를 거부 · 방해 또는 기피한 경우 과태료를 부과할 수 있는 근거 규정 등을 두고 있다. 즉 부정경쟁방지법 제7조는 '특허청장, 특별시장 · 광역시장 · 도지사 · 특별자치도지사(이하 '시 · 도지사'라 한다) 또는 시장 · 군수 · 구청장(자치구의 구청장을 말한다. 이하 같다)은 제2조 제1호 (가)목부터 (사)목까지의 부정경쟁행위 또는 제3조, 제3조의 2 제1항 또는 제2항을 위반한 행위를 확인하기 위하여 필요하다고 인정하면 관계 공무원에게 영업시설 또는 제조시설에 출입하여 관계 서류나 장부 · 제품 등을 조사하게 하거나 조사에 필요한 최소분량의 제품을 수거하여 검사하게 할 수 있다'고 규정함으로써 특허청장으로 하여금 제2조 제1호 소정의 부정경쟁행위 또는 제3조, 제3조의2 제1항, 제2항을 위반한 행위를 확인하기 위한 조사를 할 수 있도록 하고 있다.

종전에는 이러한 조사의 권한을 특허청장에게 부여하고, 특허청장은 이러한 권한을 법률 및 시행령에 의하여 시·도지사에게 위임할 수 있도록 하였다. 그러나 현행법에서는 특허청뿐만 아니라 광역 및 기초지방자치단체도 자치사무로 수행할 수 있도록 하는 점에서 특허청과 지방지차단체가 부정경쟁행위 방지를 위한 단속권한을 동시에 보유하도록 하였다. 즉 2009년 12월 지방분권촉진위원회가 특허청의 부정경쟁행위방지관련 업무를 지방자치단체로 이양하기로 결정한 바 있으며, 사실상 부정경쟁행위의 조사 업무는 직접적으로 지역 소비자 및 상공인과 맞닿아 있는 사무로써 지역 사정에 밝은 해당 지방자치단체에서 직접적인 지도·감독을 하는 것이 필요하고, 건전한 상거래 질서 확립을 위해 현장 행정이 필요하다는 지적이 이루어졌다. 함께 국내에 널리 인식된 상표·상호 등을 단속하는 부정경쟁행위의 조사의 특성상 국가적 통일성 내에서 단속이 필요하므로, 대규모 위조상품 등 국내 또는 국외의 상거래 질서에 심각한 영향을 미칠 우려가 있다고 인정되는 경우에는 특허청이 직접 혹은 관련 지방자치단체와 함께 단속하는 것이 효과적이라는 점에서 특허청과 지방자치단체가 동시에 단속권한을 갖게 되었다.

이 조사는 행정조사기본법 제15조에 따라 중복되지 아니하도록 하여야 한다. 즉 위법행위가 의심되는 새로운 증거를 확보한 경우가 아니라면 동일한 사안에 대하여 동일한 조사대상자를 재조사하여서는 아니된다. 또한 이때 조사 등을 하는 공무원은 그 권한을 표시하는 증표를 지니고 이를 관계인에게 내보여야 한다.

## 2. 조사 및 수거

조사 대상이 되는 행위는 제2조 제1호 (가)목부터 (사)목까지의 부정경쟁행위 또는 제3조 · 제3조의 2 제1항 · 제2항을 위반한 행위이다. 다만 정당한 권한 없는 자의 도메인 이름 선점행위(제2조 제1호 (아)목)와 타인이 제작한 상품의 형태를 모방한 상품의 사용행위(제2조 제1호(자)목)는 조사 대상에서 제외된다. 이러한 조사는 '확인하기 위하여 필요하다고 인정하는 때'에 이루어지게 되는데, 신고 또는 인지에 의하여 확인할 필요가 있을 때를 말한다.

부정경쟁행위자의 영업시설 또는 제조시설에 출입하여 조사를 실시하는 관계공무원은 먼저 관계인에게 그 권한의 증표를 제시하고 관계서류, 장부, 제품 등을 조사하거나 조사에 필요한 최소분량의 제품을 수거하여 검사하게 할 수 있다(시행령 제1조의 3). 제품을 수거하였을 때는 봉인하여야 하나, 제품의 성질과 상태에 따라 봉인할 필요가 없거나 봉인이 곤란하다고 인정하는 경우에는 예외로 한다(부정경쟁행위방지업무취급규정 제8조).

조사결과 위반행위가 적발되었을 때에는 '조사확인서'를 작성하고 위반업소의 대표자 또는 종업원에게 이를 확인하도록 한 후, 확인자란에 서명 또는 날인하게 하여야 한다. 다만, 도피 · 부재 · 방해 또는 거부 등으로 조사확인서에 서명 또는 날인을 받을 수 없는 경우에는 그 사유를 명기한다(부정경쟁행위방지업무취급규정 제6조 제3호). 조사에 필요한 최소분량의 제품을 수거하는 때에는 당해 제품의 소유자 또는 점유자에게 수거증을 교부하여야 하고, 수거한 제품을 검사한 결과 당해 제품이 부정경쟁행위 또는 법 제3조의 규정에 위반된 행위와 관련되지 아니한 때에는 이를 수거 당시의 소유자 또는 점유자에게 반환하여야 한다(시행령 제1조의 3).

### 3. 전문단체의 지원

특허청장, 시 · 도지사 또는 시장 · 군수 · 구청장은 부정경쟁의 조사 업무를 수행하기 위하여 필요한 경우에 전문단체의 지원을 받을 수 있다(제17조 제3항). 이때 지원업무에 종사하는 자는 그 권한을 표시하는 증표를 지니고 이를 관계인에게 내보여야 한다. 한편 특허청장은 예산의 범위에서 제2항에 따른 위탁업무 및 제3항에 따른 지원업무에 사용되는 비용의 전부 또는 일부를 지원할 수 있다.

## Ⅱ. 위반행위의 시정권고

특허청장, 시 · 도지사 또는 시장 · 군수 · 구청장은 제2조 제1호 (가)목부터 (사)목까지의 부정경쟁행위나 제3조, 제3조의 2 제1항 또는 제2항을 위반한 행위가 있다고 인정되면 그 위반행위를 한 자에게 30일 이내의 기간을 정하여 그 행위를 중지하거나 표지를 제거 또는 폐기할 것 등 그 시정에 필요한 권고를 할 수 있다(부정경쟁방지법 제8조). 즉 법은 특허청장 및 시 · 도지사 또는 시장 · 군수 · 구청장에게 부정경쟁행위의 시정을 권고할 수 있는 권한을 부여하고 있다.

### 1. 의 의

특허청장 또는 시 · 도지사 또는 시장 · 군수 · 구청장 등의 자치구의 구청장은 부정경쟁행위 등의 상표사용금지에 대한 위반행위가 신고 · 인지 또는 사법기관의 단속에 적발되었을 때에는 30일내의 기간을 정하여 그 행위를 중지하거나 표지를 제거 또는 폐기할 것 등 그 시정에 필요한 권고를 할 수 있다. 즉 위법행위가 있을 때에는 형사처벌을 위한 고발에 앞서 일정 기간의 유예기간을 두어 위법상태를 해소할 수 있는 기회를 주고 있다.

## 2. 시정권고 절차

부정경쟁행위(법 제2조 제1호 (가)목 내지 (사)목) 또는 국기 등의 상표사용금지에 대한 위반행위(제3조), 지리적 표시의 침해행위(제3조의 2 제1항 · 제2항)에 대하여 특허청장은 30일 이내의 기간을 정하여 그 행위를 중지하거나 표지를 제거 또는 폐기할 것 등 그 시정에 필요한 권고를 할 수 있다(법 제8조, 부정경쟁행위방지업무취급규정 제11조). 다만 ① 법 제2조 제1호의 규정에 의한 부정경쟁행위 또는 제3조의 규정에 위반된 행위를 야기시킨 상표나 제품 등을 제조, 수입 또는 수출한 자, ② 시정여부 확인시 시정이 되지 않은 경우, ③ 부정경쟁행위로 인하여 최근 1년 이내에 시정권고를 받은 자가 재적발된 경우, ④ 부정경쟁행위로 인하여 최근 2년 이내에 고발을 당한 자가 재적발된 경우 또는 ⑤ 기타 상거래 질서유지를 위하여 특허청장 또는 시 · 도지사가 특히 필요하다고 인정하는 경우 등에는 시정권고를 하지 않고 그 위법 사실을 고발한다. 이때 시정권고는 권고사유 및 시정기한을 명시한 소정의 시정권고통지서에 의한다(시행령 제2조 제1항 및 부정경쟁행위방지업무취급규정 제11조②).

특허청장은 시정권고를 위하여 필요한 경우 관계공무원으로 하여금 현장을 확인하게 할 수 있고 확인 결과 부정경쟁행위의 상표사용금지에 위반한 사실이 발견된 때에는 조사확인서를 작성하여 그 위반행위자가 확인을 하게 한 후 서명날인을 받는다. 다만 도피 · 부재 · 거부 등으로 서명날인을 받을 수 없을 때에는 그 사실을 명기하여야 한다.

특허청장의 시정권고를 듣지 않는 경우에도 이를 강제할 수 없는 직접적인 수단이 마련되어 있지는 않다. 다만 특허청장 또는 각 시 · 도지사는 시정권고의 이행여부를 확인하기 위하여 관계공무원으로 하여금 현장을 확인하게 하고 확인 결과 시정권고를 받은 자가 이를 이행하지 아니하였을 때에는 검찰 또는 경찰에 형사고발을 할 수 있다. 특히 시정권고에도 불구하고 부정경쟁행위가 계속되는 경우에는 고의 내지 중과실이 인정될 것이며, 조사한 자료는 형사절차등에서 유력한 증거자료가 될 것이므로 간접적인 효력은 있으리라 생각된다.

### 3. 부정경쟁행위자 등에 대한 의견청취

특허청장등은 위의 시정권고를 하기 위하여 필요하다고 인정할 때에는 대통령령이 정하는 바에 의하여 당사자 · 이해관계인 또는 참고인의 의견을 들어야 한다(부정경쟁방지법 제9조). 이와 같은 의견청취의 절차는 의견청취 예정일 7일 전까지 시정권고의 상대방 · 이해관계인 · 참고인 또는 대리인에게 서면으로 의견을 진술할 기회를 주어야 하며, 정당한 사유없이 이에 응하지 아니한 때에는 의견을 진술할 기회를 포기한 것으로 본다는 뜻을 명시하여야 한다.

의견청취에 대한 통지를 받은 자는 지정된 일시 및 장소에 출석하여 의견을 진술하거나 또는 서면으로 의견을 제출할 수 있고 필요한 증거자료도 제출할 수 있다. 의견진술은 관계공무원이 그 요지를 서면으로 작성하여 진술자로 하여금 확인하도록 한 후 서명날인하도록 한다.

# 제5장 영업비밀의 보호

## 제1절 민사적 구제방법

### Ⅰ. 의 의

영업비밀을 침해하는 행위에 대한 민사적 대응방법으로는 그 침해행위를 금지하도록 청구하거나 미리 그 침해행위가 예상되는 경우 그 침해 발생을 방지하기 위하여 필요한 작위 또는 부작위를 청구하는 방법이 있다. 또한 침해행위로 인하여 발생한 손해에 대한 배상을 청구하는 방법이 있다. 이에 영업비밀보호법은 영업비밀을 침해한 행위에 대하여 민사적 구제의 특칙으로서, 영업비밀의 침해행위에 대한 금지 또는 예방청구권, 침해행위에 의해 만들어진 물건에 대한 폐기 청구권, 침해행위에 제공된 설비에 대한 제거청구권, 침해행위로 인해 발생한 손해에 대한 손해청구권, 영업비밀의 침해로 인해 정당한 보유자의 신용을 실추시킨 자에 대한 신용회복청구권 등을 인정하고 있다. 특히 침해금지청구권의 의의와 관련하여 법원은 '공정한 경쟁자보다 '유리한 출발'이나 '시간절약'이라는 우월한 위치에서 부당하게 이익을 취하지 못하도록 하고, 영업비밀 보유자로 하여금 그러한 침해가 없었더라면 원래 있었을 위치로 되돌려 주는 경쟁적 효과도 있다'고 판시한 바 있다.[1)]

1) 대법원 1996.12.23. 선고 96다16605 판결.

## 1. 영업비밀 침해 금지 및 예방 청구

영업비밀 침해행위로 인하여 영업상의 이익이 침해되거나 침해될 우려가 있는 영업비밀의 보유자는 그 행위를 하거나 하려고 하는 자에 대하여 그 행위의 금지 또는 예방을 법원에 청구할 수 있다. 이 청구권의 법적 성질은 상대방으로 하여금 일정한 기간 일정한 부작위 또는 작위의무의 이행을 구하는 민사소송이다. 이와 같은 소송절차를 통하여 판결을 얻고, 그에 기하여 집행을 하기 위하여는 오랜 시일이 걸리기 때문에, 위 기간 동안 계속되는 침해를 방지할 필요가 있다. 특히 영업비밀 침해행위의 성격에 비추어 영업상의 이익과 영업비밀의 비밀성을 보호하고, 판결의 실효성을 확보한다는 점에서 가처분등을 통하여 보전소송을 병행하게 된다. 이때의 가처분은 보전소송 중에서도 임시의 지위를 정하는 가처분으로 분류되며, 금지 또는 예방청구의 소송에 부수하여 이루어지므로, 본안소송의 관할 법원이 관장한다. 가처분 신청 후 법원의 제소명령을 어기고 본안소송을 제기하지 아니한 채 기간을 도과한 때에는 보전명령이 취소될 수 있다.

최근에는 당사자 사이에 분쟁의 중점이 본안소송에서 가처분 소송 쪽으로 이행해 가는 경향을 보이고 있어서, 본안소송은 점차로 그 실제상의 의미를 잃어가는 가처분의 본안화 현상이 발생하고 있다. 영업비밀보호법상의 권리에 기한 가처분의 경우에도 예외가 아니므로, 금지 또는 예방청구권에 관한 주요 판례는 대개 가처분 소송에 대한 것이 많다.

### 가. 요 건

#### (1) 영업비밀 침해행위

영업비밀보호법은 영업비밀 침해행위의 유형적 열거로 한정적 규제방식을 채택하고 있다. 영업비밀 침해행위는 크게 제3자의 부정취득행위와 비밀유지의무위반 행위 두 가지를 기본 유형으로, 이에 따른 사후 관여행위로 나타난다.

(가) 부정취득행위와 관련된 침해행위

절취, 기망, 협박 기타 부정한 수단으로 영업비밀을 취득하는 행위 또는 그 취득한 영업비밀을 사용하거나 공개하는 행위를 말한다. 부정취득형 침해행위는 크게 부정취득행위, 부정취득한 영업비밀의 사용공개행위로 나뉜다.

① 부정취득행위

법문상 절취, 기망, 협박은 부정한 수단의 예시에 불과하며, 사회통념상 공서양속에 반하고, 위법성을 가진다고 판단되는 일체의 행위 유형을 포함한다. 예컨대 부정한 방법으로 시제품이나 비밀촉매 등 영업비밀이 화체된 유체물을 취득하거나 또는 영업비밀이 저장되어 있는 매체의 취득행위, 영업비밀 저장매체가 보관되어 있는 장소에 무단으로 침입하거나 그 매체물의 보관 잠금장치를 개봉하여 복제하는 행위, 또는 도청이나 기망행위로 영업비밀의 기억소지자로부터 비밀 정보를 취득하는 행위가 이에 해당한다. 그러나 역공정에 의한 정보취득행위, 일반시장에서 판매되거나 박람회, 전시회에서 공개된 완성품을 관찰 · 연구하여 정보를 취득하는 행위, 영업비밀보유자로부터 라이선스를 받아 영업비밀을 취득하는 행위는 이에 해당하지 않는다.

부정경쟁방지 및 영업비밀에 관한 법률 제18조 제2항은, 부정한 이익을 얻거나 기업에 손해를 가할 목적으로 그 기업에 유용한 영업비밀을 취득 · 사용하거나 제3자에게 누설한 자를 처벌하고 있는데, 여기서 영업비밀의 취득이란 사회 통념상 영업비밀을 자신의 것으로 만들어 이를 사용할 수 있는 상태에 이른 경우를 말하는 바(대법원 1998.6.9. 선고 98다1928 판결 참조), 기업의 직원으로서 영업비밀을 인지하여 이를 사용할 수 있는 자는 이미 당해 영업비밀을 취득하였다고 보아야 하므로 그러한 자가 당해 영업비밀을 단순히 기업의 외부로 무단 반출한 행위는 업무상 배임죄에 해당할 수 있음은 별론으로 하고, 위 조항 소정의 영업비밀의 취득에는 해당하지 않는다고 봄이 상당하다(대법원 2008.4.10. 선고 2008도679 판결).

② 사용행위

영업비밀의 사용이란 취득한 영업비밀을 그 속성대로 사용하는 행위를 말하며, 취득한 기술정보, 설계도, 매뉴얼 등을 보고, 그대로 제품을 제조 · 배합하거나 취득한 고객리스트를 이용하여 판촉활동을 하는 경우를 일컫는다.[2] 또한 영업비밀을 일부 변경하여 사용하는 경우에도 실질적으로 동일 정보라 인정되는 한 사용행위에 해당한다.

대법원은 영업비밀의 '취득'을 사회통념상 영업비밀을 자신의 것으로 만들어 이를 사용할 수 있는 상태가 되는 것을 판시하고 있다. 즉 '문서, 도면, 사진, 녹음테이프, 필름, 전산정보처리조직에 의하여 처리할 수 있는 형태로 작성된 파일 등 유체물의 점유를 취득하는 형태로 이루어질 수도 있고, 유체물의 점유를 취득함이 없이 영업비밀 자체를 직접 인식하고 기억하는 형태로 이루어질 수도 있고, 또한 영업비밀을 알고 있는 사람을 고용하는 형태로 이루어질 수도 있는바, 어느 경우에나 사회통념상 영업비밀을 자신의 것으로 만들어 이를 사용할 수 있는 상태가 되었다면 영업비밀을 취득하였다고 보아야 하므로, 회사가 다른 업체의 영업비밀에 해당하는 기술정보를 습득한 자를 스카우트하였다면 특별한 사정이 없는 한 그 회사는 그 영업비밀을 취득하였다고 보아야 하고, 한편 영업비밀의 '사용'은 영업비밀 본래의 사용 목적에 따라 이를 상품의 생산 · 판매 등의 영업활동에 이용하거나 연구 · 개발사업 등에 활용하는 등으로 기업활동에 직접 또는 간접적으로 사용하는 행위로서 구체적으로 특정이 가능한 행위를 가리킨다'고 판

2) 서울지방법원 2000.12.13. 자 2000카하1938 결정은 방문판매시스템의 노하우에 관한 영업비밀침해중지등 가처분 사건에 대해 영업비밀로서의 요건불비와 가처분의 필요성을 인정할 수 없다고 청구를 기각하였다. 그러나 이에 관한 판결인 서울지방법원 2001.12.7. 선고 2001가합19320 판결은 방문판매방식에 관한 경영정보에 대한 사용 및 공개금지에 대한 주장을 인용하고 있다.

시하고 있다.[3)]

③ 공개행위

영업비밀을 불특정인에게 공연히 알리거나 그 비밀성을 유지한 채 특정인에게 매각하거나 알려주는 행위를 말하며, 부작위에 의한 공개행위도 포함될 수 있다. 영업비밀의 전부뿐만 아니라 그 일부만을 알 수 있게 한 경우에도 부정공개행위에 포함된다. 그러나 상대방이 그 영업비밀을 알고 있는 경우 부정공개행위의 성립여부에 대해서는 견해가 대립하고 있다.

(나) 의무위반형 침해행위

계약관계등에 의하여 영업비밀을 유지하여야 할 의무가 있는 자가 부정한 이익을 얻거나 그 영업비밀의 보유자에 대하여 손해를 가할 목적으로 그 영업비밀을 사용하거나 공개하는 행위를 말하며, 법원에서 문제된 상당수의 사건이 이에 해당한다.

① 의의

기업체의 임직원, 종업원, 연구원, 실시권자 등과 같이 계약관계에 의하여 비밀의 유지의무가 있는 자가 재직 중이거나 퇴직 후, 계약 중이거나 계약 종료 후 부정이득을 취득하거나 혹은 원래 영업비밀의 보유자에게 손해를 가할 목적으로 그 영업비밀을 스스로 사용하거나 공개하는 것을 규제하여 영업비밀의 원래 보유자와의 관계에서 신뢰관계를 배반하여 부정 이용하려는 행위, 즉 배신행위를 규제함에 있다. 다만 적법하게 취득한 정보의 사용, 공개라는 점에서 부정한 이익을 얻을 목적이나 영업비밀의 보유자에게 손해를 가할 목적을 요건으로 추가하여 당초에 적법하게 영업비밀을 취득한 자와 본원적 보유자 사이에 이해관계를 조정하고 있다.

---

3) 대법원 1998.6.9. 선고 98다1928 판결.

② 행위의 주체

의무위반형 침해행위는 원래의 영업비밀 보유자와의 관계에서 계약상의 의무를 위반함으로써 성립된다. 따라서 계약상의 의무가 있는 자를 행위의 주체로 규정하고 있으며, 이러한 의무는 당사자 사이의 계약관계가 아니라 하더라고 상법상의 경업금지의무, 이사의 충실의무와 같은 법률의 규정에 의하여 또는 이에 준하는 신뢰관계에서 인정되는 신의칙에 의하여 발생하기도 한다. 판례도 계약관계등에 의하여 영업비밀을 비밀로서 유지할 의무라 함은 계약간계 존속 중은 물론 종료 후라도 반드시 명시적인 계약에 의하여 비밀유지 의무를 부담하기로 약정한 경우뿐만 아니라 인적 신뢰관계의 특성에 비추어 신의칙상 또는 묵시적으로 그러한 의무를 부담하기로 약정하였다고 보아야 할 경우를 포함한다고 보고 있다. 그러나 종업원의 사회적, 경제적 활동의 자유를 부당하게 제약하거나 직업선택 또는 경업의 자유 등의 기본권을 침해하는 경우에는 영업비밀의 보호가 이에 우선할 수 없기 때문에, 신의칙에 기하여 또는 묵시적인 약정에 의하여 비밀유지 의무를 인정하는 데에는 신중을 가하여야 한다.

> 회사가 다이아몬드공구의 제조공정에 있어서 일반적 지식 또는 기능이라고 할 수 없는 특수한 기술상의 비밀정보를 가지고 있고 이러한 비밀정보는 일종의 객관화된 지적재산이므로, 퇴직사원의 영업비밀 침해행위에 대하여 회사와의 사이에 침해행위 중지 및 위반 시 손해배상약정금을 정한 합의가 이루어진 경우, 그 합의서의 내용을 회사의 영업비밀을 지득하는 입장에 있었던 사원들에게 퇴직 후 비밀유지의무 내지 경업금지의무를 인정하는 것으로 해석하는 것이 직업선택의 자유에 관한 헌법규정에 반하지 않는다(대법원 1997.6.13. 선고 97다8229 판결).

나아가 대법원은 근로자가 전직한 회사에서 영업비밀과 관련된 업무에 종사하는 것을 금지하지 않고서는 회사의 영업비밀을 보호할 수 없다고 인정되는 경우에는 구체적인 전직금지약정이 없다고 하더라도 그 근로자로 하여금 전직한 회사에서 영업비밀과 관련된 업무에 종사하는 것을 금지하도록 하는 조치를 취할 수 있다고 판시[4]하고 있다

> 근로자가 전직한 회사에서 영업비밀과 관련된 업무에 종사하는 것을 금지하지 않고서는 회사의 영업비밀을 보호할 수 없다고 인정되는 경우에는 구체적인 전직금지약정이 없다고 하더라도 부정경쟁방지 및 영업비밀보호에 관한 법률 제10조 제1항에 의한 침해행위의 금지 또는 예방 및 이를 위하여 필요한 조치 중의 한 가지로서 그 근로자로 하여금 전직한 회사에서 영업비밀과 관련된 업무에 종사하는 것을 금지하도록 하는 조치를 취할 수 있다(대법원 2003.7.16. 선고 2002마4380 판결).

또한 영업비밀 보호를 위하여 합리적인 범위 내에서 경업(전직)금지약정에 따라 퇴직 후 경업(전직)금지의무를 인정한 바 있다.[5] 다만 법원은 영업비밀 침해행위를 금지시키는 것은 침해행위자가 침해행위에 의하여 공정한 경쟁자보다 유리한 출발 내지 시간절약이라는 우월한 위치에서 부당하게 이익을 취하지 못하도록 하고, 영업비밀 보유자로 하여금 그러한 침해가 없었더라면 원래 있었을 위치로 되돌아갈 수 있게 하는 데에 그 목적이 있으므로 영업비밀 침해행위의 금지는 공정하고 자유로운 경쟁의 보장 및 인적 신뢰관계의 보호 등의 목적을 달성함에 필요한 시간적 범위 내로 제한되어야 한다고 판시[6]하고 있다. 이러한 점에서 비록 경업금지의무가 직업선택의 자유에 대한 본질적인 침해에는 해당하지 않더라도 무한정 퇴직한 직원에게 경업금지의무를 부담하도록 요구할 수는 없다. 즉 근로자가 영업비밀 취급업무에서 이탈한 시점을 기준으로 합리적인 기간에 한하여 영업비밀의 침해행위가 금지된다.

---

4) 대법원 2003.7.16. 선고 2002마4380 판결.
5) 대법원 1997.6.13. 선고 97다8229 판결.
6) 대법원 1998.2.13. 선고 97다24528 판결.

첨단기술 분야에 종사하면서 특정한 연구개발을 수행하던 근로자가 소속 회사와 사이에 퇴직 후 1년 동안 경쟁업체에 취업하지 않고 영업비밀을 제3자에게 공개하거나 직접 사용하지 않겠다는 내용의 약정을 체결한 경우, 그 경업금지약정이 헌법상 개인의 직업선택의 자유를 부당하게 제한하는 것이라고 볼 수 없다는 이유로 유효하고, 그 경업금지의무 및 영업비밀의무의 존속기간은 퇴직 후 1년까지로 인정함이 타당하다(수원지방법원 2000.6.7. 자 2000카합95 결정).

③ 부정목적등

이러한 행위유형에는 부정한 이익을 얻거나 그 영업비밀의 보유자에게 손해를 가할 목적이 필요하다. 계약관계나 신뢰관계상의 비밀유지 의무에 반하여 영업비밀을 사용 · 공개한 경우라 하더라도 무조건 부정목적이나 부정이익이 있다고 할 수 없다. 손해를 가한다는 것은 적극적으로 영업비밀 보유자에게 손해를 입히는 것을 목적으로 하는 것이다. 영업비밀을 거래한 경위나 그 대가 또는 보상 관계를 추적하여 부정한 이익을 얻을 목적이 있었다는 점을 입증할 수 있어야 있을 것이다. 그러나 실제로는 그 입증이 난해하므로, 통상 유리한 출발을 보호해준다는 영업비밀의 목적에 비추어 타 경쟁사에 대한 영업상의 우위, 즉 경쟁력을 손상하게 할 것이라는 점에 대한 인식만 있다면 가해목적이 있다고 해석하는 것이 상당하다. 실제적 혹은 잠재적 경쟁자가 그 영업비밀을 이용하리라는 기대하에 영업비밀을 누설하거나 영업비밀의 보유자와의 경쟁을 전제로 하여 경업에 진입하는 것 등은 결국 영업비밀 보유자의 경쟁력을 약화시키는 것으로 가해 목적이 있다고 보아야 한다.

(다) 악의취득형 침해행위

영업비밀에 대하여 부정취득행위가 개입된 사실을 알거나 중대한 과실로 알지 못하고 그 영업비밀을 취득하는 행위 또는 그 취득한 영업비밀을 사용하거나 공개하는 행위와 영업비밀이 제2조 제3호 (라)목이 규정에 의하여 공개된 사실 또는 그러한 공개행위가 개입된 사실을 알거나 중대한 과실로 알지 못하고 그 영업비밀을 취득하는 행위 또는 그 취득한 영업비밀을 사용하거나 공개하는 행위를 말한다.

공시성이 없어 보호대상이 명확하지 않은 영업비밀을 정보 교류시 마다 정보의 출처에 대하여 조사하는 것은 무리라는 점에서, 본 행위유형에서는 일반 경과실에 대하여는 규정하지 않고, 고의 또는 중과실을 요건으로 하고 있다. 악의 · 중과실에 대하여는 금지나 손해배상을 청구하는 비밀보유자가 입증책임을 진다. 악의 · 중과실은 영업비밀취득 당시 존재하여야 하며, 취득 당시에는 선의이며 중과실이 없다가 취득 이후에 사용 · 공개할 당시 악의 또는 중대한 과실로 전환되는 사후적 악의자에 의한 침해행위와 구별된다.

(라) 사후적 관여행위

영업비밀을 취득한 후에 그 영업비밀에 대하여 부정취득행위가 개입된 사실을 알거나 중대한 과실로 알지 못하고 그 영업비밀을 사용하거나 공개하는 행위와 영업비밀을 취득한 후에 그 영업비밀이 제2조 제3호 (라)목의 규정에 의하여 공개된 사실 또는 그러한 공개행위가 개입된 사실을 알거나 중대한 과실로 알지 못하고 그 영업비밀을 사용하거나 공개하는 행위를 말한다. 선의이며, 중대한 과실이 없이 그 영업비밀을 취득한 자가 그 후 자기가 취득한 영업비밀이 부정한 것임을 알았거나 혹은 중대한 과실로 알지 못하고, 이를 사용하거나 공개하는 행위를 침해의 한 유형으로 들고 있다.

영업비밀을 선의이며 중대한 과실없이 취득하고 이를 사용 또는 공개하기 이전에 영업비밀 보유자로부터 경고가 있거나 또는 언론에 침해행위에 대한 보도가 있는 등의 전혀 예측할 수 없었던 상황에 의해 악의 또는 중과실이 있게 되는 것이 보통이다. 영업비밀은 취득 후에도 원천적 보유자가 그 영업정보를 그대로 보유하고 있는 상태이므로, 더 이상 부정하게 누설되는 것을 막고자 함에 있다. 그러나 이는 거래의 안전에 위험요소가 될 수 있다. 따라서 거래에 의하여 영업비밀을 사용하거나 공개하는 행위에 대해서는 금지청구 · 손해배상청구 · 신용회복청구의 규정을 적용하지 아니하도록 영업비밀보호법은 규정하고 있다.

### 나. 청구권자

영업비밀을 보유한 자가 청구할 수 있다. 이때 보유라 함은 당해 정보를 직접 개발, 생산한 경우나 매매계약 또는 실시권허여 계약 등 법적으로 유효한 거래행위에 의하여 취득한 경우, 고용관계 등 신뢰관계에 의하여 원보유자로부터 알게 된 경우 등과 같이 정당한 권원에 의하여 취득한 것을 의미한다. 보유자는 기업체뿐만 아니라 개인, 공익법인, 지방자치단체, 국가를 막론하고, 영업활동을 하고 있는 사업주체이면 누구든지 보유자가 될 수 있다.

한편 대학이나 공공연구기관과 같은 비영리기관이 영업비밀의 보유주체가 될 수 있는가에 대하여 논란의 여지가 있다는 견해가 있다. 즉 영업비밀보호법 제2조 제2호는 영업비밀 보유자를 영업활동자로 한정하여 규정하고 있으며, 제10조 제1항, 제11조, 제12조, 제14조 등이 영업상의 이익을 전제로 하며, 제18조는 영업비밀 유용의 벌칙을 기업에 손해를 입히는 행위로 한정하여, 기업이 아닌 대학은 영업비밀보호법에 의하여 보호되지 않고 영업비밀 보유자가 될 수 없는 것으로 해석될 소지가 있다는 지적이 있다.

비록 영업비밀 관련 사건이 아니지만, 부정경쟁행위가 문제된 사건에서 법원은 공공연구기관이 영업의 주체가 될 수 있음을 인정한 재판례[7]가 있다. 즉 한국과학기술원(KIST)이 주식회사 키스트엔지니어링에 대하여 KIST에 대한 사용금지등을 청구한 사건에서, KIST의 사업목적 중에는 순수한 연구외에 대가취득이 예상되는 사업도 있고, 현실적으로도 지적재산권등의

7) 서울고등법원 1996.7.5. 선고 96나7382 판결.

공여에 의한 반대급부로서 기술료 등 대가를 얻는 사업을 영위하고 있다는 점에서, KIST는 부정경쟁방지법에 의한 영업 주체로서 인정된다고 판결한 바 있다. 이러한 판결의 연장에서 대학이나 공공연구기관 등의 비영리기관 역시 영업비밀의 보유주체가 될 수 있다고 할 수 있겠다. 또한 부정경쟁행위의 하나로서 영업비밀 침해행위가 인정된다는 점에서, 타인의 연구성과와 같은 영업비밀을 무단으로 사용하는 행위는 정당한 비용을 지불하지 않고 경쟁자와의 경쟁에 앞서고자 하는 행위이다. 이는 결국 상거래 질서를 교란하는 부정한 경쟁행위라고 평가하지 않을 수 없다. 따라서 영업비밀 보유주체의 법적 성격을 이유로 상거래 질서를 교란할 수 있는 행위에 대한 규제를 포기하는 것은 옳지 않다. 따라서 영업비밀 보유주체가 영리성은 엄격하게 요구할 필요는 없다 하겠다.

한편 현행법의 규정이 대학등의 비영리기관을 영업비밀 보유자에서 제외시키는 것으로 해석될 소지가 있다고 지적하는 견해는 영업비밀보호법 제2조 제2호가 영업비밀 보유자를 영업활동자로 한정하고 있다고 지적한다. 그러나 당해 규정은 영업비밀의 개념 정의이며, 이에는 보유 주체에 대하여는 어떠한 제한을 두고 있지도 않다. 또한 영업비밀보호법의 보호 규정이 영업상의 이익을 전제로 하는 바, 영업상의 이익 주체가 될 수 없는 대학등의 비영리기관은 보호를 주장할 수 없게 되는 문제점이 있다고 주장한다. 그러나 위 재판례에서도 지적한 바와 같이 실질적으로 영업상의 이익을 향유하고 있다면 당해 기관의 법적 성질이 문제될 바는 아니라 생각된다. 다만 형사처벌 규정이라는 점에서 제18조 소정의 기업이라는 표현은 개정될 여지가 있다고 보인다.

## 2. 청구의 내용

### 가. 예방청구

침해행위의 예방청구는 현실적으로 침해행위가 이루어지고 있는 것은 아니나, 장래 발생할 가능성이 상당히 있는 경우, 즉 실행행위의 착수가 가능한 객관적 상황하에서 실행에 관한 주관적 결의가 되어 있는 경우에 인정된다. 예방청구의 경우는 현실적으로 침해행위가 발생하고 있는 것은 아니므로, 이를 안이하게 인정하면 경제계에 혼란을 가져올 우려가 있다. 따라서 주관적으로 개연성이 높은 경우에 한하여 이를 인정하여야 하며, 예방청구를 하는 자가 이를 입증하여야 한다.

다만 부정공개행위의 경우에는 금지됨으로 인한 불이익에 비하여 공개로 인한 피해가 극히 크다는 점에 비추어 그 입증의 정도를 완화한다. 예방청구는 장래 발생할 우려가 있는 행위의 금지를 청구하는 것이며, 통상의 경우에는 이미 부정 취득당한 영업비밀의 사용이나 공개 전에 영업비밀을 사용하거나 공개하지 못하도록 청구하는 경우가 많다. 이에 재판례에서는 일단 상대방이 부정한 수단으로 영업비밀을 취득한 것이 입증되면 특별한 사정이 없는 한 그 부정취득자에 의하여 영업비밀이 사용되거나 공개되어 영업비밀 보유자의 영업상의 이익이 침해될 우려가 있다는 태도를 취하고 있다.

> '침해될 우려'라 함은 단순히 침해될 가능성만으로는 부족하고 침해될 것이 확실히 예상되는 개연성을 뜻한다 할 것이지만 원래 영업비밀은 그것이 공개되는 순간 비밀성을 상실하게 되어 보호적격마저 부인되는 특성을 가지고 있고, 그 어느 때보다도 기업경쟁이 치열한 오늘날 개발하거나 획득한 영업비밀의 유지는 그 기업의 사활이 걸린 중대한 문제이므로, 일단 상대방이 부정한 수단으로 영업비밀을 취득한 것이 입증되면 특별한 사정이 없는 한 그 부정취득자에 의하여 영업비밀이 사용되거나 공개되어 영업비밀 보유자의 영업

상의 이익이 침해될 우려가 있다고 보아야 할 것이다(서울고등법원 1996.2. 29. 선고 95나14420 판결).

다만 전직한 종업원에 대하여 전직금지등을 근거로 영업비밀 침해금지를 요구하는 경우에는 영업비밀이 영업비밀로서의 요건 및 영업비밀의 특정에 있어서는 여러 사정을 고려하여야 한다.

영업비밀 침해금지를 명하기 위해서는 그 영업비밀이 특정되어야 할 것이지만, 상당한 정도의 기술력과 영업비밀을 가지고 경쟁사로 전직하여 종전의 업무와 동일 · 유사한 업무에 종사하는 근로자를 상대로 영업비밀 침해금지를 구하는 경우 사용자가 주장하는 영업비밀이 영업비밀로서의 요건을 갖추었는지의 여부 및 영업비밀로서 특정이 되었는지 등을 판단함에 있어서는 사용자가 주장하는 영업비밀 자체의 내용뿐만 아니라 근로자의 근무기간, 담당업무, 직책, 영업비밀에의 접근가능성, 전직한 회사에서 담당하는 업무의 내용과 성격, 사용자와 근로자가 전직한 회사와의 관계 등 여러 사정을 고려하여야 한다. 근로자가 실제로 회사에서 퇴직하지는 않았지만 전직을 준비하고 있는 등으로 영업비밀을 침해할 우려가 있어서 이를 방지하기 위한 예방적 조치로서 미리 전직금지를 구하는 경우에는 근로자가 회사에서 퇴직하지 않았다고 하더라도 실제로 그 영업비밀을 취급하던 업무에서 이탈한 시점을 기준으로 전직금지기간을 산정할 수 있을 것이지만, 근로자가 회사에서 퇴직한 이후에 전직금지를 신청하는 경우에는, 전직금지는 기본적으로 근로자가 사용자와 경쟁관계에 있는 업체에 취업하는 것을 제한하는 것이므로, 근로자가 영업비밀을 취급하지 않는 부서로 옮긴 이후 퇴직할 당시까지의 제반 상황에서 사용자가 근로자가 퇴직하기 전에 미리 전직금지를 신청할 수 있었다고 볼 사정이 인정되지 아니하는 이상 근로자가 퇴직한 시점을 기준으로 전직금지기간을 산정하는 것이 타당하다(대법원 2003.7.16. 선고 2002마4380 판결).

### 나. 폐기 · 제거 청구

영업비밀을 침해한 자 등의 수중에 침해행위를 조성한 물건이나 침해행위에 제공된 설비를 그대로 둔다면 재차 침해행위를 할 우려가 있으므로,

장래의 침해행위 금지를 명하는 것만으로 영업비밀 보유자의 이익보호에 불충분하다. 이에 법은 금지 및 예방청구와 더불어 폐기 · 제거 청구를 인정하고 있다. 이러한 폐기 및 제거청구의 대상이 되는 침해행위를 조성한 물건으로는 예컨대 부정취득한 영업비밀이 화체된 사양서, 실험데이터, 고객명단이나 부정취득한 영업비밀을 이용하여 만들어진 제품 등을 들 수 있다. 침해행위에 제공된 설비로는 부정취득행위에 제공된 도청기, 부정사용행위에만 제공된 제조기계, 종업원 교육용 매뉴얼 등을 들 수 있다. 다만 일반적으로 다른 용도로도 사용 가능한 설비의 폐기 · 제거 청구는 과잉청구로 지적되고 있다. 그 밖에 기타 필요한 조치로는 장래에 영업비밀에 대한 침해를 하지 않는다는 것을 보장하기 위하여 담보의 제공을 시킨다든지 공탁을 시키는 것 등을 생각할 수 있다.

## Ⅱ. 손해배상 청구

영업비밀이 침해된 경우 침해자를 상대로 그 피해자는 자신에게 발생한 손해의 배상을 청구할 수 있다. 이때 피해자는 영업비밀의 침해행위라는 불법행위를 이유로 민법상의 손해배상을 청구할 수도 있으며, 영업비밀 유지약정에 대한 계약불이행 책임을 이유로 손해배상을 청구할 수도 있다. 또한 손해배상을 약정한 경우에는 약정금을 배상하도록 청구할 수도 있다.

영업비밀보호법은 동법 제11조에서 손해배상청구권을 규정하고 있으나, 손해의 범위나 구제절차 등의 구체적인 내용은 민법상의 규정을 따를 수밖에 없다. 즉 민법 제750조에서 규정하고 있는 불법행위에 따른 손해배상 규정이 적용된다. 나아가 민법 제763조가 채무불이행에 의한 손해배상에 관한 규정의 대부분을 불법행위에 의한 손해배상에 준용하므로, 채무불이행이나 불법행위에 의한 손해배상에는 같은 원칙이 적용된다. 따라서 영업비밀보호법 위반을 이유로 한 손해배상 사건뿐만 아니라 비밀유지 의무 위반에 따른 손해배상 사건에서 역시 같은 법원칙이 적용된다.

## 1. 손해배상청구권의 발생

고의 또는 과실에 의한 영업비밀 침해행위로 영업비밀 보유자의 영업상 이익을 침해하여 손해를 입힌 자는 그 손해를 배상할 책임을 진다(영업비밀보호법 제11조). 따라서 손해배상청구권의 발생하기 위하여는 ① 영업비밀 침해행위가 있어야 하며, ② 그 침해자는 책임능력을 갖추어야 하고, ③ 침해행위가 고의나 과실에 의한 것이어야 한다. 또한 ④ 침해행위가 위법한 것이어야 하며, ⑤ 손해가 발생하였어야 한다. 그리고 ⑥ 그 위법한 침해행위와 손해와의 사이에 인과관계가 존재하여야 한다. 이들 요건 중 영업비밀 침해행위에 대하여는 위에서 여러 번 살펴본 바, 여기에서는 다른 요건에 대하여서만 설명하도록 한다.

### 가. 고의 · 과실의 존재

과실책임의 원칙상 영업비밀 침해행위를 한 자에게는 그 행위에 대한 고의 · 과실이 있어야 한다. 침해자가 손해발생을 인식하면서 위법 행위를 하는 경우가 고의이며, 손해 발생을 예견할 수 있었음에도 부주의로 이를 예견하지 못하고 위법행위를 하는 것을 과실이라 한다. 다만 민사 구제절차에서 고의와 과실의 구분은 형사절차만큼 요구되지는 않는다.

대부분의 지적재산권법은 권리자의 이익을 보호하기 위하여 손해배상청구에 있어 침해자의 고의 · 과실을 입증하여야 하는 권리자의 책임을 완화시켜 주고 있다. 예컨대 특허법(제130조)과 디자인보호법(제65조 제1항)에서는 과실을 추정하는 규정을 두고 있으며, 실용신안법(제30조)은 특허법의 규정을 준용하도록 하고 있다. 상표법(제68조)에서는 고의에 대한 추정 규정을 두고 있다. 저작권법에서는 이와 같은 일반적 추정규정은 두고 있지 않고, 다만 등록되어 있는 저작권 · 출판권 · 저작인접권 또는 데이터베이스 제작자의 권리를 침해한 자에 대하여는 과실이 있는 것으로 추정한다고 규정하고 있다(저작권법 제125조 제4항). 이러한 지적재산권법의 태도와는 달리 영업비밀보호법에서는 고의 · 과실에 대한 추정 규정을 두고 있지는 않다. 이는 공시제도를 두고 있지 않은 영업비밀에 대하여 과도한 보호가 오히려 영업비밀 거래의 안정성 내지 자유로운 기술개발 활동을 저해할 수 있다는 판단에서 비롯한 것이다. 따라서 영업비밀의 침해행위에 따른 손해배상을 청구하는 경우에는 침해자의 고의 · 과실을 피해자가 주장 · 입증하여야 한다.

### 나. 침해자의 책임능력

행위자가 자기의 행위에 대한 책임을 인식할 수 있는 능력을 책임능력이라 하며(통설), 불법행위능력이라고도 한다. 민법은 책임능력에 관하여 적극적으로 규정하지는 않으며, 다만 제753조와 제754조에서 책임무능력자로 되는 자를 규정하고 있을 뿐이다 따라서 이에 해당하지 않는 경우에는 침해자는 책임능력을 갖춘 것으로 인정된다.

고의 · 과실의 경우와는 달리 책임능력은 피해자가 침해자의 책임능력의 존재를 입증할 필요는 없으며, 가해자가 자신의 책임을 면하기 위하여 책임무능력자라는 사실을 입증하여야 한다.

### 다. 침해행위의 위법성

위법이란 특정의 권리침해에 한정하지 않고 보호의 가치가 있는 타인의 이익을 침해한 것을 말한다. 보통 위법이라 할 때에는 법률에 위반하는 것을 말하며, 법률에 의하여 일반적으로 권리가 부여되고 보호되는 것이기 때문에 권리의 침해는 통상 위법한 것으로 연결된다. 특히 영업비밀보호법에서는 영업비밀 침해행위를 규정하고 있는 바, 이러한 행위에 해당한다면 위법성이 징표된다. 즉 영업비밀보호법에 의하여 보호되는 영업비밀 침해행위에 해당하는 경우 즉시 위법성은 인정된다.[8)]

행위의 위법성이 존재하는 경우에도, 일정한 요건을 갖추면 그 위법성은 조각된다. 민법은 위법성조각사유로서 정당방위 · 긴급피난을 규정하고 있다. 따라서 타인의 불법행위에 대하여 자기 또는 제3자의 이익을 방위하기 위하여 부득이 타인에게 손해를 가한 경우나 급박한 위난을 피하기 위하여 부득이 타인에게 손해를 가한 경우라면 손해를 배상할 책임은 없다. 다만 영업비밀 침해행위와 관련하여 정당방위나 긴급피난 등이 성립할 여지는 그리 없다고 하겠다.

### 라. 손해의 발생

손해배상제도는 피해자에게 발생한 손해를 전보하는 제도이다. 이때 손해란 법익에 대한 모든 비자발적인 손실을 말하며, 규범적 손해를 포함한다.[9)] 이러한 손해의 개념을 파악하는데 있어서는 차액설과 구체적 손해설이 있다. 차액설은 채무불이행 또는 불법행위가 없었다면 존재하였을 상태와 현재의 상태를 비교함으로써 손해를 밝히는 견해로, 우리나라의 다수설[10)]과 판례[11)]가 취하고 있는 입장이다. 반면 구체적 손해설은 피해자 재산의 총체를 기준으로 손해를 평가하는 차액설과는 달리, 피해자의 재산을 구성하는 하나하나의 권리 또는 법익이 입은 불이익을 손해라고 한다. 이러한 손해는 재산적 법익에 대하여 발생하는 재산적 손해와 생명 · 신체 · 자

8) 여기서 '위법성'이라는 요건은 지적재산권법에 있어서 '권리침해'라는 것으로 구체화되는데, 지적재산권에 대한 침해행위는 직접적인 침해행위 외에도 간접적인 침해행위도 가능하다. 예컨대, 특허법 제27조 수입등의 행위, 실용신안법 제43조 수입등의 행위, 의장법 제63조 수입등의 행위, 상표법 제66조 유사상표의 사용등의 행위, 저작권법 제92조의 제1항의 수입행위등을 들 수 있다. 지적재산권법은 침해행위에 대한 입증책임을 완화하고 있는 경우도 있는데, 예컨대 특허법 제129조 생산방법의 추정을 들 수 있다.

9) 지원림, 민법강의, 홍문사, 2005, 889면.

10) 김증한, 채권법총론, 박영사, 1983, 87면 참조.

11) 대법원 1992.6.13. 선고 91다33070 판결 등.

유 등 비재산적 법익에 대하여 발생하는 비재산적 손해로 나뉜다. 특히 불법행위에 대하여 민법 제751조와 제752조에서는 정신적 손해의 배상을 규정하고 있다.

침해행위로 인하여 실질적으로 손해가 발생해야 한다. 따라서 비록 영업비밀의 침해를 했다고 하여도 실질적으로 손해가 발생하지 않았거나 침해로 인하여 생산한 침해품을 판매하지 않았다면 아무런 손해가 발생하지 아니한 것이다. 이러한 손해의 발생은 침해를 주장하는 자가 입증하여야 한다. 나아가서 손해의 배상을 받고자 하는 자는 발생한 손해의 범위와 그 배상액까지 입증하여야 한다. 그러나 영업비밀의 침해로 발생한 손해에 대하여 비록 손해가 발생했다고 하여도 그 배상액을 산정하는 것이 곤란한 경우가 있다. 이에 영업비밀보호법 제14조의 2 제5항에서 손해상당액에 대한 배상을 허용하여 민법 제750조 손해의 발생이라는 요건을 완화하고 있다. 다만 이는 재산적 손해에 대한 것이며, 비재산적 손해에 대하여는 일반 불법행위법의 논리가 적용된다.

> 일반적으로 타인의 불법행위등에 의하여 재산권이 침해된 경우에는 그 재산적 손해의 배상에 의하여 정신적 고통도 회복된다고 보아야 할 것이므로, 영업비밀 침해행위로 인하여 영업매출액이 감소한 결과 입게 된 정신적 고통을 위자할 의무가 있다고 하기 위하여는 재산적 손해의 배상에 의하여 회복할 수 없는 정신적 손해가 발생하였다는 특별한 사정이 있고 영업비밀 침해자가 그러한 사정을 알았거나 알 수 있었어야 한다(대법원 1996.11.26. 선고 96다31574 판결).

### 마. 침해행위와 손해 사이의 인과관계

손해배상은 실제로 발생한 손해의 전보를 통하여 손해가 없었던 것과 같은 상태로 만들어 공평을 기하려는 제도로서, 책임의 원인이 되었던 침해행위와 발생한 손해 사이에 원인 · 결과 관계가 있을 것을 요구한다. 영업비밀의 침해행위와 손해 사이의 인과관계는 민법의 불법행위와 비교하여 별다른 차이가 없이 법적인 인과관계가 요구된다. 즉 영업비밀의 침해로 인한 손해배상으로 청구된 상실이익은 민법 제750조에 기초한 것으로 침해행위와 권리자의 손해와의 상당인과관계의 입증을 요한다.

자기에게 유리한 법적 결과를 주장하는 자는 그 전제가 되는 사실을 증명하여야 한다는 점에서, 인과관계의 입증책임은 손해배상을 주장하는 자가 진다. 다만 민법은 일정한 경우에 인과관계를 추정하는 규정(동법 제755조 제1항 단서, 제756조 제1항 단서)이나 이를 의제하는 규정(제760조 제2항)을 두고 있다. 대체로 침해행위와 손해의 발생 사이의 인과관계는 쉽게 인정될 것이나, 어느 정도의 범위까지 손해배상을 인정할 것인가의 문제가 남게 된다.

## 2. 손해배상의 범위와 손해액의 산정

### 가. 손해배상의 범위

대체로 우리의 학설은 채무불이행이나 불법행위로 인한 손해배상책임의 성립 문제와 손해배상의 범위 문제를 구별하지 않고, 한꺼번에 정리하여 왔다. 그런데 최근에는 이 두 문제를 구별하여 이해하여야 하다는 견해와 손해배상의 범위는 손해배상책임의 성립을 전제로 하는 것인 만큼 이를 구별할 필요가 있을지에 대하여 의문이라는 견해가 나뉜다.

#### (1) 손해배상 범위 확정의 기준

이러한 논란에서 벗어나, 손해배상의 범위를 확정하고자 하는 견해와 관련하여서는 조건설, 상당인과관계설, 위험성관련성설, 규범목적설 등이 있다. 조건설은 자연적 인과관계 따르는 입장으로, 결과발생에 원인이 된 모든 사실에 원인력을 주는 견해이며, 상당인과관계설은 원인과 결과의 관계를 구체적인 사건을 떠나서 일반적으로 타당한 경우에 한하여 인과관계를 인정하려는 견해이다. 규범목적설은 상당인과관계설을 책임의 한계를 정하는 이론으로는 타당하지 않다고 비판하면서, 손해배상의 책임 귀속에 있어서는 배상의무를 근거지우는 규범의 보호목적을 기초로 상당성의 판단에 있어서 법관의 자유재량에 따라 신의칙을 기초로 가치개입적 판단을 하여야 한다는 견해이다. 위험성관련성설은 1차 손해는 무조건 배상하여야 하고, 단지 후속손해에 대한 배상의 범위가 문제된다고 한다.

(2) 재산적 손해배상의 범위

재산적 손해는 피해자의 기존 재산의 감소를 의미하는 적극적 손해와 침해행위가 없었다면 영업비밀 보유자가 얻을 수 있었을 이익의 손해라는 소극적 손해로 구성된다. 예컨대 영업비밀의 침해행위를 조사하거나 포착하기 위하여 지출한 비용, 침해의 제거나 방지를 위하여 지출한 비용 나아가 변호사 비용[12] 등은 적극적 손해에 해당한다. 한편 실제 손해배상청구 사건에서 주로 문제되는 것은 영업비밀을 사용한 제품의 판매를 통하여 얻을 수 있었던 이익이 판매수량의 감소에 의하여 상실된 경우의 손해, 즉 일실이익(lost profit)의 손해와 관련되어 있다. 즉 침해로 인하여 상실한 판매액과 영업비밀보유자가 판매상실로 얻을 수 있었던 이윤액을 특정하는 것이고, 통상 상실이익의 산정은 판매량, 판매가격 및 판매비용의 함수이다. 상실액 · 판매상실로 얻었을 수 없었던 금액 및 상실된 판매의 필요적 비용에 대한 특정은 상실이익의 산정에 중심적인 문제이다. 우리나라의 판례에서도 '영

12) 원칙적으로 변호사 보수는 민사소송법 제109조에 의하여 소송비용으로 인정된다. 다만 변호사에게 실제로 지급한 비용 전액을 청구할 수 있는 것은 아니고, 대법원 규칙이 정한 금액의 범위 내에서만 소송비용으로 인정된다. 소송비용에 산입되지 않는 변호사 보수는 일반 불법행위의 요건이 갖추어지는 경우에 소송수행에 상당함 범위의 금액을 손해배상으로 청구할 수 있다. 예컨대 침해자의 부당한 응소, 항쟁 그 자체가 불법행위로 인정되는 경우나 침해자가 부당하게 책임을 회피하거나 이행청구에 불응하는 경우에는 그로 인하여 선임하게 되는 변호사에게 지급되는 비용은 상당인과관계가 인정되는 손해로 인정될 수 있다(대법원 1972.4.20. 선고 72다265 판결 참조).

업비밀을 취득함으로써 얻는 이익은 그 영업비밀이 가지는 재산가치 상당이고, 그 재산가치는 그 영업비밀을 가지고 경쟁사 등 다른 업체에서 제품을 만들 경우 그 영업비밀로 인하여 기술개발에 소요되는 비용이 감소되는 경우의 그 감소분 상당과 나아가 그 영업비밀을 이용하여 제품생산에까지 발전시킬 경우 제품판매이익 중 그 영업비밀이 제공되지 않았을 경우의 차액 상당으로서 그러한 가치를 감안하여 시장경제원리에 의하여 형성될 시장교환가격이다'[13]라고 보았다. 영업비밀은 무형적 법익의 일종으로 그 침해사실을 포착하기가 어렵고 침해에 대한 손해의 입증도 곤란하다.

이와 관련하여 영업비밀보호법은 제14조의 2에서 손해액의 추정 규정을 두고 있다. 즉 영업비밀이 무형재산으로 그 침해에 대하여 손해배상을 산정함에 있어서 그 재산의 가치평가와 시장의 특성 등을 고려하지 않을 수 없고 특히 단순히 판매량 · 판매가격 및 판매비용이라는 순수한 일실이익액의 산정방법만으로는 영업비밀의 침해로 인한 손해배상의 산정이 불가능하거나 곤란한 경우가 발생하는 점에서, 영업비밀보호법은 일실이익의 손해배상에 관련해서는 그 손해배상의 책임성립과 구체적인 손해산정의 방법을 입법화하였다.

### 나. 손해액의 추정

영업비밀보호법은 1998년 12월 개정법을 통하여 손해액의 추정 규정을 두고 있다. 예컨대 특허법의 경우에서와 같이 손해액 산정의 어려움을 극복하기 위하여, 일정 방법에 의하여 손해액을 산정하는 방법을 제시하고 있는데, 이러한 규정을 영업비밀보호법에서 두고 있는 것이다. 특히 영업비밀보호법 제14조의 2 제5항의 경우에는 '법원은 부정경쟁행위나 영업비밀 침해행위에 관한 소송에서 손해가 발생된 것은 인정되나 그 손해액을 입증하기 위하여 필요한 사실을 입증하는 것이 해당 사실의 성질상 극히 곤란한 경우

13) 대법원 1999.3.12. 선고 98도4704 판결.

에는 제1항부터 제4항까지의 규정에도 불구하고 변론 전체의 취지와 증거조사의 결과에 기초하여 상당한 손해액을 인정할 수 있다'고 규정함으로써 손해액의 입증을 용이하게 하고 있다.

이때 영업비밀보호법의 손해액 추정 규정은 손해배상의 성립요건에 관한 것이 아니라 손해액의 산정 방법에 관한 것이다. 따라서 손해의 발생을 입증하여야 한다. 다만 재판례에서는 손해의 발생에 관한 주장 · 입증의 정도에 있어서는 손해 발생의 염려 내지 개연성의 존재를 주장 · 입증하는 것으로 족하다고 보아야 하고, 따라서 권리자가 침해자와 동종의 업을 하고 있는 것을 증명한 경우라면 특별한 사정이 없는 한 그러한 침해에 의하여 영업상의 손해를 입었음이 사실상 추정된다고 판시한 것도 있다(서울고등법원 2002.5.1. 선고 2001나14377 판결). 그러나 영업비밀보호법의 손해액 추정 규정은 손해에 관한 피해자의 주장 · 입증책임을 경감하고자 하는 취지의 것이라는 점에서, 손해의 발생이 없는 것이 분명한 경우까지 손해배상의무를 인정하는 것은 아니다(대법원 2004.7.22. 선고 2003다62910 판결).

한편 영업비밀보호법에서 규정하고 있는 손해배상책임 조항이 일실이익에 한정된다는 견해가 있다. 즉 영업비밀보호법상의 손해배상 책임 조항이 주로 일실이익에 대한 배상책임의 성립기초와 일실이익액의 산정방법을 규정하고 있다고 평가하는 견해가 있다. 그러나 손해액 추정 규정인 제14조의2에서 밝히고 있는 손해액 산정 방식은 단순히 일실이익의 산정에 관한 것은 아니다. 예컨대 통상실시료 상당의 손해액 산정 방식과 같은 경우에는 비록 산정 방식 초기 단계에서는 일실이익의 한 형태로 이해하기도 하였으나, 현재에는 독립된 법리가 전개되고 있는 상황이다. 침해자 이익형 손해액 산정 방식 역시 부당이득 법리(독일)나 침해자 제재적 수단(미국)으로서 발달된 법리이다. 이러한 점에서 영업비밀보호법의 산정 규정은 다른 지적재산권법과 같이 손해배상액 산정의 어려움을 극복하기 위하여 제시된 여러 산정 방식을 도입한 것이라 이해하여야 할 것이다.

### 다. 손해액 산정 방법

영업비밀보호법은 1998년 12월 개정법을 통하여 손해액 추정 규정을 두고 있다. 즉 종전에는 손해배상청구권에 대한 근거 규정만을 두고 있었으나, 보칙에 추가하여 손해액 추정 규정을 두고 있다. 영업비밀보호법상의 이 규정은 지적재산의 보호 강화 논의가 진행되면서 도입된 특허법상의 손해액의 추정 규정(동법 제128조)을 궤를 같이 한 면이 있다. 즉 구제수단으로서 손해배상책임을 규정한 초기 입법을 보다 강화하면서, 1998년 12월 개정법에서 특허법의 손해액 추정 규정을 도입하였고, 다시 특허법상의 규정이 강화되면서 역시 그 강화된 규정을 영업비밀보호법에서 받아들이고 있다.

영업비밀보호법이 규정하고 있는 손해액 산정 방식은 특허법에서와 같이 '변형된 일실이익형', '통상 실시료 상당 이익형' 및 '침해자이익 반환형'이 있으며, 보충적으로 법원이 직권으로 상당한 손해액을 판단할 수 있도록 규정하고 있다.

#### (1) 변형된 일실이익형

특허권 침해에 따라 받게 되는 특허권자의 소극적 손해는 특허권자가 사업을 하는 제조 판매업자인 경우에만 청구할 수 있는 성질의 손해인 일실이익(Lost Profits)과 이러한 제한없이 어떤 경우라도 청구할 수 있는 성질의 손해인 적정실시료로 대별될 수 있다. 통상 손해배상 금액은 판매수량감소에 의한 일실이익(Lost Profits Due to Lost Sale)에 기초하는 경우 쪽이 적정 실시료보다 고액이 되기 때문에 제조 판매업자인 특허권자는 일실이익을 주위적으로 주장하게 된다.[14] 즉 '감소한 판매량(침해가 없었더라면 판매가능한 판매량 − 실제판매량) × 권리자의 제품 단위당 이익액'을 특허권 침해에 따른

14) 日本知的財産協會 國際 第1委員會, "美國特許侵害の損害賠償額認定における非侵害代替品の位置づけ", 知財管理(Vol.53. No.7), 日本知的財産協會, 2003, 1117면.

일실이익으로 주장하게 된다.

그러나 이 원칙적인 손해산정방법은 침해가 없었다면 기대되는 판매가능한 판매량의 입증이 어렵다. 특허법은 이와 같은 특허권 침해에 따른 손해배상액 산정의 어려움을 고려하여 일반 손해배상법상의 특칙으로서 제128조에서 여러 형태의 손해액 추정 규정을 마련하고 있다. 즉 동조 제1항은 비교적 시장구조가 단순하고 특허침해자가 1인인 경우, 특허제품과 침해제품 이외에 대체상품이 없어 상호경쟁관계에 있는 경우에 적용될 수 있는 산정방법[15)]으로서 '침해품의 판매수량 × 침해행위가 없었다면 판매할 수 있었던 물건의 단위수량당 이익액'을 손해액으로 할 수 있다는 규정을, 동조 제2항에서는 침해자의 이익액을 권리자의 손해액으로 추정하는 규정을, 동조 제3항에서는 통상 받을 수 있는 실시료 상당액을 권리자의 손해액으로 청구할 수 있도록 하는 규정을 마련하고 있으며, 함께 보충 규정으로서 동조 제5항에서는 손해의 발생이 인정된다면 법원이 변론 전체의 취지와 증거조사의 결과에 기초하여 상당한 손해액을 인정할 수 있도록 규정하고 있다.

영업비밀보호법에서도 역시 이러한 특허법의 규정을 도입하고 있다. 민법의 일반원칙에 따라, '감소한 판매량 × 권리자의 제품 단위당 이익액'을 특허권 침해에 따른 일실이익 산정 방식을 대신하여 침해자의 판매량을 곧바로 감소한 판매량으로 보고 이에 권리자의 제품 단위당 이익액을 곱하여 일실이익을 산정할 있도록 하고 있다. 이 경우 손해액은 영업상의 이익을 침해당한 자가 생산할 수 있었던 물건의 수량에서 실제 판매한 물건의 수량을 뺀 수량에 단위수량당 이익액을 곱한 금액을 한도로 한다. 다만, 영업상의 이익을 침해당한 자가 영업비밀 침해행위 외의 사유로 판매할 수 없었던 사정이 있는 때에는 당해 영업비밀 침해행위 외의 사유로 판매할 수 없었던

15) 송영식 · 이상정 · 황종환, 지적소유권법, 육법사, 2003, 466면.

수량에 따른 금액을 빼야 한다고 규정하고 있다

(2) 침해자이익 반환형

영업비밀보호법 제14조의 2 제2항에서는 '부정경쟁행위나 영업비밀 침해행위로 영업상의 이익을 침해당한 자가 제5조 또는 제11조에 따른 손해배상을 청구하는 경우 영업상의 이익을 침해한 자가 그 침해행위에 의하여 이익을 받은 것이 있으면 그 이익액을 영업상의 이익을 침해당한 자의 손해액으로 추정한다'고 규정하고 있다. 이는 특허법이나 저작권법 등에서와 같이 침해자에게 발생한 이익을 권리자에게 발생한 손해로 파악하는 방식이다.

이러한 침해자이익 반환형 청구는 특허법에서 그 근원을 찾을 수 있는데, 무단으로 특허권을 실시함으로써 얻은 제3자의 수익을 특허권자에게 반환케 하는 것으로 독일 민법 제687조 2항의 준사무관리(부진정사무관리) 법리의 법적 유추를 통하여 형성된 배상방법이다.[16] 보다 엄밀히 말하면 이를 손해배상에 기초하고 있다고 말할 수 없으나, 관습법상 손해배상 방법의 하나로 인식하면서 손해배상 방법으로 논의된다.[17] 또한 이러한 침해자이익 반환형 손해배상과 관련하여서는 미국의 영업비밀 침해 사례에서도 찾을 수 있다. 특히 미국의 법리는 침해자에 대한 제재적 수단으로서의 손해배상제도에서 그 이유를 찾고 있다.

한편 침해자에게 발생한 이익의 산정에 있어서 침해자가 받은 이익액은 침해 제품의 총 판매액에 그 순이익률을 곱하거나 또는 그 제조판매수량에 그 제품 1개당 순이익액을 곱하는 등의 방법으로 산출함이 원칙이다. 그러나 통상 상표권의 침해에 있어서 침해자는 상표권자와 동종의 영업을 영위하면서 한편으로 그 상표에 화체된 상표권자의 신용에 무상으로 편승하는

16) Karl Larenz, Lehrbuch des Schuldrechts(1.Bd. All.), C.H.Beck, 13.Aufl., 29 III b (S.471 f.).

17) RGZ 70, 249, 253/254.

입장이어서, 위와 같은 신용을 획득하기 위하여 상표권자가 투여한 자본과 노력 등을 고려할 때, 특별한 사정이 없는 한 침해자의 위 순이익률은 상표권자의 해당 상표품 판매에 있어서의 순이익률보다는 작지 않다고 추인할 수 있으므로, 침해자의 판매액에 상표권자의 위 순이익률을 곱하는 방법으로도 침해자가 받은 이익의 액을 산출할 수 있고, 위와 같이 산출된 이익의 액은 침해자의 순이익액으로서, 그 중 상품의 품질, 기술, 디자인, 상표 이외의 신용, 판매정책, 선전 등으로 인하여 상표의 사용과 무관하게 얻은 이익이 있다는 특별한 사정이 없는 이상 그것이 상표권자가 상표권 침해로 인하여 입은 손해액으로 추정된다고 보아야 한다(대법원 1997.9.12. 선고 96다43119 판결).

영업비밀 침해사건에 있어서도 이러한 손해배상 산정 방식을 원용할 수 있다. 즉 세무서를 통한 사실조회결과 및 문서송부촉탁 결과 등을 고려하여, 침해자의 매출액을 산정하고, 여기에 원고의 매출액 대비 영업이익률을 곱하는 방식으로 침해자가 얻은 이익을 산정할 수도 있다(수원지방법원 2003.4.18. 선고 2002가합9304 판결).

(3) 통상 실시료 상당 이익형

영업비밀보호법 제14조의 2 제3항에서는 '영업비밀 침해행위로 인하여 영업상의 이익을 침해당한 자는 제5조 또는 제11조의 규정에 의한 손해배상을 청구하는 경우 영업비밀 침해행위의 대상이 된 영업비밀의 사용에 대하여 통상 받을 수 있는 금액에 상당하는 액을 자기가 받은 손해의 액으로 하여 손해배상을 청구할 수 있다'고 규정하고 있다. 이에 영업비밀 보유자는 침해행위가 있을 때, 그 침해자에 대하여 유책성과 함께 실시료 상당액을 주장 입증함으로써 통상의 실시료에 상당하는 금원을 손해배상으로 청구할 수 있다. 여기서 통상의 실시료 상당액이라 함은 실시계약체결을 가상적으로 전제하여 양당사자가 합의하였을 것으로 판단된 손해배상액을 의미한다. 즉 실시 허락이 있었던 것과 같이 가정함으로써 당해 가정 상황에 발생하였을 이익에 대한 일실로 손해배상의 문제를 처리하는 방식이다.

이때 가상적 실시료를 산정할 때에는 여러 사항이 고려된다. 예컨대 동일한 영업비밀을 일정 실시료율에 따라 실시 허락하고 있다면, 그 실시료율이 실시료를 산정하는데 참고가 될 수 있다. 그러나 반드시 그 실시료율이 침해에 따른 손해배상을 청구하는데 통상의 실시료 상당액이 되는 것은 아니다.

일반적으로 실시료 상당액에 의해 전보되는 손해배상액은 앞에서 살펴본 영업비밀보호법 제14조의 2 제1항의 일실이익에 의한 배상액보다 높지 않다. 이는 가상적 실시계약을 유추하여 얻어진 실시료의 적정액이므로 통상적인 실시계약에 따른 실시료와 크게 다르지 않다. 그러나 일반 일실이익형의 손해 산정 방식이 여러 요소에 대한 입증이 어렵다는 점에서 주되게 이용되는 방식이기도 하다. 예컨대 특허침해 사건에서는 특허품의 수익에 관한 전망,[18] 독점적 지위,[19] 특허권의 보호범위,[20] 장래의 가치상승[21] 등도 함께 고려될 수 있다.[22] 그러나 특허의 경우와 달리 영업비밀의 경우에는 그 거래 · 이전 사례가 없는 경우가 많으며, 실시료 산정을 위하여 참고할 수 있는 유사한 기술거래 사례가 없는 경우도 많다. 특히 영업비밀은 특허의 경우와는 달리 그 보호범위가 확실하지 않으며, 보호되는 것 역시 어떤 기술의 가치보다는 비밀로서 유지됨으로써 향유할 수 있는 경제적 가치를 의미하게 된다. 이러한 점에서 법이 실시료 상당액을 손해배상액으로 추정할 수 있도록 하였으나, 이를 인정하기는 쉽지 않다.

---

18) RGZ 156, 65, 69; BGH GRUR 67, 655, 659.
19) RG GRUR 38, 836, 837.
20) RG GRUR 42, 315.
21) RGZ 92, 329, 330
22) 배대헌, "특허권침해로 인한 손해배상의 범위와 배상액 산정에 관한 연구", 충남대학교 박사학위논문, 1996, 12면.

실시료상당액을 손해배상으로 청구하는 것은 다음의 세 가지 경우에 이루어진다. 첫째, 일실이익에 대한 입증에 있어서 침해로부터 발생한 구체적인 경제적 손실이 얼마인지를 밝혀내지 못하는 경우로 영업비밀의 불법사용에 의한 경제적 수익 등을 입증할 수 없거나 입증이 곤란한 경우 등이다. 둘째, 영업비밀보유자가 영업비밀을 실시하지 않았거나 영업비밀 상품을 생산하지 않은 경우에 청구할 수 있다. 일실이익에 관하여 충분한 입증이 이루어졌다면 실시료상당액보다 많은 손해배상액을 청구할 수 있었음에 반하여, 영업비밀을 실시하지 않은 원고의 손해배상청구는 이 실시료상당액에 한정된다. 이러한 실시료상당액이 일실이익을 초과하는 경우에도 이를 주장할 수 있다. 이는 이용권의 객관적 가치로 산정되기 때문에 특정한 경우 개별적으로 고려되어야 할 사항에 영향을 받을 수 있다. 셋째, 위의 두 가지 경우 이외에도 영업비밀보유권자의 생산능력이 수요에 미치지 못하는 경우에도 영업비밀보유자는 실시료상당액의 산정방법에 따라 손해배상을 청구할 수 있다.[23] 이를 위하여 영업비밀보유자의 마케팅활동과 실제거래량 및 영업비밀 물품의 배포과정이 수요를 충족시켰는지의 여부와 영업비밀보유자의 생산시설 · 기술 등이 함께 고려된다. 또한 침해의 일부에 대해서 일실이익의 손해가 입증된 경우 잔여부분의 실시료에 기초하여 손해배상액을 확정하게 된다. 그 밖에도 실제 일실이익이 실시료상당액보다 적은 경우 실시료에 기초하여 손해배상을 청구할 수 있다.

한편, 영업비밀보호법 제14조의 2 제4항에서는 '영업비밀 침해행위로 인하여 받은 손해의 액이 제3항의 규정에 의한 금액을 초과하는 경우에는 그 초과액에 대하여도 손해배상을 청구할 수 있다. 이 경우 그 영업상의 이익을 침해한 자에게 고의 또는 중대한 과실이 없는 때에는 법원은 손해배상의 액을 산정함에 있어서 이를 참작할 수 있다'고 규정하고 있다. 즉 일실이

23) 현대호, 영업비밀의 보호에 관한 법제연구, 한국법제연구원, 2004, 72-77면 참조.

익과 통상의 실시료 상당액의 손해배상 산정 방식과의 관계를 규정하고 있다. 그러나 제3항의 규정에 의한 금액이 영업비밀 침해행위로 인하여 받은 손해액의 입증이 곤란한 상태에서 이루어진다는 점에서 제4항 전단의 규정은 무의미한 규정이라 볼 수 있다. 즉 이 규정은 제3항의 규정이 실제 발생한 손해의 배상청구를 방해하지 않는다는 의미에서 파악할 수 있을 뿐이며, 후단은 침해자의 경과실로 인하여 손해가 발생한 경우에는 손해배상액의 산정에 있어서 법원의 재량권을 인정한 것이다.

제2조 제1호 소정의 부정경쟁행위의 경우에는 부정경쟁행위가 인정된다고 하여 그 기간 동안 상품표지의 주체등이 그 상표를 부착한 제품의 생산 · 판매 등 영업활동을 하지 않았다면 그에 따른 영업상 손해를 인정할 수 없다는 태도를 취하였다(대법원 2008.11.13. 선고 2006다22722 판결). 반면 영업비밀에 있어서는 부정취득한 자가 취득한 영업비밀을 실제 사용하였는지에 관계없이 부정취득행위 그 자체만으로 영업비밀의 경제적 가치를 손상시킴으로써 영업비밀 보유자의 영업상 이익을 침해하여 손해를 입힌다고 보아야 한다고 법원은 판단하고 있다.[24)]

## Ⅲ. 영업비밀 침해에 대한 신용회복 청구

영업비밀 침해행위에 대한 사후적인 구제조치로서 손해배상청구권이 인정되지만, 영업상의 신용이 실추된 경우에는 손해배상청구에 갈음하거나 함께 영업상의 신용을 회복하는데 필요한 조치를 청구할 수 있다. 넓은 의미에서 신용의 실추는 정신적 손해의 한 유형이며, 따라서 신용회복조치청구권은 손해배상청구권에 포함된다. 타인의 불법행위로 인한 손해의 배상은 금전배상이 원칙이다. 그러나 영업비밀 침해행위로 타인의 신용 및 명예

24) 대법원 2011.7.14. 선고 2009다12528 판결.

를 훼손한 경우에는 금전배상만으로는 만족할 수 없거나, 신용훼손의 구제방법으로 적절치 않은 경우가 많기 때문에 부정경쟁방지법은 손해배상에 갈음하거나 손해배상과 병행하여 신용회복에 필요한 조치를 할 수 있도록 규정하고 있다. 즉 명예 또는 신용이 훼손된 경우에는 손해를 금전으로 평가하기 곤란하며 비록 금전배상을 하여도 훼손된 명예나 신용이 회복되기는 어렵다. 이에 법은 명예 또는 신용이 훼손된 경우에는 특히 원상회복적인 구제를 인정하고 있는 것이다.

이러한 신용회복조치는 광의의 손해배상에 포함되는데 부정경쟁방지법상에는 '손해배상에 갈음하거나 손해배상과 함께'라고 규정하고 있으므로, 여기서의 '손해배상'은 금전배상을 의미한다고 보아야 할 것이다.

## 1. 신용회복 청구의 요건

영업비밀 침해행위자에게 신용회복을 위한 조치를 청구하기 위하여는 다음과 같은 요건을 충족하여야 한다. 즉 ① 행위자의 고의 또는 과실에 의할 것, ② 영업비밀 침해행위가 있을 것, ③ 영업상의 신용이 실추될 것, ④ 손해배상이외에 별도의 신용회복조치가 필요할 것 등의 요건을 충족하여야 한다. 이때 침해자의 고의 · 과실이나 침해행위에 대한 요건 여부는 위에서 살펴본 바와 같이 판단하게 된다.

영업비밀의 침해행위가 있었다고 하여도 그것만으로 영업비밀 보유자의 신용이 당연히 침해되었다고 단언하기 어려우므로, 신용회복을 위해 필요한 조치를 명하기 위하여는 영업상의 신용이 실추되었음이 인정되어야 한다(대법원 2008.11.13. 선고 2006다22722 판결 참조).[25]

25) 비록 영업비밀 침해사건이 아니라 부정경쟁행위 관련 사건이나, 본 사건에서 법원은 민법 제394조는 "다른 의사표시가 없으면 손해는 금전으로 배상한다"고 규정함으로써 이른바 금전배상의 원칙을 규정하고 있으므로, 법률에 다른 규정이 있거나 당사자가 다른 의사표시를 하는 등 특별한 사정이 없는 이상 원상회복청구는 할 수 없다 할 것인데(대법원 1997.3.28. 선고 96다10638 판결 등 참조), 원 · 피고 사이에 이 사건 계약 위반에 대한 배상방법으로 해명광고게재

금지청구를 인정할 것인지의 판단을 사실심 변론종결 당시를 기준으로 하는 것에 반하여(대법원 2004.3.25. 선고 2002다9011 판결 등 참조), 신용회복 청구를 인정할 것인지의 판단은 침해행위 당시를 기준으로 한다(대법원 2008.2.29. 선고 2006다22043 판결).

### 2. 청구권자

영업비밀 보유자가 청구할 수 있다. 이에 법원은 실추된 영업상의 신용회복에 필요한 조치를 명할 수 있다. 그 동안 필요한 조치로 신문지상의 사죄광고가 관례화되어 왔으나, 헌법재판소가 사죄광고의 명령을 위헌이라고 판시한 만큼 더 이상 사죄광고를 강제할 수는 없게 되었다. 한편 영업비밀 침해와 관련하여서는 다만 특칙을 갖고 있어서, 거래에 의하여 영업비밀을 정당하게 취득한 자가 그 거래에 의하여 허용된 범위 내에서 그 영업비밀을 사용하거나 공개하는 행위에 대하여는 금지청구권, 손해배상청구권, 신용회복청구권 등의 규정은 적용되지 않는다.

## Ⅳ. 비밀유지명령

### 1. 의 의

지적재산권에 관련한 소송의 진행 과정 중에서는 제출된 준비서면이나 증거에 영업비밀이 포함되는 경우가 있다. 즉 영업비밀 관련 소송을 비롯하여 여러 형태의 소송에서, 침해를 주장하는 과정에서 제출하고자 한 준비서

---

등 신용회복조치의 이행을 구할 수 있도록 하는 약정이 있었음을 인정할 자료도 기록상 찾아보기 어려우므로, 상표권의 침해행위 또는 부정경쟁행위에 의하여 원고의 영업상의 신용이 실추되었다고 단정하여 해명광고게재청구를 인정한 것은 위법하다고 판단하고 있다. 그런데 원상회복청구와 해명광고게재가 어떤 상관을 갖고 있는지, 법원의 판시 사항에 의문을 갖게 된다.

면이나 증거의 내용에 영업비밀이 포함되는 경우가 있는데, 이 경우 당해 영업비밀을 보유한 당사자는 상대방 당사자에 의하여 이를 소송 수행 목적 이외의 목적에서 사용되거나 제3자에게 공개되는 것으로 인하여 사업 활동에 지장이 발생할 우려가 있다. 이러한 우려에서 당해 영업비밀을 소송에서 표현하는 것을 주저하여 충분한 주장입증을 다할 수 없는 사태가 발생할 수 있다.

이러한 경우, 증거에 포함된 영업비밀의 누설을 방지하기 위한 방법으로는 민사소송법 제163조의 비밀보호를 위한 열람 제한 절차나 영업비밀보호법에 의한 금지청구 · 손해배상청구 등이 존재한다. 그러나 이러한 절차로는 충분하지 않아, 영업비밀이라도 증거로서 제출하도록 하는 가운데, 당해 영업비밀을 보호하는 제도가 필요하다는 지적이 이루어졌다. 또한 한미 FTA 협정 제18.10조 11.(나)에서는 '소송절차에서 생성되거나 교환된 비밀정보(confidential information)[26]의 보호에 관한 사법명령의 위반에 대하여, 민사 사법절차의 당사자, 변호인, 전문가 또는 법원의 관할권이 미치는 그 밖의 인에게 제재를 부과할 수 있는 권한'에 관한 규정을 두고 있어서 소송과정에서 언급된 비밀정보를 위반한 자에 대한 법원의 제재 권한을 부여하고 있다. 이에 2011년 12월에 통과된 제14차 개정법에서는 '비밀유지명령' 제도를 도입하였다.

---

26) 미국의 Protective Order의 경우에는 영업비밀(Trade Secret)뿐만 아니라 기타 기밀 연구(confidential research), 개발(development) 또는 공개되지 않았거나 특정한 방식으로만 공개되는 상업적 정보(commercial information)에 대한 보호명령제도를 두고 있다. 반면 우리의 경우에는 비밀유지명령의 대상이 영업비밀에 한정됨으로써, 소송 과정에서 본안 판단이외에 별도로 영업비밀 해당성을 판단하여야 하는 번거로움이 발생할 수 있다는 문제점이 있다. 따라서 개정법의 취지에도 불구하고 당사자의 공격 · 방어권이 실효적으로 보장되지 않을 가능성이 높다는 점에서 입법적 고려가 다시 이루어져야 할 것이다.

## 2. 비밀유지명령에 의한 금지행위

### 가. 의 의

영업비밀 침해행위로 인한 영업상 이익의 침해에 관한 소송에서 법원은 그 당사자가 보유한 영업비밀에 대하여 당사자의 신청에 따라 결정으로 ① 당해 영업비밀을 당해 소송의 수행목적 이외의 목적으로 사용하는 것, ② 당해 영업비밀에 관련하여 비밀유지 명령을 받은 자 이외의 자에게 공개하는 것을 금지할 수 있다.

먼저 모든 영업비밀이 비밀유지명령의 대상이 되는 것은 아니다. 즉 이미 제출하였거나 제출하여야 할 준비서면의 열람이나 이미 조사하였거나 조사하여야 할 증거 조사 외의 방법으로 비밀유지명령 신청 이전에 이미 취득한 영업비밀은 비밀유지명령의 대상이 되지 않는다. 준비서면의 열람이나 조사 증거에 의하여 비밀유지명령 신청 이후에 취득한 영업비밀만이 비밀유지명령의 대상이 된다.

비밀유지명령에 의하여 금지되는 행위는 그 영업비밀을 ① 해당 소송의 계속적인 수행 외의 목적으로 사용하거나 ② 비밀유지명령을 받은 자외의 자에게 영업비밀을 공개하는 행위이다. 따라서 해당 소송수행목적에서의 영업비밀 사용 행위는 비밀유지명령대상에서 제외된다. 소송당사자의 방어권을 확보하기 위하여는 이러한 사용을 인정할 필요가 있으며, 소송 절차 중에서 영업비밀을 보호하는 제도가 정비되어 있고, 소송수행목적을 위한 사용에 의하여 영업비밀이 공지가 될 가능성은 극히 낮은 것에 따른 판단이다. 한편 소송수행목적에서 당해 영업비밀을 사용하는 행위는 허용되나, 이를 비밀유지명령을 받은 자이외의 자에게 공개하는 행위는 비밀유지명령의 대상이고, 금지된다. 이는 소송수행의 목적에서도 당해 영업비밀이 공개되게 되면 영업비밀의 요건의 하나인 공지성이 결여되게 되고, 그 가치가 현저히 훼손되기 때문이다.

또한 비밀유지명령에 위반하여 당해 영업비밀을 사용 또는 공개한 경우에는 형사벌의 대상이 된다. 비밀유지명령을 위반하는 행위는 영업비밀침해죄와 같이 영업비밀의 재산적 가치를 감소시키는 점에서는 차이가 없다는 점에서 영업비밀침해죄와 같은 형사벌을 인정하고 있다. 다만 영업비밀침해죄의 경우에는 '부정한 이익을 얻거나 기업에 손해를 입힐 목적으로'라는 구성요건을 충족하여야 하는 반면, 그러한 요소를 필요로 하지 않고, 법원의 명령에 위반한 행위로서의 형사벌로 규정하고 있다(제18조의 4).

### 나. 절 차

비밀유지명령이 내려질 가능성이 있는 것은 ① 준비서면의 기재 또는 증거에 영업비밀이 포함되어 있는 것 또는 ② 당해 영업비밀이 당해 소송의 수행목적 이외의 목적에서 사용되거나 공개되는 것에 의하여 당해 영업비밀에 근거한 사업활동에 지장이 발생할 우려가 있고, 이를 방지하기 위하여 당해 영업비밀의 사용 또는 공개를 제한할 필요가 있는 것에 해당한다는 취지의 소명이 이루어진 경우이다. 다만 비밀유지명령의 신청때까지 비밀유지명령 신청인이 당해 준비서면 또는 증거 이외의 방법으로 당해 영업비밀을 취득 또는 보유하고 있는 것인 경우는 명령의 대상이 되지 않는다.

비밀유지명령에 대하여는 당사자에 의한 신청이 있던 경우에 내려지는데, 이때는 ① 비밀유지명령을 받아야 하는 자, ② 비밀유지명령의 대상이어야 하는 영업비밀을 특정하기에 충분한 사실, ③ 준비서면의 기재 또는 증거에 영업비밀이 포함되어 있는 것, 당해 영업비밀이 당해 소송의 수행목적 이외의 목적에서 사용되거나 공개되는 것으로 당해 영업비밀에 근거한 사업활동에 지장을 일으킬 우려가 있고, 이를 방지하기 위하여 당해 영업비밀의 사용 또는 공개를 제어할 필요가 있는 것에 해당하는 사실을 기재한 서면으로 이루어져야 한다.

비밀유지명령이 내려진 경우에는 신청인이 절차보장의 관점에서, 그 결정서를 신청서를 신청인에게 송부하여야 하며, 비밀유지명령은 결정서가 송달된 때로부터 효력이 발생한다. 비밀유지명령을 각하한 재판에 대하여는 즉시 항고할 수 있으나, 비밀유지명령이 내려진 결정은 바로 확정된다. 다만 비밀유지명령이 내려진 경우에는 즉시 항고는 할 수 없고, 통상의 비밀유지명령 취소 절차에 의하여 대처하게 된다.

### 3. 비밀유지명령의 취소

비밀유지명령 신청자 또는 비밀유지명령을 받은 자는 소송기록이 존재하는 법원에 신청하여 비밀유지명령을 취소할 수 있다. 취소 사유로는 ① 준비서면의 기재 또는 증거에 영업비밀이 포함되어 있는 것, ② 당해 영업비밀이 당해 소송의 수행 목적 이외의 목적으로 사용 또는 공개되는 것으로, 당해 영업비밀에 근거한 사업활동에 지장이 생길 우려가 있고, 이를 방지하기 위하여 당해 영업비밀의 사용 또는 공개를 제한할 필요가 있는 것이라는 명령 요건을 흠결하거나 흠결하게 된 때이다. 구체적으로는 증거에 포함되어 있는 영업비밀의 내용이 바로 특허출원되고, 그 후 공개하게 되어 영업비밀로서의 요건을 충족하지 않게 된 경우 등을 들 수 있다.

### 4. 소송기록열람청구의 통지

소송기록에서 영업비밀이 누설되는 것을 방지하기 위하여 민사소송법 제163조에서는 제3자의 열람등을 제한하고 있으나, 이는 당사자에 의한 열람등은 금지되지 않는다. 이 때문에 예컨대 법인이 당사자등인 경우, 비밀유지명령을 받지 않은 종업원등이 법인으로부터 위임을 받아 사실상 자유롭게 소송기록의 열람 등의 열람 청구절차를 통하여 영업비밀을 알게 될 가능성이 있다.

이에 일본 부정경쟁방지법은 비밀유지명령이 내려진 소송에 관한 소송기록에 대하여는 민사소송법 제92조 제1항의 결정이 내려진 경우에서, 당사자로부터 민사소송법 제92조 제1항의 비밀기재부분의 열람등의 청구가 있고, 그 청구 절차를 한 자가 비밀유지명령을 받은 자가 아닌 때는 법원 서기관은 민사소송법 제92조 제1항 신청을 한 당사자에 대하여 그 청구 후 바로 그 청구를 한 취지를 통지하지 않으면 안 된다.

이에 의하여 통지를 받은 당사자는 청구절차를 밟은 자에 대하여 비밀유지명령을 신청할 수 있다. 따라서 비밀유지명령을 받기 위하여 필요한 기간은 그 절차를 한 자의 열람등은 제한된다. 다만 당사자 모두가 동의한 때에는 이 규정은 적용되지 않는다.

### 5. 당사자심문등의 공개정지

일반 공중이 재판을 방청하는 것이 가능하므로, 특허권등의 침해에 관한 소송이나 영업비밀에 관한 부정경쟁에 관한 소송에서는 곤란한 점이 있다. 즉 재판에서 영업비밀이 공개되어 권리자에게 불이익이 발생할 가능성이 있다. 그러나 헌법이 정하는 재판공개의 원칙은 재판에 대한 국민의 신뢰를 확보하고자 하는 것으로, 재판 공개의 원칙으로 적정한 재판이 이루어질 수 없는 경우까지도 공개 재판의 원칙이 요구되는 것은 아니다. 따라서 일정한 경우 재판공개의 원칙은 제한된다.

당사자심문의 공개정지는 ① 당사자등이 공개 법정에서 당해 사항에 대하여 진술하는 것으로 당해 영업비밀에 근거한 사업활동에 현저한 지장이 발생하는 것이 명확하기 때문에 당해 사상에 대하여 충분한 진술이 이루어질 수 없고 ② 당해 진술을 없어 다른 증거만으로는 당해 사항을 판단 근거로 할 부정경쟁에 의한 영업상의 이익 침해 유무에 대한 적정한 재판을 할 수 없는 경우에는 재판관 전원의 일치로 결정으로 당해 사항의 침문을 공개하지 않고 할 수 있다.

## V. 기 타

### 1. 문서제출명령

민사소송법 제344조에서는 문서제출의무를 부과하고 있으며, 영업비밀보호법 역시 법원은 영업비밀 침해행위로 인한 영업상 이익의 침해에 관한 소송에서 당사자의 신청에 의하여 상대방 당사자에 대하여 해당 침해행위로 인한 손해액을 산정하는 데에 필요한 자료의 제출을 명할 수 있도록 규정하고 있다. 그러나 민사소송법 제344조 제1항 제3호 (다)목을 근거로 기술 또는 직업의 비밀에 속하는 사항이 적혀 있고, 이를 비밀로 지킬 의무가 면제되지 아니한 문서의 경우에는 자신의 영업비밀임을 내세워 제출을 회피하는 경향이 강하다.

이에 문서제출명령을 강화하기 위하여 자료의 제출을 거절한 정당한 이유를 제한하고자 하는 논의가 있다. 즉 정당한 이유가 있는지를 판단하기 위하여 필요하다고 인정할 때에는 자료의 소지자에게 제시할 것을 명할 수 있도록 하는 규정의 도입이 논의되고 있다.

### 2. 영업비밀원본증명제도

최근 기술유출범죄 사건이 증가하면서 영업비밀 침해분쟁 발생시 침해사실을 입증하는데 기본이 되는 영업비밀의 특정을 도와주는 제도로서 영업비밀원본증명제도의 논의되고 있다. 영업비밀의 특정에 필요한 영업비밀의 원본 여부 및 존재시점을 기업 자체적으로 증명하는데 한계가 있어 공신력 있는 국가기관에서의 증명이 필요하다는 주장을 배경으로 영업비밀원본증명제도의 도입이 논의되고 있다.

원본증명제도는 연구노트제도와 같이 일정 연구 활동의 선후 관계를 파악하기 위하여 도입되었다. 이러한 점에서 영업비밀원본증명제도의 도입은 영업비밀 존재의 선후 관계를 파악하는데 도움이 될 수 있다. 나아가 영업비밀원본증명제도를 통하여 거래 과정에서 노출된 영업비밀과 사후에 발생하는 분쟁 과정에서의 영업비밀을 용이하게 특정할 수 있는 장점을 갖는다.

그러나 영업비밀원본증명제도의 도입은 이러한 증명제도를 이용하지 않은 영업비밀과의 관계, 개발 과정에서의 영업비밀에 의한 특정, 증명서의 효력 등 여러 문제에 대한 논의가 좀 더 이루어져야 할 것이다.

# 제 2 절 형사적 구제방법

## Ⅰ. 영업비밀 침해에 대한 형사법의 의의

### 1. 형사처벌 규정 도입의 의의

영업비밀보호법이 입법되기 이전에도 영업비밀을 침해하는 행위는 일정 범위에서 형사적 대응이 가능하였다. 예컨대 영업비밀 침해행위에 수반되는 행위의 위법성에서 절도죄나 배임죄 등이 적용되었다. 또한 실제로 영업비밀의 보호에 관한 법률을 두고 있는 국가라고 하여 모든 국가가 영업비밀 침해행위에 대한 별도의 형사처벌 규정을 두고 있는 것은 아니며, 형사적 대응은 일반 형법에서의 절도죄나 배임죄 등의 규정을 원용하는 경우도 있다.

그러나 우리나라의 경우에는 영업비밀보호법의 입법 초기부터 형사처벌 규정을 두고 있다. 비록 그 처벌 범위에 대하여는 약간의 변화가 있어 왔지만, 여전히 영업비밀 침해행위에 대한 형사적 대응은 우리나라에 있어서는 확고한 입장이라 하겠다. 영업비밀의 보호에 관한 법률이 영업비밀보호법에 삽입되면서, 종전의 처벌 규정이 적용된 점에서 형사적 처벌이 인정된 것으로도 이해될 수 있다. 그러나 모든 영업비밀에 대하여 형사적 처벌을 인정한 것이 아니라 일정 형태의 영업비밀에 대하여서만 형사처벌 규정은 둔 점에서 본다면, 입법자들이 영업비밀 침해행위에 대한 형사적 처벌을 기존의 법률에 단순히 삽입한 것만은 아니라고 평가할 수 있다. 즉 여러 형태의 영업비밀 중 특히 '그 기업에 특유한 생산기술'에 대하여서만 형사처벌을 인정하고 있다는 점에서, 기술 보호의 필요성을 인식하고 별도의 형사처벌 규정을 둔 것으로 이해하여야 할 뿐만 아니라 형사처벌 규정을 두지 않고, 민사적 구제 조치만을 두고 있던 국가에서도 기술유출 방지에 대한 보호 필요성에서 형사처벌 규정을 신설하고 있다는 점에서 우리의 입법은 영업비밀 내지 기술 보호의 필요성을 앞서 인식한 것이라 평가할 수 있다.

## 2. 형사적 대응의 전개

영업비밀에 대한 형사적 대응은 영업비밀보호법 도입 이전과 같이 절도죄나 배임죄 등 일반 형법에 의한 대응과 영업비밀호법에 의한 대응으로 전개된다. 절도죄의 경우에는 영업비밀이 기록되어 있는 저장매체 등의 절취행위에 대한 대응으로, 배임죄는 영업비밀 유지의무를 부담하는 자의 배신행위에 대한 대응으로 전개되고 있으며, 기타 비밀침해죄나 손괴죄 등이 함께 논의될 수 있는 상황이다. 한편 영업비밀보호법의 경우에는 침해 대상기술의 영업비밀 해당성을 전제로, 일정 행위에 대한 대응으로 전개되고 있다.

한편 영업비밀 침해행위에 대한 영업비밀보호법의 형사적 대응 논의는 처벌 범위의 확대, 처벌 대상자의 확대, 처벌 형량의 강화 및 처벌행위의 확대라는 방향으로 전개되고 있다. 즉 초기에는 경영상 정보에 대한 형사처벌은 인정되지 않았다. 그러나 경영상 정보와 기술상 정보의 구별이 모호할뿐더러 그 보호가치에 있어서 어떠한 차이도 없다는 점에서 경영상 정보의 침해행위에 대하여서도 형사처벌을 인정하게 되었다. 처벌대상자 역시 '기업의 임원 또는 직원'이라는 규정에 추가하여 '기업의 임원 또는 직원이었던 자'를 처벌하면서 그 범위를 확대하고 있으며, 처벌 형량역시 지속적으로 강화하고 있다. 입법당시에는 '3년 이하의 징역 또는 3천만원 이하의 벌금'의 처벌형을 규정하고 있었으나, 현재에는 침해행위에 따라 '10년 이하의 징역 또는 그 재산상 이득액의 2배 이상 10배 이하에 상당하는 벌금'에 처할 수 있도록 하고 있다. 다만 여전히 영업비밀보호법은 형사 처벌에 있어서 징역형과 벌금형을 선택형으로 규정하고 있다는 점에서 병과형으로 변경하는 것도 고려할 사항이라 생각된다.

또한 형사처벌 대상이 되는 침해행위에 대하여서도 법은 지속적으로 그 범위를 확대해 왔다. 즉 기존에는 미수범이나 예비 · 음모 행위에 대한 처벌규정을 두고 있지 않았으나, 2004년 개정법을 통하여 이러한 행위역시도 처벌 대상으로 하고 있다. 다만 배임죄등과의 관계에서 본다면 영업비밀침해 행위는 다분히 추상적 위험범으로 취급될 수 있다는 점에서 미수범 처벌규정 없이도 충분히 영업비밀을 보호할 수 있다는 점에서 과도한 측면이 있지 않은가 한다. 또한 예비 · 음모죄가 인정되는 다른 범죄에 비교할 때 영업비밀의 보호가 과도한 측면이 있다.

## Ⅱ. 영업비밀보호법 위반죄

### 1. 의 의

영업비밀보호법 위반죄는 부정한 이익을 얻거나 기업에 손해를 입힐 목적으로 그 기업에 유용한 영업비밀을 취득 · 사용하거나 제3자에게 누설하는 것을 내용으로 하는 범죄이다. 영업비밀의 재산적 가치가 중시되면서 영업비밀보호법 위반죄 역시 재산권을 보호법익으로 하는 재산죄로 이해하는 견해가 많다. 그러나 우리 영업비밀보호법에 직접적인 영향을 미친 일본 부정경쟁방지법의 경우에는 그 입법자들이 사업자의 영업상의 이익(사익) 및 공정한 경쟁질서의 유지(공익)를 보호법익으로 밝히고 있다.[27)]

영업비밀의 부정이용행위는 타인이 성과를 얻기 위하여 투하한 자본에 무임승차하고, 그 성과를 모용하는 행위의 하나이다. 성과모용행위가 금지되는 것은 무임승차행위를 허용하면, 그 성과를 얻기 위하여 자본을 투하하는 자가 감소할 가능성이 있고, 그 결과 공급되는 상품 및 서비스의 질이 향상되지 않고, 경쟁질서의 발전이 방해될 우려가 있는 경우이다. 그러나 그 반면 모방행위를 모두 금지해버리면 기술의 발전을 방해하게 되고, 나아가 경쟁질서의 정체도 초래될 수 있다. 그러므로 성과개발의 인센티브 형성에 필요한 한도에서 보호를 설계하여야 하는 것이다.

한편 사익보호라는 측면에서 보면, 영업비밀보호법은 기업이 갖고 있는 일정의 정보에 재산적 가치를 인정하고, 이에 법적 보호를 부여하는 것으로 말할 수 있다. 그런데 정보는 침해행위자가 이를 부정하게 취득한 경우에도 통상은 소유자가 그 소지를 잃지 않고, 그 이용이 방해받는 것도 아니라는 점에서 물이나 이익과는 다른 특수성을 갖고 있다. 즉 '그 이용가능성이 박탈되는 것 없이, 단순히 그 재산적 가치가 침해되는 것에 불과'하고, 이득과 손해 사이에는 동일성이 인정되지 않게 된다.

기업이 갖고 있는 비밀정보가 '영업비밀'로서 영업비밀보호법의 보호를 받기 위하여는 ① 비밀성, ② 독립적 경제성 및 ③ 비밀관리성 등의 3개 요건을 충족하여야 하며, 모든 비밀이 무조건적으로 법적 보호의 대상이 되는 것은 아니다. 이러한 점에서 비밀정보 그 자체라기보다는 오히려 당해 정보

27) 日本 經濟産業省 知的財産政策室 編著, 逐條解說 不正競爭防止法 [平成15년 改訂版], 2003, 144면.

를 비밀로서 독점적으로 관리 · 이용하는 것에서 얻을 수 있는 이익을 보호하는 취지로 이해된다. 영업비밀의 가치가 그 보유자가 당해 정보를 비밀로서 독점적으로 관리 · 이용하는 것에 의하여 경제적 이익을 얻을 수 있는 것에 있는 경우에는 당해 정보의 가치 감소 · 상실이라는 구체적인 법익침해 결과는 그 보유자이외의 자에게 이용되는 때에 비로소 발생하게 된다. 부정사용행위의 전단계인 공개 및 부정취득은 부정사용에 의하여 발생하는 법익침해의 위험을 야기하는 위험범으로서의 성격밖에 가질 수 없을 것이며, 법익침해는 비밀보유자이외의 자가 그 정보가 갖는 경제적 이득 가능성을 실현하는 것에 의하여 최종적 · 결정적으로 발생하게 된다. 따라서 영업비밀부정사용죄는 당해 정보의 가치 감소 · 상실이라는 실해발생을 그 성립요건으로 하지 않는다. 또한 영업비밀의 부정사용과 공개는 항상 하나의 구성요건 속에서 함께 취급되고 있다. 확실히 영업비밀침해죄는 정보의 재산적 가치를 보호하는 것이지만, 그 제1차적인 성격은 어디까지나 '부정경쟁행위'이기 때문이다. 이에 영업비밀보호법에서의 영업비밀 보호는 영업비밀의 재산적 가치 그 자체를 보호하는 것이라기보다는, '유용한 정보가 노력의 결과로서 비밀로서 보호되고 있는 평온한 사실 상태를 파괴하고, 당해 정보를 자기 또는 제3자의 영업활동을 위하여 이용 내지 이용하고자 하는 영업상의 부정행위를 금지하는 것이라는데 그 취지가 있다'[28]는 것이다.

## 2. 객관적 구성요건

영업비밀보호법의 위반 행위는 영업비밀을 부정하게 취득 · 사용하거나 제3자에게 누설하는 행위를 의미한다. 보다 구체적으로 영업비밀보호법 제2조 제3호에서는 '영업비밀 침해행위'를 정의하고 있다. 즉 영업비밀보호법

28) 松本重敏, 「實務からみた營業秘密保護立法の意義と問題點(特輯 · 營業秘密の保護)」, ジュリスト962호(1990), 58면.

은 (가)목의 절도 등 부정한 수단으로 영업비밀을 취득 · 사용 · 공개하는 행위와 (라)목의 계약관계 등에 의하여 영업비밀을 비밀로서 유지해야 할 의무가 있는 자가 부정한 이익을 얻거나 보유자에게 손해를 가할 목적으로 영업비밀을 사용 · 공개하는 행위의 2가지 행위를 기본 유형으로, 사후적 관여 행위 2가지를 각각 추가하여 규정하고 있다. 이러한 영업비밀 침해행위에 대하여는 앞에서 설명한 바 여기에서 설명을 줄이도록 한다.

### 3. 주관적 구성요건

영업비밀보호법을 위반하는 자는 영업비밀 및 영업비밀 침해 행위에 대한 고의를 가져야 한다. 따라서 영업비밀을 취득하는 과정에서 절취, 기망, 협박, 그 밖의 부정한 수단으로 영업비밀을 취득하는 행위를 한 자는 자신이 취득하는 정보가 영업비밀이라는 고의가 있어야 한다.

한편 형사처벌의 대상이 되는 영업비밀침해 행위는 고의 이외에 '초주관적 위법요소인 부정한 이익을 얻거나 그 기업에 손해를 가할 목적'을 갖고 있어야 한다. 영업비밀보호법 제2조 제3호에서 정하고 있는 영업비밀 침해행위에서는 영업비밀을 비밀로서 유지하여야 할 의무가 있는 자의 경우에 한하여는 그 사용 · 공개 행위에 고의 외에 초주관적 위법요소인 '부정한 이익을 얻거나 그 기업에 손해를 가할 목적'을 갖고 있어야 한다. 그러나 형사처벌 대상인 영업비밀 침해행위는 모든 침해행위 유형에 대하여 '부정한 이익을 얻거나 그 기업에 손해를 가할 목적'을 갖도록 요구하고 있다. 따라서 영업비밀을 부정하게 취득하였으나, '부정한 이익을 얻거나 그 기업에 손해를 가할 목적' 등의 주관적 요건이 인정되지 않는 경우에는 형사처벌은 불가능하게 된다.

우리 영업비밀보호법이 초주관적 구성요건으로 '부정한 이익을 얻거나 그 기업에 손해를 가할 목적'을 요구하고 있다면, 일본 영업비밀보호법은

'부정경쟁의 목적'을 주관적 요건으로 하고 있는 점에서 비교된다. 이 요건으로, 내부고발이나 취재보도 등을 목적으로 한 행위나 공갈을 목적으로 한 개인적인 범죄행위를 영업비밀침해죄에서 제외하고 있다. 일본 부정경쟁방지법의 기초자에 의하면, 부정경쟁의 목적은 '자기를 포함한 특정 경쟁자를 경쟁상 우위에 서도록 하는 목적'을 의미한다. 예컨대 '타사의 영업비밀을 직접적 또는 잠재적인 경쟁관계에 있는 자신의 사업에 이용하는 것으로, 자신을 경쟁상 우위한 입장에 있도록 할 목적', '타사의 영업비밀을 특정 경쟁자가 사용할 수 있는 것을 인식하면서 직접적으로 또는 제3자를 통하여 그 경쟁자에게 공개하는 것으로, 특정 경쟁자를 경쟁상 우위한 입장에 있도록 할 목적' 또는 '타사의 영업비밀을 그 경쟁자와 공동한 가운데 불특정 다수인에게 공개하고, 특정의 경쟁자를 경쟁상 우위한 입장에 있도록 할 목적' 등이다.

행위자가 가해목적을 갖고 있는 경우로서는 예컨대 상사와의 관계가 나빠 어쩔 수 없이 A사를 퇴직한 X가 동사에 대하여 한을 품고, 재직 중에 입수한 A사의 영업비밀인 신제품개발 자료를 퇴직 후에 컴퓨터에 갖고 나와, A사와 경쟁관계에 있는 B사에 매도한 경우, 개인정보누설을 공표하여 A사의 사회적 신뢰를 훼손하고자 재직 중에 입수한 A사의 고객명부를 주간지를 발행하는 C사에 매도한 경우에, 어떤 경우에도 X는 가해목적을 갖고 있게 된다. 일본 영업비밀보호법의 경우에는 다만 전자의 경우에는 공개의 상대방인 X사가 A사와 경쟁관계에 있는 것에 대하여, 후자의 경우에는 경쟁관계에 관계없는 손해를 주는 것을 의도한 것이므로 일본 영업비밀보호법의 경우에는 부정경쟁의 목적을 인정하지 않는다. 반면 우리 영업비밀보호법의 경우에 있어서는 후자의 경우에도 영업비밀침해죄의 초주관적 구성요건의 충족이 인정될 가능성이 있다. 즉 '그 기업에 손해를 가할 목적'이 반드시 경제적 손실만에 한정되지 않는다는 점에서 우리 영업비밀보호법에 의하면 영업비밀침해죄에 해당할 수 있겠다.

이러한 목적에 대한 고의는 적극적 의욕이나 확정적 인식임을 요하지 않고, 미필적 인식만으로도 충분하다. 즉 영업비밀 사용행위로 인하여 경쟁사의 경쟁력 강화와 그로 인하여 생길 경쟁업체들의 가격경쟁력 향상으로 그 이익감소분 상당의 손해를 입게 될 것이라는 사정을 충분히 예상할 수 있었다면, 부정한 이익을 얻거나 그 기업에 손해를 가할 목적이 있었다고 할 것이다. 나아가 그 제3자가 당해 영업비밀을 이용하여 경쟁상 우위한 입장에 서는 것을 인식하고 있을 필요는 없고, 영업비밀의 부정이용행위가 동업 타사와의 경쟁관계에 관련된 것을 인식한다면 본 요건을 충족된다.

한편 영업비밀보호법의 벌칙 조항은 치명적인 입법 오류를 범하고 있다고 평가할 수 있다. 즉 기업뿐만 아니라 소상인과 같은 자연인이라도 영업비밀의 보유자가 될 수 있으며, 또 그러한 판단에서 기업비밀이나 산업기밀이라는 표현이 아닌 영업비밀이라는 표현을 채택하였던 것이다. 그런데 벌칙 조항에서 '기업에 손해를 입힐 목적으로 그 기업에 유용한 영업비밀'을 침해한 행위를 한 자에 대하여 처벌한다는 규정을 둠으로써 개인이 갖고 있는 영업비밀을 침해하는 행위에 대한 형사처벌이 불가능하게 되는 결과를 낳고 있다. 설령 벌칙 규정은 선해한다고 하더라도 개인이 갖고 있는 영업비밀을 침해하는 행위에 대한 형사처벌은 그 침해자가 부정한 이익을 얻고자 하는 경우로 제한되는 것을 부정할 수 없게 된다. 나아가 '기업'이라는 법문 때문에 대학이나 공공연구기관은 영업비밀의 보유 주체가 될 수 없다는 결론까지도 도달하게 된다. 따라서 본조의 '기업'이라는 문구는 입법적 오류에 해당한다고 보아야 할 것이며, '기업'이라는 규정을 '영업비밀 보유자'로 개정하여야 할 것이다.

## 4. 미수 · 기수

### 가. 의 의

2004년 제7차 개정법에 의하여 영업비밀 침해행위는 미수범 및 예비 또는 음모한 자를 처벌한다. 영업비밀을 불법하게 취득한 행위의 경우에는 보유자를 배제한 시점에서 기수가 발생하며, 공개의 경우에는 제3자에게 누설한 시점에 기수에 이른다. 반면 아직 기수에 이르기 전에 영업비밀 침해행위의 실행 착수가 있었다면 미수범으로, 실행 착수 이전에는 예비 또는 음모로서 처벌한다.

> 전직을 통하여 이 사건 영업비밀을 간접적으로 사용하고자 하는 구체적인 노력을 경주한 점, 각자 맡게 될 역할을 충분히 숙지하였고 각자 그에 따른 준비에 착수한 점, 그 준비의 일환으로 위 피고인들은 순차 피해회사를 퇴직하였고, 영어회화 강좌를 수강하면서 피고인의 처를 통하여 대만 현지의 주거여건을 파악하기도 한 점 등을 고려하면, 피고인 등의 이 사건 범죄사실 기재 행위는 외국에서의 영업비밀 사용의 실행 착수에 해당한다(서울중앙지방법원 2007.2.8. 선고 2004고단7664 판결).

### 나. 중지미수의 인정

중지미수의 형은 감경 또는 면제한다(형법 제26조). 즉 범인이 자의로 실행에 착수한 행위를 중지하거나, 그 행위로 인한 결과의 발생을 방지한 때에는 중지미수가 성립하며, 형이 감경 또는 면제된다. 이때 중지미수는 자의로 범죄를 완성하지 않은 경우이다. 사정 변경이 없음에도 불구하고 자율적으로 중지한 때에는 자의성이 인정되나, 상황이 현저히 불리하게 되어 그것으로 인한 불이익을 고려하지 않을 수 없거나 다른 선택의 여지가 없던 때에는 자의성은 인정되지 않는다.

> 연봉 협상이 진전을 보이지 않는데다가, 피해 회사의 과거 동료들로부터

퇴직한 직원들을 조사한다는 소문을 듣고 결국 외국으로의 전직을 포기하였음을 충분히 인정할 수 있고, 이러한 경우 피고인들의 전직 포기는 외부 요인에 의하여 결정된 것일 뿐 순전히 자의에 의하여 이루어진 것이라고는 볼 수 없다(서울중앙지방법원 2007.2.8. 선고 2004고단7664 판결).

중지미수는 미수의 일종이므로 실행에 착수한 이후에 자의로 중지하였을 때에만 중지미수가 될 수 있다. 따라서 범죄의 실행에 착수하지 아니한 예비행위를 중지한 때에는 중지미수의 규정이 적용되지 않는다. 그러나 영업비밀 침해행위로 나아갔다가 중지한 경우에는 형이 면제될 수 있는데 반하여, 아예 실행행위로 나가지도 않고 예비에 그친 경우는 형을 면제할 수 없다면 형벌의 경중에 있어서 모순이 발생한다. 이에 대하여 대법원은 '중지범은 범행의 실행에 착수한 후 자의로 그 행위를 중지한 때를 말하는 것이므로 실행의 착수가 있기 전인 예비 · 음모의 행위를 처벌하는 경우에 있어서는 중지범의 관념을 인정할 여지가 없다'고 한다(66도617, 99도424). 따라서 이러한 대법원의 태도를 고려한다면, 영업비밀 침해죄에 있어서의 중지미수는 인정되지 않는다.

## 5. 공범과 신분범

영업비밀 침해행위는 공동행위에 의하여 이루어질 수 있다. 공모행위에 가담한 공동정범이 인정된다는 점에서 실제 실행행위에 가담하지 않은 경우에도 영업비밀침해자는 공동정범이 될 수 있다. 이때 공모관계는 2인 이상이 공모하여 어느 범죄에 공동 가공하여 그 범죄를 실현하려는 의사의 결합만 있으면 되는 것으로, 비록 전체의 모의과정이 없었다고 하더라도 수인 사이에 순차적 또는 암묵적으로 상통하여 의사의 결합이 이루어지면 공모관계가 성립한다. 따라서 절취등의 부정한 수단으로 타인의 영업비밀을 취득하도록 하거나 비밀유지의무를 부담하고 있는 자와 공모하여 영업비밀을 취득하도록 한 자는 비록 그 실행행위에의 가담 여부나 비밀유지의무의 유무 여부에 상관없이 영업비밀침해죄의 공동정범으로 처벌된다.

> 2인 이상이 범죄에 공동 가공하는 공범관계에서 공모는 법률상 어떤 정형을 요구하는 것이 아니고 2인 이상이 공모하여 어느 범죄에 공동 가공하여 그 범죄를 실현하려는 의사의 결합만 있으면 되는 것으로, 비록 전체의 모의과정이 없었다고 하더라도 수인 사이에 순차적 또는 암묵적으로 상통하여 의사의 결합이 이루어지면 공모관계가 성립하고, 이러한 공모가 이루어진 이상 실행행위에 직접 관여하지 아니한 자라도 다른 공모자의 행위에 대하여 공동정범으로서의 형사책임을 지는 것이며, 위 공모에 대하여는 직접증거가 없더라도 정황사실과 경험법칙에 의하여 이를 인정할 수 있다. … 피고인들 사이에는 '이 사건 영업비밀의 취득 후 전직을 통한 외국에서의 사용'에 관하여 적어도 순차적 내지 암묵적 의사의 결합은 있었다고 봄이 타당하다(서울중앙지방법원 2007.2.8. 선고 2004고단7664 판결).

## 6. 영업비밀과 공소사실의 특정

영업비밀 침해행위에 대한 형사적 대응과정에서 발생하는 문제 중에 하나가 공소사실의 특정이다. 영업비밀이 무체물이라는 점에서 영업비밀의 취득이나 그 사용 여부를 파악하기는 쉽지 않으며, 실제 영업비밀의 침해라는 범죄의 일시 · 장소 · 방법을 명시하여 공소 사실을 특정하는 것은 쉽지 않다. 또한 범죄의 대상인 영업비밀의 특정 역시 쉬운 작업이 아니다. 단순히 영업비밀이라고 주장하면서 일정 정보에 대한 목록만을 제시하는 것만으로는 영업비밀로서의 특정은 불충분하며, 왜 당해 정보가 영업비밀에 해당하는지에 대한 입증까지도 해야 하는 점에서 영업비밀의 특정 역시 쉬운 작업은 아니다. 이러한 점에서 상소 과정에서 공소사실을 변경하는 경우가 흔하게 발생하고 있다.

이와 관련하여 법원은 공소범죄의 성격에 비추어 그 개괄적 표시가 부득이한 경우에는, 그 공소내용이 특정되지 않아 공소제기가 위법하다고 할 수 없다고 인정하면서, 영업비밀의 특정과 관련하여서는 개괄적이라도 그 내용을 밝히고, 영업비밀인지에 대한 근거를 밝히도록 요구하고 있다.

> 공소를 제기함에 있어 공소사실을 특정하여 기재할 것을 요구하는 형사소송법 제254조 제4항의 취지는 법원에 대하여 심판의 대상을 한정함으로써 심판의 능률과 신속을 꾀함과 동시에 방어의 범위를 특정하여 피고인의 방어권 행사를 쉽게 해 주기 위한 것에 있으므로, 부정한 이익을 얻거나 기업에 손해를 가할 목적으로 영업비밀을 제3자에게 누설하였거나 이를 사용하였는지 여부가 문제되는 부정경쟁방지 및 영업비밀보호에 관한 법률 위반 사건의 공소사실에 영업비밀이라고 주장된 정보가 상세하게 기재되어 있지 않다고 하더라도, 다른 정보와 구별될 수 있고 그와 함께 적시된 다른 사항들에 의하여 어떤 내용에 관한 정보인지 알 수 있으며, 또한 피고인의 방어권 행사에도 지장이 없다면 그 공소제기의 효력에는 영향이 없다(대법원 2008.7.10. 선고 2006도8278 판결; 대법원 2009.7.9. 선고 2006도7916 판결 등).
>
> 피고인이 피해회사에 근무하는 동안 담당하였던 업무내용을 나열한 것에 불과하고, 구체적으로 각 업무내용과 관련하여 어떠한 기술적 정보나 자료가 영업비밀에 해당하는지 전혀 특정되어 있지 아니하며, 또한 영업비밀이 제3자에게 어떠한 용도에 사용되었는지도 구체적으로 적시되어 있지 아니하므로, 이 부분은 공소사실이 특정되었다고 할 수 없다(서울중앙지방법원 2006.1.26. 선고 2005고단1248 판결).

# 참고문헌


강영수, "영업비밀의 민사적 보호에 관한 연구", 서울대학교 대학원 석사학위논문, 1993.

김문환 · 정병두, "산업기밀 관련법제의 국제화", 산업기밀 보호를 위한 민 · 관의 대응, 대한상공회의소, 1995.

김인섭, "부정경쟁방지법의 '부정경쟁행위' 성부에 관한 일고찰", 대한변호사협회지, 134호(1987.10).

김증한, 채권법총론, 박영사, 1983.

배대헌, 특허권침해로 인한 손해배상의 범위와 배상액 산정에 관한 연구, 충남대학교 박사학위논문, 1996.

손주찬, 경제법(공정거래법), 법경출판사, 1993.

송상현 · 송영식 · 이기수 · 이연훈 · 김문환 · 손경한, "지적소유권법상의 기업비밀에 관한 연구", 1990.

송영식 · 이상정 · 황종환, 지적소유권법, 육법사, 2003.

양창수, "물권의 목적", 고시계, 1990.3.

윤선희, 영업비밀개설, 법경출판사, 1991.

______, 영업비밀에 있어서의 경영상 정보, 창작과 권리, 2005 여름호(제39호), 2005.6.

______, 지적재산권법, 세창출판사, 1995.

이상정, "부정경쟁금지법리의 발전", 경쟁법연구 제1권(1989), 한국경쟁법학회.

정성진, 부정경쟁행위론, 경북대학교 박사학위논문, 1987.

정영철, "영업비밀법 제정의 문제", 상사법연구, 제9집(1991), 한국상사법학회.

정진근, "공개소프트웨어의 영업비밀성과 보호범위", 정보학회, 제10권 제1호,

2006.7.
정호열, 부정경쟁방지법론, 삼지원, 1993.
중소기업 기술유출 대응 매뉴얼, 한국산업기술진흥협회, 2007.12.
지원림, 민법강의, 홍문사, 2005.
특허청, "영업비밀, 왜 보호하여야 하는가?", 1991.
_____, 부정경쟁방 및 영업비밀 보호 업무 해설서, 2008.
한성훈, 영업비밀의 형사법적 보호와 문제점 – 미국, 독일의 비교법적 고찰 –, 형사정책 제12권 제2호, 2002.12.
현대호, 영업비밀의 보호에 관한 법제연구 , 한국법제연구원, 2004.
황선열, "산업기밀보호와 기업의 국제경쟁력", 산업기밀보호를 위한 민 · 관의 대응, 대한상공회의소, 1995.
황의창, 영업비밀, 육법사, 1992.
황의창 · 황광연, 부정경쟁방지 및 영업비밀보호법, 세창출판사, 2007.

江口順一,「現行不正競爭方止法の基本問題」, 日本工業所有權法學會年報 8号.
鎌田薰, "財産的情報の保護と差止請求權(5)", Law & Technology 11호, 41면.
經濟産業省知的財産政策室 編著, 『逐條解說不正競爭防止法 [平成15년 改訂版]』, 2003.
橋本勇, "トレードシークレットの保護と不正競爭防止法の改正", 中山信弘 編, 争知的財産權硏究 II, 東京布井出版, 1991.
國際 第1委員會, "美國特許侵害の損害賠償額認定における非侵害代替品の位置づけ", 知財管理 Vol. 53. No.7(2003).
大阪辯護士会, 不正競争関係判例と実務, 民事法研究会, 2003.
山本庸幸,「要說新不正競爭防止法」, 發明協會, 1993.
澁谷達紀, 知的財産法講義 III, 有斐閣, 2005.
小野昌延 編著,「新 · 註解 不正競爭防止法」, 靑林書院, 2000.
小野昌延, 不正競爭防止法槪說, 有斐閣, 1974.

______, 不正競爭防止法概說, 有斐閣, 1994.

______, 營業秘密の保護, 有信堂, 1968.

______ 編, 註解 不正競爭防止法, 靑林書院, 1990.

松尾和子,「不正競爭防止法における一般條項」, ジュリスト1005号.

松本重敏,「實務からみた營業秘密保護立法の意義と問題點(特輯・營業秘密の保護)」, ジュリスト962호(1990).

松村信夫,「不正競業訴訟の法理と實務(제4판)」, 民事法研究會, 2004.

我妻榮, 近代法における債權の優越的地位, 有裴閣, 1954.

鈴大後祐,「美國のトート・シー クレット法に關する調査研究」, 財團法人 比較法研究センタ一, 1988.

日本 經濟産業省, 東アジア大における不正競争及び営業秘密に関する法制度の調査研究報告 第2編 營業秘密に關する法制度の運用實態,, 2006.

日本辨理士會 中央知的財産研究所, "意匠法と不正競爭防止法 第2條 第1項 第3号との關係ついて", 研究報告書 第6号(2000.3.29).

田倉整・元木伸 編,「實務相談不正競爭防止法」, 商事法務研究會, 1989.

田村善之, 不正競爭法概說(第2版), 有斐閣, 2003.

通産省 知的財産政策室 監修, 營業秘密, 有斐閣, 1990.

通商産業省知的財産政策室 監修, 營業秘密-逐條解說 改正 不正競爭防止法, 有斐閣, 1991.

豊崎・松尾・澁谷, 不正競爭防止法, 第一法規, 1982.

豊崎光衛, 工業所有權法(新版增補), 有斐閣, 1980.

豊崎光衛・松尾和子・澁谷達紀, "特別法コメンタール不正競爭防止法", 第一法規, 1984.

Correa, Carlos M., Trade Gelated Aspects of Intellectual Property Rights, Oxford, 2007.

Desjeux, X., Le droit de la responsabilité civile comme limite au principe de la liberté du commerce et de l'industrie(à propose de la sanction de la copie), JCP 1985.

Emmerrich, Volker 저, 정호열 역, 부정경쟁법, 삼지원, 1996.

Hunt, E.K.저, 김성구 · 김양화 공역, 경제사상사 Ⅰ, 풀빛, 1982.

Le Tourneau, Ph., Les professionnels, ont-ils du coeur?, Dalloz.1990-Chr, p.22

Le Tourneau, Ph., Variations autour de la protection du logiciel, Gaz, Pal. 1982, 2, Doctr., p.370.

Olivier-Martin, Fr., Histoire du droit français des origines à la Révolution, Éditions Domat Montchrestien, 1948.

Ripert, V.G., Aspect juridiques du dapitalisme moderne, 2e éd., LGDI, 1951.

Roubier, P., Le droit de la propriété industrielle, t.1, Librairie du Recueil Sirey, 1952.

Rudolph, K., Die Bindungen des Eingentums, Tübingen, 1960.

Saint-Gal, Y., Concurrence déloyale et coucurrence parasitaire(ou agissements parasitaires), RIPA 1967.

Sée, H., Histoire économique de la France, Librairie Armand Colin, 1948.

Sée, H., La France économique et sociale au XVIII siècle, Librairie Armand Colin, 1925.

# 판 · 례 · 색 · 인

# 사 · 항 · 색 · 인

## ㄱ

ㄴ



ㄷ

ㅅ

ㅍ



ㅎ

## 저자약력

■ **尹宣熙**

東京大學대학원 객원교수 역임
일본 특허청 특허제도연구회 위원 역임
산업기술보호 전문위원회 위원장
대한상사중재원 중재인, 국제중재인
인터넷분쟁조정위원회 조정위원
산업재산권분쟁조정위원회 조정위원
특허법 · 실용신안법 · 상표법 · 디자인보호법 개정위원
저작권법 개정위원
사법시험 · 군법무관시험 · 행정고시 · 입법고시 · 변리사 · 변호사 시험위원 등 역임
현, 한양대학교 법학전문대학원 교수
한국산업재산법학회 회장
한국중재학회 회장
한국산업보안연구학회 수석부회장

⟫ 저서
영업비밀 개설(1991)
무체재산권법 개설(역저, 1991)
주해 특허법(공역저, 1994)
지적재산법(1995)
지적소유권법(공저, 1996)
국제계약법 이론과 실무(1997)
특허법(2003)
상표법(2007)
저작권법(역저, 2008)
로스쿨 지적재산권법(공저, 2010)
영업비밀보호법(공저, 2012)

■ **金志榮**

서울대학교 졸업
한양대학교 박사과정 수료
게이오대학교(慶應義塾) 법학부 방문연구원
전 한국지식재산연구원 선임연구원
현, 광운대학교 법과대학 출강

⟫ 저서
영업비밀보호법(공저, 2012)